Toxic

Sarah Ditum

Toxic

Mulheres, fama e a misoginia dos anos 2000

Tradução
Carolina Simmer

1ª edição

BestSeller
Rio de Janeiro | 2024

TÍTULO ORIGINAL
Toxic: Women, Fame and The Noughties

TRADUÇÃO
Carolina Simmer

DIAGRAMAÇÃO
Abreu's System

CAPA
Casa Rex

CIP-BRASIL. CATALOGAÇÃO NA PUBLICAÇÃO
SINDICATO NACIONAL DOS EDITORES DE LIVROS, RJ

D645t

Ditum, Sara
Toxic : mulheres, fama e a misoginia dos anos 2000 / Sara Ditum ; tradução Carolina Simmer. – 1. ed. – Rio de Janeiro : BestSeller, 2024.

Tradução de: Toxic
ISBN 978-65-5712-339-3

1. Celebridades – Estados Unidos – Séc. XXI. 2. Fama – Aspectos sociais. 3. Celebridades – Estados Unidos – Biografia. I. Simmer, Carolina. II. Título.

23-87276

CDD: 920.72
CDU: 929-055.2

Meri Gleice Rodrigues de Souza – Bibliotecária – CRB-7/6439

Texto revisado segundo o novo Acordo Ortográfico da Língua Portuguesa.

Imagens da capa
Britney Spears: Ron Wolfson / WireImage / Getty Images
Amy Winehouse: Jo Hale / Getty Images Entertainment / Getty Images
Kim Kardashian: Michael Tran / FilmMagic / Getty Images

Direitos exclusivos de publicação em língua portuguesa para o Brasil adquiridos pela
Editora Best Seller Ltda.
Rua Argentina, 171, parte, São Cristóvão
Rio de Janeiro, RJ — 20921-380
que se reserva a propriedade literária desta tradução.

Impresso no Brasil

ISBN 978-65-5712-339-3

Seja um leitor preferencial Record.
Cadastre-se e receba informações sobre nossos lançamentos e nossas promoções.

Atendimento e venda direta ao leitor:
sac@record.com.br

Para Jay e Maddy, os melhores conteúdos criados na década de 2000.

Acho que ainda não vimos nem a ponta do iceberg. Acho que o potencial do que a internet fará com a sociedade, tanto a parte boa quanto a ruim, é inimaginável. Acredito que estamos diante de algo empolgante e apavorante... Como uma forma de vida alienígena.

— David Bowie (1999)

Eu não me sentia culpado porque elas eram ricas e famosas e sabiam no que estavam se metendo.

— Perez Hilton (2011)

Sumário

Linha do tempo 11

Introdução 13

1. Britney Spears: fama 27
2. Paris Hilton: invasão 54
3. Lindsay Lohan: apocalipse 83
4. Aaliyah: domínio 110
5. Janet Jackson: indecência 139
6. Amy Winehouse: realidade 171
7. Kim Kardashian: beleza 198
8. Chyna: poder 228
9. Jennifer Aniston: liberdade 254

Conclusão 283

Agradecimentos 297

Notas 299

Linha do tempo

Maio de 1966	Janet nasce
Fevereiro de 1969	Jen nasce
Dezembro de 1969	Chyna nasce
Janeiro de 1979	Aaliyah nasce
Outubro de 1980	Kim nasce
Fevereiro de 1981	Paris nasce
Dezembro de 1981	Britney nasce
Setembro de 1983	Amy nasce
Julho de 1986	Lindsay nasce
Setembro de 1998	Lançamento de "… Baby One More Time"
Agosto de 2001	Aaliyah morre
Setembro de 2001	Atentado de 11 de Setembro
Novembro de 2001	Chyna sai da WWE
Dezembro de 2002	Lançamento do blog Gawker
Agosto de 2003	Lançamento do MySpace
Dezembro de 2003	Estreia de *The Simple Life*
Janeiro de 2004	Estreia de *O aprendiz*
Fevereiro de 2004	O "escândalo do mamilo"
Fevereiro de 2004	Lançamento do Facebook nos Estados Unidos

Abril de 2004	Estreia de *Meninas malvadas*
Maio de 2004	Exibição do último episódio de *Friends*
Junho de 2004	Lançamento de *1 Night in Paris*
Setembro de 2004	Lançamento do blog de Perez Hilton (como PageSixSixSix)
Dezembro de 2004	Lançamento de *1 Night in China*
Janeiro de 2005	Brad e Jennifer anunciam o divórcio
Fevereiro de 2005	Lançamento do YouTube
Novembro de 2005	Lançamento do TMZ
Março de 2006	Lançamento do Twitter
Outubro de 2006	Lançamento de *Back to Black*
Fevereiro de 2007	Britney raspa a cabeça
Maio de 2007	Lindsay é presa pela primeira vez
Março de 2007	Lançamento de *Kim Kardashian, Superstar*
Junho de 2007	Paris é presa
Outubro de 2007	Estreia de *Keeping Up with the Kardashians*
Junho de 2008	R. Kelly é inocentado de acusações de pornografia infantil
Setembro de 2008	O banco Lehman Brothers declara falência
Outubro de 2008	Britney é colocada sob curatela permanente
Outubro de 2010	Lançamento do Instagram
Julho de 2011	Amy morre
Outubro de 2012	O blog Gawker publica uma gravação de Hulk Hogan fazendo sexo
Março de 2013	Lançamento de "Blurred Lines"

Introdução

"Uma expectativa razoável de privacidade"

Este é um livro sobre nove mulheres tão famosas que talvez você as conheça apenas pelo primeiro nome. Britney. Paris. Lindsay. Aaliyah. Janet. Amy. Kim. Chyna. Jennifer. É uma obra sobre o que a fama causou à vida de cada uma, como elas mudaram o mundo das celebridades e por que os primeiros anos deste século foram uma época tão terrível para ser uma mulher famosa. Falaremos sobre como o conceito de privacidade foi destruído e por que isso foi catastrófico para mulheres. Na estranha e agitada década de 2000, a vida dessas mulheres estava constantemente no imaginário popular. Seus corpos, suas imagens, seus dramas pessoais eram dissecados em detalhes pelos tabloides e blogs de fofoca. Crescemos na virada do milênio testemunhando o colapso de Britney, a sex tape de Paris, as farras de Lindsay, a morte de Aaliyah (e o tabu que virou comentar a relação dela com o homem que a assediava publicamente), a humilhação de Janet no Super Bowl, a ruína de Amy pelos vícios romantizados em suas músicas. Vimos também a busca triunfante de Kim pela fama, o declínio de Chyna (de atleta pioneira a problemática), a criação da "Sad Jen" pelos tabloides norte-americanos e as especulações incessantes sobre se ela teria filhos.

Quando digo que "testemunhamos" tudo isso não quero dizer apenas que esses acontecimentos ocorreram enquanto estávamos vivos. Nem que foram inconvenientes que nós, o público, tivemos de enfrentar. (Todo o sofrimento, seja lá qual tenha sido, foi exclusivo das mulheres aqui retratadas.) Meu objetivo é dizer que essas histórias, como contadas pela imprensa e pelos blogs de fofoca, pautavam nossa existência. Para o público, destroçá-las era uma atividade social e uma forma de prever o futuro. Na análise minuciosa das reputações, buscávamos por pistas sobre como uma mulher deveria se comportar, e essa sempre foi uma das funções de celebridades do sexo feminino.

Nos anos 1970, a crítica de cinema Molly Haskell descreveu as estrelas da Era de Ouro de Hollywood como "retratos que conectam o passado imediato com o futuro imediato".[1] O elenco deste livro — quatro cantoras, duas atrizes, duas estrelas de reality show e uma lutadora profissional — serviu de espelho da era millennial. A fama causa devastação psicológica em muitas pessoas, e a imprensa costuma ser cruel com as mulheres. Entretanto, graças à mistura peculiar de novas tecnologias e antigas misoginias, as personalidades sobre as quais escrevo vivenciaram um tipo de notoriedade excessiva, inédita até então. Todos os holofotes da revolução digital focaram nelas. Não é surpresa que algumas tenham desmoronado.

Mas este livro começa com uma jovem anônima de 16 anos em uma loja da Target em Tulsa, Oklahoma. Em 2006, ela parou para dar uma olhada em alguns cartões comemorativos, e um homem parou para dar uma olhada nela. O nome dele era Riccardo Ferrante, de 33 anos. As câmeras da loja registraram o momento em que ele se aproveitou da distração da jovem para agachar e usar uma câmera digital para tirar fotos por baixo da saia dela; um segurança notou e chamou a polícia. Era um caso indefensável de voyeurismo. Ferrante havia visto uma matéria na televisão sobre homens que tiravam fotos daquele jeito e resolveu imitá-los: ele explicou para a polícia que "adorava pernas e que pretendia fotografar as da jovem".[2] O episódio também era indicativo de um problema que, de acordo com o cabo

Mark Mears, da polícia de Tulsa, vinha crescendo: "Com câmeras digitais e celulares equipados com câmera, é muito fácil filmar as coisas. Como nosso pessoal de crimes cibernéticos pode confirmar, já vimos muitos casos assim que vão parar na internet."[3] Pelo menos naquela situação, o suspeito foi levado à Justiça. Então, em 2007, o juiz Tom Gillert determinou que as acusações contra Ferrante fossem retiradas, uma vez que "a pessoa fotografada não estava em local com expectativa razoável de privacidade" e, em 2008, após um recurso, o veredito continuou o mesmo.[4] Foi determinado que, por estar em um espaço público, a jovem havia disponibilizado as partes mais íntimas do corpo para qualquer um que quisesse olhá-las.[5]

Formalmente, a decisão valia para todos: tanto homens quanto mulheres não poderiam ter uma expectativa razoável de privacidade no corredor de uma loja de departamentos. Na prática, a privacidade tinha um peso diferente a depender do gênero: homens não corriam o risco de ter alguém tirando fotos por baixo de saias. "O conceito jurídico de privacidade", observou a jurista feminista Catharine A. MacKinnon em 1989, "pode servir e já serviu como justificativa para agressão física, violação conjugal e exploração do trabalho doméstico feminino". O direito à privacidade funcionava como "um direito dos homens de 'ficar em paz' para oprimir mulheres a qualquer momento".[6] Depois do caso, o estado de Oklahoma intensificou as leis contra "observadores tarados",[7] só que o mesmo problema ocorreu em outros lugares. Em 2014, um homem que tirou fotos por baixo da saia de mulheres no metrô de Boston foi inocentado com base nos mesmos argumentos.[8]

A violação cometida por Ferrante não teria sido possível antes do lançamento das pequenas câmeras digitais no começo dos anos 2000. Na verdade, na mesma época em que ele foi preso, fotógrafos profissionais capturavam o mesmo tipo de imagem, sem se preocuparem com a polícia. A diferença era que os paparazzi faziam isso com mulheres famosas. O site Fleshbot, que publicava pornografia e fazia parte do grupo de blogs do Gawker, postava fotos tiradas por baixo da saia de mulheres famosas com regularidade e mantinha uma postura convenientemente cínica a respeito disso. "Sempre desconfiamos que, quando Britney, Lindsay, Paris e todas as outras mostram suas partes íntimas 'sem querer' para os paparazzi, a coisa é bem mais proposital do que os profissionais de relações-públicas delas querem que você acredite. Afinal, não existe jeito mais fácil de chamar a atenção do público do que mostrar um pouco da própria xana para os queridos fãs", declarou um post de 2007.[9] Havia até mesmo sites, como o que levava o charmoso nome de Hollywood Tuna [Perseguidas de Hollywood], dedicados a catalogar fotos íntimas de mulheres famosas.

Os leitores viam as publicações e presumiam — com uma ajudinha do texto — que as mulheres em questão eram exibicionistas descuidadas. O que eles não viam era como essas fotografias eram tiradas. Em 2009, a atriz Emma Watson, da série de filmes *Harry Potter*, descreveu como foi a comemoração de seu aniversário de 18 anos em Londres, inundada por fotógrafos. "Eu me dei conta de que, do dia para a noite, tinha me tornado um alvo", contou ela para o *Daily Mail*. "Dei uma festa, e as calçadas estavam lotadas de fotógrafos tentando conseguir uma foto minha parecendo bêbada, o que não ia acontecer [...]. A parte mais doentia foi quando um deles deitou no chão para tirar uma foto debaixo da minha saia. A partir do momento em que fazer esse tipo de coisa foi normalizado, eles aproveitaram. Acordei no dia seguinte me sentindo violentada por tudo que aconteceu."[10] Se uma garota de 16 anos desconhecida dentro da Target não podia ter "expectativa razoável de privacidade", com certeza uma celebridade de 18 anos comemorando o próprio aniversário é que não teria.

A "expectativa razoável de privacidade" também não se estendia a imagens capturadas em momentos íntimos e que depois, de algum jeito, chegavam a público. Em setembro de 2007, supostos nudes da estrela de *High School Musical*, Vanessa Hudgens (na época com 18 anos), foram publicadas no Fleshbot e no site IDontLikeYouInThatWay.[11] O Fleshbot concluiu que as fotos de nu frontal tiradas em um quarto deviam ser de outra adolescente com "traços bonitinhos, só que sem graça", mas as publicou mesmo assim. No fim das contas, eram mesmo reais, como o representante de Hudgens confirmou para o TMZ: "Trata-se de uma foto tirada em um momento íntimo. Esse é um assunto pessoal que infelizmente se tornou público."[12] (Ao que parece, as imagens foram hackeadas de uma nuvem ou vazadas pelo receptor original, seja lá quem tenha sido.) O caso, porém, não levou a qualquer reflexão a respeito da ética de publicar imagens desse tipo. Nem a possibilidade de Hudgens ter menos de 18 anos quando as fotos foram tiradas: o Fleshbot comentou que os nudes não exibiam o piercing que a celebridade tinha no umbigo, mas não fez qualquer observação sobre a importância de ela ter feito isso quando tinha apenas 16 anos.[13] Além disso, o site não se mostrou nem um pouco incomodado em publicar as imagens quando acreditava que elas eram de uma anônima, de idade desconhecida, sem qualquer indicação sobre como elas foram obtidas. O que significava que, mesmo dentro do próprio quarto, uma garota não poderia contar com a tal expectativa razoável de privacidade.

Naquela época, o feminismo era extremamente necessário. Ainda assim, de forma perversa e prematura, naquele momento a liberação feminina fora declarada redundante. Padrões que a segunda onda do feminismo tinha se esforçado tanto para tornar socialmente inaceitáveis — pornografia, sexualização, padrões torturantes de beleza — voltavam com tudo. Só que, em vez de impostos às mulheres por homens, as próprias pareciam adotá-los por livre e espontânea vontade. "Essa nova cultura vulgar não marcou a morte do feminismo [...] era uma prova de que o projeto do feminismo já tinha sido alcançado", disse a escritora feminista Ariel Levy em seu livro de 2005, *Female Chauvinist Pigs: Women and the Rise of Raunch Culture* [Mulheres machistas: mulheres e o crescimento da cultura vulgar]. "Nós merecemos ter o direito de olhar uma *Playboy*. Somos empoderadas o suficiente para fazer depilação total. Descobri que tínhamos evoluído a ponto de não termos de nos preocupar mais em sermos objetificadas e sofrermos machismo. Em vez disso, estava na hora de entrarmos na dança da cultura pop, onde os homens se divertiam desde sempre."[14] Levy era cética quanto ao assunto, embora esse não fosse o caso de muitas mulheres. Além disso, à medida que a sociedade adotava os padrões pornográficos da internet, maior se tornava a exclusão imposta a qualquer uma que se recusasse a participar deles.

Se os anos 2000 tivessem um espírito, provavelmente ele seria personificado por Riccardo Ferrante, o homem de Tulsa com autorização para ser um pervertido. É por isso que penso no período debatido neste livro como a "década por baixo da saia". Ele começa em 1998, com a estreia de "... Baby One More Time", o primeiro sucesso de Britney, e termina com a revolta feminista ao single "Blurred Lines", de Robin Thicke, em 2013.

A história nem sempre se encaixa em parâmetros exatos. Em *O álbum branco*, Joan Didion determina que os principais anos da década de 1960 foram de 1966 até 1971. O longo século XIX vai da Revolução Francesa até a eclosão da Primeira Guerra Mundial. Meu foco aqui é um tipo de "década de 2000 ampliada": um período de 15 anos, durante os quais o mundo se tornou tão diferente que chega a ser difícil recapitular hoje como foi viver tal época. Muito do que será dito neste livro é tão revoltante que parece mentira, uma vez que a internet se tornou parte habitual da vida, sujeita a leis e normas. Só que a internet na época descrita nestas páginas era uma terra de ninguém. Argumentava-se — e, mais importante, *sentia-se* — que direitos autorais, privacidade, indecência e difamação eram conceitos que não existiam no ambiente on-line.

No começo de 1998, eu tinha 16 anos. Em 2013, completei 32. Posso afirmar, então, que os anos aqui retratados marcaram minha transição da infância para a vida adulta, bem como a passagem da internet de uma inovação para uma utilidade pública. No começo desse período, 30% dos norte-americanos tinham acesso à rede. (Ainda em 2005, Perez Hilton passava boa parte dos dias em uma cafeteria, porque não tinha conexão em casa.)[15] Em 2013, 71% da população dos Estados Unidos já estava on-line. No Reino Unido, a ampliação foi ainda mais intensa: de 14% para 90%.[16] O aumento do tempo que passamos conectados é um dado ainda mais esclarecedor. Em 2005, os usuários britânicos dedicavam cerca de 10 horas semanais à internet; uma década depois, esse número dobrou, e a forma como as pessoas acessavam a rede também mudou com a adoção em grande escala de smartphones e a ascensão das redes sociais.[17]

A mudança trouxe conveniência e inovação, além de muitas vantagens a serem comemoradas. Este livro não tem por objetivo argumentar que o advento da internet foi ruim, apenas salientar que qualquer transformação tecnológica abrangente acarreta transformações sociais e que, explorando a distinção entre "particular" e "público" — que seguia mais ou menos estável desde a Revolução Industrial —, a Revolução Digital do começo do século XXI afetou homens e mulheres de forma desigual. Como o exemplo de Tulsa nos mostra, vida pública e vida particular eram conceitos aplicados de formas diferentes se você tivesse um corpo masculino ou feminino. Ao mesmo tempo, havia mais mulheres do que nunca ingressando na vida pública e tomando decisões com considerável importância social a respeito de suas vidas íntimas — especificamente, adiando ter filhos ou recusando a maternidade por completo. A fama é um fenômeno descrito como indivíduos particulares desenvolvendo relações unilaterais em massa até o patamar de figura pública, causando um choque entre aquilo que é público e o que é particular. Sendo assim, todos os problemas da década de 2000 pareciam ser descontados nas mulheres famosas. Uma reclamação comum sobre a cultura das celebridades da época é que ela era a manifestação de uma sociedade degradada, fútil (uma reclamação feita com frequência, perversamente, pelos participantes mais ávidos dessa mesma cultura), e talvez fosse mesmo, mas também era uma reação ao acontecimento mais significativo daqueles anos.

A internet é um espaço coletivo — a metáfora de "praça pública" tornava isso claro — vivenciado de forma particular pelo usuário por trás da tela. Essa dinâmica permitia ao indivíduo se mesclar à esfera profissional do ambiente de trabalho, uma vez que as pessoas podiam verificar contas pessoais de e-mail e navegar pela internet durante o expediente. Por outro lado, também permitia que a vida pública do ambiente de trabalho se infiltrasse em áreas antes reservadas ao individual. Em 2007, um colunista do *New York Times* publicou um lamento, exausto, sobre o poder que o aparelho de telefone — na época um BlackBerry, que logo seria substituído pelo iPhone como o smartphone padrão — exercia na vida dele: "Desconectar-se não é uma opção de verdade, a menos que todos os sistemas entrem em colapso em todos os lugares. Hoje em dia, quase não temos mais para onde fugir."[18] À medida que se expandiam a variedade de plataformas para trocas de mensagens e a expectativa de constante disponibilidade, o problema foi apenas se agravando. Em fóruns de discussão e redes sociais, os usuários se comportavam como se estivessem em um espaço particular, falando com amigos, percebendo somente depois que estavam, na verdade, em uma plataforma pública, aos olhos do mundo. A expressão *colapso de contexto* descreve a tensão que isso causava.[19] Em 2009, a empresária Penelope Trunk causou um pequeno incidente internacional ao contar no Twitter (rebatizado X) sobre o aborto espontâneo que sofreu durante uma reunião de trabalho. "O Twitter não é um ambiente público", escreveu ela em uma matéria para o jornal *The Guardian* sobre a experiência.[20] Mas estava óbvio que era. Só que nem sempre parecia ser enquanto as pessoas digitavam.

A expressão "não ter para onde fugir" também descrevia o efeito panóptico da popularização das câmeras digitais. Havia mais paparazzi, que estavam mais ágeis do que nunca — afinal, seria bem mais fácil se esconder com uma câmera digital pequena, e a substituição dos rolos de filme físicos para cartões de memória permitiu que muito mais fotos fossem tiradas e processadas quase instantaneamente. O conceito de relativa privacidade em local público acabou em quase todos os lugares da mesma forma como aconteceu em Tulsa — outro tipo de colapso de contexto, já que espaços antes quase "particulares" para celebridades (o interior de carros, o lado de fora de boates) se tornaram inequivocamente públicos. A proliferação de fotografias gerava novas oportunidades para as revistas de fofoca. Tabloides como *Us Weekly*, *Star* e (no Reino Unido) *Heat* tinham acesso a mais imagens do que nunca, a partir das quais poderiam conjurar especulações sobre celebridades. Mesmo que não houvesse notícias em determinada semana, um editor criativo sempre poderia bolar uma história sobre um breve momento capturado em mídia digital para abastecer os leitores — o que era necessário, já que a internet tinha diminuído as vendas de veículos impressos, e uma manchete provocante na primeira página poderia fazer toda a diferença nas bancas.[21]

Mas, como as revistas dependiam do acesso aos sujeitos das matérias, havia coisas que eram explosivamente verdadeiras ou indecentemente falsas para serem publicadas. Era aí que entravam os blogueiros. "Quero mais é que os profissionais de relações-públicas se fodam", comentou Perez Hilton no livro *Red Carpet Suicide* [Suicídio no tapete vermelho]. "Não preciso de acesso aos clientes deles e não preciso puxar saco. Raramente deixo de publicar alguma coisa, porque todas as fofocas merecem oportunidades iguais! Elas são um direito inalienável."[22] Para os blogs, as celebridades deveriam ser tratadas com uma mistura esquisita de obsessão e repulsa. "Com atualizações diárias, todos os nossos furos são reais. Uma perspectiva brutalmente honesta sobre as porcarias que chamamos de celebridades", prometia o Hollywood Tuna.[23] Quando os blogs eram obrigados a se levar a sério — o que quase nunca acontecia, levando em consideração o tom que marcou a década de 2000, de uma eloquência agressiva —, apresentavam-se como uma força redistribuidora, tirando o estrelismo da elite mimada e jogando-a "crua" para o público. Ou apelavam para o fatalismo digital, como se tais ações não fossem de fato ações, mas uma consequência inevitável da internet.

Uma das seções "divertidas" do Gawker se chamava "Gawker Stalker". Tratava-se de um mapa que oferecia atualizações em tempo real da localização de celebridades com base em dicas dos leitores. (A internet, por mais libertária que fosse em sua filosofia básica, era muitas vezes totalitária na prática.) Em 2007, quando Jimmy Kimmel criticou a editora do Gawker, Emily Gould, sobre o assunto na CNN, ela respondeu com um texto insinuando que as celebridades ofendidas eram chorões mimados que exigiam tratamento especial: "Deve ser tão difícil ser famoso e ver as pessoas sendo maldosas a seu respeito! Mas a questão é que todo mundo que está em público, 'famoso' ou não, está sujeito a ser insultado por qualquer um a qualquer momento, graças a uma inovação que possibilita que todos com um computador e uma conexão de internet encontrem outras pessoas e façam comentários maldosos por e-mail (que significa 'correio eletrônico'!), mensagem ou uma postagem de blog (desculpe, 'Web Log'!)."[24] Gould apresentou o trabalho do site para o qual trabalhava como o resultado moralmente neutro de forças tecnológicas impessoais. Quem reclamasse sobre as consequências contra a privacidade estaria apenas demonstrando a própria redundância. (Gould saiu do Gawker menos de um ano depois, após "perceber que o projeto como um todo fazia mal para mim e provavelmente para o mundo".)[25]

Para a sorte do blog, Gould era uma mulher e Kimmel, um homem. Isso ajudou a mascarar uma verdade desagradável sobre como a fama tomava formas diferentes para gêneros distintos. Talvez o exemplo perfeito da postura da década de 2000 sobre os famosos seja o chamado Bling Ring — cinco adolescentes de classe média de Los Angeles e um homem mais velho, que roubaram mais de 3 milhões de dólares em joias e produtos de grife de várias celebridades entre 2008 e 2009. (Uma matéria da *Vanity Fair* sobre o caso foi adaptada para o cinema em *Bling Ring: A gangue de Hollywood*, de 2013, dirigido por Sofia Coppola e estrelado por Emma Watson.) As vítimas incluíram Paris, Lindsay, Megan Fox, Rachel Bilson, entre outros. Os ladrões usavam os blogs de fofoca para saber quando os alvos estariam fora da cidade — o tipo de intrusão sobre a qual Kimmel alertava que aconteceria com o anúncio da localização de celebridades em tempo real. Paris foi a primeira vítima do grupo porque, na concepção dos ladrões, ela seria "burra". Parte da motivação era financeira, mas isso não explica por que o bando levava quantidades propositalmente pequenas de mercadorias com o objetivo de continuar voltando à cena do crime, ou por que as vítimas eram quase exclusivamente mulheres jovens com um perfil de fama muito semelhante. (O grupo roubou dois homens, mas eles moravam com mulheres — o alvo principal.) Também não explica por que, em vez de vender, os ladrões usavam as roupas surrupiadas.

O oficial Brett Goodkin, principal investigador do caso na polícia de Los Angeles, contou à jornalista Nancy Jo Sales que ficou impressionado com o tom "stalkeador" dos crimes: "Posso estar forçando a barra, mas querer usar as roupas de alguém é tão diferente de querer se enrolar na pele delas, como aquele cara de *O silêncio dos inocentes*?"[26] Casos de invasão domiciliar são encarados como um simples crime contra a propriedade privada. Na verdade, muitos têm uma motivação sexual: para o criminoso, invadir uma casa é uma metáfora para invadir o corpo da vítima.[27] O Bling Ring não agia por um senso justiceiro de aversão à fama, mas provavelmente por um desejo de possuir e violar celebridades — uma versão real do clipe de "Cry Me a River", no qual Justin Timberlake se vinga da traição de uma namorada parecida com Britney —, desejo que foi reforçado e estimulado pelos meios de comunicação que os integrantes da quadrilha consumiam. Na época das prisões, uma das jovens envolvidas vinha sendo filmada para o próprio reality show (e mais tarde acabaria encarcerada na mesma ala da prisão que Lindsay Lohan).[28] Em vez de ser diplomaticamente engavetada, a série — chamada *Pretty Wild* — foi exibida pelo E!, mesmo canal de *Keeping Up with the Kardashians*, em 2010.[29] (Enquanto isso, o Gawker, apesar de chamar os ladrões do Bling Ring de "apavorantes" e "loucos", continuou publicando o "Gawker Stalker" até 2013.)[30]

A diferenciação entre público e privado sempre foi difícil para as mulheres de um jeito que nunca foi para os homens. O fato de serem associadas ao ambiente doméstico tornava questionável se elas tinham mesmo direito a uma vida pública. Quando banheiros públicos foram abertos na Londres vitoriana, as instalações para homens foram aceitas com facilidade, enquanto a oferta dos mesmos para mulheres enfrentou uma hostilidade arraigada. O argumento?

Se mulheres decentes jamais se afastavam de casa, então por que precisariam de um banheiro público?[31] Segundo a definição da antropóloga Mary Douglas, a sujeira "é algo fora de lugar" e, para uma sociedade que acreditava que o lugar da mulher era em casa, uma que fosse vista pelas ruas era considerada suja. As vítimas de Jack, o Estripador, foram classificadas como prostitutas não por existirem provas de que vendiam sexo, mas apenas porque estavam em um espaço público quando foram assassinadas.[32] Em 1910, quando as sufragistas marcharam até o parlamento inglês em uma fatídica sexta-feira — em uma afirmação categórica e pública do direito de as mulheres participarem da vida pública —, a polícia reprimiu o protesto com violência e abuso sexual, apertando os seios das manifestantes.[33] As mulheres pertenciam à esfera da vida particular e, quando saíam dela, tornavam-se públicas e implicitamente acessíveis a qualquer um — uma lógica que se estendeu por séculos, continentes e, com o tempo, modems, para criar a armadilha inescapável da "década por baixo da saia". Britney, Paris, Lindsay, Aaliyah, Janet, Amy, Kim, Chyna e Jennifer buscavam reconhecimento e, por isso, abriram mão de todos os limites. Para as mulheres, a atenção era o vampiro que, uma vez convidado para dentro de casa, seria impossível expulsar.

Dizem que a internet nunca esquece, mas ela se deteriora. Apesar de ser praticamente impossível destruir qualquer parte específica de uma informação, a estrutura da internet em si está em constante corrosão. Servidores fecham. Sites desaparecem. Endereços mudam, links ficam desatualizados e sobra um rastro de cliques que termina em "URL não encontrada". De forma mais sutil, existe o problema do presente perpétuo da internet: quando um site é refeito, páginas antigas recebem o mesmo visual que a nova, tornando impossível colocar o passado em seu contexto apropriado. Graças ao advento dessa ferramenta, a década de 2000 foi mais documentada do que qualquer era anterior; e também graças à ela, essa documentação acabou sendo de uma fragilidade impressionante. Um dos meus objetivos com este livro (e que só pude tentar alcançar graças ao Wayback Machine, um site que preserva versões arquivadas de páginas) era recuperar o que foi perdido — não apenas para estabelecer uma cronologia, mas também para recriar a sensação de como era a vida naquela época frenética. O aspecto mais difícil de reconstruir o passado é nossa ignorância.

Este livro também só poderia ser escrito após o ajuste de contas do movimento #MeToo. O encontro mais do que esperado do produtor cinematográfico Harvey Weinstein com a justiça — graças às mulheres que denunciaram os abusos e às jornalistas que registraram esses testemunhos em 2017 — teve dois papéis cruciais.[34] Primeiro, incentivou outras mulheres a falarem sobre as próprias experiências no período sobre o qual escrevo. Segundo, atiçou o interesse do público em ouvir essas histórias e reavaliar o passado sob uma nova ótica. Verdades veladas sobre as vidas das mulheres passaram muito tempo escondidas em uma espécie de matéria escura, aparente apenas em suas consequências. O fato de a carreira de algumas delas no mercado do entretenimento acabar misteriosamente, enquanto outras se perdiam na autossabotagem, parecia ser uma lei natural, inexplicável e indiscutível. Agora, sabemos que os talentos desperdiçados e os desastres que estampavam os tabloides eram, em muitos casos, apenas as consequências visíveis de um sistema consolidado de abusos sexuais, assédio e discriminações.

Voltando ao caso Weinstein, a atriz Rose McGowan foi uma das principais delatoras do produtor. Só que, antes do #MeToo, McGowan tendia a ser retratada na mídia como uma mulher difícil, sabotada tanto pela própria abrasividade quanto pelo machismo em Hollywood.[35] Após seu algoz ser condenado por estupro em 2020, McGowan falou sobre as violências que sofreu em uma entrevista ao jornalista Ronan Farrow: "Aquilo mudou a minha vida de um jeito monstruoso. Na época, eu já era uma pessoa bem conhecida [...]. De repente, fui estuprada e passei a ser excluída do mercado. Então, o que fazer? Que emprego conseguir depois disso? Você fica encurralada, empacada."[36] Somente quando os crimes cometidos por Weinstein foram trazidos à tona é que as vidas públicas das mulheres de quem ele abusou puderam ser compreendidas.

Ainda assim, espero não ter cometido o pecado do historiador: aplicar valores do presente ao passado. Não tínhamos como saber o que estava por vir: ao longo do lento desenrolar do choque da internet, a época de que falo testemunhou os ataques calamitosos do 11 de Setembro e a crise financeira de 2008, demonstrações drásticas de como nossa visão de mundo era inadequada e precisava ser abandonada. Como as catástrofes desses dois eventos foram imediatas e visíveis, a resposta a eles e as consequentes adaptações sociais também foram. A internet, por sua vez, engendrou um realinhamento mais discreto. É provável que muitas pessoas sequer tenham percebido mudanças no próprio comportamento ou nos conceitos sobre a esfera pública e a fama. Nossas crenças se adequam às circunstâncias sociais. À medida que estas iam mudando, outras crenças foram estabelecidas de forma discreta.

As nove mulheres que aparecem neste livro foram expostas a esse processo, às vezes tendo participação ativa nele. Todas aparecem nas histórias umas das outras. Mesmo sendo vítimas de injustiças monstruosas, é possível que, em certas ocasiões, tenham feito coisas das quais discordemos. "Meio vítimas, meio cúmplices, assim como todo mundo", segundo a fórmula de Simone de Beauvoir. Afinal, de que outra maneira poderiam ser humanas? Se eu pudesse escolher uma coisa para este livro ser bem-sucedido, espero que seja em provocar nos leitores a convicção de que essas mulheres — tratadas como fetiche e objetificadas — são apenas seres humanos que tiveram de fazer escolhas imperfeitas em condições horrendamente imperfeitas. Em última análise, não as conheço na esfera privada, apenas como celebridades. Eu só as conheço como personas, como espelhos falsos que conectam o passado imediato ao futuro imediato. Nós olhamos para os reflexos delas para vermos quem fomos e quem ainda poderemos nos tornar.

1

Britney Spears: fama

"I'm Mrs. 'Extra! Extra! This just in'"*

Tudo termina em 2008, com uma mulher presa a uma maca, cercada por fotógrafos, a frase "EXPRESSO PARA A LOUCURA" estampada embaixo da imagem.[1] Mas começa uma década antes, com um clipe: um sapato de solado grosso chutando impacientemente a perna de uma carteira escolar, um lápis batendo em um livro, o ponteiro de um relógio de parede tiquetaqueando com uma lentidão agonizante rumo às 3 horas da tarde e uma jovem olhando para ele. Ela é bonita de um jeito delicado, o cabelo louro está preso em marias-chiquinhas por prendedores felpudos cor-de-rosa. Então, o sinal toca, acaba com o silêncio e com o tédio e, ao mesmo tempo, ouve-se acordes vibrantes de piano. Guiada pela jovem, a turma sai para o corredor — o cenário é uma clássica escola dos Estados Unidos, o tipo de lugar que você conhece mesmo sem nunca ter pisado em uma, pois faz parte da gramática universal da adolescência segundo Hollywood — e todos começam a dançar. A música foi lançada nos Estados Unidos em 1998, mas, quando me deparo com ela pela

* "Sou a Sra. 'Extra! Extra! Últimas notícias'". Trecho de "Piece of Me", single de 2007. *[N. da T.]*

primeira vez no Reino Unido, é fevereiro de 1999. Tenho 17 anos, a jovem no clipe tem 16, e não consigo parar de olhar, não consigo me afastar de todo aquele melodrama. "Oh, baby, baby", canta ela, em um tom que é uma mistura de desprezo com acusação, "how was I supposed to know?" [como eu ia saber?].

Ela usa uma camisa branca amarrada acima da cintura, exibindo o umbigo, e desabotoada, mostrando parte do top escuro por baixo. No espaço entre as meias que vão até as coxas e a barra da saia há um vislumbre de pele, uma mistura de inocência e disponibilidade que parece saída da fantasia de Humbert. Eu tinha lido *Lolita* no verão anterior, deitada no quintal dos fundos de casa com o sol batendo em minhas pernas expostas. A capa da edição exibia uma pintura de Balthus chamada *A menina e o gato*: a garota reclinada sobre um banco de madeira, com uma perna dobrada, usando meias e encarando o pintor enquanto ele a encara de volta, e o branco da calcinha exposta. A jovem no clipe exibe a mesma expressão que a da menina na pintura, a boca fechada e sem sorrir, com os olhos escuros arregalados e sinceros.

Às vezes, a câmera foca na jovem sozinha, encostada na parede, olhando para cima em súplica: ela implora por um sinal, arrastando a palavra *sign* em uma cascata agoniante, antes de fazer uma exigência — "Hit me, baby, one more time!" [E me liga, baby, mais uma vez!]. Assisto ao clipe até o fim e me torno imediata e eternamente uma fã de Britney Spears.

A música é ótima, só que, mais do que isso, é uma *estreia* extraordinária: até o fim do clipe, todos os componentes da persona de Britney são estabelecidos. A voz dela é uma performance controlada sobre perder o controle: metade determinação imbatível ("Me liga!") e metade martírio ("When I'm not with you I lose my mind" [Quando não estou com você, eu perco a cabeça]). Metade criança exibindo uma ingenuidade magoada e metade mulher: a motivação da canção é inquestionavelmente adulta, e isso é quase que produto da performance de Britney por si só. A canção, com intensidade agravante e tensão para sempre irresoluta, soa como desejo não correspondido transformada em música, mas a letra é dócil. Além do duplo sentido masoquista do trecho "hit me", não há nem um verso que poderia ser descrito como inegavelmente sexual, e até o refrão foi um acidente, segundo o compositor Max Martin. Ele contou à imprensa que, por ser sueco e não falar inglês muito bem, achou que "hit" era uma gíria do idioma para "ligar", quando na verdade significa "bater", e escreveu a música com outro significado em mente. "... Baby One More Time" foi recusada pelo grupo feminino TLC, que não gostou das insinuações violentas: "Com todo respeito à Britney. Funciona para ela", disse a integrante Tionne "T-Boz" Watkins para a MTV em 2013. "Mas eu não ia dizer 'me bate, baby, mais uma vez' de jeito nenhum!"* Não foi de se admirar que, quando a música se tornou de Britney, as palavras "hit me" no título foram substituídas por reticências provocantes: aparentemente alguém além de T-Boz tinha percebido o problema.[2]

Britney se apegou à sedução e a transformou na música inteira. Mais tarde, ela contaria para Rob Sheffield, jornalista da *Rolling Stone*, que tinha passado a noite anterior à gravação ouvindo a versão do Soft Cell de "Tainted Love", de 1981, outro hino do desejo que acaba se deleitando com a própria submissão: o vocalista Marc Almond implora para a amada ficar longe, mas, no fim, anseia pelo toque dela. O objetivo, como Britney explicou para Sheffield, foi parecer "sexy".[3]

Tudo naquela imagem inicial mostrava inocência, e tudo na performance que a ostentava incentivava pelo menos parte da audiência a imaginar como destruí-la. Havia uma empolgação coletiva com o fato de Britney ter sido apresentadora do programa *Mickey Mouse Club*, do Disney Channel — haveria um símbolo mais perfeito da infância? A imagem transmitida por ela até fazia referências explícitas à virgindade. Ela usava um "anel de pureza", então popular entre adolescentes cristãos nos Estados Unidos, que sinalizava o

* A música que o TLC escolheria como o principal single do segundo álbum é praticamente a anti-"... Baby One More Time": "Creep" é uma balada provocante em que a narradora não implora pela atenção do namorado indiferente, mas o trai para tornar o relacionamento suportável.

compromisso de permanecer virgem até o casamento — no caso de Britney, o casamento deveria ser com o namorado e astro do pop adolescente Justin Timberlake, da boy band 'NSync.

Só que o valor da virgindade consiste, justamente, em tirá-la: um "empresário misterioso" teria procurado a gravadora e oferecido 7,5 milhões de libras (o equivalente hoje a 13 milhões de libras) pela dela. Por algum motivo, a proposta foi vazada para o público, junto com um comentário de Britney, que a chamava de "nojenta". Havia um tom profundamente cínico na maneira como essa informação foi noticiada. "Britney Spears expõe a própria virgindade como um mamilo coberto por um adesivo", escreveu a jornalista Polly Vernon no *Guardian*, antes de acrescentar que "a parte mais depravada da sexualidade confusa e desconcertante de Britney é que os homens a acham inebriante".[4] Só que essa, como eu tinha aprendido ao ler Nabokov, era a essência da "ninfeta" — as adolescentes a quem Humbert se dedica em *Lolita*, que, segundo a explicação do personagem, existem no limiar entre "aquilo que é monstruoso e aquilo que é lindo", são completamente ignorantes da própria influência depravada.[5]

A imagem de Britney usava a alegoria de Lolita de forma tão explícita que parecia impossível que seu comportamento não fosse premeditado. Em uma sessão de fotos para a revista *Rolling Stone* em 1999, o fotógrafo David LaChapelle a retratou no quarto dela quando adolescente, com bonecas enfileiradas às costas, vestida de calcinha e um sutiã de bojo brancos, os lábios entreabertos e os olhos bem abertos. Ela só podia estar fazendo aquilo de propósito, não? Parte da genialidade daquela imagem era que Britney a usava para atingir vários mercados ao mesmo tempo. Para o setor das garotas pré-adolescentes (o público cativado durante os shows que a cantora fazia por shoppings no começo da carreira), ela era a versão idealizada de quem desejavam se tornar após a puberdade. Para homens adultos, ela era o exemplo perfeito da feminilidade dócil. E para aquelas que, assim como eu, tinham ultrapassado a fronteira para a adolescência feminina, ela oferecia um modelo de vida que parecia um aspecto inevitável de ser mulher. "Uma mulher precisa ser autovigilante o tempo todo. Ela é quase sempre acompanhada pela imagem que tem de si mesma", escreveu John Berger no livro *Modos de ver*, de 1972. "Ela deve analisar tudo o que é e tudo o que faz, porque a imagem que transmite para os outros, principalmente a imagem que transmite para os homens, é de crucial importância para aquilo que é considerado sucesso. Seu próprio senso de autenticidade é suplantado pela sensação de ser apreciada pelo outro."[6]

Britney, com o domínio incontestável da gramática do olhar masculino, parecia ter se tornado especialista na habilidade de ser um objeto. Ela era, por instinto ou de propósito, expert em ser admirada. No já mencionado *Female Chauvinist Pigs*, Levy a identificou como o melhor exemplo de uma cultura que valorizava "a aparência da sexualidade, não a existência do prazer sexual" das mulheres. Britney, segundo a autora, era uma "[loura] radiante, plastificada, que nos dizia o tempo todo que sexo era tema das músicas dela, mas não algo que [ela] de fato praticasse".[7] Isso não era um aspecto exatamente positivo. Só que, com a mesma idade de Britney, eu queria acreditar que a ameaça devoradora do desejo masculino poderia ser neutralizada, capturada e voltada contra si mesma pelo poder do autoconhecimento. Colei o pôster da foto de LaChapelle na parede do quarto, transformando a cantora em um tipo de santa padroeira do conhecimento sexual. Quando o álbum de estreia foi lançado nos Estados Unidos (também chamado *...Baby One More Time*), a capa a exibia ajoelhada e olhando diretamente para a câmera, a cabeça inclinada com um ar levemente insinuante, as pernas um pouco afastadas para que quase (mas nem tanto) conseguíssemos ver por baixo de sua minissaia jeans, uma discreta sombra embaçada em vez da exposição da pintura de Balthus. Eu ainda não sabia, mas a "década por baixo da saia" tinha começado. Em algum momento, a aparência perfeitamente controlada da jovem que poderia perder o controle seria substituída por um desamparo genuíno e apavorante.

* * *

Britney seria famosa de um jeito que nenhuma estrela do pop tinha sido até então. Não por fazer mais sucesso que as antecessoras — embora tenha, sim, sido extremamente bem-sucedida —, mas por ter experimentado um tipo de fama que estava prestes a entrar em extinção. A notoriedade que ela buscava com o lançamento de "... Baby One More Time" era mediada por televisão, rádio, jornais e revistas, e calculada em vendas de CDs. Era um pouco diferente da fama com que ela precisaria lidar ao longo da década seguinte, porque, pouco depois de sua estreia, a internet aconteceu. Britney foi a grande estrela de uma era que chegava ao fim. O ano mais lucrativo para a indústria da música nos Estados Unidos foi 1999, totalizando 14,6 bilhões de dólares.[8] Dentro desse recorde histórico, destaca-se o álbum de estreia de Britney.[9] Mas, em junho daquele mesmo ano, o Napster, um serviço de compartilhamento de arquivos *peer-to--peer*, seria lançado, permitindo que qualquer pessoa com acesso à internet baixasse tudo que quisesse, contanto que outra pessoa tivesse disponibilizado o arquivo na rede.[10] De repente, as gravadoras não apenas competiam umas com as outras, mas com o fato de seus produtos serem oferecidos de graça.

O mercado entrou em declínio imediato e na década seguinte viu seu valor cair quase pela metade: em 2009, as vendas de música nos Estados Unidos somaram meros 7,8 bilhões de dólares.[11] Enquanto o álbum de estreia de Britney vendeu 14 milhões de cópias nos Estados Unidos, o álbum lançado em 2007, *Blackout*, vendeu apenas 1 milhão, ficando em 85º lugar nas paradas de lançamentos do ano. Embora em parte isso reflita queda em popularidade, vale destacar que o álbum mais vendido no mesmo ano totalizou apenas 4 milhões de vendas. O fluxo financeiro da indústria da música pop havia mudado. Com as vendas de CD em queda, os ingressos de shows precisariam compensar. Nas décadas de 1980 e 1990, Madonna fazia em média uma grande turnê a cada dois álbuns.[12] Britney teve turnês para cada álbum e ainda encaixou apresentações extras no intervalo entre os lançamentos do primeiro e do segundo. Entre 1999 e 2004, ela fez 357 shows, 122 deles em 2000, sem incluir outros compromissos promocionais.[13] Toda turnê exigia planejamento, coreografias e ensaios. Todo show significava horas de viagem e pernoitar em uma cidade desconhecida. No meio-tempo, ela também precisava gravar os álbuns que justificavam essas performances ao vivo. Seria um trabalho puxado para qualquer um, que dirá para alguém tão jovem. Só que essa era a única forma de uma estrela pop gerar lucro.

Em outras palavras, ela estourou em uma época em que até o sucesso contínuo podia parecer um fracasso. Ao mesmo tempo, era um fenômeno inegável e logo se estabeleceu como um dos maiores nomes da música. Em 2001, foi convidada para fazer um dueto com Michael Jackson em um show que comemorava os trinta anos da carreira solo dele. Os dois cantaram "The Way You Make Me Feel" em uma apresentação desconfortavelmente cheia de flerte. Dois anos depois, cantou com Madonna um medley de "Like a Virgin" e "Hollywood" no MTV Video Music Awards (VMA), junto com a jovem e linda cantora e colega de Britney no *Disney Channel*, Christina Aguilera, e a rapper Missy Elliott. Esses eventos a fixaram na linha sucessória da realeza do pop, mas na verdade beneficiava ambos os lados: na época, ela era tão famosa que chamá-la de herdeira era uma forma de astros estabelecidos reforçarem a continuidade do próprio poder. A apresentação no VMA, em específico, tem o clima de a rainha dos mafiosos escolhendo uma sucessora. Madonna (que entrou no palco vestida como um noivo-dominatrix de preto, usando uma cartola e botas que iam acima do joelho) deu um beijo na boca de Britney, que usava um corpete de renda branca que lhe dava o visual de virgem/vagabunda na noite de núpcias. Foi um momento fenomenal: apesar de Madonna repetir o truque com Aguilera do outro lado, as câmeras já tinham cortado para a reação embasbacada da plateia — se demorando especialmente em Timberlake, que naquele momento já era ex da princesa do pop.

Foi uma reviravolta para Britney, que tinha corrido sério risco de perder o controle sobre a própria imagem nos anos anteriores. Ser uma estudante virginal não era uma persona sustentável em longo prazo: em algum momento, o público teria de aceitar o fato de que

Britney Spears estava crescendo. Só que fazer essa mudança se mostrou uma tarefa difícil e, em 2003, a *Rolling Stone* observou que "é inegável que, à medida que a ex-amiga do Mickey se aproximou da maioridade, sua carreira se tornou bem mais cheia de percalços".[14] O álbum *Oops!... I Did It Again*, lançado em 2000, prometeu uma versão mais provocante de Britney, que se declarava "não tão inocente" afinal de contas, embora ainda não alegasse quaisquer experiências sexuais. O álbum *Britney*, lançado em 2001, deu um passo além: o principal single, "I'm a Slave 4 U", era uma orgia de erotismo ofegante (produzida pelo The Neptunes, dupla formada por Pharrell Williams e Chad Hugo), levando-a para um som mais moderno, com influências do R&B. Mesmo assim, os elementos de ninfeta permaneciam, como a balada "I'm Not a Girl, Not Yet a Woman" deixou explícito. (A música também fazia parte da trilha sonora do filme *Crossroads: Amigas para sempre*, de 2002. Tratava-se de uma história adorável sobre amadurecimento que gira em torno de três amigas e que, por acaso, inclui longas cenas de Britney pulando na cama usando apenas roupas íntimas e um enredo quase todo baseado na possibilidade da personagem dela perder a virgindade. O filme era perfeito, como declarou o crítico do *Washington Post*, para uma plateia "composta principalmente por meninas de 10 anos e homens de 50".)[15]

A última música de *Britney*, "What It's Like to Be Me", alerta um namorado de que ela não lhe dará "tudo" até ter certeza de que o amor dele é verdadeiro. A letra foi escrita com a participação de Timberlake, que também fez os vocais. Em uma entrevista, Britney explicou que a música "falava sobre estar em um relacionamento no qual o cara acredita saber tudo sobre a garota e tenta tirar vantagem dela".[16] Em outras palavras, Timberlake estava criando para si mesmo a imagem do mulherengo rejeitado, moldando a própria reputação de acordo com o perfil promovido por Britney — correndo o risco de passar a imagem do cara que não consegue nada. Era, naquele estágio das respectivas carreiras, um bom negócio. Na verdade, durante a primeira turnê de Britney, ela fazia o show de abertura para o 'NSync — ambos trabalhavam com Max Martin e tinham contrato com a gravadora Jive. Fazia sentido que fossem promovidos juntos. Só que os papéis rapidamente se inverteram. Em 1999, quando ambos estrearam no VMA, o palco decorado como sala de aula transformou a boy band em plateia para a sensualidade e provocação de Britney. Quando ela entoou "Quero que vocês conheçam uns amigos meus", ficou óbvio quem era o destaque ali. Britney e Justin formavam um casal poderoso do pop, mas havia uma hierarquia: a rainha das adolescentes e o príncipe consorte.

Tudo isso era aceitável no processo de consolidação da fama do 'NSync, mas, quando Timberlake começou uma carreira solo em 2002, aquilo precisava mudar. Se a virgindade já parecia implausível para Britney, para Timberlake era uma humilhação. Ser um homem famoso "que não come ninguém" talvez fosse aceitável para o membro perfeitinho de uma boy band, mas seria intolerável para um cantor bonito cujo álbum de estreia estava sendo vendido como uma mistura de pop e R&B. Quando ele e Britney terminaram e os boatos de traição começaram a pipocar na imprensa, uma oportunidade surgiu. Timberlake renasceria ao sacrificar uma virgem — ou melhor, ao sacrificar o mito da virgindade de Britney (que ele ajudou a criar em "What It's Like to Be Me"). Após anos de um silêncio cortês, ele não conseguia mais ficar de boca fechada.

— Você trepou com a Britney Spears, sim ou não? — perguntou um DJ durante uma entrevista na rádio Hot 97 FM.

— Ah, cara... Tá, tudo bem, sim — respondeu Justin, enquanto o estúdio era preenchido por gritos de alegria.[17]

Na capa de uma edição de 2002 da revista *Details*, uma manchete resumia a transformação do cantor: "Podemos perdoar Justin Timberlake por aquelas músicas de viadinho? Bom [...] pelo menos, ele comeu a Britney." (Outra matéria anunciada na capa recebia o título: "Esqueça o feminismo: por que sua esposa deveria usar seu sobrenome", o que diz muito sobre a mentalidade social da época.)[18]

O ponto central dessa reinvenção veio com o segundo single solo, "Cry Me a River", lançado em novembro de 2002. A música é endereçada a uma ex que o traiu — na época, presumia-se que a tal ex era Britney Spears, o que depois foi confirmado pelo produtor Timbaland. Mas, se a letra era afiada, o clipe era cortante. Nele, Timberlake observa a ex sair de casa e entra escondido. Ele dança pelos cômodos, vestido como Tony Curtis em *O homem que odiava as mulheres*. No fim, a ex volta para casa e Timberlake espia enquanto ela toma banho. É a fantasia de vingança de um assediador — e a parte mais sinistra de tudo é que a atriz que interpreta a ex no clipe é a cara da Britney: se o biquinho e o cabelo louro comprido não fossem suficientes, o fato de ela usar a boina que na época era uma marca registrada da cantora deixa tudo bem claro. É uma fantasia de invasão como punição: uma mulher, que supostamente não foi fiel, abre mão da própria intimidade. Invadir o lar dela não seria uma invasão de verdade se outros homens já tivessem sido convidados a entrar. Se você for incapaz de manter as pernas fechadas, não pode reclamar quando alguém arromba a fechadura da casa. Ou quando um paparazzo mira a lente da câmera bem entre suas coxas.

O diretor Francis Lawrence havia sugerido o conceito de "Cry Me a River" para outros artistas (sem, obviamente, a parte com Britney), mas sempre esbarrava no temor de que a ideia pudesse prejudicar a imagem do artista. Timberlake, por outro lado, estava em um momento na carreira em que essa era a melhor opção. Apesar de Britney nunca ter sido mencionada nas conversas entre Lawrence e Timberlake, o diretor partiu do princípio de que os dois entendiam o que estava sendo sugerido. A gravadora, pelo visto, também. Timberlake ainda tinha um contrato com a Jive como artista solo, então ele e Britney permaneciam sob o mesmo guarda-chuva. Em uma entrevista de 2017, Lawrence explicou: "Acho que houve uma pressão momentânea da 'outra parte', que não durou muito. Acho que [Britney] assistiu ao clipe antes do lançamento. [A gravadora] passou por uma fase em que ficou questionando 'O que devemos fazer? Isso vai prejudicar nossa relação com a outra pessoa?'. Mas passou."[19] Britney falou para a *Rolling Stone* que tinha sido consultada e concordado com o clipe, mas sem entender propriamente como ele seria: "Não assisti nada. Então, eu assisti junto com todo mundo e disse: 'Eu devia ter dito não para essa merda!' [...] Na minha opinião, parece um trabalho bem desesperado. Mas foi uma ótima forma de vender o álbum. Ele é esperto."[20]

O clipe foi um divisor de águas para a reputação de ambos. Marcou Timberlake como um bad boy magoado, acabando com o estigma da época no 'NSync sem abalar o status de galã.* Britney, por outro lado, foi transformada em vilã — uma mulher desleal que poderia ser humilhada com regularidade e alguma justificativa. A capa do tabloide *Us Weekly* trazia estampada a pergunta "Britney e Justin: ela traiu?".[21] A apresentadora Diane Sawyer foi incansável ao pressionar a cantora durante uma entrevista para televisão sobre a quantidade de pessoas com quem ela já tinha ido para a cama — enquanto Timberlake era elogiado por dizer que havia transado, os mesmos aplausos não existiam para Britney. No caso dela, relações sexuais eram tratadas como uma questão grave e séria, pela qual ela deveria se desculpar para a nação. Ao longo da entrevista, e para a aparente satisfação de Sawyer, Britney se debulhou em lágrimas.[22] Não havia nem um pingo de empatia ali, apenas a emoção de ver celebridades quebrando a quarta parede e transformando colunas de fofoca em arte. Você podia até gostar de "Cry Me a River" como música, mas descobrir a história por trás da letra e do clipe gerava um calafrio extra de sabedoria, fazia do ouvinte uma testemunha do conflito entre indivíduo e persona do artista. O beijo escandaloso no VMA em Madonna colocou Britney de volta no comando, mesmo que por pouco tempo.

---

* Surpreendentemente, o método que Timberlake escolheu para alcançar esse resultado não foi, de todos, o mais grosseiro. Seu companheiro de banda J.C. Chasez saiu em carreira solo em 2004 com o álbum *Schizophrenic*, que abriga obras-primas do bom gosto, como as canções "Some Girls Dance with Women [Algumas garotas dançam com mulheres] (uma ode às lésbicas dentro do padrão de feminilidade na boate) e "All Day Long I Dream About Sex" [Passo o dia todo sonhando com sexo] (autoexplicativa). Na capa, Chasez sensualiza em uma camisa de força. Não houve o segundo álbum.

Entretanto, seria um erro pensar que Timberlake agia a partir de uma posição de poder descomplicada na indústria do entretenimento. Ser homem o protegia do machismo que Britney sofria, mas não de outras formas de exploração. O primeiro empresário do 'NSync havia sido o empreendedor Lou Pearlman, que também era responsável pelo Backstreet Boys. Pearlman havia começado na aviação e alegava que as empreitadas musicais eram apenas outra forma de ganhar dinheiro. Ele percebeu que poderia lucrar com o pop quando as bandas começaram a alugar os jatinhos particulares dele e decidiu entrar no mercado.[23] Após a fama do Backstreet Boys estar garantida, ele concluiu que surgiriam outros grupos para competir pelo público e decidiu lucrar também com isso — foi assim que o 'NSync nasceu. Pearlman fazia os pupilos passarem por uma espécie de campo de treinamento, chegando a estabelecer de fato um sistema de produção em massa que dominaria o pop da década de 2000. Ele até criou um dos primeiros reality shows de competição de talentos na televisão, o *Making the Band*, na MTV. Junto com a pequena esquadra de boy bands — que incluíam LFO, C-Note, Take 5 e O-Town —, Pearlman também tinha uma girl band, chamada Innosense, que havia incluído Britney por um breve período antes de ela decidir seguir carreira solo. Mas ele preferia os rapazes. "Há quem discorde de mim", escreveu ele na autobiografia lançada em 2003, "mas acredito que é mais fácil lidar com jovens artistas do sexo masculino do que as do sexo feminino".[24]

Entretanto, na época em que escreveu isso, Pearlman não era mais empresário do Backstreet Boys nem do 'NSync. Após anos de trabalho incansável — sustentados apenas pelas promessas de riqueza de Pearlman e a autoridade de figura paterna (ele incentivava os membros desses grupos a chamá-lo de "Big Poppa" [paizão] —, ambos os grupos se deram conta de que estavam sendo roubados e o processaram. Entre muitas práticas abusivas, ele havia se inserido no contrato tanto como empresário quanto um "sexto membro", recebendo porcentagem dupla dos lucros. Mais tarde, Timberlake descreveria essa exploração como "ser financeiramente estuprado por um Svengali".* A alusão à violência sexual ecoava outra alegação feita contra Pearlman: de que ele abusava sexualmente dos próprios pupilos adolescentes. "Alguns caras faziam piada sobre isso. Eu me lembro de [um cantor] me perguntar 'Já deixou o Lou te chupar?'", contou Steve Mooney, antigo funcionário do produtor, para a *Vanity Fair* em 2007. Outro protegido suspeitava que o empresário nunca havia esperado que as boy bands fizessem sucesso de verdade: "Acho que ele só queria estar cercado por caras bonitos, o resto era só uma desculpa."[25] Mas, se Pearlman se interessava exclusivamente por rapazes, por que se envolveu com a girl band Innosense? A possibilidade desagradável sugerida por alguns observadores era que seria uma isca. Pearlman tinha mesas de bronzeamento artificial em casa e convidava as jovens para usá-las. Supostamente, ele também havia instalado câmeras secretas no cômodo onde as mesas ficavam e mostrava as gravações voyeurísticas para os jovens.[26]

Pearlman ganhou dinheiro com as boy bands mesmo depois dos processos, mas não o suficiente. No fim das contas, as outras empreitadas em que se meteu eram igualmente duvidosas e, em 2008, ele foi condenado por organizar um esquema de pirâmide que subtraiu milhões de investidores. Pearlman morreu na prisão em 2016, aos 62 anos.[27] Mas, apesar da índole criminosa, a influência dele é inquestionável. "Pearlman de fato mudou a cultura pop. Sob alguns aspectos, vivemos no mundo que ele criou: astros do pop produzidos em massa, boy bands, reality shows sobre competições de canto. Só não gostamos de admitir isso", escreveu John Seabrook em um obituário para a *New Yorker*.[28] Foi esse mundo que criou Justin Timberlake.

O ex-'NSync nunca alegou que Pearlman tenha se comportado de forma inapropriada com ele nem comentou as alegações feitas por outras pessoas sobre os atos impróprios. (Pearlman nunca foi condenado por crimes sexuais e insistiu ser inocente desses rumores

---

* Svengali é uma personagem de ficção no romance *Trilby*, de George du Maurier, datado de 1894. O romance criou o estereótipo de um hipnólogo de mau caráter que persiste no tempo, com várias citações na cultura popular. [*N. da E.*]

até morrer.) Mesmo assim, quando o 'NSync assinou contrato com a Jive, o grupo já tinha vivenciado aquilo que a indústria do pop tinha para oferecer de mais predatório. Em 2000, os rapazes comemoraram a emancipação ao batizar o novo álbum de *No Strings Attached* [Sem compromisso]. A verdade, no entanto, é que independentemente do gênero, pouquíssimos artistas no sistema de manufatura dos anos 2000 conseguia agir com impunidade artística. "Cry Me a River" só pôde acontecer porque a Jive quis. Timberlake era o astro que crescia nas paradas, enquanto Britney era a estrela com rendimento decrescente e uma imagem que havia perdido a graça. Traí-la não passava de uma questão de negócios.

Se Britney não podia contar com a própria gravadora, talvez pudesse contar com a família. Afinal, tratava-se de um empreendimento familiar desde o início: a irmã, Jamie Lynn, também seguiu o caminho no show business, e a mãe, Lynne, era uma figura onipresente no início da carreira de Britney, bancando a dama de companhia e garantindo a pureza da filha. As duas até lançaram dois livros juntas: *Britney Spears' Heart to Heart* [De coração para coração] em 2000, contando "a história inspiradora sobre como uma garotinha de uma cidade pequena nos Estados Unidos se transformou em um fenômeno musical",[29] e um romance chamado *Um presente de mãe*, em 2001, sobre uma garota de uma cidade do interior dos Estados Unidos que "sonha seguir carreira como cantora".[30] Esses livros agiram tanto como uma extensão como um reforço da marca. Em primeiro lugar, existiam para tirar mais dinheiro dos fãs de Britney. (Pearlman, ele mesmo um eterno sanguessuga, observou no próprio livro que, apesar de as jovens terem uma renda limitada, elas gostavam de gastar tudo com os ídolos: "Depois que você conquista a lealdade delas [...] elas compram qualquer coisa que os artistas favoritos comercializam.")[31] Em segundo, os livros também eram uma tentativa de provar que Britney era uma boa menina que amava a "mamãe" e, portanto, continuava sendo um bom exemplo a ser seguido pelo mercado das pré-adolescentes. Os livros tinham ainda um terceiro papel, mais sutil: defender Lynne Spears para o público. Ao se divorciar do pai de Britney, Jamie, em meio a alegações de alcoolismo e adultério, ela se apresentava como o paradigma da mãe solo que estava ao lado da filha para o que quer que fosse, ajudando-a. Sobre o figurino sensual, Lynne Spears escreveu: "Não vejo mal algum e acho que isso não me torna uma mãe ruim." Sobre o tema de drogas, sexo e álcool, afirmou: "Sei que a preparei, que expliquei minha opinião, e confio que ela tomará decisões inteligentes."[32] Ainda assim, havia indícios, mesmo no ambiente controlado dos livros, de que nem tudo naquele mundinho corria às mil maravilhas. "Saio tão pouco que chega a dar vergonha", disse Britney em uma parte de *Heart to Heart* chamada "As festas". "Isso faz ser ainda mais esquisito quando os tabloides publicam que estive em algum lugar, namorando com alguém que nem conheço." Havia mais negações obtusas de Lynne: "Não consigo entender por que fazem essas coisas, por que inventam histórias horrorosas e a criticam... Ela é só uma menina."[33]

Só que as matérias nos tabloides eram incessantes e, à medida que Britney entrava na casa dos vinte anos, chamá-la de "menina" havia perdido o sentido. O álbum de 2003, *In the Zone*, foi apresentado como "uma empreitada mais adulta" — e isso era necessário, levando em consideração todos os relatos das noites de farra. A *Star* destacou uma alegação de que ela havia sido vista cheirando cocaína no banheiro de uma boate — algo que Britney negou por meio de um representante, mas respondeu de forma ambivalente em uma entrevista posterior para a mesma revista, ao dizer: "Digamos que chega um momento na vida em que você fica curiosa."[34] Ela até confessou para a revista *W* que tinha mesmo transado com Timberlake.[35] Só que a forma como Britney aceitava a própria condição de mulher adulta parecia, perversamente, ainda mais infantil do que a era Lolita do início da carreira. Havia algo muito frágil e ingênuo nela, o que ficou bem óbvio na canção "Everytime", uma resposta a "Cry Me a River". A balada bonita e melancólica faz um contraste gritante com o restante da performance incansável de tesão de *In the Zone* e é cantada sem os habituais tiques e gemidos da cantora: uma mensagem simples para um ex magoado e um pedido de perdão. Outros compositores haviam oferecido a Britney letras que dariam o troco na mesma moeda. (Havia boatos de que a canção "Sweet Dreams My LA Ex" [Bons sonhos, meu ex de Los Angeles], de Cathy Dennis, que foi gravada por Rachel Stevens, seria uma delas. A exigência em tom cansado, para que o cara em questão "encontre outra pessoa sobre quem falar", com certeza se encaixa com o enredo do drama Britney-Justin.) Em vez disso, ela escolheu uma das músicas mais vulneráveis que já gravou — e, ao contrário do que era de costume, participou da composição.[36]

O clipe, por outro lado, é extremamente angustiante e mostra a canção menos como um romance e mais como uma resposta a um trauma. Mas não era a primeira vez que Britney abordava o assunto em seu trabalho. A balada pegajosa "Lucky", do segundo álbum, *Oops!*, narra a vida de uma celebridade que chora toda noite apesar da fama e da riqueza, e, para deixar a mensagem ainda mais óbvia, Britney interpreta tanto a si mesma como a personagem Lucky no clipe. Só que o clipe de "Everytime" parece inspirado nas experiências da própria Britney. Começa com ela e o namorado saindo de uma limusine e brigando com os paparazzi enquanto entram em um hotel. O namorado empurra um fotógrafo e o casal começa a discutir, jogando objetos um no outro na suíte. Então começam os tons sobrenaturais. Britney afunda em uma banheira depois de passar a mão na cabeça e ver sangue vindo de um corte, apenas para reaparecer vestida de branco, em um corredor branco. Em um hospital e sem ser vista, observa uma mulher em trabalho de parto; de volta ao quarto do hotel, o namorado a resgata da banheira e ela é levada em uma maca, com os fotógrafos aglomerados ao redor da ambulância. No fim, voltamos para a banheira — da qual Britney emerge, sorridente e limpa, mas a imagem parece uma tentativa artificial de acrescentar certa decência após tudo que foi mostrado.

O diretor do clipe, David LaChapelle (o fotógrafo por trás da foto no quarto da *Rolling Stone*), diria mais tarde que a ideia partiu da cantora: "A única coisa que ela me disse era que queria morrer. Que ela queria morrer no clipe."[37] Mas Britney já havia comentado que nem sempre se sentia no controle quando trabalhava com LaChapelle. Durante uma entrevista para a *GQ* em 2003, ao se recordar da sessão de fotos no quarto adolescente, ela disse: "Ele chegou, tirou as fotos e me enganou. Elas ficaram muito legais, mas eu não sabia o que estava fazendo, para ser bem sincera. Eu tinha 16 anos na época, então não sabia mesmo. Eu estava no meu quarto, usando aquele suéter que era meu de verdade, e ele falou: 'Desabotoa um pouco mais.' A ideia toda girava em torno de eu gostar de bonecas e, na minha cabeça, eu estava apenas mostrando 'Essas aqui são as minhas bonecas!'."[38] (Britney se enganou um pouco: ela tinha 17 anos na época das fotos.) A versão de LaChapelle é que as sessões eram sempre "colaborativas" e "inocentes".[39] Ainda assim, ele mesmo se pronunciou sobre as fotografias de 1999. "Mesmo na época, eu sabia que algo ali estava esquisito", declarou em um comentário no Instagram em 2019.[40] Entretanto, se isso for verdade, ele conseguiu passar por cima do desconforto e tirar fotos de uma adolescente de calcinha e sutiã para uma revista de alcance nacional.

Se o clipe de "Everytime" foi um pedido de ajuda, não funcionou, porque ninguém prestou atenção. A apresentação no VMA de 2003, em vez de marcar a volta do autocontrole, acabou sendo o último ponto alto antes de um declínio vertiginoso. Ela só voltaria a participar da premiação em 2007. As constantes fotos de paparazzi mostrando-a entrando e saindo de boates, às vezes junto de companheiras de gandaia, como Paris, geralmente em algum estado de embriaguez, eram uma coisa. Mais preocupante do que isso foi o incidente em janeiro de 2004, quando ela se casou com o amigo de ensino médio Jason Allen Alexander em uma cerimônia rápida em Las Vegas — 55 horas depois, a união seria dissolvida. Os termos da anulação incluíam a declaração preocupante de que Britney "não tinha plena compreensão do que fazia, de forma que não era capaz de consentir com o casamento".[41] Meses depois, ela se casaria de novo, dessa vez com o dançarino Kevin Federline. Essa união foi registrada em um mini-reality de 2005, chamado *Britney and Kevin: Chaotic*, baseado em filmagens feitas por ela mesma. Os cinco episódios garantiram o apagamento absoluto de qualquer vestígio de glamour que ainda lhe tivesse restado. Os melhores momentos incluem a cena em que ela aponta a câmera para os próprios joelhos e declara, empolgada: "Eles são iguaizinhos aos meus seios, mas são meus joelhos!" Um dos guarda-costas de Britney coloca em palavras um ceticismo difundido quando diz (sobre Federline): "O cara só quer ser sustentado."[42]

A questão mais desconcertante é: por que Britney permitiria que o público a visse dessa maneira? Ou por que as pessoas ao redor não lhe aconselharam a abandonar a empreitada? A resposta pode ser apenas financeira. Em 2004, Britney precisou interromper a turnê Onyx Hotel por causa de uma lesão no joelho (o que talvez não fosse surpreendente, levando em consideração como a agenda de shows dela era lotada desde 1999), e o plano de saúde se recusou a pagar o prejuízo, alegando que ela não apresentava uma condição pré-existente.[43] Vender filmagens dos bastidores para uma rede de televisão era um jeito rápido de recuperar o dinheiro para a marca Britney. Mas também pode ter sido pura ingenuidade. Os reality shows eram um formato relativamente novo e tinham sido positivos para muitos protagonistas: *Os Osbournes*, que estreou em 2002, havia feito Ozzy Osbourne sair de metaleiro ultrapassado para patriarca amavelmente caótico de uma família carinhosa, mesmo que turbulenta, e lançou a esposa dele, Sharon, em uma carreira como jurada de show de talentos e apresentadora de talk show. Para Britney, que já tinha tornado pública a raiva que sentia das "mentiras dos tabloides" sobre si mesma, aquela poderia ser uma oportunidade para retomar a narrativa.[44]

Só que a realidade pode tanto destruir uma imagem como melhorá-la: no mesmo verão em que *Chaotic* chegou às telinhas, o canal Bravo lançou *Being Bobby Brown*, que acompanhava o lendário astro do soul com a esposa, a majestosamente linda e talentosa Whitney Houston. O resultado foi desastroso, cimentando para o público a visão de Brown como um homem que abusava fisicamente de mulheres e de Houston como uma vítima entorpecida pelas drogas. (Brown contesta essa representação de agressor doméstico, dizendo que só agrediu Houston uma vez.)[45] A investida de Britney no mundo dos realities não foi tão prejudicial, apenas porque a distância entre a imagem e a versão que ela revelou nas próprias filmagens não foi tão grande. As pessoas já a achavam tosca. *Chaotic* apenas confirmou isso. O fato de que blogs sobre celebridades começavam a ganhar público nessa época foi outro problema. Lançado em 2005, assim como o TMZ, What Would Tyler Durden Do? [O que Tyler Durden faria?] adotava o protagonista niilista de *Clube da luta* como ídolo e sintetizava a nova visão raivosa contra famosos com o slogan: "É porque eu quero mais é que eles se fodam." Perez Hilton tinha começado seu primeiro blog no fim de 2004, mas 2005 foi o ano em que a abordagem hostil para escrever sobre celebridades ganhou reconhecimento em massa. A marca registrada do blogueiro passou a ser chamar as estrelas do sexo feminino de "piranhas" e desenhar pênis ejaculando nas fotos — Britney lhe oferecia uma variedade especialmente rica de material. Um dos posts sobre ela levava o título "Vagabunda suja".[46] Outro, chamado "Atenção, todos os fãs de Britney", exigia saber "Como vocês ainda gostam dessa doida????".[47]

Entre 2005 e 2007, nenhum álbum foi lançado e Britney se apresentou apenas nove vezes. Ela deixou de existir enquanto estrela do pop e se tornou apenas uma presença nos tabloides — e, quanto mais equívocos, maior o número de acessos e vendas nas bancas. O casamento com Federline chegou ao fim dois meses após o segundo filho nascer, em 2006. Houve uma tentativa rápida de se internar em uma clínica de reabilitação. Ela emagreceu, engordou, foi acusada de ser uma "péssima mãe" ao ser fotografada dirigindo com o filho no colo. (Britney se defendeu dizendo que estava tentando fugir dos fotógrafos.) Perdeu a guarda dos filhos. Também havia a presença preocupante de um homem chamado Sam Lutfi, empresário dela na época, acusado por Lynne de drogar e controlar a cantora. (Lutfi negou tais acusações, afirmando por meio de um advogado que "apenas tinha reagido aos pedidos de ajuda dela". Britney conseguiu várias medidas restritivas contra ele.)[48] Em fevereiro de 2007, talvez no evento mais chocante de todos, ela entrou em um salão de cabeleireiro em Los Angeles, pegou uma máquina e raspou a cabeça. Alguns dias depois, foi fotografada com a cabeça raspada e os olhos arregalados enquanto atacava o carro de um paparazzo com um guarda-chuva em um posto de gasolina.

Britney havia sido o avatar da feminilidade no novo milênio, e as esvoaçantes madeixas louras eram um ponto essencial disso. Ao recordar o nascimento da filha em *Heart to Heart*, Lynne escreveu: "Uma bebezinha fofa para arrumar feito uma boneca! Uma filha com quem brincar de festinhas de chá! Para a minha sorte, Brit adorava ser uma menina."[49] Pelo visto, ela não adorava mais tanto assim — ou ao menos não adorava o que ser uma menina significava. A cabelereira que conversou com Britney no salão contou que ela disse: "Minha mãe vai surtar." A cantora também conversou com uma tatuadora, que perguntou por que ela havia feito aquilo. "Não quero que ninguém mexa no meu cabelo. Estou cansada das pessoas mexendo no meu cabelo", foi a resposta. Lutfi ofereceu uma explicação mais prática anos depois — ao raspar o próprio cabelo, Britney destruía provas que seriam usadas nos testes de drogas obrigatórios na briga contra Federline pela guarda dos filhos.[50] Mas a iconografia do ato foi profunda. De forma consciente ou não, foi uma rebelião contra a docilidade e disponibilidade feminina que Britney foi treinada para exibir desde criança.[51]

Só que, mesmo quando parecia rejeitar tal persona, ela continuou a ser incansavelmente documentada: de acordo com a cabelereira, enquanto tudo isso acontecia, os guarda-costas que deveriam protegê-la batiam papo com os fotógrafos.[52] Alguns membros da imprensa alegaram que a intimidade entre os funcionários de Britney e os paparazzi vinha de longa data, com a equipe dela oferecendo informações, como localização.[53] Perez Hilton até alegou que era a própria Britney quem fazia isso. "Ela ligava para a agência X17 e convidava todo mundo para festas na casa dela!", escreveu ele no livro *Red Carpet Suicide*.[54] Britney nunca confirmou, mas é verdade que as celebridades têm uma troca esquisita com os fotógrafos que as seguem todo santo dia — Britney até namorou com um deles por um tempo. Em fases diferentes da vida, é possível que as celebridades recebam bem, dependam e sintam rancor daqueles que as perseguem em busca de conteúdo.

E por que raspar a cabeça em público, afinal? Se a teoria de Lutfi estiver certa, faria mais sentido fazer isso na própria casa. Talvez, depois de ser exposta ao público desde a infância, ela precisasse ser vista para sentir que aquela revolta tinha um significado. Ou talvez só tivesse aceitado que era daquele jeito que a vida dela deveria ser.

Depois do episódio, além de ser descrita como "desclassificada" e "piranha", Britney começou a ser vista como louca. Mais do que a perda da guarda dos filhos, a Britney Careca parecia simbolizar o declínio de uma artista. A sensualidade era a qualidade mais preciosa nela — e nem isso ela tinha mais. Em setembro de 2007 — com o cabelo comprido e louro de novo, graças a apliques —, a cantora retornou ao palco do VMA. Mas o que havia sido anunciado como um retorno glorioso se mostrou um pandemônio agoniante. Britney errou a coreografia, parecia distante e a consideraram fora de forma — o que era inaceitável. (Houve relatos de que ela se chamou de "porca gorda" enquanto assistia às gravações do ensaio.) Simon Cowell, juiz do programa *The X Factor*, declarou que a apresentação poderia significar o fim de uma carreira. "Ela não estava pronta para aquele show", disse ele para o jornal *The Sun*. "A música não era a certa, a imagem não era a certa e ela não ensaiou."[55]

Mas, de algum jeito, enquanto tudo isso acontecia, Britney também estava gravando aquele que seria considerado o melhor álbum de sua carreira. Desde o título que insinuava o abuso de substâncias, *Blackout* [Apagão] batia de frente com a imagem de Britney nos tabloides. Lançado em novembro de 2007, a música de maior destaque é o soco eletropop "Piece of Me" [Pedaço de mim]. O título da canção, no clássico estilo de Britney, é ambivalente, tanto um desafio como uma rendição: ela ao mesmo tempo critica o ouvinte e reconhece a forma como foi destrinchada para consumo do público. Sujeito e objeto ao mesmo tempo, sempre consciente da forma como é vista. "I'm Mrs. Extra! Extra! This just in / I'm Mrs. she's too big now she's too thin" [Sou a Sra. 'Extra! Extra! Últimas notícias' / Sou a Sra. 'ela está muito gorda, agora ela está muito magra]. No clipe, a vemos alterando o texto das matérias sobre si própria e se vingando dos atormentadores com a ajuda de um esquadrão de sósias. (No que pode ser uma referência ao clipe de "Cry Me a River", de Timberlake, o exército de sósias usa boinas.)

Só que, na música, algo diferente acontece, e o resultado final é menos sugestivo de alguém recuperando o controle e mais de uma pessoa muito perdida na própria imagem: os vocais são editados, de forma que ela parece se desintegrar por completo no refrão. A Britney humana foi dominada pela performance. Apesar de ela cantar as palavras, elas não lhe pertencem: Sady (agora Jude) Doyle caracterizou as letras do álbum como um atestado de Britney sobre o tratamento que recebeu da mídia, mas ela recebe o crédito de compositora em apenas duas canções do álbum, e "Piece of Me" não é uma delas.[56] (Em entrevistas, Britney havia expressado cautela sobre escrever músicas autobiográficas, que julgava, com desmerecimento, como "egoístas".[57] "Everytime" foi uma exceção.) Sendo assim, qual versão de Britney era real? A mulher controlada no clipe ou o fantasma na máquina da canção?

Em janeiro de 2008, menos de três meses após *Blackout*, a resposta veio. Após um incidente em casa, os paramédicos foram chamados, e Britney foi levada para uma clínica psiquiátrica. A imagem dela presa a uma maca, cercada por fotógrafos, era uma reencenação assustadoramente precisa do clipe de "Everytime". O pai dela, agindo com o apoio da mãe (apesar do divórcio), solicitou que a filha fosse colocada sob uma curatela e, pelos 13 anos seguintes, tudo sobre Britney — carreira, finanças, quem ela via, aonde ia e até o que fazia com o próprio corpo — seria controlado por ele. De acordo com os advogados que a representaram, Jamie Spears receberia mais de 6 milhões de dólares pela curatela.[58] Outra grande beneficiária foi a mídia, que ficou diante de uma nova reviravolta chocante na história mais empolgante de todos os tempos. A notícia do TMZ terminava com o alegre comando "Continue atualizando para ficar por dentro das novidades!".

Há muitas formas de interpretar *Lolita*, mas esta é minha favorita: como uma história de culpabilidade. Ao longo do romance, Humbert é obrigado a reconhecer que Lolita nunca foi a fantástica figura de sensualidade inocente que a libido dele tinha atribuído a ela, apenas uma menina machucada pela ação predatória dele e de outros homens. Ela morre fora do escopo da história, em um povoado obscuro chamado Gray Star, "na parte mais remota do noroeste" (tão remota, na verdade, que não existe no mundo fora do livro). Por mais que fosse desejada, apresentá-la como um fetiche significa que a Lolita "de verdade" está sempre fora de alcance — algo que Humbert percebe tarde demais para merecer crédito por isso, muito menos redenção. No entanto, não foi essa a interpretação de *Lolita* que dominou a cultura pop, que sempre preferiu a visão da menina-mulher com uma sexualidade precoce. (Na música "10 Dollar", lançada em 2005, a rapper britânica M.I.A. rima "Lolita" com "*maneater*" [devoradora de homens] em uma história sobre prostitutas infantis que buscam independência ao arrancar dinheiro de homens bem-sucedidos.) Essa é a interpretação mais importante para compreender o que aconteceu com Britney. Após a internação em 2008 e o estabelecimento da curatela, ela efetivamente desapareceu sob a própria imagem. Seja lá qual fosse o equivalente legal de Gray Star, era lá que Britney habitava.

Não literalmente — ela lançou álbuns (uma atividade mais lucrativa depois que o lançamento do Spotify em 2006 criou um substituto legítimo para os downloads ilegais), fez turnês e residências. Olhando por fora, a curatela parecia um grande sucesso. Em novembro de 2008, a *Us Magazine* anunciou que ela estava "oficialmente voltando".[59] No mesmo mês, a MTV exibiu um documentário no estilo cinema-verdade chamado *Britney: For the Record*. O filme mostrava ao público um Jamie Spears dedicado ao bem-estar da filha e uma Britney contida, arrependida e pronta para reconhecer os erros cometidos no passado. "Com certeza, eu cresci. Muito", disse ela. "Eu tinha me perdido. Perdi o foco. Perdi a mim mesma. Tinha algo em mim que queria se rebelar."[60] Reprimida a rebeldia, Britney podia voltar para o trabalho de ser uma estrela. "Deixar o pai no comando acabou sendo a melhor coisa", anunciou o Page Six em 2009. "Além de fazer mingau para ela, Jamie assumiu o controle das finanças e da vida dela. Ele também removeu toda a negatividade e a fez ver a luz."[61] Havia algumas pontas soltas — Britney aparece distante e inexpressiva em uma aparição como jurada na versão norte-americana do reality *The X Factor* em 2012, programa para o qual não foi convidada a voltar —, mas, no geral, a narrativa de seu renascimento se manteve firme.[62]

Só que havia um problema com isso tudo, apesar de muitos preferirem não reconhecê-lo. Se Britney de fato estava melhor, qual era a justificativa para a curatela continuar? E se ela ainda era a moça frágil que todo mundo tinha visto desmoronar, como poderia ser aceitável jogá-la à mercê do público e ser criticada a cada performance? Não havia como perguntar o que a própria Britney achava daquilo tudo, porque os termos da curatela ditavam que tudo que ela dissesse para a imprensa passaria primeiro pelo crivo do pai. Mesmo quando ela fala para a câmera em *For the Record*, ela está falando com a permissão de Jamie Spears e com ele sendo o público-alvo. Quando alguém tem poder total garantido por curatela, desagradar essa pessoa é desaconselhável.

Ao longo da carreira, nas músicas e apresentações, Britney conjurou ideias de submissão e controle sem qualquer senso aparente de ironia. No Billboard Music Awards de 2011, ela cantou "S&M" com Rihanna usando algemas. No palco, exibia um sorriso radiante, como se estivesse encantada com a própria sujeição. "Work Bitch" [Trabalhe, vagabunda], do álbum de 2013, *Britney Jean*, se tornou uma de suas marcas registradas: uma celebração da autodisciplina pela qual ela havia conquistado o corpo sarado, os martinis e os

Maserati que definiam um estilo de vida bem-sucedido, de acordo com a letra. Entretanto, a questão de para quem, exatamente, Britney trabalhava permaneceu nas sombras — mas, em 2020, um número cada vez maior de fãs tinha começado a expressar preocupação sob a bandeira do #FreeBritney [Libertem Britney]. Nos bastidores, em um processo que começou em 2014, Britney começou a contestar legalmente a curatela. Em 2016, um investigador do caso relatou que "ela acredita que a curatela se tornou uma ferramenta opressiva e controladora que não a beneficia". Em 2020, o advogado da cantora disse à juíza que Britney tinha "medo do pai".[63]

Nada disso, no entanto, foi suficiente para pôr fim à medida. O problema de Britney era que, tendo sido classificada como louca, qualquer objeção que fizesse às restrições da própria liberdade podia ser menosprezada como um sintoma de loucura. Foi apenas após o documentário *Framing Britney Spears: A vida de uma estrela*, produzido em 2021 pelo *New York Times*, que a opinião popular passou a apoiar a ideia de que aquela situação era intolerável. No mesmo ano, em uma nova audiência, Britney deu um testemunho desolador sobre estar, nas próprias palavras, "escravizada". Ela disse que tinha sido "obrigada" a fazer turnês pelos empresários em 2018 e que mesmo as decisões de âmbito mais pessoal eram ordenadas a ela por terceiros, incluindo se poderia se casar ou tentar ter o terceiro filho. (O pai, segundo ela, havia se recusado a permitir que ela removesse o DIU; os advogados dele negaram isso, dizendo ao tribunal: "Não sei se a Srta. Spears entende que pode tomar decisões médicas.")[64] Britney afirmou ainda que era obrigada a tomar lítio, que a fazia se sentir "bêbada". Os funcionários do pai não lhe davam qualquer privacidade: "Eles ficavam me assistindo trocar de roupa — nua — todo dia, de manhã, de tarde e de noite." Talvez o detalhe mais doloroso fosse a maneira distante com que ela se referia ao próprio corpo, como se ele fosse uma entidade diferente. "Meu corpo precioso", disse ela, "que trabalhou para meu pai pela porra dos últimos 13 anos, tentando ser tão bom e tão bonito. Tão perfeito".[65] (Jamie Spears mantém o argumento de que a curatela era necessária para salvar a vida da filha e nega as acusações feitas contra ele sobre alcoolismo e violência doméstica.)[66]

Era isso, então, que significava ser a mulher mais objetificada do mundo. Sob a performance do controle imaculado que havia sido a imagem profissional de Britney ao longo de sua vida, havia um abismo imenso entre o corpo dela e o senso de individualidade. Tanto quanto o público, Britney havia se tornado uma expectadora do próprio corpo físico. Em dezembro de 2021, o tribunal determinou o fim da curatela. Aos 39 anos, a mulher-menina que nunca teve uma vida adulta — segurar um molho de chaves ou comprar uma vela eram novidades — poderia recomeçar.[67] Ainda assim, mesmo culpando a família por explorá-la, Britney também sentia raiva pela forma como a situação foi tratada pela imprensa. Na opinião dela, a cobertura solidária do *New York Times* (junto com documentários posteriores produzidos pela BBC e pela Netflix) era outra forma de transformá-la em conteúdo, do mesmo jeito como os tabloides fizeram nas décadas anteriores. "Sinto que os Estados Unidos fizeram um ótimo trabalho em me humilhar [...] e, fala sério, de verdade, a lei permite mesmo que tantos documentários sejam produzidos sobre uma pessoa sem qualquer tipo de permissão dela??!", escreveu a cantora em uma publicação de 2022 no Instagram.[68]

Britney credita sua emancipação não ao jornalismo, mas aos fãs. A fama quase a destruiu, mas também lhe deu o amor e o apoio que não recebeu das pessoas mais próximas, inclusive da própria família. Ela foi obrigada a interpretar o papel de criança ao mesmo tempo que era julgada pelo padrão adulto de responsabilidade por algo tão trivial quanto o término de um namoro adolescente. Britney se sentia traída por aqueles que tinham o dever de prezar por seu bem-estar, acreditando que os pais e a gravadora haviam colocado o lucro em primeiro lugar. Por fim, foi obrigada a viver em um estado juridicamente determinado de infantilização, que durou quase até a meia-idade. A hipocrisia e a crueldade do tratamento que foi dispensado a ela definiram as vidas públicas das mulheres na década de 2000. Sua estreia a lançou para um tipo de fama diferente, para a qual ninguém poderia ter se preparado e que moldou forças que poucos poderiam ter previsto — que dirá uma jovem de 16 anos. "*Oh, baby, baby*", cantou ela em 1998, quando a "década por baixo da saia" ainda era uma possibilidade impensável. "Como eu ia saber?"

2

Paris Hilton: invasão

"Gosto de atenção."

Em 2005, o blogueiro de fofoca Mario Lavandeira tinha um problema: como ele se chamaria? Seu site, PageSixSixSix, havia se tornado leitura obrigatória para todo mundo que se interessava por celebridades e escândalos, o que era uma ótima notícia para a média de cliques e rendimentos com anúncios, mas também significava que ele estava atraindo atenções inconvenientes — inclusive do *New York Post,* lar da coluna de fofoca Page Six original.[1] O *Post* não gostou daquela versão demoníaca de sua propriedade intelectual, e Lavandeira não tinha dinheiro para arcar com um processo.[2] Ele precisava de uma nova marca. Na verdade, resolveu construir toda uma nova identidade — um personagem que poderia interpretar na internet enquanto participava da grande novela de fofocas maldosas e boatos. Ele queria um nome novo, engraçado. Algo que representasse o tipo de celebridade sobre a qual escrevia. E ninguém representava melhor a fama nos anos 2000 do que Paris Hilton.

"Hoje em dia", escreveu Lavandeira em 2009, "a fama não se limita mais à atriz no tapete vermelho, ao roqueiro que lota um estádio ou ao atleta que enlouquece as arquibancadas. Essas celebridades inalcançáveis, elusivas e distantes estão perdendo espaço para outro tipo de estrela". A década de 2000 foi uma era conscientemente degradada, e por isso precisava de um elenco de personagens conscientemente degradados. "Agora, temos os Hilton: gente que confundimos com celebridades. Ninguém mais sabe como elas se tornaram famosas ou, para ser mais exato, como se tornaram famosas por serem famosas. Sabe, um Hilton é uma pessoa magra, notória, travessa, sexy, festeira, que se envolve com um monte de gente, se acha, dirige bêbada, faz poses provocativas para a câmera, raramente trabalha, se envolve com mais gente e não come... Os Hilton não têm talento de verdade, então precisam usar escândalos e libertinagem para serem catapultados para o status de famosos e celebridades."[3]

Mario Lavandeira se rebatizou Perez Hilton. E, ao contrário do *New York Post*, o objeto desse trocadilho não pareceu ofensivo — nem com a óbvia ofensa de transformar Paris Hilton no símbolo de uma classe inteira que Lavandeira chamava de "piranhas famosas". Paris e Perez fizeram aparições em tapetes vermelhos juntos; em 2006, ela aceitou um prêmio das mãos dele no VH1 Big in '06 Awards. (O prêmio, por "Grande Fora da Lei", pretendia homenagear as celebridades que tinham o mau comportamento mais divertido.) No vídeo do discurso de aceitação, Paris sorri enquanto ergue o troféu. "Nunca me considerei uma fora da lei", disse ela. "Estou mais para uma jovem que só gosta de se divertir e", com a voz lembrando um ronronado sedutor, "me meter em umas confusões bobas às vezes". A plateia aplaude e grita de alegria, extasiada pela jovem mimada e impenitente com cabelo louro e rosto angelical. Naquela altura do campeonato, Paris tinha 25 anos, e as confusões em que se metera até então incluíam ser sentenciada a 36 meses de condicional por direção perigosa no mês de setembro anterior[4] e — mais notoriamente do que todo o restante — protagonizar uma sex tape. Ela parece radiante. "Estou me divertindo muito. Então, obrigada a VH1 e a todos os meus fãs!"[5]

* * *

Quando Paris se tornou conhecida no fim dos anos 1990, ninguém poderia saber que ela revolucionaria o conceito de fama. Longe disso. Ela parecia uma versão nova de um modelo antigo: a debutante. Como herdeiras da fortuna da rede de hotéis Hilton, Paris e sua irmã caçula, Nicky — pelo menos no começo, sempre apareciam em dupla —, seguiam uma tradição tipicamente norte-americana ao estampar as colunas de fofoca da alta sociedade. "Nova York sempre teve *it girls*, desde Brenda Frazier e Cornelia Guest, até Baby Jane Holzer e Edie Sedgwick", observou a *New Yorker* em um curto perfil sobre as Hilton em 1999. "Agora, há *it girls* mirins. Com 16 e 18 anos, Nicky e Paris Hilton são as socialites mais novas da cidade. Magras, louras e bem-nascidas — o bisavô era Conrad Hilton —, elas se mudaram de Los Angeles com os pais há três anos e são vistas circulando com os adolescentes mais mimados da cidade." Mas, acrescentava a matéria, também havia um fator diferente e intrigante sobre a nova geração daquela família, algo explicitamente associado à tecnologia cada vez mais avançada: "Carregando celulares gêmeos em tons pastel em vez de raquetes de tênis, as irmãs são as Venus e Serena Williams da socialização competitiva — feitas para os paparazzi e uma para a outra."[6]

No fim do século XX, celulares ainda eram percebidos mais como um brinquedo novo do que como uma necessidade. (Em 2003, quando *The Simple Life* começou, o celular de Paris era exibido como um item da "vida de luxo", da qual ela precisava abrir mão como fez com os cartões de crédito: com uma relutância exagerada para efeito cômico, ela foi filmada colocando-o sobre uma bandeja de prata segurada por um mordomo antes de sair da mansão da família para ter um gostinho da "vida real" no interior dos Estados Unidos. Em 1999, as únicas pessoas que viviam grudadas aos aparelhos eram profissionais que precisavam estar sempre ligados ao trabalho ou os profundamente ansiosos, e Paris passava a impressão de ser as duas coisas. Ela saía para a farra como se seu sustento dependesse disso e, apesar de outras jovens (incluindo a irmã) parecerem ter a mesma vontade de chamar atenção, Paris conseguia vencer as rivais por estar disposta a ter o comportamento mais chocante. Em 2000, já estava óbvio que ela tinha a senioridade entre as Hilton, tanto em termos de fama como de idade, como o *New York Post* descreve em uma matéria sobre as "jovens e bonitas herdeiras que vivem em festas":

> Elas são jovens, têm uma beleza que deveria ser pecado, contas bancárias multimilionárias e vêm de famílias com nomes de peso.
>
> Mas o hábito de cair na farra — algumas em microminissaias, blusa arrastão e saltos altos de 10 centímetros — começou a incomodar parentes de sangue azul, os quais acreditam que o nome está ficando com má reputação.
>
> Conheça as ousadas herdeiras da cena social de Nova York.
>
> A mais escandalosa é a queridinha dos hotéis. Paris Hilton, 19, uma modelo em meio expediente que têm o hábito de exibir a calcinha fio-dental para fotógrafos. Seguindo seus passos com saltos Prada está Nicky, de 16 — uma estudante de ensino médio que parece ter 25 anos —, que já foi vista em boates bebendo champanhe e fumando cigarros.[7]

Paris primeiro, Nicky depois: a imagem de dupla se desintegrava, mas a verdade é que todo mundo vinha depois de Paris. Ela era o estereótipo da "celebutante": jovem, aparentemente burra, linda e inútil. O suposto uniforme da "herdeira gostosa" — a microminissaia, blusa arrastão e saltos de 10 centímetros — era, na verdade, de Paris. Ela o usou em uma fotografia publicada na edição de setembro da *Vanity Fair*, tirada por David LaChapelle (o mesmo fotógrafo que, um ano antes, tinha sedimentado a iconografia de Britney como a Lolita de Louisiana ao fotografá-la no quarto para a *Rolling Stone*). Na imagem em questão, Paris está parada na sala de estar opulenta da avó, mostrando o dedo do meio para a câmera, os mamilos à mostra e uma faixa de tecido magenta como microssaia. Acima de sua cabeça, em letras grandes, há uma citação da entrevista com Nancy Jo Sales: "As pessoas acham sou apenas festeira. Bem, eu não sou." Na página seguinte, ela aparece esparramada na praia, com um dos seios exposto, o cabelo dourado espalhado pela areia e notas de 20 dólares cuidadosamente jogadas ao redor, molhadas de água do mar. Mais uma vez, a fala destacada nos incentiva a odiá-la. "Pode falar para todo mundo que sou uma adolescente [...]. Pode falar que sou uma garota normal." Na entrevista, isso poderia ser interpretado como uma piada às próprias custas ou uma tentativa de conquistar a pena das pessoas, mas, ao olhar a imagem, percebe-se que é apenas uma insolência revigorante. Dinheiro e sexo, sexo e dinheiro, uma provocação na forma de uma jovem mulher branca sem noção.[8]

Será que ela realmente era descolada da realidade nesse nível? Bem, não. Por um lado, Paris queria de verdade que as pessoas entendessem que ela não se resumia a festas e fotografias. No perfil da *Vanity Fair*, ela falou sobre um filme de que participou, músicas que estava preparando, um evento beneficente que tinha organizado para angariar fundos para a pesquisa sobre câncer de mama. Mas também disse algo que indicava uma visão singular sobre a fama na década de 2000, que era o motivo pelo qual Paris não apenas deixava as colegas socialites comendo poeira em termos de atenção, mas também pelo qual ela passava por cima de qualquer tentativa de envergonhá-la: ela sabia, de forma instintiva e profunda, que o público queria celebridades glamourosas sendo humilhadas. Enquanto Nancy Jo Sales jantava com a família Hilton, a conversa foi parar no rapper Puff Daddy (cujo nome verdadeiro é Sean Combs), que havia sido julgado pouco tempo antes por acusações de posse ilegal de arma, agressão e suborno. (Em 2001, Combs foi inocentado de todas as acusações.)[9]

— Bom, ser famoso não significa que você deveria sair ileso caso faça algo errado — disse Paris.

A família recebeu o comentário com ceticismo.

— Ah, sim, celebridades sempre pensam assim — rebateu Kathy, mãe dela.

— Imagino que existam algumas pessoas — continuou Paris — que acham que podem se safar de tudo...

— Isso tudo é muito irônico — interrompeu Nicky, com um tom de voz desdenhoso.[10]

Ser famoso não significa que você deveria sair ileso caso faça algo errado. A irmã e a própria mãe pareciam rir de Paris, que nunca encarava as consequências dos próprios atos. Mas enquanto ela ia em direção à fama, o sucesso viria especificamente da perspicácia de entender que as pessoas queriam vê-la sendo punida — por seu privilégio, por sua beleza, por ser Paris Hilton, por desejar ser vista. Apesar de ninguém na família saber disso quando convidou a *Vanity Fair* para entrar em seu lar, Paris estava a apenas meses de fazer algo que lhe custaria muito e chamaria ainda mais atenção. Em maio de 2001, ela (aos 20 anos) e o então namorado, Rick Salomon (que tinha 32), filmaram uma de suas transas usando uma câmera de visão noturna granulada em alguns momentos. Isso se tornaria a ruína, e também o que solidificaria a fama, de Paris Hilton.

Se o crime de Britney era ser tosca, o de Paris era ser uma cretina rica que não via problema nisso. Com lentes azuis nos olhos e cabelo pintado de louro, ela se moldou no bode expiatório perfeito e, em janeiro de 2003, a conquista de um reality show próprio na Fox fez tudo valer a pena.

Desde a concepção, *The Simple Life* teve o objetivo de parecer um castigo. A companheira de festas de Los Angeles, Nicole Richie, filha do cantor Lionel Richie, foi escalada após Nicky recusar o papel,[11] e as duas foram levadas até Ozarks para viver na fazenda da família Leding, onde tinham que ajudar com tarefas "típicas" e conseguir empregos remunerados. A ideia não era vê-las sendo bem-sucedidas enquanto encaravam os desafios de uma vida de trabalho, mas, sim, passando apuros e se dando mal. Como explicou a então vice-presidente de elenco da Fox, Sharon Klein, para a revista *Television Week*, o conceito básico era "saltos agulha enfiados em bosta de vaca".[12] As duas socialites sabiam disso. Na abertura do primeiro episódio, exibido em dezembro de 2003, um jornalista lhes pergunta o que os amigos acham sobre o programa. "Eles dizem que a gente não vai aguentar, que vão adorar ver a gente sofrendo", respondem Paris e Nicole juntas, rindo. No segundo episódio, o show cumpriu a promessa da bosta de vaca após uma visita a uma fazenda de laticínios que as deixou imundas. Elas tentaram ser frentistas em um posto de gasolina, mas se distraíram paquerando os clientes. Foram ao mercado, mas não conseguiram seguir a lista de compras, que dirá o orçamento de 50 dólares. No primeiro jantar com os Leding, as duas ficaram brincando com a comida feita com galinhas que ciscavam no quintal horas antes e puxando conversa com perguntas idiotas.

— Vocês, tipo, passeiam no Walmart? — perguntou Nicole, para a perplexidade da família que as abrigava.

Então, Paris a supera.

— O que é um Walmart? É uma loja?

Tudo fingimento, é claro. "Era só piada", contou Paris em um momento do documentário *A verdadeira história de Paris Hilton*, de 2020. "Às vezes, é irritante quando as pessoas partem do princípio de que sou a loura burra que interpretei na série, mas gosto de provar que elas estão erradas."[13] Na década de 2000, no entanto, o público gostava de ter os próprios preconceitos confirmados. Josh Wolk, da *Entertainment Weekly*, afirmou que o reality "faz você colocar os pés no chão com prazer". Mas essa alegria de ver Paris sendo reduzida ao nível dos mortais logo ganhou fantasias mais sombrias de violência. "Se você bater com um pedaço de pau na cabeça dela, o impacto não a faria nem piscar", continuou Wolk, "mas champanhe pode começar a vazar dos ouvidos". Ainda assim, como o próprio reconheceu, se alguém de fato quisesse ver coisas horríveis acontecendo com Paris Hilton, bastava entrar na internet. "Apesar de a Fox não tentar promover demais o programa com menções à sex tape, devo dizer que as travessuras filmadas de Paris fazem com que assistir à série se torne um pouco mais divertido."[14] Apesar de *The Simple Life* representar um triunfo para Paris, anunciando-a como uma profissional da indústria do entretenimento, também pareceu precipitar sua maior humilhação. Com o sucesso legítimo iminente, alguém resolveu que aquele era o momento certo para arruiná-la.

Os boatos começaram assim que ela assinou o contrato: *Você sabia que existe um filme pornô com Paris Hilton?* Naquele verão, as páginas de fofoca especulavam sobre o vídeo, mas Paris negava.[15] Poucas semanas antes da estreia de *The Simple Life*, o boato se tornou fato. No dia 12 de novembro de 2003, o blog da *New York Magazine* alegremente anunciou que a redação tinha assistido. Um funcionário foi citado, dizendo que, para os maníacos por cultura pop, o lugar estava "como a redação da *Time* em noite de eleição!". Todo mundo se aglomerou ao redor de um monitor para ver a socialite transando com o namorado.[16] Ninguém pensou que poderia ser inapropriado assistir à pornografia no ambiente de trabalho nem se perguntou o que ela achava ao ser exposta de tal maneira. Foi inevitável que o vídeo se espalhasse. "Graças às câmeras e ao compartilhamento de arquivos na internet, muitos norte-americanos têm conhecimento íntimo da vida amorosa enérgica de Paris Hilton", diria o site da CNN duas semanas depois.[17]

Desde o começo, quase não havia a sensação de que o vídeo era uma experiência erótica. "Parece que eles não estão se divertindo muito" foi o veredito da equipe da *New York Magazine*. Em um momento durante a gravação — o vídeo foi filmado principalmente em visão noturna com tons de verde —, Paris até interrompe o ato para atender ao telefone. "É muito chato!", reclamou Amy Winehouse quando o vídeo foi mencionado em um episódio do programa *Never Mind the Buzzcocks*, em 2006. "Sabe quando você está na balsa, balançando de um lado pro outro e pensando: 'Estou quase chegando. Já dá para ver a ilha de Wight.' Ela estava bem assim [...]. Não tem nada de sexy nisso."[18] Mas as pessoas não estavam, no geral, assistindo a Paris transando porque queriam se excitar. Elas assistiam porque ver o vídeo as fazia entrar para a elite da informação, diferenciando-se da grande multidão de desinformados. Também era uma demonstração de certo tipo de superioridade moral perversa: não se surpreender com a sex tape de uma celebridade mostrava que você estava acima do puritanismo mesquinho das massas, além de ser uma asserção, acompanhada de uma carga libidinosa para alguns espectadores, de nosso poder sobre Paris). Tanto dinheiro, tanto status, e mesmo assim ela não conseguia nos impedir de vê-la nua.

* * *

Que tipo de mulher vai parar em uma sex tape? Segundo consenso na década de 2000, era o tipo de coisa que só acontecia se ela quisesse ou fizesse por merecer. De qualquer forma, tal exposição a marcava como alguém que não merecia pena. A bíblia da cultura sexual na virada do século era *Sex and the City*, a comédia da HBO sobre quatro amigas em Nova York, exibida entre 1998 e 2004. A série apresentou um mundo cheio de tesão (com vibradores, sexo anal heterossexual e o ideal cobiçado de "foder e esquecer", em que mulheres transavam com a mesma falta de sentimentos que os homens sempre pareceram ter) e a etiqueta dos vídeos de sexo, que permaneciam na consciência do público desde a gravação de Pamela Anderson e Tommy Lee em 1996 — a primeira sex tape de celebridades a ser compartilhada pela internet após ter sido roubada do casal por um eletricista descontente, após uma briga sobre o pagamento.

No episódio "Models and Mortals" [Modelos e mortais], da primeira temporada de *Sex and the City*, Carrie (interpretada por Sarah Jessica Parker) descobre que um conhecido obcecado por namorar modelos filma os encontros sexuais que tem com elas. A reação de Carrie é fascinante e (em retrospecto) surpreendente: ela não se importa. Em vez de brigar com o homem sobre a invasão de privacidade, ela acende um cigarro e se acomoda para assistir ao show — ao menos ela tem a decência de avisar a amiga Samantha (Kim Cattrall), interessada pelo tal cara. Samantha se mostra mais intrigada do que indignada. "Que tarado", ronrona. A reviravolta vem quando Samantha está na cama com ele e descobre que não está sendo filmada. Ela fica ofendida e insiste que ele grave tudo, provando que ela é tão sexy quanto uma modelo — e os dois se divertem.

As modelos não deram consentimento para serem filmadas, mas, no que diz respeito a *Sex and the City*, elas mereceram. Carrie e as amigas — as "mortais" do título do episódio — reclamam sobre a injustiça dos homens que só querem sair com modelos, apresentadas como cabeças-ocas e imaturas: a sugestão é que o fato de serem filmadas sem saberem ou concordarem é uma punição justa para a beleza excessiva e a burrice entorpecedora. Samantha quer ser gravada e, por isso, não poderia alegar uma invasão caso a filmagem fosse compartilhada: ela merece tudo que receber. Isso, obviamente, é um dilema. Não importa o posicionamento da mulher a respeito de ser gravada ou ter essa filmagem divulgada, o fato de ela ter sido filmada durante o ato sexual a define como alguém que não tem o direito de determinar limites. Só uma vagabunda se colocaria em uma situação dessas, e vagabundas não têm direito de dizer não.

Essa foi uma questão que Pamela Anderson enfrentou em 1996. Ela e o então marido, Tommy Lee, acionaram a justiça na tentativa de impedir a divulgação da fita roubada pelo eletricista: quando abriram um processo contra a *Penthouse*, os advogados da revista usaram os argumentos de que Anderson já tinha posado nua (para a rival da *Penthouse*, a *Playboy*) e de que o casal havia falado sobre a vida sexual deles em entrevistas, indicando que tinham aberto mão de qualquer reivindicação de privacidade. Esse não foi o argumento decisivo a favor da revista — no fim das contas, o juiz recusou a liminar porque seria incomum tentar proibir a publicação de uma matéria de revista —, mas tampouco foi dispensado pelo tribunal como um conceito estapafúrdio.[19] Era irrelevante para as limitadas questões jurídicas da época o fato de a fita ter sido obtida de forma desonesta — o que também não interessava ao público em geral, que tendia a acreditar que havia sido o próprio casal, maníaco por fama, que encontrou um jeito de vazá-la. A expressão *revenge porn* [pornografia de vingança] — e o roubo da fita cassete foi, sem dúvida, um ato de vingança — seria cunhada apenas em 2007, mais de uma década depois da época em que teria sido útil para explicar o mal causado a Anderson e, em menor grau, ao então marido dela.[20]

Apesar de não serem responsáveis pela divulgação da fita, os dois acabaram promovendo-a sem querer. Antes do processo, a existência da fita era apenas digna de nota, ignorada por veículos respeitáveis. A existência de um processo, no entanto, era uma boa matéria, e a cobertura dominou os meios de comunicação.

Mais uma vez, o conceito que explicaria isso seria inventado dali a muitos anos — apenas em 2005, no blog TechDirt: "Quanto tempo vai demorar para os advogados perceberem que o simples ato de tentar impedir algum conteúdo de cair na internet fará com que algo que a maioria das pessoas nunca veria [...] seja visto por muita gente?", questionou o escritor Mike Masnick. "Vamos chamar isso de o Efeito Streisand."[21]

Por que esse nome? Porque, em 2003, a cantora e atriz Barbra Streisand processou o fotógrafo Kenneth Adelman, que estava documentando a erosão da costa da Califórnia. O argumento era que, ao incluir uma imagem aérea da propriedade que ela possuía em Malibu no site dele, Adelman transgredia a lei de privacidade do estado. Streisand perdeu o caso e ainda teve de pagar os gastos processuais. A pior parte foi que o imbróglio jurídico gerou ainda mais atenção para a foto — muito mais do que teria recebido se o processo não tivesse ocorrido. Antes de Streisand recorrer ao tribunal, a imagem da casa havia sido baixada seis vezes (duas pelos advogados dela). No mês após o início da ação, o site recebeu 420 mil visitantes.[22] A história servia como uma parábola do poder da internet. Streisand havia pertencido ao panteão intocável de estrelas legítimas, mas riqueza e status pouco importavam depois que qualquer um com um modem poderia agir como um veículo de divulgação. Questões sobre a nova tecnologia afetando a privacidade, que na época não eram sequer reconhecidas, eram rapidamente dispensadas.

Em outra publicação sobre um caso australiano em que um homem foi multado e teve o celular destruído após tirar fotos de mulheres fazendo topless na praia sem avisá-las, o TechDirt reclamou: "Se as mulheres estavam deitadas sem a parte de cima do biquíni na praia, um espaço público, onde qualquer expectativa de privacidade não existe, é difícil entender como isso poderia ser um problema [...]. A mulher decide ela mesma tirar a blusa e isso de repente vira uma violação?"[23] Nesse argumento, não há qualquer consideração pela forma como a tecnologia alterou a relação entre o que é público e o que é particular: nudez na praia é muito diferente da nudez clandestinamente fotografada, e quem sabe publicada para ser vista por outras pessoas. Nem há qualquer referência à violação que essas mulheres sentiram, apesar da então legalidade do ato. As mulheres consentiram em serem vistas nuas por outros frequentadores da praia, não em serem fotografadas.

O projeto de fotografia costeira que havia ofendido Streisand foi um alvo ruim para os advogados. O ativismo ambiental de Kenneth Adelman era bem-recebido, além de ser muito previsível que o processo aumentaria o interesse pela privacidade de Streisand em vez de protegê-la — o exemplo da ação de Anderson e Lee contra a *Penthouse* já era um alerta. Mesmo que os argumentos jurídicos fossem impecáveis, a estratégia era péssima. Mas as críticas a Streisand continham um tom tão inconfundível de alegria que é difícil separá-las do fato de que se tratava de uma *mulher* famosa tentando defender um limite. Um post de blog publicado no MSNBC exemplificou bem. "Sempre que começo a acreditar que celebridades de fato são mais talentosas, bonitas e inteligentes que o restante de nós", escreveu Mike Rogers, "uma delas aparece e comete uma burrice tão grande que deixa claro que elas podem ter mais talento e beleza que uma pessoa normal, mas são tão idiotas quanto o restante do mundo".[24] A revista virtual *CounterPunch* atacou: "Acho que nem precisamos sugerir que a diva pare de se achar tanto."[25] Afinal, a qualidade definidora do Efeito Streisand era que ninguém fazia questão de olhar para aquela casa até ela deixar óbvio que não queria que isso acontecesse. A atração era apenas desafiar o "não".

Sendo assim, em 2003, as opções de Paris para conter o vazamento da própria fita eram limitadas. O argumento da privacidade já tinha se mostrado juridicamente ineficaz para Anderson e Lee, e era provável que não tivesse muita utilidade para ela. Qualquer outra medida legal que tomasse poderia, segundo o Efeito Streisand, colocar ainda mais lenha na fogueira. Pelo menos, a princípio, a estratégia foi apenas negar que a gravação existia, como o blog da *New York Magazine* relatou em agosto de 2003 — em uma publicação com um comentário fascinante.

> Hilton insiste que o vídeo não existe — pelo menos não que ela saiba. "[Salomon é] um mentiroso deslavado e um nojento", declarou ela na semana passada, em Ibiza, onde passava férias com — ironicamente — Joe Francis, o produtor de *Girls Gone Wild*. "[além de] um homem muito doente. As pessoas adoram falar merda porque sentem inveja. Não me interessa. Enfim."[26]

Joe Francis e *ironicamente*. O companheiro de viagem de Paris era o homem que talvez tenha feito mais do que qualquer outro para erotizar e normalizar o tipo de intrusão e perda de privacidade que a socialite estava prestes a enfrentar. Paris se tornaria um exemplo perfeito do que acontecia com as jovens mulheres no programa de entretenimento adulto dele.

Girls Gone Wild foi a epitome do entretenimento sexual predominante na década de 2000. O conceito era de uma simplicidade brilhante. Francis despachava equipes de filmagem para acompanhar o Mardi Gras e os destinos de férias dos estudantes universitários em busca de diversão inconsequente. O objetivo era encontrar jovens mulheres que pudessem ser convencidas a mostrar os seios para as câmeras. A ideia também era baseada em um modelo de negócios muito típico do século XX. As gravações eram editadas em DVDs, que eram anunciados naquelas propagandas de televendas na madrugada. Quando os clientes ligavam para fazer o pedido, não compravam apenas a última compilação do programa; eles entravam em um esquema por assinatura, o que significava que continuavam recebendo (e sendo cobrados) por novos vídeos para sempre, a menos que ligassem para o número de cancelamento — algo difícil de acontecer, já que a empresa fazia questão de não divulgá-lo.[27] Sob a perspectiva do consumidor, era antiético, mas, como o coordenador de produção do *Girls Gone Wild*, Ryan Simkin, comentou em sua autobiografia ao falar sobre o trabalho com Francis, "é por isso que Joe tem dois jatinhos e um resort de 15 quartos no México e você, vinte DVDs em algum lugar do seu apartamento, escondidos da sua namorada".[28]

Então, mesmo no auge do sucesso no começo da década de 2000, o *Girls Gone Wild* tinha um prazo de validade. A renda dependia de uma inconveniência. Com a pornografia virtual, era mais vantajoso (e barato) usar a internet do que encomendar um DVD. Só que isso era tudo uma questão de bastidores. A manchete sobre o programa era que se tratava de um fenômeno cultural que vinha no encalce da liberação pós-feminista, da mesma forma que Hugh Hefner havia surfado na revolução sexual com a *Playboy*. Assim como a famosa revista, o *Girls Gone Wild* entregava não apenas um estímulo, mas um estilo de vida, uma aspiração para acompanhar a ereção do homem que a comprava. Havia, é claro, algumas diferenças. O leitor da *Playboy* da década de 1950 foi concebido como um homem de bom gosto e com cultura, que (pelo menos em teoria) se interessava tanto pelos contos e pelas reportagens publicadas na revista como pelas mulheres nuas. Para o homem que comprava os DVDs de Francis, o sonho era uma vida de festas eternas. Só que o ponto crucial era a revista e os DVDs virem acompanhados de uma fachada de cordialidade com as mulheres que os redimia de serem puramente pervertidos. A *Playboy* chamava as coelhinhas de "as garotas mais invejadas dos Estados Unidos", com acesso a um "mundo glamouroso e empolgante".[29] Já o *Girls Gone Wild* se aproveitava do mito de celebrar a liberdade sexual das mulheres. Como uma jovem falou para um jornalista do *New York Times* em 2004, pouco depois de levantar a blusa para uma das câmeras: "É uma sensação muito libertadora", embora tenha acrescentado que estava "muito bêbada".[30]

O problema para os críticos feministas era que, nesse caso, as mulheres escolhiam participar. Elas até assinavam termos de consentimento antes da filmagem. Podiam estar levemente embriagadas, mas não eram ameaçadas nem coagidas. Também não faziam aquilo por dinheiro: enquanto Francis enriquecia, as garotas não recebiam nada além de uma camisa ou um boné com o logotipo da marca ao aceitarem levantar as camisas. (Para as dispostas a ir um pouco além — especialmente as bonitas, que podiam ser induzidas a se masturbarem diante das câmeras ou ficarem com outra mulher —, a equipe tinha autorização de pagar até 150 dólares, e até esse pagamento excepcional era surpreendentemente baixo em comparação com a indústria pornográfica de verdade.)[31] Ser filmada era, pelo menos naquele momento, uma questão de orgulho. "Para a maioria das jovens que conheci", escreveu Ariel Levy em um relato de 2004 sobre uma gravação do *Girls Gone Wild*, "indecência e liberdade são sinônimos".[32]

Na virada do século, a oposição feminista à pornografia havia se tornado uma relíquia, associada à censura, ao puritanismo e à futilidade. Andrea Dworkin foi a pensadora e ativista proeminente do movimento antipornografia. Em 1983, ela escreveu com a advogada Catharine MacKinnon o Decreto dos Direitos Civis Antipornografia, que apresentava a prática como uma ameaça aos direitos civis das mulheres, em vez de aplicar o molde judiciário de leis contra obscenidade antes usado pelos esforços antipornografia. Por mais engenhosa que fosse a abordagem, ela ainda era incompatível com a liberdade de expressão protegida pela Constituição norte-americana, e as tentativas de transformá-la em lei foram abandonadas na década de 1990. Para os oponentes ideológicos, Dworkin era um bicho-papão, mas os obituários escritos após a morte dela em 2005 a apresentavam como uma figura patética — tão ridícula que nem precisava ser considerada uma ameaça, uma amazona solitária se opondo inutilmente à maré de obscenidade inofensiva. O site Salon a homenageou com termos bem complacentes: "O extremo oposto de autorreflexiva, Dworkin nunca reconsiderou a opinião que tinha a respeito da pornografia, então nunca se perguntou o que todo aquele tempo e energia dedicados pelas feministas à 'guerra contra o sexo' na década de 1980 teriam conquistado se fossem redirecionados a ajudar mulheres vítimas de abusos a encontrar recursos financeiros e auxílio emocional para recuperar as próprias vidas."[33] Para os inimigos ideológicos de Dworkin, a cruzada que ela travou parecia tão equivocada que, no fim das contas, a única coisa boa que conseguiam dizer era que, pelo menos, o trabalho de uma vida havia fracassado.

Para as mulheres que cresceram após a guerra contra o sexo ter sido aparentemente resolvida, a questão não era ser "a favor" ou "contra" a pornografia. Ela existia independentemente de opinião, e criticá-la faria com que você fosse classificada como mal-amada e recalcada. Restava apenas decidir se era melhor tolerar a situação em silêncio ou se divertir com os garotos. O *Girls Gone Wild* e outras empreitadas sobre "gostosas da vida real" como a seção "High Street Honeys" da revista *FHM* ofereciam às mulheres a oportunidade de se tornarem colaboradoras entusiasmadas da transformação de si mesmas em mercadoria — mas era inevitável que algumas acabassem mudando de ideia. Em geral, isso acontecia quando entendiam que seriam vistas não apenas por desconhecidos, mas também por colegas de classe, amigos e até parentes. (Algumas provariam que não tinham capacidade legal de consentir em aparecer nas filmagens: em 2008, Joe Francis não contestou acusações sobre ter filmado duas menores de idade na Flórida em 2003. O fato de que muitas mulheres estavam embriagadas também deveria ter sido um sinal de alerta sobre a validade dos termos de consentimento assinados.)[34]

A política oficial era ajudar as arrependidas, identificando e apagando os segmentos em que elas apareciam, mas Simkin alegou que a prática nem sempre era seguida: "Se fosse uma mulher gostosa e a filmagem estivesse boa, então Joe dizia: 'Ela que se foda. Pode deixar aí.'"[35] Para as mulheres, o apelo do *Girls Gone Wild* era a ilusão de controlar a própria sexualização; mas, para os homens, tratava-se de conseguir ver algo que normalmente estaria oculto. Os DVDS ofereciam um registro permanente de algo que poderia ter ficado escondido sob a regra de "o que acontece nas férias fica nas férias", e os câmeras procuravam mulheres comuns porque sabiam que os homens que assistiam estavam torcendo para as que conheciam.

"Queríamos o tipo de mulher que parecia alcançável para quem quer que estivesse assistindo aos vídeos", explicou Simkin. "Um cara que assiste a um DVD desse no dormitório precisa pensar que a mulher no vídeo é igualzinha à que se senta ao lado dele na aula de História. Por sua vez, isso o fará fantasiar sobre ela mostrando os peitos para ele e acreditar que essa é uma possibilidade real. Era isso que Joe queria, e era isso que os consumidores queriam."[36] A escritora feminista Greta Christina, que se descreve como sexo-positiva, resumiu a promessa erótica dos vídeos como "humilhação": "Não é falso, não é atuação, não é uma fantasia. Quando as garotas de *Girls Gone Wild* cruzavam essa fronteira, era quase como se pudéssemos assisti-las se envergonhando em tempo real: como se estivessem abrindo mão da própria dignidade, se colocando em uma posição de degradação pública, oferecendo os próprios corpos para a diversão grosseira de um olhar público malicioso."[37]

O *Girls Gone Wild* iria de potência cultural a crise de negócios antes do fim da década de 2000 por vários motivos, incluindo os problemas judiciários de Francis, as críticas dos clientes ao modelo duvidoso de assinatura e uma falta de disposição cada vez maior dos homens no geral de pagar por pornografia quando havia tanto material disponível de graça na internet. Também se tornava cada vez mais difícil encontrar o tipo de mulher certa para a marca — não por estarem se tornando mais hesitantes com a autoexposição, mas porque, de acordo com Simkin, elas estavam passando dos limites. A influência de Paris fazia parte dessa mudança, de acordo com um câmera que foi citado no livro de Simkin. "Acho que Paris Hilton mudou tudo para elas; sinceramente, a sex tape teve um impacto enorme [...]. Foi como se ela tivesse dado 'permissão' ou um motivo para todas as outras perderem a linha."[38] As jovens americanas tinham perdido a "inocência", segundo ele. Com elas querendo aparecer, parte do interesse masculino parecia se dissipar.[39] Só que a coisa ia além disso. Se a graça do *Girls Gone Wild* era a possibilidade de ver os seios de uma mulher conhecida, por que se dar ao trabalho de ligar para comprar um DVD quando havia uma chance, mesmo que pequena, de encontrá-los na internet? Para os homens cujos gostos sexuais giravam em torno de ver mulheres jovens normais fazendo coisas de que provavelmente se arrependeriam, o *Girls Gone*

Wild tinha sido um mero aperitivo. Na metade da década de 2000, o *revenge porn* se estabeleceu como um gênero propriamente dito.

Um exemplo típico era o site exgfpics.com, fundado em 2005. O slogan autoexplicativo era "Fotos enviadas de ex-namoradas e ex-mulheres nuas", sendo bem transparente sobre a falta de consentimento das pessoas expostas. Os homens que enviavam as imagens às vezes eram movidos pelo ressentimento — alguns contavam histórias sobre terem sido traídos, reclamavam que gastavam dinheiro demais, ou estavam irritados por terem levado um pé na bunda. Em outros casos, mandavam fotos só porque podiam — um remetente enviou um pack de fotos que mostrava a namorada do colega de quarto da faculdade dormindo pelada. "Imagine a surpresa dela se ela [*sic*] ou algum conhecido encontrar essas fotos na internet", tripudiou o criador do site na legenda.[40] Caso uma foto fosse publicada nesse ou em algum dos muitos sites semelhantes que ofereciam o coquetel de voyeurismo e vingança, havia pouquíssimo a ser feito.[41] Apesar de muitos países terem leis sobre "comunicações maliciosas" para punir assédio, elas eram elaboradas para criminalizar o contato direto entre o criminoso e a vítima, não o envio de imagens para sites terceirizados. O direito autoral era da pessoa que tirou a foto, não da que aparecia nela — o que significava que, caso você fosse filmada por um namorado, a gravação era dele para fazer o que bem entendesse. Se as imagens em questão fossem selfies, a propriedade intelectual, pelo menos, estaria a favor da mulher, mas entrar com uma ação judicial era um processo lento e caro. Além disso, era pouco provável que impedisse as fotos de circularem. Como publicado pela revista *The Economist* em 2014, havia poucos recursos legais para as pessoas que se tornavam alvo do *revenge porn*.

> Se as imagens foram roubadas ou obtidas sob falsos pretextos, a vítima pode receber certa reparação. Em fevereiro, um júri no Texas concedeu 500 mil dólares a uma mulher cujo ex-namorado publicou um vídeo pornográfico gravado por ele durante uma ligação por Skype. Mas poucas vítimas levam esse tipo de caso à

justiça. As custas processuais podem chegar a 100 mil dólares, e os procedimentos legais chamarão atenção indesejada. A maioria dos países absolve sites que abrigam material gerado por usuários da responsabilidade legal pelo conteúdo. (Pornografia infantil costuma ser a exceção.) Após "praticamente implorar" para um site remover imagens suas, Bekah Wells, uma estudante da Flórida, encontrou o pedido por escrito e as fotos exibidas na homepage.[42]

Isso quer dizer que, uma década após o vídeo de Paris, a legislação ainda não protegia mulheres cujas imagens pessoais tinham sido vazadas — e o Efeito Streisand garantia que elas fossem punidas por tentarem se defender. O que você faria em uma situação parecida? O único conselho era não tirar as fotos (ou não permitir que fossem tiradas), algo que estava fora do poder das vítimas em muitos casos. Como a blogueira Kashmir Hill, que falava sobre o tema da privacidade, escreveu para a *Forbes* em 2009: "Se você for mais 'progressiva, porém nem tanto' do que eu e não se incomodar com a possibilidade de nudes seus se espalharem pela internet como se fosse [o vídeo viral do YouTube] David After Dentist, então pode ficar à vontade para ligar a câmera entre quatro paredes. Caso contrário, talvez seja melhor guardar as imagens na sua cabeça e não em um cartão de memória."[43] Essa era uma opinião prática (partindo do princípio de que a mulher não tivesse sido fotografada por um pervertido enquanto dormia, por exemplo), que não mencionava os homens responsáveis pela quebra de confiança. Todo peso moral era despejado sobre a vítima. Que tipo de mulher se deixa ser gravada fazendo sexo? No fim dos anos 2000, a resposta era a mesma do que no começo da década: alguém que quisesse ou merecesse uma coisa dessas.

Para muitos observadores, parecia óbvio que Paris devia estar por trás da divulgação da própria sex tape, especialmente considerando a proximidade do evento com a estreia de *The Simple Life*. Em dezembro de 2003, o *Guardian* escreveu que "aumentam as suspeitas sobre a possibilidade de a situação toda ser um grande golpe de publicidade, programado para impulsionar a carreira da mais nova celebridade dos Estados Unidos".[44] Outro teórico da conspiração sobre o vídeo de Paris era Perez Hilton. "Paris ganhou milhões de dólares, impulsionou a audiência da estreia do reality, virou capa de revistas [...]. Até hoje, essa deve ter sido a sex tape mais vendida, anunciada e divulgada da história."[45] Na verdade, em fevereiro de 2004, Paris processou a Kahatani Ltd — uma empresa virtual que distribuiu a gravação — por violação de privacidade, práticas de negócio ilegais e assédio moral. De acordo com um relato da agência de notícias Reuters, a petição de Paris afirmava que ela "pretendia que o filme servisse apenas para uso pessoal e nunca teve a intenção nem consentiu que ele fosse exibido para terceiros ou distribuído para o público".[46]

De acordo com a documentação processual, ela já havia convencido outra potencial distribuidora do vídeo a desistir. A empresa pornográfica Marvad tinha assinado um contrato de 50 mil dólares com um homem chamado Don Thrasher, que alegava representar Salomon e agir de acordo com as vontades de Paris. Em setembro de 2003, Salomon processou a Marvad e Thrasher por violação de direitos autorais e invasão de privacidade. Então, a empresa processou Thrasher em busca de indenização, argumentando (entre outras coisas) que ele havia falsamente representado Salomon como o único dono dos direitos autorais quando partes do vídeo tinham sido, na verdade, filmadas por Paris. "Após ser informada por Paris Hilton que os direitos que Thrasher alegara ceder eram inválidos, a Marvad aceitou o pedido da Srta. Hilton de não distribuir nem lançar o vídeo."[47] A estratégia de direitos autorais, apesar de bem-sucedida nesse caso, contradizia declarações feitas por ela e seus familiares de que não havia gravação nenhuma, ou que, se uma gravação existia, Paris havia sido ludibriada. Em janeiro de 2004, Salomon processou a ex e os pais dela por difamação, acusando-os de "orquestrar uma campanha maliciosa e ultrajante com o objetivo de retratá-lo como um criminoso".[48] Para o público em geral, o posicionamento de Paris como agente ativa na produção do vídeo só serviu para fazê-la parecer ainda menos inocente e, assim, ainda menos merecedora de compaixão. "Ela já é socialite, herdeira de uma rede de hotéis, tem um reality show e é a favorita das páginas de fofoca. Mas pode acrescentar outro título no currículo: diretora de vídeos de conteúdo adulto", escreveu a *People*.[49]

Só que, no meio de 2004, todos esses processos foram anulados. Em julho, foi anunciado que Paris havia chegado a um acordo com a distribuidora Red Light District Video, que trabalhava diretamente com Salomon: por uma parcela dos lucros e supostos 400 mil dólares, a Red Light District poderia fazer o lançamento comercial do vídeo, sob o título *1 Night in Paris* [Uma noite em Paris].[50] (Em um momento incongruente de respeito compulsório, o vídeo começa com uma imagem da bandeira norte-americana e as palavras "EM MEMÓRIA DO 11/09/2001 [...] NUNCA ESQUECEREMOS". Vamos torcer para que os espectadores não estivessem ativamente acessando as próprias recordações de uma atrocidade terrorista quando começaram a se masturbar.) Desde então, Paris declarou várias vezes que não recebeu dinheiro pelo vídeo, e no documentário *A verdadeira história de Paris Hilton*, de 2020, ela diz que se sentiu pressionada a filmar o ato por Salomon. Segundo ela, o lançamento do vídeo para o público foi como ser "eletronicamente estuprada". Só que a estrutura jurídica, assim como os costumes dos anos 2000, não lhe davam muita oportunidade para articular uma condição de vítima. Em vez disso, ela fez o que sempre fazia: abraçou o descaramento, como descreveu no livro que lançou em 2004, *Confessions of an Heiress* [Confissões de uma herdeira]. Anunciado como um tipo de guia para os leitores que desejassem seguir o estilo de vida dela, ele incluía o seguinte conselho para qualquer um que estivesse lidando com uma cobertura difícil da imprensa:

> Se a imprensa fizer piada sobre você, bem, entre no jogo. Fui ao *Saturday Night Live* logo depois que meu nome começou a aparecer todos os dias nas manchetes por algo de que eu não me orgulhava e que tinha chateado muito minha família. No

> programa "Weekend Update" com Jimmy Fallon, o roteiro dizia que ele deveria me perguntar "É difícil conseguir um quarto no Paris Hilton? É espaçoso lá dentro?". Ele queria cortar essa piada. Mas não deixei. De jeito nenhum. Era a parte mais engraçada. Então virei o jogo com a mídia no instante em que ele falou isso em rede nacional. Foi aí que tudo se encaixou e as coisas começaram a mudar. As pessoas viram que eu conseguia rir de mim mesma e que um incidente ruim não iria fazer com que eu me trancasse no meu quarto.[51]

Em outras palavras, assim que Paris entendeu que não podia negar a existência do vídeo nem impedir que fosse distribuído, ela seguiu um caminho prático e se serviu da narrativa criada ao redor dele, incorporando-o assiduamente à própria persona de celebutante cabeça-oca. Isso até a ajudou a — finalmente — conseguir um papel principal em um filme. No suspense *A casa de cera*, de 2005, ela interpreta uma loura promíscua chamada Paige, que se torna fadada a um fim sangrento no instante em que a vemos aos beijos com o namorado. Quando esse fim chega depois da metade do filme, há uma alusão óbvia à sex tape: o vilão atravessa a testa dela com uma barra de ferro, depois registra seus momentos finais com uma filmadora. Para deixar ainda mais óbvio que aquilo se tratava de ver coisas ruins acontecendo com Paris, o filme foi promovido com o slogan "Veja Paris morrer!". Ela posou ao lado de pôsteres anunciando a própria execução, exibindo um sorriso radiante.[52] Na trilha sonora, a faixa que toca durante a cena da morte dela é intitulada "Paris Gets It" [Paris recebe o que merece].

Uma parte anterior do filme até recria a sex tape para a plateia nos cinemas. Já está escuro e Paige e o namorado estão em um carro, enquanto os amigos estão no outro. Quando o carro com os outros personagens/rebanho a ser abatido os ultrapassa, eles veem Paige abaixada, com a cabeça no colo do namorado. Os amigos gritam e um deles usa uma filmadora (a mesma que mais tarde cairá nas mãos do vilão) para gravá-los, usando a visão noturna.

Por um instante, vemos Paris e o ator que interpreta o namorado de Paige em tons de verde, ocupados com algo que é difícil de ver, mas que com certeza parece obsceno. Paris olha diretamente para a câmera: a imagem é semelhante, de propósito e de forma inegável, a *1 Night in Paris*. No ano após a estreia de *A casa de cera*, a cantora Pink lançou uma música chamada "Stupid Girls" [Garotas burras], que — de uma perspectiva ostensivamente feminista — zombava das "garota[s] dos pornôs dos paparazzi", com cabelo louro e cachorros minúsculos. O clipe imitava o vídeo de sexo, com Pink tirando sarro da situação e no papel de Paris. Só que, como Paris tinha feito a mesma piada às próprias custas no ano anterior, e em um filme de Hollywood, o fato de outra pessoa fazer isso tinha bem menos poder de magoá-la. No álbum que Paris lançou em 2006, *Paris*, ela banca a loura burra com perfeição, com músicas sobre ir a boates, roubar namorados e ser sexy. "Todo mundo está olhando para mim", ronrona ela em "Turn You On". "Mas não tem problema, eu gosto de atenção."

Ao mesmo tempo, a piada podia ir longe demais. Em 5 de junho de 2007, Paris foi ao MTV Music Awards. Os problemas legais — aos quais ela se referira zombeteiramente como "confusões bobas" alguns meses antes, no VH1 Big in '06 Awards — aumentaram. Em janeiro daquele ano, ela havia se declarado culpada de uma acusação de direção perigosa após ser reprovada em um teste do bafômetro, sendo condenada a três anos de condicional, um curso de educação sobre álcool e uma multa de 1.500 dólares (um valor bem acessível para uma herdeira bilionária). Só que, um mês depois, ela seria parada de novo pela polícia — e a punição por dirigir com a carteira suspensa seria bem mais rígida. No dia 4 de maio de 2007, Paris foi condenada a 45 dias de prisão e sairia direto da premiação para começar a sentença.[53] Ela, que tinha transformado as confusões em notícia de forma tão habilidosa até então, deve ter imaginado que participar da premiação chamaria atenção, que seria tratada como uma participante da piada. Só que, em vez disso, a piada foi ela.

Mais tarde, a comediante Sarah Silverman, que apresentava o evento, disse que se arrependeu da piada "imediatamente",[54] mas, no vídeo da premiação, Silverman parece confiante e no controle enquanto fala. "Paris Hilton vai ser presa", anuncia ela, e a plateia aplaude em resposta. A câmera foca em Paris, abrindo um sorriso tenso e parecendo sem graça — uma imagem exibida não apenas para os telespectadores em casa, mas também nas telas enormes do teatro. Silverman continua: "Fiquei sabendo que, para ela se sentir mais confortável na prisão, os guardas vão pintar as barras para ficarem parecidas com pênis." A imagem volta para Paris, que está nitidamente insatisfeita, olhando para a frente com a mandíbula trincada. "Só fico com medo de ela acabar quebrando os dentes." A câmera passa a focar o ator Jack Nicholson, sentado na poltrona e gargalhando enquanto o restante da plateia morre de rir.[55] Talvez ele estivesse aproveitando um momento de "antes ela do que eu": apesar da reputação de baderneiro, Nicholson nunca teve problemas legais sérios. Ou, talvez, como a maior parte do mundo, ele simplesmente se divertisse com o sofrimento de Paris.

Para propósitos públicos, não havia punição suficiente para Paris, e a infelicidade que ela sentia era o melhor entretenimento que a própria podia oferecer. O *New York Post* publicou uma matéria sobre o encarceramento com a alegre manchete "Paris se debulha em lágrimas na prisão", alegando que ela recebia tratamento especial — inclusive, ser liberada da revista íntima rotineira.[56] No mesmo dia, o TMZ teve o prazer de contradizer essa versão: "O *NY Post* publicou nesta manhã que Paris não precisou passar pelo procedimento padrão de 'se curvar para a frente e tossir' ao chegar na prisão. Não é verdade! O TMZ foi informado de que Paris foi, sim, obrigada a passar pelo 'exame'. Que humilhação!"[57]

Nesse caso, não havia como Paris virar o jogo. Se fosse tratada como qualquer outra detenta, a mídia se empolgaria com sua desgraça; se mantivesse mesmo que um resquício de dignidade, a imprensa a criticaria por receber "tratamento especial para famosos". Quando ela foi solta após quatro dias para cumprir o restante da sentença em prisão domiciliar, houve indignação pela suposta indulgência. "Graças a Deus as autoridades permitiram que essa flor frágil voltasse a dormir em lençóis de algodão egípcio. A justiça foi feita, a imprensa se aproveitou de cada instante, e sei que Paris aprendeu uma lição importante com a experiência, que é 'Eu realmente sou melhor do que todo mundo e mereço tratamento especial'", zombou um blogueiro para o *LA Times*.[58] Depois da indignação, o juiz a obrigou a voltar para a prisão, para a alegria do público.[59] Na verdade, uma análise mais séria feita pelo mesmo jornal determinou que os quatro dias originais estavam dentro da punição média para o crime que ela cometeu. Ela acabou tendo de cumprir mais tempo na prisão do que 80% das pessoas com sentenças parecidas.[60]

Não que essa intrusão da realidade fizesse diferença. Após a intensa cobertura sobre o encarceramento, havia espaço para mais uma onda de sentimento anti-Paris. A âncora de jornal Mika Brzezinski, do MSNBC, foi mundialmente elogiada ao se recusar a ler uma matéria sobre a soltura de Hilton, rasgando o roteiro no ar e até tentando atear fogo nele. Tal conquista, segundo o *Guardian*, "foi erguer um punho revoltado na cara de uma das forças mais poderosas do mundo moderno: a fama".[61] (A reação de Brzezinski, reassistida hoje, parece mais uma armação incentivada por produtores.) Até a *Us Weekly* — que nunca tinha se eximido de falar sobre Hilton — entrou na dança, anunciando uma edição "100% sem Paris", apesar de observadores mais atentos à imprensa notarem que isso pode ter sido motivado, em parte, pelo fato de que havia perdido o furo da entrevista pós-prisão para a rival, a revista *People*.[62]

Mesmo quando as discussões feministas alcançaram o ambiente tecnológico, Paris não foi deixada para trás. Em 2008, a jornalista Tracy Clark-Flory escreveu um artigo para a *Salon* sobre o novo e preocupante fenômeno das "fotografias tiradas por baixo de saias" e como o sistema judiciário não sabia lidar com ele. "Sem jurisdiquês: se você usar uma saia em público, alguém pode enfiar uma câmera na sua virilha", disse ela, com um sentimento de ultraje justificado. Até para Clark-Flory, Paris era uma vítima imperfeita. "É claro que nem todos os alvos são fotografados à revelia", escreveu. "A cruzada sem calcinha de Paris Hilton e Britney Spears diante dos paparazzi parecia proposital — se não sóbria e lúcida. De certa forma, era um reconhecimento agressivo da completa falta de privacidade das mulheres famosas."[63]

Paris tinha muitas vantagens que uma mulher comum que aparecia em um vídeo do *Girls Gone Wild* não tinha. Ela era rica. Ela entendia a imprensa. Ela dispunha de acesso a recursos legais financeiramente inviáveis para a maioria das pessoas. Ainda assim, ela continuava sendo uma mulher em um mundo machista. Apreciadores que consideravam o *Girls Gone Wild* uma empreitada liberal, como Greta Christina, gostavam de argumentar sobre o "livre-arbítrio" das participantes, escrevendo que "quando tratamos as jovens de *Girls Gone Wild* com pena e desdém, como se fôssemos superiores, quando paramos de respeitar essas jovens e o livre-arbítrio sexual [...] estamos dando um pequeno passo para começarmos a desrespeitar todas as mulheres — e todos os homens — que tomam decisões sexuais impopulares".[64] O que estava sendo defendido era a doutrina chamada de "feminismo de escolha", uma ideologia a qual associavam Paris com frequência. "Paris Hilton: futuro ícone feminista" era a manchete meio sarcástica de uma publicação de 2003 do Gawker sobre a sex tape, que previa que "o vídeo será disponibilizado na internet e Paris se tornará uma defensora fervorosa pró-sexo. Ela levará a mensagem para as ruas de todo o mundo, incentivando a sexualidade das moças e a liberdade e o direito de usar roupinhas minúsculas com orgulho".[65]

Só que "escolha", como a filósofa Michaela L. Ferguson escreveu no ensaio "Choice Feminism and the Fear of Politics" [O feminismo de escolha e o medo da política], de 2010, é uma substituta ruim para "poder". Ferguson argumentava que, ao focar escolhas individuais, essa vertente do feminismo "separa o ato da escolha de contextos institucionais, políticos, históricos e sociais mais amplos nos quais a escolha acontece. Isso significa que o feminismo de escolha obscurece como estas nos são moldadas".[66] Em uma sociedade que julgava mulheres sexualmente ativas como "piranhas" ao mesmo tempo que fetichizava violações sexuais, faz mais sentido encarar as decisões de Paris como estratégias para viver em um mundo hostil, e não como expressões de libertação. Apesar de todo o privilégio, Paris não tinha o poder de instaurar os próprios limites como uma mulher famosa.

Ela recebeu um pouco de compaixão, mas de alguém muito inesperado. Em uma coluna de 2007 para a *Slate*, o escritor Christopher Hitchens — um homem que nunca correria o risco de ser confundido com um feminista — se viu enojado com o circo criado e compreendeu que aquela invasão era sexual. "Sem se contentar em vê-la nua e penetrada de várias formas, parece que partiram do princípio de que precisamos vê-la sendo punida e humilhada também", escreveu ele. "No fim das contas, a cultura 'de mente aberta' é tão lasciva e obscena quanto os anciãos de *A letra escarlate*. Hilton é legalmente adulta, mas o tratamento que ela recebe cheira — na verdade, fede — a quaisquer que sejam os impulsos horríveis, ocultos e representativos que fundamentam a pornografia e o abuso infantil".[67] Mas Hitchens estava quase sozinho ao se compadecer pela celebutante em desgraça. "Ser famoso não significa que você deveria sair ileso caso faça algo errado", dissera Paris em 2001, e o papel que ela assumiria na vida pública desde então foi simbolizar o privilégio vazio justamente para ser criticada por ele. No fim das contas, até a ânsia coletiva de vê-la sofrer era apenas mais uma coisa pela qual ela poderia carregar a culpa.

"Desculpe, Paris Hilton, a gente devia ter defendido você", anunciou um ensaio arrependido no site da revista *Elle* em 2020.[68] Mas, diferentemente de Britney, Paris não tinha passado os 13 anos anteriores trancada em um quarto. Enquanto Nicky havia se acomodado com um enredo mais respeitável para uma socialite, casando-se com um Rothschild em 2015, Paris tinha usado seu dom para o marketing pessoal em uma variedade impressionante de produtos. Apenas a linha de fragrâncias lhe rendeu mais de 2,65 bilhões em vendas.[69] Ela cobra 1 milhão por apresentação como DJ.[70] Na década de 2010, a Paris Empresária foi aos poucos substituindo a Paris Problemática na imaginação do público. Ela começou a ser reconhecida como a "primeira influenciadora", a pioneira que tinha criado o modelo para a fama no século XXI. (Apesar de o homem que roubou o nome dela, Perez Hilton, achar que esse título deveria pertencer a ele. Em uma entrevista em 2021, ele me disse: "Paris Hilton não foi a primeira influenciadora. Ela nasceu herdeira, escolheu se tornar socialite e depois resolveu trabalhar na televisão. Eu fui o primeiro influenciador antes de o termo influenciador existir!")[71] Só em 2021, ela lançou uma série na Netflix (*Cozinhando com Paris Hilton*), um reality show que acompanhou o casamento dela com o investidor de capital de risco Carter Reum (*Paris in Love*) e um podcast (*This Is Paris*).

Em 2020 — após as revelações do movimento #MeToo —, ela pareceu concluir que o mundo estava pronto para mais uma versão sua: a Paris Sobrevivente. No documentário *A verdadeira história de Paris Hilton*, do mesmo ano, ela não apenas fala abertamente sobre o trauma da sex tape como também alega ter sofrido abusos físicos e sexuais na Provo Canyon School, o internato para o qual foi enviada pelos pais aos 16 anos. (Em nota, a Provo Canyon alegou: "Não aceitamos nem promovemos qualquer forma de abuso.")[72] A piranha maníaca pelos holofotes da década de 2000 obviamente não era nada daquilo: Paris era uma criança traumatizada fazendo pirraça. Fazia sentido que, depois de se decepcionar tanto com a família, ela procurasse homens mais velhos e de moral questionável, como Salomon e Francis. Fazia sentido que, depois de sofrer e superar a humilhação institucional que alega ter encontrado na Provo Canyon, ela instintivamente entendesse como lidar com a humilhação ritualística da imprensa.

Só que essa reinvenção veio acompanhada do lembrete de que, no sentido mais importante, Paris sempre foi Paris. Em dado momento do documentário, a diretora pergunta por que ela nunca havia falado sobre tais experiências. "Eu queria fazer alguma coisa", diz Paris, "mas pensava que isso prejudicaria a minha marca". Fica implícito que Paris compreendeu que *faria bem à marca* revelar tudo aquilo naquele momento. Se isso passa a impressão de ela ser capaz de extremo cinismo, também deve ser observado que estava certa. Na década de 2000, as vítimas não eram dignas de piedade. Quanto mais ela sofresse, mais divertido ficava. Só que, no sistema de fama de 2020, o trauma se tornou uma vantagem: hoje, os fãs querem ver ídolos falando sobre o que sofreram e elogiar a coragem deles em superar experiências terríveis. Com certeza é uma evolução diante do teatro da crueldade dos anos 2000, apesar de ser impossível ignorar o fato de que o sofrimento feminino permanece sendo o produto. O mesmo público que antes se deliciava com a humilhação de Paris agora inala suas histórias de angústia e sobrevivência. Paris entrega o conteúdo necessário com perfeição. Ela sempre soube, melhor do que ninguém, como dar ao povo o que ele quer.

3

Lindsay Lohan: apocalipse

"Sim, caralho, eu estou bem."

Britney, Paris, Lindsay. Três mulheres que representaram o que houve de mais grosseiro, trágico e fútil nos anos 2000. A santíssima trindade — o apelido dado a uma foto icônica das três juntas — da "década por baixo da saia". Era raro, no entanto, vê-las no mesmo lugar, apesar do que as reputações que compartilhavam davam a entender. Paris e Britney estavam juntas quando Lindsay se enfiou no carro com elas para fugir dos paparazzi. Paris se lembraria de que foi "meio chato", porque tinha atritos com Lindsay na época. Mas a verdadeira relação entre as três era menos importante do que o papel intercambiável que elas tinham no imaginário popular como avatares da ruína feminina. Além disso, para o público, sempre houve a sensação de Lindsay ser um pouco superior em termos de potencial desperdiçado. Britney sabia cantar e dançar. Paris era sagaz e carismática. Mas Lindsay Lohan era reconhecida por ser talentosa, cujos dons eram tão óbvios — pelo menos, a princípio — que iam contra o desdém dedicado às "famosas por serem famosas".

Ela foi a que ganhou fama mais cedo, tendo apenas 12 anos na estreia da refilmagem de *Operação cupido*, em 1998. Lindsay trabalhava como modelo desde os 3 anos e atuava havia muito tempo. Só que, mesmo com toda a experiência, o filme foi um desafio e tanto, porque ela interpretava as gêmeas Hallie e Annie. A atriz deu conta do recado com maestria. "Não dá para imaginar *Operação cupido* sem sua estrela ruiva de 11 anos [a idade dela na época da produção]", disse uma crítica do *LA Times*. "A animação e o sorriso travesso fazem dela uma jovem simpática, que conquista nossos corações quase de imediato. Lohan é a alma do filme."[1] Nascia ali uma estrela. "Fiquei chocada com toda a fama", contou ela em uma entrevista de 2003. "Veio tudo ao mesmo tempo."[2]

Até 2004, Lindsay participou exclusivamente de filmes da Disney, para quem ela era uma aposta segura o suficiente para ser confiada a franquias antigas, valiosas e empolgantes com o objetivo de dar novos ares ao catálogo do estúdio. As personagens às vezes quebravam as regras e eram quase pentelhas, mas ela era tão fofa que recebia um passe para ser convincentemente chata quando o enredo exigia. No filme para a televisão *A boneca que virou gente* (2000), ela é uma menina que, sem querer, traz uma boneca (Tyra Banks) à vida ao tentar ressuscitar a falecida mãe. Na refilmagem de 2003 de *Sexta-feira muito louca*, ela mais uma vez interpretou duas personalidades — sua personagem adolescente rebelde troca de corpo com a mãe certinha (Jamie Lee Curtis). O filme foi um enorme sucesso e consagrou a jovem como um talento a ser observado. Em *Confissões de uma adolescente em crise* (2004), ela interpreta Lola (cujo nome real é Mary, mas "sei desde que tinha 5 anos que meu nome mesmo é Lola"), uma adolescente de Nova York que se muda para Nova Jersey com a mãe após o divórcio dos pais e resolve se reinventar como a personagem principal da nova escola.

Confissões de uma adolescente em crise é apenas um filme da Disney para a televisão, levemente melhorado e elevado a status de cinema pela fama em ascensão da protagonista. Em retrospecto, porém, vê-se que duas coisas o tornam importante na formação da persona da atriz nos tabloides. Primeiro, o enredo envolve Lola organizando a intervenção de uma estrela do rock em decadência, mostrando a atriz como uma pessoa sóbria (um papel que não convenceria ninguém alguns anos depois). Segundo, há uma longa sequência imaginária em que Lola se imagina como Marilyn Monroe, com direito a cabelo platinado, a pinta e o vestido branco decotado com a saia rodada que Marilyn usou em *O pecado mora ao lado.*

Foi um momento fofo, bobo, que também era um cartão de visitas. Lindsay, então com 17 anos, já começava a pensar na transição para papéis mais adultos. Marilyn era uma intimação do que poderia acontecer: uma atriz que tinha o talento cômico e a sutileza dramática para transcender às limitações do início de carreira. Também era — apesar de ninguém, nem mesmo Lindsay, saber na época — a primeira de uma série de ocasiões em que ela brincaria com a iconografia da falecida estrela. Com o tempo, as alusões passariam a ser menos fofas e mais irônicas. Com o tempo, os mesmos demônios que consumiram uma — os vícios, a autodepreciação e a instabilidade — pareciam devorar a outra. Com o tempo, as pessoas parariam de esperar que ela igualasse a própria carreira à de Marilyn. Muito antes do fim dos anos 2000, observá-la passou a se resumir a uma coisa: esperar por sua autodestruição até a morte. Havia algo de mórbido na cultura das fofocas daquela década. Para entendê-la, é preciso compreender o local e o momento em que ela surgiu: Manhattan, após os atentados de 11 de Setembro.

As personagens da Disney interpretadas por Lindsay não tinham famílias perfeitas, mas nenhuma delas chegava aos pés da família real da atriz. Lindsay nasceu e cresceu em Long Island, Nova York — uma bem diferente da que aparecia nos filmes da atriz. Em 1990, quando ela tinha 5 anos, o pai, Michael — então corretor na bolsa de valores em Wall Street —, foi condenado por desacato e sentenciado a quatro anos de prisão após uma investigação sobre uso de informações privilegiadas. (Em entrevistas, ele fazia parecer que isso era quase nobre: o único crime que tinha cometido, segundo ele, foi "não falar".)[3] Em 1998, ele foi preso de novo por violar a condicional ao visitar a filha no set de *Operação cupido*, e mais uma vez em 2000, por violar a medida protetiva que a então esposa, Dina, conseguiu para impedi-lo de ver os quatro filhos que tinham juntos.[4] De acordo com Michael, a fonte dos problemas entre ele e Dina era o sucesso cada vez maior de Lindsay e o fato de os parentes tentarem afastá-lo para poderem se aproveitar mais da atriz mirim. Em uma entrevista concedida em 2005, ele reclamou da reputação de pai ruim, argumentando que o irmão de Dina, Paul Sullivan, foi preso por participar de um esquema que fraudou um fundo de auxílio às vítimas do 11 de Setembro em um montante de 1,5 milhão de dólares.[5] (Sullivan se declarou culpado em 2006.)[6] Michael também admitiu usar cocaína e beber em excesso.[7] A versão de Dina era que ela queria proteger a si mesma e os filhos do comportamento "violento e imprevisível" do marido. De acordo com uma carta escrita por Dina e Lindsay e divulgada à imprensa pela advogada que as representava, "ele já ameaçou matar a família inteira".[8] Michael alegou não entender de onde aquilo saiu. "É uma pena que minha esposa faça meus filhos sofrerem por não passarem tempo com o pai", disse em uma entrevista.[9]

A relação conturbada entre os pais obrigava Lindsay, segundo ela mesma, a assumir o papel de protetora dos irmãos. "Eu me sinto como uma segunda mãe, ajudei a criar minha família", contou para a revista *Allure* em 2007. "Eu sempre tinha que intermediar a situação entre meus pais. Bem, na verdade eu me forçava a intermediar para tentar manter a paz e me sentia bem fazendo isso."[10] Em 2004, Michael Lohan agrediu o cunhado, Matt Sullivan, na festa da primeira comunhão do filho caçula e foi preso novamente no ano seguinte. Esse encarceramento interrompeu as negociações do divórcio, que se estenderam até 2007 — dizia-se que o casal brigava, por exemplo, sobre se Michael tinha direito a 3 milhões de dólares por ano dos rendimentos de Lindsay.[11] Ele achava que todos esses problemas jurídicos desagradáveis poderiam ter sido evitados se Dina o escutasse. "No começo, sugeri um reality show chamado *Vivendo com os Lohan: terminando ou recomeçando?*", contou ele para o *New York Observer*. "Quando Dina entrou com o pedido de divórcio, sugeri que, em vez de abrirmos um processo jurídico, deveríamos tentar resolver as coisas de um jeito amigável. Mostrar para todo mundo que podíamos terminar e/ou recomeçar da maneira certa. Haveria câmeras nos seguindo o tempo todo. Isso teria nos guiado na melhor direção."[12]

Era uma sugestão grosseira. Mas, apesar de a recusa de Dina não ser surpreendente, ela estava mais do que disposta a exibir a família. Em 2006, ela contou ao *New York Times* que queria produzir um reality show chamado *CEO of Household* [Diretoras do lar]. "Todas nós temos band-aids e esfregões nos armários", disse ela. "Nós somos as diretoras dos nossos lares. Levamos ao pediatra e a médicos. Somos as motoristas. Somos as condutoras." No caso de Dina, ela também era a empresária da carreira dos quatro filhos. (Os três mais novos eram contratados pela Ford Models, que também agenciava Lindsay.) Mas a ex-dançarina queria reconhecimento pelo que fazia. "Sempre trabalhei nesse meio, tive filhos e deixei minha carreira de lado. Agora é a minha vez de voltar com tudo", afirmou em uma entrevista na festa de lançamento de sua primeira capa de revista.[13]

CEO of Household nunca sairia do papel. Algo muito parecido surgiu, chamado de *Keeping Up with the Kardashians*, que girava em torno da figura bem mais imponente de Kris Jenner. Quando, no entanto, o projeto dos Lohan se tornou realidade, em 2008, chamado *Living Lohan*, e entrou na grade do canal E! entre as temporadas de *Keeping Up* para preencher horário, foi considerado uma cópia. (Lindsay manteve a distância, aparecendo em apenas um episódio e depois só a voz em um telefonema.)[14] O plano de Dina de ganhar fama como mãe e empresária era bom, só que ela não tinha as habilidades necessárias para fazer dessa ideia um sucesso. Havia uma aura inegável, e desagradável, de desespero. Michael e Dina Lohan tinham a capacidade excepcional de atrair para si os holofotes, com uma história irresistível para um público que adorava ver a inocência de Lindsay e seu nariz arrebitado sendo degradada. Em uma época em que fofoca nunca era demais, os Lohan pareciam existir com o intuito de alimentá-la.

À medida que a escavação pública dos podres da família começava em 2004, a própria Lindsay começou a chamar atenção ao ser descrita como uma "festeira". No ano em que completou 18 anos, relatos de suas saídas — às vezes na companhia da então amiga Paris — eram tão rotineiros que a cobertura adotou um tom cansado, exausto. "Como era de se esperar, entre os que caíram na fara *[sic]* estavam [...] Paris Hilton e Lindsay Lohan", disse uma publicação de setembro de 2004 no Gawker sobre a festa da *Entertainment Weekly.* (O erro de digitação reflete a pressa com que o texto foi escrito e publicado.) O seguinte comentário foi acrescentado entre colchetes: "Nota da Ed.: Alguém inventou algum tipo de vodca mágica que clonou várias vezes essa dupla? Porque elas aparecem ao mesmo tempo em todos os eventos de Hollywood."[15] Os tempos de criança estavam ficando para trás. Não tinha apenas a ver com quanto ela gostava de se divertir, mas também com a aparência dela — algo do qual o *Saturday Night Live* se aproveitou durante a participação da atriz em maio de 2004. Em um esquete, Lindsay aparecia como a personagem Hermione, de Emma Watson, nos filmes da série *Harry Potter.* A piada era que Hermione havia crescido durante as férias de verão, e os personagens masculinos se tornaram incapazes de fazer qualquer outra coisa além de encarar os seios dela, emoldurados por um suéter de gola V profunda e uma blusa desabotoada até o decote. No fim da cena, Hermione se retirava, frustrada, para tomar um banho; Ron perguntava a Harry se ele ainda tinha a capa de invisibilidade e os dois corriam pelo palco, empolgados com a ideia de espionar a amiga.[16]

O esquete fazia piada com o tesão adolescente, mas também com a atenção sórdida do público em jovens que cresciam sob os holofotes, como Lindsay Lohan e Emma Watson. Ao mesmo tempo, usava o mesmo tipo de exposição que parodiava: em um momento, Lindsay segura uma lente de aumento gigante na frente dos seios. Ela tinha apenas 17 anos na época. Colocá-la em um uniforme de colegial exibindo o busto era uma ideia de teor questionável. O esquete, porém, não era nem de perto a primeira vez que o corpo de Lindsay era exibido para consumo público — se é que isso serve como defesa. As especulações sobre as mudanças físicas pelas quais ela passava eram tão intensas que, em uma entrevista ao *Guardian* no mesmo mês de sua participação, a atriz foi questionada sobre os boatos de que ter colocado silicone nos seios. "Que ideia idiota", respondeu ela. "Eu tenho 17 anos. Minha mãe jamais deixaria. Fora que eu ficaria morrendo de medo e é desnecessário... mas que bom que as pessoas acham que tenho seios bonitos."[17] Antes mesmo de ser juridicamente considerada adulta, ela já precisava encontrar uma forma de lidar com a atenção pornográfica que recebia. Pelo menos ao fazer piada com o assunto, como com o esquete do *SNL*, a jovem poderia alegar um pingo de controle sobre a forma como era representada.

Ser engraçada era um dos pontos mais fortes da atriz; por isso fazia sentido que o primeiro filme fora da Disney fosse uma comédia. *Meninas malvadas* (2004) era uma transição perfeita. Havia continuidade com os trabalhos anteriores: ela voltaria a trabalhar com o diretor Mark Waters, com quem trabalhou em *Sexta-feira muito louca*. E, assim como nesse filme e em *Confissões de uma adolescente em crise*, interpretaria uma estudante do ensino médio. Para a plateia de garotas que tinha crescido com ela desde *Operação cupido* e que também estavam em um ciclo escolar semelhantes, era um terreno confortável. De qualquer forma, era um passo fora da segurança do mundo da Disney. O material que serviu como fonte para *Meninas malvadas* é um livro de não ficção chamado *Queen Bees and Wannabes* [Abelhas-rainhas e aspirantes], de Rosalind Wiseman, sobre as vidas secretas das adolescentes — vidas com políticas bizantinas de relações interpessoais, impostas pela crueldade emocional. O livro de Wiseman chamou atenção de Tina Fey, que se descrevia como uma antiga "menina malvada" e que na época era roteirista-chefe do *SNL*.

Antes de Tina Fey entrar para o programa em 1999, o *SNL* tinha a reputação de ser um ambiente machista e decadente. Sob o comando dela, a audiência e a reputação entre os críticos começaram a mudar, com o programa passando a usar materiais focados em mulheres e sob a perspectiva feminina.

Isso não quer dizer que Fey beirasse o *girl power*: havia piadas sobre depilação, esposas troféu e abuso sexual, além do uso generoso de termos como *piranha, vaca* e *vagabunda*. Um perfil da comediante publicado na *New Yorker* em 2003 (e o fato de ela ter ganho um perfil na revista mostra a importância cultural que tinha naquele momento) contava a história de um homem na equipe do programa que perguntou se ela odiava mulheres. Em resposta, "ela disse que o objetivo do programa é fazer piada com as pessoas e que, se não fizesse piada com mulheres, as comediantes não teriam papéis para interpretar".[18] Personagens mulheres mereciam ser vistas na tela não porque eram exemplos morais, mas porque podiam ser tão corruptas, idiotas e degeneradas — e, portanto, uma boa fonte de piadas — quanto os homens. A adaptação de Fey de *Queen Bees* para o roteiro de *Meninas malvadas* se encaixava nessa filosofia. A personagem de Lindsay, Cady, é uma adolescente que morava em algum país do continente africano, educada em casa pelos pais antropólogos — portanto, alheia ao "código de conduta feminino" —, e que, aos 16 anos, volta aos Estados Unidos e é matriculada na escola North Shore.

Cady faz dois amigos: Damian, que é "gay demais da conta", e a gótica Janis. Os dois a incentivam a se infiltrar no grupinho das garotas mais populares da escola, conhecido como Poderosas, e destruir a líder tirânica, Regina George. Cady entra no grupo e se torna uma Poderosa. Ela não apenas substitui a líder como também mostra que as duas são iguais. Por vingança, Regina distribui o "livro do arraso", um registro de comentários cruéis e boatos maldosos sobre outras meninas, feitos pelas outras Poderosas, e culpa Cady. O filme é uma observação astuta das tramoias no ensino médio, mas não se resumia a isso: ele também fala sobre fama. Quando as Poderosas fazem sua primeira aparição, Damian as descreve da seguinte maneira: "Se a North Shore fosse uma revista, elas estariam sempre na capa." Era subentendido que Regina George, como a maior e mais malvada celebridade da escola, merecia o castigo mais rígido de todos: ela se redime, mas só depois de perder todas as amigas e ser atropelada por um ônibus. O livro do arraso em si não passa da cultura dos blogs de fofoca, só que em estilo artesanal.

No começo dos anos 2000, os blogs de fofoca ainda começavam a se firmar: o TMZ e Perez Hilton não existiam. Mas o Gawker já estava em atividade. Criado em 2002 por Nick Denton, um jornalista britânico radicado em Nova York, o blog cresceria até ter a própria família de sites: o Fleshbot (fundado em 2003) cobria pornografia; o Defamer (2004) ficava com a fofoca sobre celebridades; o Valleywag (2006) oferecia boatos sobre a indústria tecnológica; e o Jezebel (2007) trazia uma visão feminista. Denton e seus funcionários "não foram os inventores do blog", escreveu Vanessa Grigoriadis em 2007, "mas o tom que usavam se tornou o estilo mais influente e importante nessa categoria de sites e se transformou na voz do que temos hoje".[19] Essa voz poderia ser resumida em uma palavra: *malvada* — apesar de Gawker preferir *mordaz*. Ainda que não tivesse uma visão séria do que acontecia, o blog era impiedoso — o que tornava tudo bem sério para quem servia de alvo. No começo, os blogs existiam em um mundo de reputação duvidosa empolgante — o próprio nome do Gawker [Tiete] sugeria alguém que observava situações de fora, mas perto o suficiente para estar no universo da imprensa tradicional e distante o bastante para se considerar livre dos códigos sociais (e, às vezes, das leis) que comandavam a indústria.

Os sites de Denton desdenhavam de tudo, incluindo a si mesmos, como o slogan do Defamer mostrava: "Los Angeles é a capital cultural do mundo. Defamer é o jornaleco de fofocas que ela merece". A frase aparecia em um menu lateral, seguida por uma lista de comentários sobre o site que continham críticas ou elogios, mas que, de toda forma, resumiam os motivos para ser lido. "Destemido [...] de uma malícia deliciosa", dizia uma citação. "Mas. Que. Bosta", dizia outra. A última vinha do site Radosh.net (atualizado pela última vez em 2010) que dizia "Blá, blá — ahh, os peitos da Lindsay!".[20] Verdades destemidas. Discussão de boatos sem moderação. Os seios de uma jovem de 17 anos. Isso, basicamente, resumia a missão editorial do Defamer. Enquanto *Meninas malvadas* lançava Lindsay para o estrelato adulto, os seios da atriz tinham uma carreira paralela gerando cliques, riqueza e empregos para a economia da web 2.0.

Para ter um vislumbre de como Lindsay se sentia, era só observar a letra de sua música, "Rumors", lançada no fim de 2004. É uma canção surpreendentemente sincera, por mais superproduzida que seja. Enquanto Britney pareceria hostil à imprensa em "Piece of Me" (2007) e Paris adotaria um tom sedutor em "Turn You On" (2006), Lindsay está magoada e furiosa. "I'm tired of rumors starting / I'm sick of being followed / I'm tired of people lyin', sayin' what they want about me" [Estou cansada dos boatos / Estou cansada de ser seguida / Estou cansada de pessoas mentindo, dizendo o que querem sobre mim]. (Como os coautores eram os sobrinhos de Michael Jackson, pode-se dizer que eles, de certo modo, compartilhavam tal perspectiva.) A música não convenceu a mídia a bater em retirada. Em vez disso, surgiram vazamentos da gravação do clipe que mostravam o relacionamento amoroso de Lohan na época.[21]

Em 2005, foi lançado o último filme de Lindsay para a Disney, *Herbie: meu fusca turbinado*; o sexto (e último) da série *Herbie* sobre um fusca que tem vontade própria. O filme não chegou nem aos pés de *Sexta-feira muito louca*, e o interesse salivante da mídia sobre Lindsay também não ajudou. O *Washington Post* deu o título "Motor antigo em corpo novo" à crítica, referindo-se ao corpo da atriz e à franquia recauchutada.[22] A crítica do *Chicago Tribune*, escrita por Robert K. Elder (que deu ao filme a dura nota de 1,5 estrela em um total de quatro), destacou a pressão que a cobertura on-line havia colocado sobre a película. "A diretora Angela Robinson negou com todas as letras os boatos de que os seios de Lohan tenham sido reduzidos digitalmente para não ofender audiências familiares. Esse boato, que se espalhou pela internet, é duvidoso, mas faz sentido: *Herbie* é um papel estranho para Lohan[...]. Ela cresceu e não se enquadra mais no padrão da Disney."[23]

Tais boatos, é claro, eram promovidos em grande parte pelos sites do Gawker. "Um leitor relatou que o macacão de corrida estufado de Lindsay Lohan [...] talvez não seja apropriado para um filme de família", dizia um post no Defamer, ilustrado com um close-up do decote de Lindsay.[24] As fofocas também alegavam outro problema no set: as farras estavam afetando o trabalho, e havia boatos de que a diretora tinha chegado ao ponto de procurar uma substituta.[25] Lindsay se esforçou para desmentir essas histórias. "Minha forma de aliviar o estresse é sair e me divertir", disse ela para a revista *W.* "Algumas pessoas preferem fazer ioga, mas ninguém quer fofocar sobre isso. Se estou em Los Angeles e vou até a academia, tiram fotos que não vão ao ar porque não vendem. As pessoas gostam do drama."[26] Foi uma boa resposta, que ficou difícil de engolir depois de ela ter passado cinco dias em um hospital para tratar algo chamado de "exaustão" pelo assessor dela e o mundo da fofoca casualmente presumir ser algo ou relacionado a álcool ou a uma cirurgia de redução do suposto silicone nos seios.[27]

De fato, Lindsay surgiu menos voluptuosa do que antes, e as pessoas queriam saber por quê. Um post do Defamer terminava com o animado clamor "que os estudos obsessivos e nojentos das evidências fotográficas comecem!".[28] Se não foi uma cirurgia, outra possível explicação era um distúrbio alimentar, desmentido por Lindsay na entrevista para a *W.* "As pessoas perdem peso quando crescem; elas perdem a carinha de criança", argumentou. "Mas, sabe, eu convivo com garotas, mesmo nos filmes, que falam coisas do tipo: 'Não estou me sentindo bem, comi demais, vou vomitar.' Na sessão de fotos da *Vanity Fair* com as jovens estrelas, ninguém comeu. Eu estava comendo macarrão e as outras, salada. E é de mim que falam."

Era, de novo, uma bela defesa, mas a foto que a acompanhava — Lindsay fotografada de costas, ajoelhada e sem blusa, o rosto virado para a câmera, as omoplatas proeminentes em um corpo esguio e um rosto surpreendentemente infantil — parecia desmenti-la.[29] Todos esses supostos problemas (as bebedeiras, os boatos de distúrbios alimentares, a especulação sobre a cirurgia e até o casamento publicamente complicado dos pais) eram vistos como reflexos de caráter, e não como dificuldades que ela precisava enfrentar. Todo esse cenário parecia confirmar que ela nunca tinha pertencido ao mundo fofo e seguro da Disney, mostrando que, sob a superfície, sempre tinha sido escória. Tratava-se de uma jovem exibida desde que se entendia por gente e que parecia ser tratada como uma fonte de renda pelos pais, cuja puberdade foi escrutinizada da forma mais pública possível. Se ela estava se rebelando, talvez tivesse motivos para isso.

Para mulheres, crescer é difícil mesmo em circunstâncias normais. Para uma estrela mirim, pode ser uma catástrofe. Em seu livro de memórias *Estou feliz que minha mãe morreu*, a ex-atriz mirim Jennette McCurdy — que começou a atuar aos 8 anos e alcançou a fama aos 15 anos no sitcom *iCarly* — se recordou de a princípio ter ficado com medo de que seus seios em desenvolvimento pudessem ser câncer. A mãe explicou o que estava acontecendo, mas mesmo assim ela não se tranquilizou. "A única coisa pior do que um diagnóstico de câncer era um diagnóstico de estar crescendo."[30] Quando ser criança é um trabalho, a maturidade é uma perda que traz, ainda por cima, os perigos da sexualização. Naquela época, pouquíssima proteção era oferecida às meninas que trabalhavam na indústria do entretenimento infantil. Relacionamentos sexuais talvez não acontecesse nas telas, mas a coisa mudava de figura fora delas. Em 2021, Demi Lovato — que alcançou a fama com o filme *Camp Rock* (2008) — afirmou ter sido estuprada por um colega da Disney que "nunca enfrentou as consequências disso. Ele não foi nem sequer retirado do filme que estava fazendo".[31] Tanto McCurdy como Lovato desenvolveriam bulimia e abusariam de substâncias.[32] Na verdade, seria surpreendente encontrar um ator ou atriz mirim que tenha conseguido escapar ileso de problemas.

Ainda assim, para aqueles que cresceram performando, pode parecer impossível seguir um caminho diferente. "A transição do estrelato infantil para uma carreira adulta na indústria do entretenimento é difícil, mesmo para os jovens atores que têm a sorte de conseguir papéis respeitáveis com diretores respeitáveis", escreveu McCurdy. "Mas, para as crianças que começam na televisão, é como se a carreira recebesse pena de morte [...]. No instante em que o ator mirim tenta crescer e se libertar dessa imagem, torna-se isca fácil para a mídia, sendo apresentado como rebelde, problemático e atormentado, quando a única coisa que está tentando fazer é crescer."[33] Aos 18 anos, Lindsay poderia ser considerada uma pessoa em extremo conflito interno. Ela seguia os contornos de uma carreira como atriz, mas a autossabotagem sugeria que estava, pelo menos, um pouco cansada de ser a boa menina obediente. Ela agia com a sensualidade que exigiam, mas parecia diminuir o próprio corpo até sobrar um frágil nada. Ainda assim, tentava crescer. Depois de *Herbie*, o ano de 2006 ofereceria a Lindsay outros três filmes que faziam muito mais sentido para uma estrela que se tornava uma atriz madura. Infelizmente, nenhum deles foi muito bom, e todos foram atropelados pelo turbilhão de fofocas a respeito dela.

Reese Witherspoon era dez anos mais velha que Lindsay e muito mais adiantada no processo de reinvenção de atriz mirim para adulta. Em 2005, ela participou de dois filmes: o biográfico de Johnny Cash, *Johnny & June* (no qual interpreta a esposa de Cash, June, papel pelo qual ganhou um Oscar) e um romance com toques de fantasia chamado *E se fosse verdade*. Unir lançamentos de orçamento mais baixo, mas que atraíam bons olhares da crítica com filmes mais populares era um velho hábito de Witherspoon, o que se mostrou uma boa tática. Ela se estabeleceu como uma atriz talentosa que também conseguia atrair multidões aos cinemas e escapou da armadilha de se tornar estereotipada. Para Lindsay, o ano de 2006 seguiu uma estratégia semelhante: dois longas prestigiosos de baixo orçamento e uma comédia romântica popular.

O filme mais respeitável de Lindsay naquele ano foi *A última noite*, dirigido por Robert Altman. Sentimental e com altos e baixos, o longa, que recebeu críticas variadas — muitos dos elogios tinham um tom indulgente, vindos de críticos que sabiam que aquele provavelmente seria o último filme de Altman —, colocou Lindsay em um elenco cheio de talentos de alto quilate, como Meryl Streep e Lily Tomlin, conferindo um selo de aprovação à sua carreira como atriz.

Lindsay também participou de *Bobby*, uma visão no estilo Altman das horas que antecederam o assassinato de Robert F. Kennedy, dirigido por Emilio Estevez, ao lado de grandes nomes, como William H. Macy, Harry Belafonte e Sharon Stone. "Os agentes de Lindsay estavam loucos para colocá-la no filme. Loucos. Eles queriam que a carreira dela fosse revitalizada", contou Estevez.[34] Só que o resultado foi sem graça, e o filme nem chegou a estrear em muitos cinemas.

Por fim, *Sorte no amor* era mais semelhante aos seus antigos filmes na Disney. Ela interpretava uma jovem de Nova York que vivia uma vida interessante trabalhando como relações-públicas até o caminho cruzar com o de um azarado bonitão (interpretado por Chris Pine), e os dois trocarem de sorte. O filme parece mais infantil do que bonitinho — "Como muitas outras estrelas mirins, está na hora de Lindsay seguir para papéis mais desafiadores", declarou um decepcionado Roger Ebert[35] — e foi um fracasso merecido, fazendo com que os supostos 7,5 milhões de dólares que Lindsay possa ter recebido pelo filme parecessem uma péssima aposta. A grande revitalização da carreira não aconteceu.

Em 2006, ela estava empacada, e os filmes confirmavam isso: sem ser mais jovem o suficiente para parecer precoce e, ao mesmo tempo, incapaz de crescer de forma convincente nas telas, a jovem atriz se viu encurralada entre personas que se contradiziam. Mas, de modo geral, os filmes também demonstravam a situação complicada em que a cultura popular norte-americana se encontrava. Todos eles, de formas diferentes, mostravam como os Estados Unidos tentavam lidar com o que havia acontecido nos atentados do 11 de Setembro. Naquele ponto, faziam cinco anos desde que a cidade que foi pano de fundo de *Sorte no amor* tinha sido o alvo de um ataque terrorista sem precedentes — e, duas décadas depois, inigualável. No dia 11 de setembro de 2001, 2.753 pessoas foram mortas quando um grupo de terroristas islâmicos sequestrou dois aviões comerciais, arremessando-os contra as torres gêmeas do complexo chamado World Trade Center. Um dos pontos de referência da silhueta de Manhattan foi arrasado em um único e incompreensível dia: muitos nova-iorquinos disseram que o primeiro sinal que tiveram da tragédia foi a chuva de papéis que caía pelas ruas da cidade, vinda dos escritórios destroçados. Para o Ocidente como um todo, para os norte-americanos em específico e, em especial, para os nova-iorquinos, era como se de repente nada e lugar nenhum fossem seguros. O ar de Manhattan era um crematório, grotescamente poluído com poeira de concreto, combustível de avião e restos humanos. (A devastação não se limitou à cidade de Nova York. Naquele dia, 184 vítimas estavam em um avião que acertou o Pentágono, e 40 morreram quando um avião sequestrado, que provavelmente tinha o Capitólio como alvo, caiu em um campo perto de Shanksville, na Pensilvânia.)

Com o país em uma situação ainda frágil, *A última noite* e *Bobby* podiam ser vistos como uma fuga dos cineastas para uma versão confortável do passado. (*Bobby* era a missa fúnebre de Estevez para o político que ele considerava ter sido a última grande esperança do liberalismo: "A morte de Bobby foi a morte da decência e a morte da esperança, a morte da educação, a morte da graciosidade e da formalidade. Cultural e espiritualmente, nós nos perdemos após o falecimento dele", disse o diretor ao *Guardian*.)[36] Ao mesmo tempo, em *Sorte no amor*, era como se nada ruim tivesse acontecido ou pudesse acontecer. No filme, Nova York é um lugar de possibilidades e acasos, no qual o personagem de Pine pode aparecer de penetra em uma festa e ser tratado como um acréscimo maravilhoso, e não como uma ameaça à segurança. Esse estado de negação era comum em comédias românticas ruins. A forma de *Sex and the City* lidar com os atentados foi remover a imagem dos prédios dos créditos de abertura e jamais mencionar o que houve.[37] Era como se os ataques fossem perturbadores demais para serem encarados pela indústria do entretenimento. Muitas pessoas que trabalhavam na área foram afetadas, ainda mais porque boa parte da mídia do país se concentrava na cidade. No perfil de Tina Fey na *New Yorker* em 2003, a jornalista descreve como Fey começa a chorar ao falar do atentado. "Agora, em Nova York, você passa por pequenos momentos de medo todos os dias", contou ela. "Pouco depois dos ataques, eu só pensava que tínhamos que sair daqui. Meu pai conversou comigo sobre como era importante que voltássemos a trabalhar. Mas não tem sido fácil." Fey dizia que tinha se tornado obcecada em se imaginar trocando socos com um terrorista.[38]

Nos difíceis meses após o atentado, algumas pessoas torciam para o país traumatizado se recuperar. No começo de janeiro de 2002, o *Wall Street Journal* publicou uma coluna do crítico Terry Teachout, na qual ele refletia sobre o recente sucesso da cantora de jazz Diana Krall. "Não sei prever tendências, mas, como um crítico que dedica boa parte do tempo indo a espetáculos de todos os tipos, ando pensando que pode ter alguma relação com os atentados de 11 de Setembro [...] a menos que eu esteja errado, as coisas estão voltando a parecer belas", escreveu. Teachout acreditava que os Estados Unidos estavam prontos para voltar a pensar de forma maniqueísta, tanto no sentido artístico como no moral.[39] De fato, os julgamentos se tornaram mais rígidos, em um contexto mais político do que estético: em 2003, a banda country-pop Dixie Chicks (rebatizada como Chicks em 2020) sofreu um boicote das rádios após a vocalista Natalie Maines criticar o presidente George W. Bush durante um show em Londres.[40] O jornal satírico *The Onion* acabaria fazendo uma previsão mais precisa sobre a trajetória da cultura norte-americana após a queda das Torres Gêmeas: menos de um mês depois dos ataques, publicou uma matéria chamada "Uma nação arrasada morrendo de vontade de voltar a se importar com merdas idiotas".

> Abaladas pelos trágicos eventos do 11 de Setembro, pessoas por toda a nação abandonaram preocupações bobas como o caso extraconjugal de Gary Condit e o figurino minúsculo de Britney Spears durante o MTV Video Music Awards de 2001. Não se fala mais sobre ataques de tubarão nem sobre o fulano que estava velho demais para jogar na liga infantil de beisebol. Em vez disso, elas estão concentradas nas coisas que realmente importam na vida: amigos, família e serem gentis umas com as outras.

> Quanto tempo vamos aguentar isso? [...] Algumas pessoas estão se perguntando se algum dia as prioridades voltarão a ter o foco errado.[41]

Em grande parte, as "merdas idiotas" voltaram.* Havia sentido político nisso — qualquer mudança para uma seriedade seria considerada capitulação. O islamismo pregava que filmes, músicas e lascívia eram marcas de uma cultura degradada, o que significava que havia certo orgulho em se apegar àquilo que os agressores mais desprezavam. (Talvez a imagem em homenagem aos atentados de 11 de Setembro no começo de *1 Night in Paris* quase faça sentido segundo essa lógica.) De acordo com a biografia da editora da *Vogue*, Anna Wintour, escrita por Amy Odell, no "dia 12 de setembro de 2001, Anna foi trabalhar [...]. Ela parecia acreditar que se a *Vogue* parasse, se a moda parasse, se o nosso mundo parasse, os terroristas venceriam".[42] Ao fingir que nada tinha acontecido, *Sex and the City* e *Sorte no amor* seguiam o exemplo de Wintour. Só que isso também injetou uma forte sensação de presunção em uma indústria cultural que já era bem presunçosa para início de conversa. Após o atentado, a imprensa norte-americana estava pronta para reproduzir o sarcasmo zombeteiro dos britânicos e, por um acaso, havia um britânico em Nova York que poderia fazer isso com perfeição. A crueldade niilista do Gawker e dos demais blogs de Nick Denton era a forma mais atraente de "merda idiota" disponível para as audiências versadas no funcionamento da mídia.

Alguém como Teachout pode ter imaginado que a era apocalíptica impulsionaria as pessoas rumo à beleza; um visionário como Denton enxergou o que uma plateia realmente iria querer no fim do mundo: selvageria. O Gawker, escreveu Vanessa Grigoriadis (depois de ela mesma ter sido zombada pelo blog por anunciar seu casamento no *New York Times*), "gira em torno da ansiedade e da raiva

---

* Para mais sobre a influência dos atentados de 11 de Setembro na cultura da fofoca, leia o Capítulo 6.

social da baixa classe dos criativos de Nova York. A patrulha social e os ataques espetaculosos são irresistíveis, como uma espécie de drama moral sobre quem merece ou não fazer sucesso. Ele oferece uma versão nova-iorquina de justiça social".[43] Só que uma versão nova-iorquina de justiça social não é a mesma coisa que a justiça de verdade e, olhando em retrospecto, é difícil justificar a escolha dos alvos dos blogueiros de fofoca. Por exemplo: enquanto os fracassos de Lindsay Lohan eram catalogados e dissecados, Harvey Weinstein seguia assediando e abusando sexualmente de mulheres dentro de sua empresa, a Miramax. O comportamento predatório de Weinstein era algo mais ou menos conhecido por todos no mundo do entretenimento, chegando ao ponto do sitcom *30 Rock*, de Tina Fey, fazer uma piada sobre o assunto na temporada de 2012: Jenna, a atriz promíscua e fútil, declara que se abala tão pouco com os poderosos de Hollywood que "se recusou a transar com Harvey Weinstein em três ocasiões. De cinco".[44]

Ainda assim, apesar de toda a audácia que os blogs se vangloriavam de ter, a depravação de Weinstein precisou esperar até 2017 para ser denunciada por jornalistas — e, quando isso aconteceu, a denúncia foi feita pelo *New York Times* e pela *New Yorker*, dois pilares da imprensa tradicional.[45] Aparentemente, a "malícia deliciosa" do Defamer só alcançava até certo ponto da hierarquia do entretenimento. Ainda assim, uma das ironias da história de Lindsay é o fato de ela ter defendido Weinstein em 2017, publicando um vídeo no Instagram em que dizia: "Eu me sinto tão mal por Harvey Weinstein agora [...]. Acho que o que está acontecendo não é certo."[46] Talvez ela se solidarizasse mais com alguém que enxergava como outra vítima da imprensa do que com as mulheres que Weinstein atacou.

Os relatos sobre as farras da atriz continuaram firmes e fortes ao longo de 2005, especialmente do set de *Sorte no amor*, que foi gravado em Nova Orleans, cidade reconhecida pelas esbórnias.[47] Como câmeras em celulares tinham se tornado algo comum, as noitadas podiam ser documentadas pelo público, e não era mais plausível colocar a culpa dos problemas de Lindsay em "exaustão". Em vez disso, a atriz lançou uma nova campanha publicitária em 2006, começando com uma entrevista em tom de desabafo e a capa da *Vanity Fair.* Na matéria, ela admitiu o consumo de drogas, mas "só um pouco", e a bulimia. "Eu me forçava a vomitar", contou para a jornalista. A matéria enfatizava o talento dela e incluía declarações de diretores satisfeitos — Altman afirmava que ela era "excelente", apesar de a diretora de *Herbie* ter se recusado a dar entrevista —, o que não queria dizer que Lindsay estivesse disposta a mudar. A mãe dela parecia estranhamente confiante sobre a saúde da filha. "Ela exagerou um pouco, talvez, mas se recuperou rápido e está bem", afirmou Dina sobre a extrema magreza de Lindsay. Sobre as farras, a resposta da mãe foi um grito de frustração: "O que você fazia quando era adolescente?" A declaração final de Lindsay sobre o assunto foi a seguinte: "Sim, caralho, eu estou bem."

E havia as fotos. Tiradas por Mario Testino, mostravam Lindsay na praia, com o cabelo louro despenteado, usando um suéter grande e tão comprido que quase (mas nem tanto) poderia ser um vestido. Em uma das imagens, ela está agachada e sorri para a câmera.[48] A semelhança com uma das últimas sessões fotográficas de Marilyn Monroe é inegável. A praia, o tricô pesado, o cabelo, as expressões radiantes, até mesmo as poses — tudo remete às fotos feitas por George Barris em 1962.[49] Havia um elogio na alusão, é claro: ela sugeria que Lindsay se equiparava a Marilyn como atriz, símbolo sexual e ícone. Mas também havia um mau presságio. Por mais linda que Marilyn estivesse naquele dia na praia, as fotos eram um *memento mori*, foram tiradas pouco depois de ela ter sido demitida de *Something's Got to Give* [Algo precisa ceder] devido a atrasos e faltas. Algumas semanas depois, seria encontrada morta após uma overdose. A história de Lindsay parecia já ter sido escrita, e Marilyn era o arquétipo.

Um dos azares sofridos pela personagem de Lindsay em *Sorte no amor* faz com que ela acabe sendo presa. No dia 26 de maio de 2007 — pouco depois de um ano do lançamento do filme e de uma rápida passagem pela reabilitação —, Lindsay foi presa de verdade, sob suspeita de dirigir embriagada e por posse de cocaína, após bater o carro em Beverly Hills. Ela voltou à reabilitação em julho, seguida por outra prisão. Ela se declarou culpada por, novamente, dirigir embriagada e estar em posse de cocaína. A sentença foi um dia na prisão, dez dias de serviço comunitário e três anos de condicional. Em novembro, Lindsay serviu apenas 84 minutos da sentença devido à superlotação do presídio.[50] O incidente foi fatal para qualquer resquício da imagem de boa menina; então, foi adequado não interpretá-las mais. Em 2007, foi lançado *Ela é poderosa,* no qual Lindsay interpreta o papel de uma adolescente rebelde enviada para morar com a avó (Jane Fonda) em Ohio para "tomar jeito". Segundo relatos, o comportamento de Lindsay no set era bem parecido com o da personagem. Ela chegava atrasada ou faltava com tanta frequência que recebeu uma carta do diretor da produtora acusando-a de agir "como uma criança mimada" e avisando que ela seria "pessoalmente responsabilizada" e processada por "todos os danos financeiros" se causasse mais contratempos. A carta vazou para a imprensa.[51] (Quando questionada sobre as alegações, Lindsay respondeu com ar despreocupado: "Não houve problema nenhum. O filme é ótimo, todo mundo devia assistir.")[52]

Ela é poderosa foi um fracasso de críticas e público. O filme seguinte seria um desastre. *Eu sei quem me matou* foi o primeiro filme de terror de Lindsay — uma mistura do excesso psicológico de Brian De Palma com a tortura pornográfica influenciada por *O albergue.* Também marcou o momento em que a persona da atriz passou a dominar a performance. Ela interpretou irmãs gêmeas, separadas no nascimento — uma é adotada por uma boa família de classe média enquanto a outra permanece com a mãe biológica viciada em drogas e acaba se tornando uma stripper barata. Só que, na verdade, ela interpretava uma versão de Lindsay Lohan, a garota que foi escalada para interpretar gêmeas em *Operação cupido* e que parecia muito boazinha, mas acabou sendo desvirtuada. Em uma cena, um psicólogo usa o programa de desenho Paint, da Microsoft, para escrever a palavra "DELIRANTE" em magenta sobre a foto de Lindsay. Foi uma atitude sem sentido para o personagem no filme. A inclusão da cena só pode ser explicada como uma queda da quarta parede em referência às aparições de Lindsay no blog de Perez Hilton, em que ele adornava imagens de celebridades com seus "desenhos" rosa-shocking. Por mais que tivesse um orçamento baixo, o filme não faturou o suficiente e ganhou oito Framboesas de Ouro, prêmio que homenageia os piores de Hollywood. Três foram para Lindsay: ela levou Pior Atriz pelo papel duplo e ainda por cima Pior Casal pela atuação como as gêmeas.[53]

Depois disso, a carreira de Lindsay teria uma evolução notavelmente menor. Ela participou de apenas mais um filme antes do final da década — uma comédia de baixíssimo orçamento chamada *Meu trabalho é um parto*, de 2009, que sequer foi lançada nos cinemas norte-americanos.[54] Com o histórico de prisões, internações hospitalares e atrasos nos sets, havia relatos de que ela não era escalada porque as seguradoras não queriam aceitá-la:[55] se ela fosse contratada para um filme e não conseguisse terminar as gravações por algum motivo, pouquíssimas companhias de seguros estavam dispostas a ajudar financeiramente. No fim dos anos 2000, também havia um clima de cansaço sobre todo o circo das fofocas. Uma matéria do *New York Times* de janeiro de 2008 sobre "celebridades-desastre" destacava Lindsay, Britney e Paris. "Existe alguma forma mensurável de provar o que muitos de nós sentem por instinto? Que 2007 foi o ano em que os excessos de nossas personalidades mais escandalosas começaram a parecer... excessivos?", questionou o artigo, que incluía comentários de Mark Lisanti, editor do Defamer. Para as três mulheres destacadas, segundo ele, aquele ano foi "o resultado dos escândalos de uma vida inteira [...]. Foi a bola de neve rolando ladeira abaixo e chegando no fundo do poço". Mas o papel que Lisanti e o Defamer tiveram em empurrar essa bola de neve não foi mencionado.[56]

Lindsay havia se tornado sinônimo de sordidez e talento desperdiçado. Quando o *Guardian* fez um perfil sobre Ellen (agora

Elliot) Page sobre o lançamento de *Juno* no Reino Unido, em 2007, Lindsay foi usada como exemplo de tudo que Page não era: "Se [Page] e sua contemporânea Lindsay Lohan estivessem no mercado da busca por atenção, estariam em lados opostos."[57] À medida em que a crise financeira surgia no horizonte, o Gawker se sentiu até brevemente compelido a anunciar o fim do hedonismo em uma publicação chamada "Taraíso perdido" (um trocadilho com o nome da atriz Tara Reid, que quase se equiparava à fama de encrenqueira de Lindsay). O escritor Richard Lawson fez uma conexão explícita entre a sensação de apocalipse depois do 11 de Setembro com o impulso de cair na gandaia: "O início dos anos 2000 viu o aumento da mentalidade de Tara Reid e Lindsay Lohan, que celebrava e incentivava noites intensas e degradantes de farra (ao mesmo tempo que adorava condená-las). Sim, havia uma guerra e o mundo parecia estar acabando, mas, quando uma coisa termina, outra começa. Esse pessoal queria se jogar, sem calcinha, em qualquer coisa grande e nova [...]. Assim como aconteceu com a era do êxtase sórdido da música disco, esta nova época de farras poderá ser destruída por uma recessão? Achamos que sim!" Até Lindsay, como sugeria a publicação, tinha tomado um rumo: "Lindsay está mais tranquila, namorando com uma DJ chamada Samantha Ronson (sim, queridos leitores, uma mulher! Talvez elas se 'casem'! Continue lendo Page Six para se manter informado!) e saindo menos, bem menos, do que antes."[58] Era uma avaliação esperançosa. O relacionamento com Ronson, que durou até 2009, acabou tendo momentos dramáticos, agravados pela homofobia que o casal sofreu. Ronson (irmã de Mark, que trabalhava com Amy Winehouse) era "atacada todos os dias", lembraria Lindsay mais tarde.[59] Em seu blog, Perez Hilton, apesar de ser gay, se referia a Ronson como "SaMANtha".[60]

De toda forma, elas não se esconderam do público. Em 2008, as duas apareceram no clipe de "Everyone Nose (All the Girls Standing in Line for the Bathroom)", do N.E.R.D, a banda formada por Pharrell Williams e Chad Hugo, do The Neptunes. A letra era uma homenagem a garotas que cheiravam cocaína em boates. Lá se foi a teoria do Gawker de que a época das farras havia chegado ao fim. "From that Paris, Lindsay, Britney, Mary-Kate and Whitney / People say that they clean, motherfucker, don't bullshit me" [Essas Paris, Lindsay, Britney, Mary-Kate e Whitney / As pessoas dizem que elas estão limpas, filho da puta, não me vem com essa merda], rimava Kanye West no remix. A Lindsay de "Rumors", que havia denunciado raivosamente as fofocas sobre si mesma, desapareceu. Fofoca havia se tornado tudo que ela era. Por não ter conseguido resistir a elas, a atriz passou a abraçá-las — e a mesma imprensa que zombava dela por esconder vícios atrás da palavra "exaustão" também a criticava por admiti-los.

Uma das coisas mais controversas que Lindsay fez em 2008 foi participar de outra sessão de fotos inspirada em Marilyn — dessa vez para a *New York Magazine*, que recriava a chamada "última sessão" de Marilyn com o fotógrafo Bert Stern em 1962. A "última sessão", na verdade, não foi a última (ela aconteceria duas semanas depois das fotografias de Barris, que influenciaram o ensaio de Lindsay com Testino, já mencionado), mas tem importância mesmo assim. A *Vogue* publicou as fotos no dia após a morte de Marilyn, o que as tornaria comoventes mesmo se não exibissem uma vulnerabilidade assombrosa. Nelas, Marilyn está quase nua, muitas vezes bebendo champanhe, esparramada em uma cama com o olhar sonolento de embriaguez. De certa forma, isso previu a morte dela — na cama, devido uma overdose por sedativos. Stern destacava a sensação de predestino ao se lembrar da sessão: "Eu queria tirar uma última foto, mas ela não se mexia. Olhei ao redor do cômodo. Era como se uma bomba tivesse explodido, garrafas de champanhe por todo lado, os sapatos de Marilyn em um canto, uma garrafa de champanhe virada. Abri a porta com cuidado. Tinha acabado, ela estava dormindo."[61]

Ainda assim, a vontade de fotografar Marilyn pela última vez deve ter sido imensa, porque, em 2008, Stern convidou Lindsay para ser uma espécie de substituta.[62] Ginia Bellafante, escrevendo para o *New York Times*, chamou as fotos de "macabras": "As imagens convidam o espectador a participar de um tipo de simulação de necrofilia. São fotografias sexuais, fúnebres [...]. Pela milionésima vez, somos obrigados a perguntar: Lindsay, que ideia foi essa?"[63] Junto com as críticas veio a atenção: após a publicação das fotos, o site da revista recebeu, por três dias, 20 milhões de visitas diárias — a média habitual era de 1,2 milhão.[64] Mas Bellafante tinha razão sobre o motivo por trás de tantos cliques. O corpo nu de Lindsay se misturava à possibilidade emocionante de ela falecer em um futuro próximo, o que causaria empolgação. (Uma que pode ter sido potencializada pelo fato de a modelo Anna Nicole Smith — uma ex-coelhinha da Playboy, que tinha moldado sua imagem segundo o padrão Marilyn — ter sido encontrada morta por uma overdose acidental no ano anterior.)[65]

Lindsay, por outro lado, desmerecia qualquer sugestão de que poderia seguir o final trágico de Marilyn. "Nem ferrando que eu deixaria uma coisa dessas acontecer comigo." Mas não deixou de acrescentar uma opinião sobre as fotos originais de Marilyn: "Era uma mulher que se entrega ao público [...]. Ela está dizendo: 'Olha só, vocês tiraram muito de mim, então acho melhor eu me oferecer por conta própria.' Ela está recuperando o controle."[66] Era o erro clássico da década de 2000 — pensar que, ao abrir mão dos limites que outros desejavam ultrapassar, seria possível recuperar o poder. Marilyn havia morrido apesar da aparência nas fotos, e a própria Lindsay não parecia muito no controle naquele momento.

Após vários problemas com os termos da condicional pela condenação por dirigir embriagada em 2007, incluindo receber uma tornozeleira que monitorava a ingestão de álcool, Lindsay foi sentenciada a 90 dias na prisão em 2010. (Cumpriu apenas duas semanas.) Uma temporada subsequente na reabilitação terminou com ela sendo acusada de agredir uma funcionária, embora a queixa tenha sido retirada. Em 2011, Lindsay não contestou a acusação de roubar um colar de 2.500 dólares e foi sentenciada a 120 dias de prisão.[67] Em 2012, a condicional por dirigir bêbada terminou, mas a polícia recebeu chamadas por duas brigas em que ela estava envolvida, uma delas com a mãe. (Ninguém prestou queixa.)[68]

Profissionalmente, Lindsay foi reduzida à própria persona, o que minimizou seus ganhos. O filme apelativo *Machete* lhe deu um papel como uma adolescente promíscua que fica bêbada e grava uma sex tape. (Nunca houve um filme pornográfico de Lindsay, mas esperava-se que esse tipo de coisa surgisse.) Em *Love, Marilyn*, um documentário de 2012, ela fez parte do elenco que leu cartas de Monroe — e a única a fazer isso fantasiada de Marilyn, com o cabelo platinado e os lábios vermelhos. No mesmo ano, teve um papel grande em *Liz & Dick*, um filme biográfico sobre Elizabeth Taylor — mais uma vez, ela poderia aproveitar a própria vida fora das telas para interpretar outra pessoa na mesma situação. Também era um filme água com açúcar feito para a televisão: que declínio para a garota que deveria ser a nova Marilyn.

Então, em 2013, houve três filmes — todos ruins, dois abomináveis. *Todo mundo em pânico 5* e *Totalmente inapropriado* eram duas comédias de baixo orçamento péssimas. No primeiro, a personagem de Lindsay grava uma sex tape com Charlie Sheen (seu equivalente masculino nos escândalos de tabloide), exibe uma tornozeleira e bate o carro. O terceiro filme foi muito melhor do que esses dois, mas é bem provável que tenha sido o que mais lhe causou estrago. Quando Paul Schrader, o roteirista por trás de *Taxi Driver* e diretor de *Gigolô americano*, a escalou para seu drama sórdido em Los Angeles, *Vale do pecado*, muita gente se surpreendeu. Após o comportamento de Lindsay no set de *Ela é poderosa*, o colega de cena James Deen era considerado a aposta mais segura — apesar de ele ser um ator pornô de verdade, sendo aquele o primeiro papel convencional dele. (Dois anos após *Vale do pecado*, Deen seria acusado de estupro por várias atrizes da indústria pornográfica; ele negou as acusações, que nunca se formalizaram.)[69] Só que aquele era um novo tipo de cinematografia: de baixíssimo orçamento, financiada por *crowdfunding* em vez de por uma produtora tradicional, planejada para o novo mercado de filmes por demanda em vez de para os cinemas. E o roteiro, escrito pelo romancista Bret Easton Ellis, tratava celebridades com um cinismo que refletia a obsessão da década anterior pela fama. Em um ensaio de 2011 para o *Daily Beast*, Ellis declarou que o antigo "império" do decoro dos famosos havia morrido: "O [público] quer mesmo educação? Civilidade? Cortesia imperial? Não. Ele quer a realidade, por mais loucas que as celebridades tenham se tornado."[70]

Para um filme pós-império sobre um mundo pós-império, Lindsay era perfeita. Só que, mais uma vez, as fofocas diziam que ela chegava atrasada nas gravações e causava problemas quando aparecia. Por mais luminosa que pudesse ser nas telas — Schrader, esperançoso, chegou a comparar o filme a *Os desajustados*, o último de Marilyn —, a inconstância da atriz atrapalhou as filmagens e forçou mudanças que acabaram prejudicando o longa. Um relato do set publicado no *New York Times*, intitulado "Aqui está o que acontece quando você escala Lindsay Lohan para um filme", cimentou a reputação dela como agente do caos. O império podia ter acabado, mas ainda era difícil determinar como fazer um filme sem ele. Perto do fim das gravações que ela quase sabotou, Lindsay conversou com o jornalista. "Eu precisava de um tempo para resolver todas as confusões na minha vida, criadas por mim mesma, e meio que me dei conta [...] O que estou fazendo? Eu gosto de fazer isso. Eu gosto de estar aqui. Isso me deixa feliz", disse ela. "Tem uma fala no filme *Elizabeth* em que ela [isto é, Liz Taylor] diz: 'Estou tão entediada, nunca me ensinaram o que fazer quando não estou trabalhando.' Estou entendendo isso agora."[71] Levaria seis anos para ela lançar outro filme. Hollywood tinha se cansado.

Desde 2004, parte do fascínio da mídia por Lindsay Lohan consistia na possibilidade iminente de sua morte. Talvez acontecesse em um acidente de carro, talvez como consequência de um distúrbio alimentar. O ideal seria o pacote Marilyn completo: na cama, arrasada, linda e destruída. Ainda assim, teimosa, Lindsay permanece viva. Não apenas viva, mas impenitente. Nunca pediu para ser amada, como Britney fazia. Nunca deu meia-volta para que agíssemos por pena, como Paris. Nunca pareceu interessada em se levar a sério, e isso é irritante (especialmente para aqueles que a escalavam na esperança de que, em algum momento, ela se mostraria uma atriz séria) e estranhamente animador ao mesmo tempo, ainda mais em uma indústria em que o vício mais comum, como ridicularizado pelo Gawker, é a arrogância. Lindsay parece se aceitar do jeito que é e não pede que alguém se responsabilize por isso — e olha que ela poderia culpar os pais, a forma com que a indústria do entretenimento explora atores mirins ou a atenção hipócrita da mídia. Em 2022, ela completou 36 anos, superando a idade de Marilyn.

A última representação que ela fez de Marilyn foi na péssima antologia de esquetes *Totalmente inapropriado*. No filme, Lindsay recria a cena de *O pecado mora ao lado*, em que Marilyn para sobre o bueiro de ventilação do metrô usando um vestido branco, com a saia levantada pelo vento. A distância percorrida desde a inocência de *Confissões de uma adolescente em crise* tinha sido longa e sórdida. No esquete, os paparazzi se aglomeram ao redor e tiram fotos. Então, Lindsay pergunta se ela também pode participar e saca uma arma em vez de uma câmera. O material publicitário do filme anunciava como "Lindsay Lohan dá vida à fantasia sobre se vingar dos paparazzi sedentos que a perseguem".[72] Só que o que aparece no filme é bem menos empolgante. Nós a vemos por baixo do bueiro, sob a perspectiva de alguém que espia a cena (interpretado pelo diretor do filme) — uma visão por baixo da saia, sem consequências, e, apesar de não ser a virilha de Lindsay, a cena é o suficiente para esvaziar o conceito de vingança. Ela podia até sobreviver, mas a mensagem transmitida é que uma mulher como Lindsay jamais seria capaz de decidir quanto gostaria de oferecer.

4

Aaliyah: domínio

"Uma parte de mim sempre será apenas minha."

Algumas mortes de celebridades são mais difíceis de encarar. Essas fatalidades têm um ar de desespero por parecerem inevitáveis: a terrível decadência de Whitney Houston, ou as letras que narravam a autodestruição de Amy Winehouse. A morte de Aaliyah não foi desse jeito. Não foi prevista nem deploravelmente desejada. Quando ela faleceu em um acidente aéreo, no dia 25 de agosto de 2001, aos 22 anos, foi doloroso por não fazer o menor sentido. Seus amigos e colegas de trabalho, arrasados, deram declarações. Vigílias em memória dela foram organizadas em vários pontos dos Estados Unidos — em Nova York (sua cidade natal), em Detroit (onde ela morava),[1] e em Los Angeles (a capital da indústria do entretenimento).[2] Uma menina de 13 anos chamada Delilah Coles foi citada pelo *New York Times* dizendo apenas: "É horrível, porque ela era tão nova e tinha tanto talento."[3] Tratava-se de alguém cuja vida e carreira foram marcadas por um controle meticuloso de cada detalhe. Desde que havia alcançado a fama, aos 14 anos, toda nota que Aaliyah cantava, todo artista com quem colaborava, todo aspecto de sua imagem era muito bem pensado, proposital, intencional. Nada parecia por acaso, exceto sua morte: a pequena aeronave que transportava ela e sete membros da equipe de volta para casa após a gravação de um clipe nas Bahamas levava uma sobrecarga de, pelo menos, 300 quilos. A empresa aérea não tinha permissão para voar na região, e o piloto, que não havia desmentido em tribunal uma acusação de posse de cocaína 12 dias antes, sequer tinha licença para pilotar um avião. (Na autópsia, foram encontrados metabólitos de cocaína na urina dele, assim como álcool no conteúdo recolhido do estômago.)[4] Não houve sobreviventes.[5] A negligência era incompreensível.

Também era incompreensível o momento em que tudo aconteceu. Aaliyah já trabalhava com entretenimento havia mais de uma década, mas parecia ainda ter muito o que conquistar. Ela tinha lançado três álbuns de sucesso e estrelado no filme *Romeu tem que morrer*, que misturava artes marciais com hip-hop, além de manter uma carreira paralela incrível como modelo. Só que todo esse sucesso parecia apenas o prenúncio de uma grandeza verdadeira. Todo mundo concordava que Aaliyah estouraria de verdade no século XXI. Ela estava "pronta para o superestrelato", declarou a revista *Vibe* em uma matéria de capa, em agosto de 2001.[6] O trabalho como atriz ia de vento em popa — pouco tempo antes, ela havia terminado as gravações como a protagonista da adaptação cinematográfica do romance *A rainha dos condenados*, de Anne Rice, e estava prestes a ter um papel nas duas sequências de *Matrix*. Na carreira musical, o título do último álbum ser seu próprio nome não era à toa. *Aaliyah*, anunciava a crítica da *Rolling Stone*, "mostra que ela se tornou uma mulher de opinião própria [...]. E a alegria que escutamos em sua voz, nas batidas, tem raízes na independência".[7] No dia 8 de agosto, a MTV tinha exibido um episódio da série *Diary*, que acompanhou a multiartista por vários compromissos de estrela do pop: ensaios de dança, escolha de looks com a estilista e *meet & greets* com fãs. "Só estou começando a mostrar do que sou capaz", diz ela para a câmera, espiando por baixo do cabelo preto liso caído sobre o rosto, marca registrada dela.[8] Sempre tinha algo que parecia protegê-la dos olhares alheios — o cabelo, bonés, óculos escuros e às vezes um tapa-olho. Ela convidava você a se aproximar ao mesmo tempo que o mantinha distante.

Só que o mundo não teve a oportunidade de descobrir o que mais ela poderia oferecer. Toda beleza e toda promessa foram violentamente interrompidas a algumas centenas de metros do fim da pista do aeroporto de Marsh Harbour. Houve outro detalhe triste envolvendo a tragédia: 17 dias após o acidente nas Bahamas, os atentados do 11 de Setembro aconteceram, e aquele pequeno horror foi engolido por outro ainda maior. O luto por celebridades pode parecer frágil na melhor das circunstâncias, só que a tristeza dos fãs de Aaliyah precisou ser encurtada.[9]

A história de Aaliyah na "década por baixo da saia" é a história de como o luto em massa foi capaz de preservar o estrelato mesmo depois que a estrela em si partiu. Mas também é a história de como uma adolescente foi aliciada em público e abusada sexualmente na década de 1990; como ela e sua família lutaram para apagar esse fato de sua persona pública; como seu estuprador continuou fazendo vítimas ainda que todos soubessem o que houve e mesmo depois de ele evidenciar sua culpa na própria arte; e como a indústria do entretenimento e a imprensa que cobria o assunto fingiram não ver a perversão desse homem enquanto lucravam com o trabalho dele. A história de Aaliyah na "década por baixo da saia" é, tragicamente, inseparável da de Robert Sylvester Kelly.

A informação mais importante que deve ser compreendida é que o relacionamento dos dois nunca foi um segredo. Desde o começo, os fatos sobre R. Kelly — e o que ele era de Aaliyah — estavam amplamente disponíveis. Estavam nas músicas que Kelly escrevia e cantava e nas que escrevia e produzia para ela. Estavam descritos em documentos judiciais e eram publicados por jornalistas. Para reduzir tudo a fofocas e boatos, foi necessário um esforço coletivo: praticamente todo mundo — o criminoso, a vítima, a indústria musical e a mídia, até fãs e o público em geral — resolveu ignorar os fatos. Essa descrença proposital protegeu Kelly de acusações criminais e as pessoas próximas a ele de terem que reconhecer que foram cúmplices. Mas não protegeu Aaliyah — apesar de ter mantido sua reputação quase intacta, o que parecia ainda mais importante após sua morte. Em seu livro de 2021, *Baby Girl*, a jornalista Kathy Iandoli, que também era fã de Aaliyah, escreve que não pretendia mencionar o produtor inicialmente: "Como uma pessoa que, de longe, amava Aaliyah profundamente, senti que estaria desrespeitando o legado dela ao tocar num assunto que a família dela não comentava. Eu também não queria dar a R. Kelly o gostinho de levar qualquer crédito pela carreira dela, apesar de ele ser um dos principais motivos para termos ouvido falar de Aaliyah para começo de conversa."[10] Ainda assim, Iandoli acabou mencionando Kelly. Evitá-lo seria impossível em qualquer relato honesto sobre a vida e a fama de Aaliyah. A primeira vez que o grande público ouviu o nome dela foi da boca dele, e a primeira vez que a maioria das pessoas ouviu a voz dela foi cantando as palavras dele.

Os dois foram apresentados em 1991 — quando Aaliyah tinha 12 anos, e ele, 24 — pelo empresário de ambos, Barry Hankerson, que também era tio de Aaliyah. A carreira dela foi desde a infância um negócio de família (o nome já sugeria expectativa parental: significa "maior, mais elevada" em árabe). E Aaliyah pareceu aceitar a fama como seu destino.[11] Aos 10 anos, participou da competição de talentos *Star Search*, da CBS — o mesmo programa em que uma jovem Britney apareceria três anos depois (e, como Aaliyah, não venceria). Aos 11, se apresentou em Las Vegas com Gladys Knight, estrela do Motown. (Knight tinha sido casada com Hankerson e permanecia próxima da família, apesar de um divórcio feio.)[12] Por mais impressionante que seja, nada disso gerou propostas de gravadoras. Kelly já tinha um contrato com a Jive e, ao convencê-lo a ajudar Aaliyah, Hankerson esperava levar a sobrinha, aspirante a estrela, à fama.

Talvez o sinal de alerta devesse ter sido o primeiro single de Kelly, lançado em 1991. "She's Got That Vibe" [Ela tem aquela vibe] é uma obra dançante do *new jack swing*, misturando sedução melosa com um R&B agressivo. Embora a letra consista em Kelly implorando para uma mulher levá-lo para a casa dela, em comparação às canções que escreveria no futuro, essa é praticamente inocente: "*Cuddle me in your arms like I'm your teddy bear*" [Me aconchegue em seus braços como se eu fosse seu ursinho de pelúcia]. No interlúdio, Kelly joga o nome de vinte garotas diferentes, todas as quais têm, segundo ele, "aquela vibe". Mas uma delas se destaca, a única com a honra de receber adjetivos: "little cute Aaliyah's got it" [a gracinha da Aaliyah tem].[13] É repugnante ouvir um homem adulto relacionar ideias sexuais a imagens infantis de animais de pelúcia quando você sabe que ele está falando com uma criança de verdade na canção. O álbum de Kelly lançado em 1993, *12 Play*, deveria ter levantado mais dúvidas se ele era um mentor apropriado para Aaliyah: além de batizar a coletânea como um trocadilho para a palavra em inglês "*foreplay*", que significa "preliminares", a lista de faixas incluía "Bump n' Grind" [Encaixar e roçar], "I Like the Crotch on You" [Gosto da sua virilha] e "Sex Me Part I/Sex Me Part II" [Transa comigo parte I/Transa comigo parte II]. E então havia "It Seems Like You're Ready" [Parece que você está pronta], com uma letra que sugere tirar a virgindade de uma menina, apesar de nunca dizer isso explicitamente. Mas *12 Play* também foi um sucesso fenomenal, fazendo com que Kelly se tornasse uma vantagem inegável para o projeto Aaliyah.

A dinâmica de trabalho entre ele e Aaliyah deveria ter preocupado as pessoas. "Ela e Robert passavam muito tempo juntos, indo a fliperamas e boliches, para ele entender a vibe dela e escrever músicas que fizessem sentido", recordou Jeff Sledge, ex-A&R (*artists and repertoire*, na sigla em inglês) da Jive, em 2016. "Quando escutamos o álbum, ficamos fascinados [...]. Era basicamente como ouvir um álbum de R. Kelly, mas cantado por uma garotinha. Era óbvio que os temas não eram sexuais, mas a produção em geral e o som do disco eram como um álbum de Robert em forma de garotinha."[14] Na verdade, não era nem um pouco óbvio que as letras eram livres de cunho sexual. O álbum — lançado pela Blackground Records de Hankerson com um acordo de distribuição com a Jive em 1994 —

levava o título *Age Ain't Nothing but a Number* [A idade não passa de um número]. É uma frase que ao mesmo tempo invoca a juventude e a maturidade de Aaliyah, mas que também carrega insinuações de sexo com menores de idade. Na canção-título, o verso que imediatamente o segue é "Throwing down ain't nothing but a thing" [Se envolver não é nada de mais]. Significava o que parecia? A mesma pergunta poderia ser feita sobre o single principal, "Back & Forth" [Vai e vem]. Para Retha Powers, em uma matéria para o *New York Times*, era nítido que o refrão da canção "se referia ao ritmo do ato sexual [...]. Era fácil esquecer que a música era cantada por uma garota que cursava o segundo ano do ensino médio".[15]

Só que a questão era justamente essa: *não* esquecer que a música era cantada por uma garota no segundo ano do Ensino Médio. "Nada encanta mais os adultos do que ver uma criança os imitando", escreve a crítica Margo Jefferson (falando sobre a era de estrela mirim de Michael Jackson). "Crianças fazem com que necessidades e hábitos adultos se tornem divertidos; elas seguem nossos contextos. Quem queremos que elas sejam? Inocentes magoadas? Sedutoras? Megeras? Uma cópia travessa dos pais? Elas sabem fazer isso, mas não sabem por que são tão encantadoras. Elas personificam os segredos dos adultos, e isso nos deixa em vantagem."[16] Kelly escreveu versos como "Take control of me; fulfill my fantasies" [Me controle; realize minhas fantasias] para Aaliyah cantar de volta para ele na música "I'm So Into You" [Estou muito a fim de você].[17] Em "No One Knows How to Love Me Quite Like You Do" [Ninguém sabe me amar como você], ela sussurra o título, e ele responde: "Liyah, você é a única para mim."[18] Na capa do álbum, ela está em destaque, enquanto ele a observa do fundo da imagem com ar possessivo. Quando os dois faziam aparições promocionais juntos, usavam roupas largas que combinavam, e era nítido que se entendiam. Mas, ainda que insinuar estar ultrapassando limites desse uma vantagem a Aaliyah e a ajudasse a vender um milhão de cópias, o reconhecimento de uma quebra de decoro entre ela e Kelly seria um desastre para ambos.[19] Ela seria vista como uma vagabunda, e ele seria um criminoso.

Então, quando questionada em uma entrevista em dupla na televisão se eles eram "primos" ou "namorados", ela foi firme e educada ao cortar o assunto: "Nós só somos muito próximos. Ele é meu melhor amigo." A resposta de Kelly foi bem menos hábil: "Acho melhor eu ir buscar meu jipe branco" — uma alusão bem-humorada ao veículo que O.J. Simpson usou quando tentou fugir da polícia após o assassinato de Nicole Brown Simpson e do amigo dela, Ron Goldman.[20] O que Kelly quis insinuar ali? A suposta culpa de Simpson ou a ideia de que ele, assim como Simpson, era um homem negro em ascensão que a lei ameaçava destruir? Como sempre acontecia com Kelly, a resposta era dúbia: parecia uma confissão e uma postura de vítima, tudo junto. O assunto se recusava a desaparecer. Na verdade, piorou bastante quando uma certidão de casamento de agosto de 1994 com o nome dos dois — e uma data de nascimento falsa para Aaliyah, alegando que ela tinha 18 anos, e não 15 — foi descoberta pela *Vibe*.[21] "Foi um escândalo, uma situação horrível para todos os envolvidos, então tentamos manter o foco na música e nos clipes", lembrou Jeff Sledge em 2016. "Não era como hoje em dia, com as redes sociais. O Twitter não pegou fogo. Mas, depois que a *Vibe* publicou aquela matéria, o clima em torno do projeto e deles dois mudou."[22]

"Uma situação horrível para todos os envolvidos", mas principalmente para Aaliyah — apesar de a preocupação ser menos por ela ser uma vítima de abuso sexual e mais pelo risco à sua imagem. Quando a MTV noticiou o casamento, a matéria terminou com uma declaração brincalhona: "Ainda não sabemos se ela vai ter problemas jurídicos por tentar usar uma identidade falsa. Vamos acompanhar esse caso."[23] A notícia era anunciada como uma fofoca quente, e não como uma história de abuso. Não havia qualquer indício de que Kelly poderia ser punido por abusar sexualmente de uma menor de idade, apenas que Aaliyah poderia ser vista como uma delinquente juvenil. Nos bastidores, a família da jovem agiu rápido para romper os laços com o produtor o mais rápido possível. O casamento foi anulado e, em setembro de 1994, Kelly, Aaliyah e os pais dela assinaram um documento que dissolvia qualquer relação profissional e pessoal entre os dois. As duas partes também se comprometeram a manter silêncio público sobre a outra — "em virtude", nos termos do documento, "da natureza da indústria musical e de sua habilidade de fabricar boatos e disseminar informações pessoais, tanto verdadeiras quanto falsas".[24] Os pais de Aaliyah assumiram os deveres de empresário de Hankerson (que manteve Kelly como cliente até uma separação amargurada em 2000) e a Blackground (que permaneceu sendo a gravadora dela) cortou laços com a Jive. Pelo restante da vida, Aaliyah se referiria desdenhosamente ao envolvimento com o produtor como "aquela confusão".[25] A autobiografia de Kelly, *The Soulacoaster: The Diary of Me* [O *soulacoaster*: meu diário, em tradução livre], publicada em 2012, mais provocante, começava com uma observação que declarava que "certos episódios não puderam ser incluídos por motivos complicados".[26]

Quando o álbum seguinte de Aaliyah foi lançado, em 1996, ela estava com uma nova distribuidora (Atlantic) e novos colaboradores (Timbaland e Missy Elliott, cujas batidas inquietas complementavam os vocais suaves de Aaliyah de forma impecável). Ela também estava com um novo visual: adeus às sobreposições com ar andrógino e olá às peças de couro de sex shop (nas quais ela ainda conseguia parecer recatada) para o clipe de "One in a Million".[27] O álbum de mesmo nome vendeu 2 milhões de cópias e deixou Kelly de vez no passado de Aaliyah.[28] Em uma entrevista sobre *One in a Million*, ao ser pressionada sobre a ausência do antigo "melhor amigo", Aaliyah respondeu deixando bem claro que era ela quem estava no comando: "Foi uma decisão que tomei. Achei que seria melhor para mim e para minha carreira seguir em frente e assumir o controle deste álbum [...]. Para falar a verdade, coisas negativas foram ditas no passado, e esse foi um dos motivos para seguir em frente. Foi uma época muito difícil para mim e para minha família, um período bem tumultuado, mas sou uma pessoa muito forte. Acho que o fato de eu estar aqui hoje, respondendo a essas perguntas, mostra muita coisa."[29] *Coisas negativas foram ditas.* Que coisas, feitas por quem e com quem, nunca nem sequer foram citadas.

Após 1995, a música que ela fazia não passava mais a impressão de uma jovem com um passado traumático. Seria impossível um álbum ser mais pessoal do que *Age Ain't Nothing But a Number* — sendo tanto a ferramenta usada para aliciar uma menina como o registro do que aconteceu. O contraste entre esse e os álbuns subsequentes é profundo. Em *One in a Million* e *Aaliyah*, ela se mostra rigorosa, de uma impessoalidade inflexível. Embora voz e estilo sejam inconfundíveis, as canções poderiam sair da boca de qualquer pessoa. As letras não contêm qualquer alusão à vida fora dos palcos. As mais fortes não parecem ser direcionadas ao público, mas sussurradas para um homem específico, que poderia ser qualquer um (o que significava que qualquer garota poderia se imaginar no lugar de Aaliyah e bancar a sedutora indiferente). Em "Try Again", ela incentiva um parceiro a não desistir e continuar se esforçando; em "More Than a Woman", promete "constant pleasure that no scale can measure" [prazer constante que seria impossível de medir; ou seja, um sonho de obediência feminina complacente; "Rock the Boat" é uma lista sinuosa de instruções para deixá-la excitada. "Muitas de suas canções", escreveu a crítica de música pop Kelefa Sanneh para o *New York Times*, "não eram música de verdade, apenas riffs vocais simples, repetidos e refratados para ecoar os loops manipulados que criam o ritmo digital [...]. Aaliyah parece um reflexo de David, o menino-robô do filme *A.I. – Inteligência artificial*: uma pessoa real em busca do ideal de perfeição eletrônica".[30] Muito antes do trágico acidente de avião, Aaliyah parecia ter desaparecido dentro da própria música.

Ignorar a questão com R. Kelly seria insustentável no século XXI. Na década de 1990, um relações-públicas poderia fazer acordos em troca de acesso, informando que certos assuntos eram proibidos para a imprensa em troca de entrevistas. As redes sociais e os blogs, como declarou Jeff Sledge, acabariam com isso. Aaliyah morreu três anos antes da criação do Facebook e quatro anos antes de o TMZ surgir: sua imagem foi preservada em uma época em que uma celebridade ainda conseguia controlar a própria narrativa, em que até as óbvias evidências do interesse de Kelly em crianças podiam ser ignoradas.

Em dezembro de 2000, o *Chicago Sun-Times* publicou um extenso relato sobre os vários relacionamentos sexuais de Kelly com menores e os processos civis que haviam terminado em acordos financeiros discretos com as vítimas — incluindo Aaliyah. A matéria, escrita por Jim DeRogatis e Abdon Pallasch, foi meticulosamente baseada em documentos judiciais, depoimentos de testemunhas e nas vozes de algumas das vítimas dispostas a falar com a imprensa. Embora as mulheres já estivessem na casa dos 20 anos quando a matéria foi publicada, havia um tom desesperadamente infantil na forma como falavam sobre Kelly. "Ele nos tratava muito bem", disse uma, que fez sexo com Kelly pela primeira vez quando tinha 16 anos, e ele, 24. "[Nós ganhávamos] tudo que queríamos, mas não pedíamos muito [...]. Um par de Air Jordans ou 100 dólares era muito dinheiro na época [...]. Ainda adoro a música do R. Kelly. Não o odeio. Ele é tipo um namorado que te magoou, mas que você ainda ama."[31]

Kelly conheceu essa vítima no coral de sua antiga escola de Ensino Médio, que ele, já adulto, ainda frequentava a convite de sua professora de música, Lena McLin. (Ela tinha sido mentora dele, e *Soulacoaster* é dedicado a ela e à mãe, Joann.)[32] Assim como o tempo que ele passava sozinho com Aaliyah não causou estranhamento, havia uma postura espantosamente conivente acerca do fato de um homem adulto socializar com crianças. No século XX, a ideia do abusador sexual se concentrava em excesso nos "estranhos", ou seja, a ameaça estava na figura de um agressor desconhecido que usaria força para conseguir o que quisesse. Não se sabia muito sobre os processos mais sutis usados por adultos para se aproveitar do afeto e da confiança e, com isso, dominar crianças e adolescentes. O termo "aliciamento" só começou a ser usado em tribunais norte-americanos durante a década de 2000, substituindo o termo vitoriano (e inutilmente provocante) "sedução".[33] Além disso, por definição, celebridades não eram pessoas estranhas: eram quem você achava que conhecia. Quando o

Chicago Sun-Times procurou McLin para comentar a possibilidade de Kelly usar a aula como um local para encontrar vítimas, ela não refletiu sobre a possibilidade de que isso representasse um fracasso no cumprimento de seus deveres, mas colocou o foco nos valores morais das meninas: "Não sei o que ele fazia fora da escola. Mas, lá dentro, não havia gracinha alguma. Se elas se envolveram nisso, a triste realidade é que ele não fez nada sozinho."[34]

A reação padrão de muitas pessoas ao saber que uma menina fez sexo com um homem adulto não é compaixão, mas condenação: ter relações sexuais marca a menina como uma vagabunda, ou seja, o ato que a afligiu prova que ela é incapaz de sofrer de verdade. Era isso que acontecia no caso das garotas negras que Kelly escolhia como vítimas; de acordo com estereótipos racistas, todas poderiam ser prontamente caracterizadas como libidinosas e, logo, não foram abusadas sexualmente, porque teriam se oferecido. E era fácil simpatizar com Kelly, considerado uma espécie de herói na comunidade negra de Chicago por ter se tornado um cantor bem-sucedido. Quando DeRogatis recebeu a denúncia sobre R. Kelly por fax, em novembro de 2000, a reação inicial foi desmerecê-la como obra de "mais um babaca reacionário tentando desmerecer um astro negro".[35] Na história dos Estados Unidos, há um entrelaçamento complicado entre violência sexual e racismo. Acusações de atentado ao pudor foram usadas contra homens negros — mais notoriamente no assassinato de Emmett Till, de 14 anos, em 1955 — como justificativa para linchamentos. No entanto, também havia a tradição de diminuir e ignorar atos de violência contra mulheres quando apresentados no contexto de resistência ao racismo. Em seu clássico ensaio de 1991, "Mapping the Margins" [Mapeando as margens], a professora de direito Kimberlé Crenshaw escreveu: "Pessoas não brancas devem mensurar o próprio interesse em evitar questões que possam reforçar percepções públicas distorcidas sobre problemas dentro da comunidade. Porém, o preço da supressão poucas vezes é reconhecido, em parte porque a ausência de um debate sobre o assunto molda percepções sobre a seriedade real do problema." Havia o estereótipo racista de que homens negros eram abusadores, e a necessidade de desmentir isso criava uma cultura de silêncio ao redor de atos de violência sexual praticada por homens negros — que, na maioria dos casos, eram cometidos contra mulheres negras. Um impulso supostamente antirracista que vitimava ainda mais as mulheres negras.[36]

Uma versão extrema do conflito entre grupos étnicos e sexo enquanto eixos da opressão chegava a apresentar o assédio sexual como algo politicamente justificável. Eldridge Cleaver, líder dos Panteras Negras, condenado por estupro, em sua coleção de ensaios de 1968, *Soul on Ice* [Alma no gelo, em tradução livre], escreveu que, após despertar politicamente para as realidades do racismo, "cheguei à conclusão de que, por uma questão de princípio, era de suma importância para mim ter um comportamento antagônico e impiedoso com mulheres brancas". Entretanto, a demografia determinava que as vítimas mais acessíveis para um homem negro eram mulheres negras: "Eu me tornei um estuprador. Para refinar minha técnica e *modus operandi*, comecei treinando com garotas negras no gueto — no gueto negro, onde atos sombrios e depravados não parecem aberrações ou anomalias às regras, mas parte da cota de Maldade do dia — e, quando me considerei suficientemente hábil, cruzei os trilhos e procurei por presas brancas. Fiz isso de caso pensado, de propósito, por vontade própria e seguindo um plano [...]. O estupro era um ato insurrecional."[37]

O histórico de violência sexual de Cleaver não prejudicou — e, para alguns, até ampliou — o status que ele tinha como líder na luta pelos direitos civis. Esse comportamento durou até o novo milênio. Em uma introdução de *Soul on Ice,* incluída na reedição de 1999, o escritor Maxwell Geismar creditou a Cleaver "um tipo de misticismo sexual secreto [...] que agrega à profundidade e ao tom dos seus comentários sociais". Um obituário de Cleaver, publicado no *New York Times* em 1998, lembrava que ele "era saudado como uma voz autêntica da raiva negra em um mundo comandado por brancos".[38] As mulheres machucadas por essa raiva eram uma questão secundária — e as negras que nem eram seus alvos, mas apenas parte de um "treino", eram ainda mais ignoradas.

"Apesar de racismo e machismo se cruzarem com certa facilidade na vida de pessoas reais, isso pouco acontece na prática feminista e antirracista", observou Crenshaw.[39] A demanda por uma narrativa simples, emocionalmente satisfatória, tornava invisíveis as contracorrentes da vitimização e da culpabilidade dentro dos grupos e até dos indivíduos. Na prática, isso significava que havia duas estratégias culturalmente disponíveis para rejeitar o testemunho de mulheres contra homens negros: a crença de que elas mentiam para prejudicá-los e a ideia de que, se eles as machucavam, o racismo fazia com que isso perdesse a importância. O impulso original de DeRogatis sobre a matéria que escreveu acabou antecipando a recepção que ela teria: ela foi vista como uma questão particular da comunidade negra ou como uma tentativa proposital de arruinar um herói negro. "Achávamos que a matéria fosse causar um burburinho no dia seguinte", escreveu DeRogatis no livro *Soulless: The Case Against R. Kelly* [Desalmado: o caso contra R. Kelly, em tradução livre], de 2019. "Não causou." Praticamente nenhum outro veículo falou sobre o assunto, e o carinho público por R. Kelly pareceu aumentar em vez de diminuir. Segundo relatos, após a publicação da matéria no *Chicago Sun-Times* em 2000, a canção "I Wish", de Kelly, foi a mais pedida nas rádios da cidade.[40]

A popularidade de Kelly e a facilidade com que uma garota negra podia ser classificada como uma "traidora da raça" ou uma "puta" ameaçavam ainda mais a imagem de Aaliyah. Utilizar a sexualidade e cultivar um ar de certa indiferença intransponível era arriscado. Aaliyah se apresentava para o mundo como uma pessoa sensual. "Minha mãe diz que sempre sentiu que eu tinha sex appeal", disse ela para a *Vibe* na entrevista de 2001. "Mesmo quando era muito pequena, eu tirava fotos e tinha uma sensualidade em mim. Eu me sinto sexy. Aceito isso e me sinto confortável com isso. Eu gosto."[41] Mas ela fazia sexo de fato? Difícil saber, porque sua vida pessoal era estritamente privada.

Por exemplo, na época do acidente que a matou, fazia alguns meses que ela e o empresário do hip-hop Damon Dash, da Roc-A-Fella Records, namoravam, mas ninguém comentava que os dois estavam juntos.[42] Podemos fazer uma comparação com o relacionamento entre o cofundador da gravadora de Dash, Jay-Z, e Beyoncé, que começou mais ou menos na mesma época e similarmente unia um cara durão do rap com uma princesa do R&B, beneficiando a fama de ambos. Outro exemplo é a aliança entre Whitney Houston e Bobby Brown, que, pelo menos no começo, ajudou a fortalecer a imagem dela e a domesticar a dele. O romance tem um poder imensurável nas relações públicas das celebridades, e Aaliyah poderia ter se beneficiado muito ao anunciar que estava com Dash: isso marcaria seu crescimento, tanto emocional como musical, e lhe daria, por associação, um pouco da credibilidade, tenacidade e glamour da Roc-A-Fella, a marca mais prestigiosa da música negra na época. Mas fazer isso criaria um conflito com o perfil que ela havia cultivado — o mistério era seu fator de atração.

Isso a destacava entre as demais. A crítica da *NME* de *Aaliyah* a comparou com Kelis, a protegida do The Neptunes, e com Destiny's Child, julgando Aaliyah superior nos dois casos. Ela era "anormalmente madura", escreveu John Mulvey: "Ela não o odeia tanto assim agora, nem está se aproveitando dele para pagar aquelas contas, contas, contas."[43] (A estreia de Kelis tinha sido o hino intenso sobre a raiva da mulher traída "Caught Out There" [Pego no flagra], enquanto o Destiny's Child tivera sucesso com a provocante e pragmática "Bills, Bills, Bills [Contas, contas, contas]".) Esses arroubos emocionais e expressões de materialismo eram opostos à apresentação rarefeita de Aaliyah. No fundo, ela era uma boa menina de uma boa família, que trabalhava arduamente e não negligenciava os estudos — Aaliyah se formou com uma média excelente no Ensino Médio, apesar dos contratempos causados pela carreira musical. Por um acaso, ela também era uma superestrela internacional belíssima.[44] As pessoas se identificavam com ela, o que lhe conferia uma aura que passava por cima da circunspecção de suas músicas e a conectava aos fãs, especialmente com garotas negras que cresceram a ouvindo. Ela era, escreveu Iandoli, o tipo de celebridade com quem você teria uma "amizade imaginária".[45]

Após a morte de Aaliyah, adolescentes enlutados nas vigílias exaltavam sua virtude. "Era legal ter alguém que não falava sobre drogas, sexo, violência e essas coisas todas [...]. A música dela era pura", disse Moricia Sylvester, com 14 anos, de Nova York.[46] Apesar de Aaliyah obviamente cantar sobre sexo (e ter feito uma referência a "bagulho" em "Rock the Boat"), a questão era que a versão de sexualidade que ela explorava não era frenética e ofegante como a que outras estrelas jovens ofereciam na época. "Nesse meio, garotas de igreja se tornam prostitutas porque querem ser famosas, mas ela nunca deixaria o estrelato interferir em sua identidade", disse Parrish Johnson, vice-presidente executivo da Blackground.[47] Além disso tudo, não havia espaço para mencionar — e talvez seus fãs mais jovens de fato não soubessem — o complicador de que ela havia sido casada por um curto período com um homem 12 anos mais velho. "Acho que as garotas deviam gostar mais dela do que de Britney Spears" foi o veredito mordaz de Shavonne Moore, com 18 anos, do Harlem. "Britney vive tirando a roupa. Fala sério."[48] Menos de um mês depois — como se para provar que Shavonne tinha razão —, Britney lançaria "I'm a Slave 4 U", a música mais ofegante e frenética que já tinha gravado até então, escrita e produzida pelo The Neptunes. Britney a promoveu com uma apresentação no VMA em que não usou nada além de um top, um minishort e uma cobra.

Para algumas pessoas, a morte de Aaliyah ia além da perda de uma pessoa talentosa: ela marcou o momento em que a música foi herdada por impostores adolescentes. O jornalista Christopher John Farley escreveu a jato uma biografia da artista, publicada em novembro do mesmo ano da morte. No texto, há oito referências a Britney, que ele considerava menos talentosa, menos interessante, mais influenciável e mais artificial do que a falecida estrela.[49] O que se subentende dessa comparação é o quanto Britney — que havia assinado com a Jive após o término do contrato com Aaliyah — devia ao modelo

Lolita de sua predecessora rainha dos adolescentes. Ambas eram produtos da mesma máquina e, nos dois casos, a imagem de pureza era amplificada e erotizada pela exibição da sexualidade. *Age Ain't Nothing But a Number* havia mostrado que existia um mercado para o pop-ninfeta, mas o escândalo entre Kelly e Aaliyah, um dano que tinha acabado de ser contido, também mostrava como o conceito era perigoso. Para transformar o desejo de homens por adolescentes em uma mercadoria, era melhor impedir que esse anseio se tornasse uma humilhação para o produto. As lições da época de Aaliyah na Jive podem ser vistas na produção de Britney em "...Baby One More Time".

Nos obituários, a polêmica sobre Kelly era ou solenemente ignorada ou apresentada no meio das negações de Aaliyah e dele.[50] Kelefa Sanneh, do *New York Times*, foi além de qualquer outra crítica da época ao reconhecer tanto o escândalo quanto a maneira como a sexualidade era associada à imagem de Aaliyah. "Ela não cantava como uma garotinha [em *Age Ain't Nothing*] — mesmo naquela época, sua voz era mais forte, e sua abordagem, mais sofisticada do que a da maioria das cantoras pop — nem se comportava como uma", escreveu Sanneh, que também era uma das defensoras mais ferrenhas da música de Kelly na imprensa. "A estrela mirim supostamente também foi uma noiva mirim, casando-se em segredo com o próprio mentor, R. Kelly, o cantor de R&B. (Os dois nunca confirmaram o casamento.)"[51] Era, na melhor das hipóteses, uma péssima escolha de palavras, dando a entender que o relacionamento sexual (supostamente não confirmado) era uma marca da maturidade pessoal e artística de Aaliyah, e não um ato predatório de um homem adulto.

Era esse tipo de "sofisticação" que, de um jeito inconveniente, fazia Aaliyah parecer mais uma "prostituta" do que uma "garota de igreja". Não havia como ela quebrar essa dicotomia? A resposta deprimente é não. Dois anos após a morte de Aaliyah, Paris Hilton se viu no mesmo papel de vítima sexual — sofrendo um dano que, de algum jeito, prejudicou mais a reputação dela do que a do homem que a violentou. E Paris era branca e rica, enquanto o homem que desejava divulgar sua sex tape para o público mal era conhecido. Aaliyah era negra, suas únicas vantagens eram ter talento e uma imagem, e seu agressor era considerado um herói e um gênio. É muito difícil imaginar que outra saída estaria disponível para ela além da negação. Também é possível que Aaliyah, como algumas das outras vítimas de Kelly, tenha continuado a vê-lo como um namorado em vez de um abusador: afinal, essa é a essência do aliciamento. O mundo também preferia que essa fosse a verdade. Após a morte de Aaliyah, a cultura popular passou muitos anos insistindo na versão do "amor verdadeiro": mesmo no fim de 2014, o filme biográfico *Aaliyah: The Princess of R&B* [Aaliyah: a princesa do R&B], da Lifetime, retratou o relacionamento entre ela e Kelly como se ali houvesse "duas almas conectadas pela criatividade", no mesmo patamar, separadas apenas pelo infeliz azar de não terem se encontrado no momento certo.

Mas não importava o quanto Aaliyah insistisse em cortar as perguntas sobre Kelly, a rigorosa estratégia de não se pronunciar jamais sobreviveria à atenção frenética da fama nos anos 2000. Apesar da reação inexpressiva a seu furo de reportagem original, DeRogatis e Pallasch continuaram investigando a história. No começo de 2002, os dois receberam uma pista importante. Uma fonte anônima deixou uma fita cassete na casa de DeRogatis: o vídeo mostrava R. Kelly com uma garota que parecia menor de idade, provavelmente com menos de 15 anos. O que viu nas imagens, segundo ele, foi mais perturbador do que quaisquer evidências que existiam contra Kelly até então. Uma matéria publicada no *Chicago Sun-Times* no dia 8 de fevereiro descrevia o conteúdo do vídeo nos termos práticos da objetividade jornalística: "A menor de idade chama Kelly de 'papai' enquanto os dois praticam sexo. Os atos sexuais incluem penetração, sexo oral e urinação."[52] (Mais tarde, DeRogatis resumiria o que viu para outro jornalista em termos mais emotivos: "A garota tinha o olhar distante de uma vítima de estupro enquanto ele urina na boca dela. É uma cena nojenta.")[53] O vídeo ficou conhecido informalmente como "fita do xixi".

O *Chicago Sun-Times* entregou a fita para a polícia (uma decisão surpreendentemente controversa para alguns repórteres, que acreditavam que o jornal havia quebrado alguma regra da ética jornalística ao entregar provas de abuso infantil para as autoridades)[54] e, em junho de 2002, Kelly foi indiciado por 49 acusações, incluindo posse e produção de pornografia infantil e aliciamento de parceira menor de idade.[55]

Até então, Kelly havia sido protegido pela indiferença da imprensa pelo envolvimento com garotas jovens e pelo fato de que sua vítima mais famosa se dedicava tanto quanto ele a minimizar a gravidade do abuso. Em 2002, no entanto, a internet havia mudado o jogo. A "fita do xixi" foi publicada nas redes em algum momento, virando uma peça especialmente doentia da biblioteca de sex tapes de celebridades. Em fóruns, as pessoas analisavam o conteúdo com fervor: quantos anos tinha a garota? O homem era mesmo R. Kelly ou podia ser um caso de erro de identidade? Os atos no vídeo eram inerentemente nojentos ou uma das taras humanas aceitáveis? (A internet sem censuras havia disponibilizado todo tipo de fetiches para o público.) As pessoas conseguiriam voltar a ouvir as músicas de R. Kelly?[56]

Sobre esse último questionamento, a resposta para a maioria parecia ser um "sim" convicto: enquanto os advogados de Kelly exploravam todas as táticas possíveis para adiar o julgamento, ele passava por alguns dos seus anos mais ricos, criativa e comercialmente. Sempre houve um lado sentimental em suas canções — em 1995, ele havia composto a balada melosa "You Are Not Alone" para Michael Jackson, que ajudou a reabilitação do astro após acusações semelhantes de abuso infantil (no caso de Jackson, principalmente meninos brancos). Após 2002, Kelly foi enfático ao abraçar as tendências gospel com canções como "U Saved Me", apresentando-se como o pecador absolvido que, de forma calculada, tenta atrair o público negro cristão. Mas, enquanto Jackson se afastou do lado libidinoso da música após ser acusado de crimes sexuais, Kelly manteve o baixo nível junto com a religiosidade. "Ignition (Remix)" foi lançada no fim de 2002 e se tornou um de seus maiores sucessos até então. A música compara uma mulher a um carro, com Kelly sendo o motorista que quer dar uma volta: "Girl, I'm feelin' what you're feelin' / No more hopin' and wishin' / I'm about to take my key and / Stick it in the ignition" [Garota, estou sentindo o que você está sentindo / Chega de sonhar e desejar / Vou pegar minha chave / E enfiar na ignição]. Em uma peculiaridade típica do cantor, a música nem tinha sido lançada, mas já tinha um remix. A original estava em um álbum chamado *Loveland*, que, assim como a fita cassete incriminadora, foi vazado na internet. A reação de Kelly foi transformar a coletânea inteira. O álbum resultante, chamado *Chocolate Factory*, era impressionantemente erótico e foi um sucesso estrondoso.

Não era que as pessoas não notassem a audácia de Kelly na época. (No remix de "Step in the Name of Love", ele até se nomeava o "Flautista Encantado do R&B", uma autoidentificação com um personagem de contos de fadas que captura crianças, comparação que o *Guardian* comentou ser "duvidosa".)[57] Mas, se muito, a postura chocante o tornava ainda mais intrigante. "O Sr. Kelly, o lendário e excêntrico astro do R&B, há muito se estabeleceu como um dos maiores cantores-compositores de sua geração", escreveu Sanneh em uma crítica de 2006. "O escândalo sexual que ameaçou tirar tal carreira dos trilhos em 2002 acabou tendo o efeito oposto: ele se tornou mais produtivo, mais bem-sucedido e, sabe-se lá como — talvez porque mais pessoas começaram a prestar atenção em sua excelente música —, ainda mais respeitado do que antes."[58] As músicas de fato eram boas. Kelly se tornou muito procurado para colaborações. Ele foi o responsável por "Outrageous", faixa do álbum *In the Zone*, de Britney (uma amostra da letra: "Outrageous! / My sex drive" [Escandaloso! / Meu tesão]), e por "Bump Bump Bump", que entregou à *boy band* B2K, um hit que chegou ao topo das paradas. "Com certeza, levamos isso em consideração", declarou Max Gousse, da gravadora Epic, dos B2K, ao ser perguntado em 2004 sobre as acusações contra Kelly, "mas não dava para recusar: um hit é um hit".[59]

Além do mais, era impossível ficar chocado com as alegações que Kelly enfrentava, porque ele chocara o público havia anos, como o comediante Dave Chappelle comentou em um episódio de 2004 do seu programa *Chappelle's Show*, exibido na Comedy Central. "Quer dizer, podem falar o que quiserem sobre o escândalo dele, mas a música é à prova de escândalos, sabem como é?", disse ele em seu trecho de stand-up. "Qualquer fã de verdade do R. Kelly não se incomodaria, porque, se você passou todos esses anos prestando atenção nas músicas dele, já teria imaginado que algo assim acabaria acontecendo, foi o que aconteceu comigo." Um riff introduz um esquete em que Chappelle — usando óculos escuros e um *durag*, com um cavanhaque bem-feito — imitava R. Kelly. "Me leve para o seu lugar especial / Feche os olhos, levante seu rosto", canta Chappelle em um falsete aceitável. "Vou mijar na sua cara." A plateia reagiu com um misto de horror e risadas, com o comediante tendo apresentado a verdade básica a respeito de Kelly: seu priapismo era tão óbvio que um fã não poderia levá-lo a sério sem aceitar a própria cumplicidade.

Em 2008, quando o julgamento enfim aconteceu — seis anos após o indiciamento —, Kelly foi inocentado. Os advogados de defesa argumentaram que o vídeo tinha sido forjado (uma impossibilidade tecnológica); que, se fosse verídico, a parceira de Kelly não era menor de idade (o fato de a jovem se recusar a testemunhar foi usado a favor dele); que os acusadores eram movidos por dinheiro e ressentimento e que meninas adolescentes no geral não eram testemunhas confiáveis. "Ela é uma menina de 13 anos que está fazendo sexo selvagem, depravado, indecente [...] com um artista que venceu prêmios Grammy, e não contou para ninguém?", questionou o advogado de Kelly, incrédulo. "Uma menina de 13 anos não consegue guardar segredo nem sobre comprar ingressos para assistir à Hannah Montana!"[60] Mas meninas guardam segredos o tempo todo. (E o enredo de *Hannah Montana* é justamente uma estrela mirim que tem uma vida dupla secreta.) Seja lá o que aconteceu entre Aaliyah e Kelly, o segredo foi com ela para o túmulo.

Para a sorte de Kelly, a música pop logo ofereceu outros assuntos para fofoca. Rihanna — que assinou contrato com a Roc-A-Fella em

2004, aos 16 anos — era, em muitos sentidos, a herdeira do legado de Aaliyah. Embora artistas contemporâneas dos anos 1990, como Brandy e Monica lembrassem muito Aaliyah e o estilo que ela própria descrevia como "urbano fofo", foi Rihanna quem levou os experimentos que a cantora começou até um resultado lógico, com talento semelhante de se misturar de forma natural a um produto sem perder a própria identidade. Quanto mais a música pop usava o modelo de produção em escala e formação de hábito de consumo que Timbaland havia ajudado a desbravar com Aaliyah, mais valiosa se tornava essa mistura de maleabilidade e reconhecimento que a nova estrela apresentava. Canções insistentes e insinuantes, como "Umbrella" — que poderia ser interpretada como a promessa inocente de cuidar de um namorado, mas que também terminava com a cantora repetindo "Come into me" [que poderia ser traduzido, dependendo do contexto, por "me preencha"] de um jeito ingenuamente pornográfico —, tornaram Rihanna o maior sucesso do pop em 2009. Ela também formava um casal incrivelmente poderoso com Chris Brown, o cantor de R&B. Os dois estavam agendados para se apresentar no Grammy de 2009 — um momento que deveria selar o status deles no topo da indústria do entretenimento —, mas o show nunca aconteceu. Isso porque, na noite anterior, enquanto voltavam de carro de uma festa pré-premiação, o casal teve uma discussão e Brown tentou jogar Rihanna para fora do carro. Quando não conseguiu, agrediu a companheira até que ela ficasse com os olhos roxos e um lábio cortado.

Descobrir a verdade sobre o que aconteceu com Aaliyah havia sido um processo difícil, que envolveu até rastreio de documentos, e todas as descobertas tinham alcance limitado devido a restrições da imprensa periódica e televisiva: no fim dos anos 1990 e no começo dos 2000, se você não tivesse lido a edição específica da *Vibe* ou do *Chicago Sun-Times* ou visto os noticiários relevantes na MTV não saberia muito bem quais eram as acusações contra Kelly. Poucas horas após o ataque de Brown contra Rihanna, o TMZ publicou todos os detalhes do boletim de ocorrência — e, 11 dias depois, as fotos do rosto agredido de Rihanna.[61] (Em agosto de 2009, Brown foi sentenciado a cinco anos de condicional e seis meses de serviço comunitário pelo ataque.)[62]

Do ponto de vista publicitário, o episódio foi um desastre para Rihanna. Sua persona se baseava na imagem de uma garota comum fofa e de elegância fashionista. Agora ela estava na posição bem menos interessante de vítima — ou, para os fãs de Brown (que também eram em grande parte fãs dela), uma mulher que devia ter feito alguma coisa para merecer ser agredida. Depois que a história começou a ser replicada em blogs e redes sociais, não havia mais como contê-la. Para que a carreira de Rihanna sobrevivesse, a única opção era, seja como fosse, assumir o controle da catástrofe. *Rated R*, seu álbum seguinte, foi projetado em detalhes para eliminar qualquer impressão de que Rihanna era vulnerável, como explicou John Seabrook no livro *The Song Machine* [A máquina de músicas]: "Desde a foto de capa tirada por Ellen von Unwerth — a artista séria usando meia arrastão e couro preto, uma mão curvada sobre um dos olhos antes roxos como se ele ainda doesse — até as letras [...] o álbum inteiro faz referências indiretas à agressão."[63]

Contudo, administrar a tensão entre sexo e violência na imagem de Rihanna não ficaria por aí — até porque ela continuaria romanticamente envolvida com Brown por vários anos, mesmo enquanto ele ainda estava na condicional após se declarar culpado pela agressão.[64] No clipe de "We Found Love", de 2011, vemos Rihanna em um relacionamento caótico com um homem bonito que tem o cabelo raspado como o de Brown: em certo momento, ela bate com as mãos no painel de um carro e ele se exalta com ela. A cena segue exatamente o relato que Rihanna deu à polícia sobre como Brown iniciou a agressão contra ela — o relato que o mundo inteiro leu graças ao TMZ. (Em uma matéria sobre o clipe da música, o site acusou Rihanna, sem qualquer ironia, de "tirar proveito" da violência.)[65] Em 2012, pouco antes de o casal terminar de vez, os dois chegaram a gravar um dueto chamado "Nobody's Business" [Não é da conta de ninguém] (que, em outro fracasso espetacular de ironia, repreendia o público por se importar com um relacionamento que era publicamente exibido na canção). Olhando para os fatos, essas atitudes eram perturbadoras, mas Rihanna as utilizou para adaptar a própria imagem à realidade de ser uma namorada violentada e assumiu o controle da narrativa.

Enquanto isso, a carreira de Brown permaneceu quase ilesa, embora ele tenha, sim, perdido um contrato de publicidade com o chiclete Wringley's.[66] Em todo caso, foi poupado da cadeia e, no fim de 2009, já tinha voltado a gravar e se apresentar como antes. O álbum dele lançado naquele ano, *Graffiti*, fazia alusão ao que as críticas chamavam, em um eufemismo, de "deslize".[67] Mas, enquanto Rihanna teve que lidar com a difícil tarefa de projetar empoderamento, mesmo sendo a vítima, Brown só precisou mostrar que estava arrependido — no geral, ao que parecia, se fazendo de coitado, como em "Lucky Me", em que ele lamentava as dificuldades de ser famoso.

Seus pedidos de desculpa encontraram um público receptivo. Após assistir a uma entrevista um tanto pesarosa com Brown em *Good Morning America*, Diane Sawyer (a mesma jornalista que levou Britney às lágrimas ao questionar se ela havia traído Justin Timberlake) concordou com o coapresentador que "a ficha tinha caído" para Brown. A reabilitação dele estava confirmada, e o álbum seguinte, *F.A.M.E.*, foi certificado como platina duplo, justificando a decisão da gravadora de não abandoná-lo. Afinal, por que deveria ter sido diferente? Brown tinha contrato com a Jive, e, se a experiência da empresa com Aaliyah e R. Kelly havia deixado alguma lição, era que escândalos (quando encarados da forma correta) podem ser transformados em mercadoria. Ao mesmo tempo, a implosão do namoro de Britney e Justin tinha mostrado que um homem famoso podia contar com a pena do público quando um término se tornava hostil. Apesar do comportamento predatório, R. Kelly rendeu estimados 150 milhões de dólares para a Jive.[68] Um hit sempre vai ser um hit, como a indústria musical gostava de dizer.

Kelly permaneceu com a gravadora até a empresa chegar ao fim. Quando a Jive foi absorvida pela RCA em 2011, o contrato de Kelly foi junto. Naquela altura, ele tinha 44 anos. Já não era mais aquela força irresistível de antes — "Ignition (Remix)" foi a última música dele a dominar as paradas —, mas havia se tornado outra coisa: um verdadeiro excêntrico da música, incansável na busca por uma musa. Em 2005, ele lançou a primeira parte da "opereta urbana" *Trapped in the Closet*, um drama teatral de infidelidades entremeadas que acabaria se estendendo por 33 "capítulos" — clipes com narrativas contínuas em que a história é cantada por Kelly enquanto um elenco a encena.[69] O "enredo loucamente intricado", como resumiu um crítico, "envolvia um surto de traições em massa, um tiroteio, um pastor gay que era tirado do armário e um stripper com nanismo chamado Grandalhão".[70] Se a ideia era criar uma distração, deu certo. Depois de Kelly lançar a segunda leva de episódios, e com o julgamento por pornografia infantil correndo em Chicago, o *Guardian* escreveu: "Mesmo que seja condenado, R. Kelly produziu pelo menos 22 outros vídeos que são mais estranhos e mais inexplicáveis do que aquele no qual ele supostamente urina em uma adolescente".[71] Enquanto isso, boa parte das músicas de Aaliyah nem sequer estavam mais disponíveis. A Blackground Records, que detinha os direitos da maioria delas, havia se envolvido em problemas legais no fim dos anos 2000; na metade da década seguinte, já não funcionava mais como empresa, e boa parte de seu catálogo — incluindo *One in a Million* e *Aaliyah* — definhava sem autorização para ser incluída em serviços de streaming.[72] À medida que os formatos físicos se tornaram redundantes, Aaliyah parecia estar preservada em outro mundo, inacessível e intocável como sempre.

O primeiro sinal definitivo de que a sorte de Kelly estava acabando veio em 2014. Em 2013, ele gravou uma música com Lady Gaga chamada "Do What U Want". A composição misturava imagens sexuais perturbadoras com um discurso amargurado sobre a fama. "Do what you want with my body" [Faça o que quiser com o meu corpo], canta Gaga e, deixando de se dirigir a um parceiro e se endereçando à mídia: "Write what you want / Say what you want about me" [Escreva o que quiser / Diga o que quiser sobre mim"]. Quando Kelly se junta à canção, também é para denunciar a imprensa, só que, para ele, o refrão diz: "Do what I want with *your* body" [Faço o que eu quiser com *seu* corpo]. Mesmo quando enxergava a si mesmo como uma vítima da opinião pública, ele ainda bancava o agressor. O clipe, dirigido pelo fotógrafo de moda Terry Richardson, colocava a música em um cenário de fetiche hospitalar, com Kelly sendo o médico, e Gaga, a paciente. (Assim como o clipe de Rihanna, esse também era inspirado em eventos reais da estrela: Gaga havia operado o quadril pouco tempo antes.) Para destacar a crítica à mídia, uma Gaga nua se retorce sobre um tapete de jornais.

Certa vez, Richardson descreveu sua missão artística como revelar a "estrela pornô interior" nas pessoas que fotografava e, com essa finalidade, havia publicado fotos dele mesmo fazendo sexo com modelos.[73] Ele era descrito como "polêmico". Assim como as letras hipersexualizadas de Kelly, a estética de Richardson fazia parte de uma era em que a pornografia estava a apenas um clique de distância, não importava onde você estivesse, e dava um ar rebelde até a colaboradores supostamente certinhos: em 2007, fotografou Barack Obama (então em campanha para se tornar o candidato presidencial do Partido Democrata) para a *Vibe*.[74] Quando a Hannah Montana de verdade, Miley Cyrus, renasceu como uma artista para o público adulto, ele filmou a cantora nua para o clipe de "Wrecking Ball". Porém, assim como Kelly, havia alegações persistentes de que a sordidez de Richardson ia além de uma mera fachada: por anos antes do retrato de Obama, modelos e assistentes fizeram denúncias públicas sobre terem sido expostas a situações degradantes e assediadas por ele em sets. As relações sexuais supostamente consensuais em que ele tinha se documentado foram, de acordo com várias mulheres, forçadas.[75] (Richardson negou as acusações e, em uma declaração para o BuzzFeed em 2017, alegou que "todas as participações foram consentidas".)[76]

A mistura de Kelly, Richardson e uma artista ostensivamente feminista como Gaga foram demais para o público. Ela tirou o clipe do ar, mas não a música. O Page Six citou uma fonte que chamava o clipe de "uma propaganda literal de estupro".[77] Demoraria mais quatro anos até Richardson ser declarado *persona non grata* pela indústria da moda, e mais outros dois até a derrocada de Kelly. Em 2019, Gaga removeu "Do What U Want" dos streamings, substituindo-a por uma versão em que Christina Aguilera canta a parte de Kelly. Ela também fez uma retratação pela "falta de discernimento" ao trabalhar com Kelly. "Tudo que fiquei sabendo a respeito das acusações contra R. Kelly é pavoroso e indefensável", tuitou ela.[78] O problema é que parecia improvável que Gaga de fato tivesse acabado de "ficar sabendo" das alegações. Será que ela não tinha visto as matérias do *Chicago Sun-Times*? Ou não lera sobre os julgamentos? Quase duas décadas de piadas sobre a fita do xixi? As letras do próprio R. Kelly? Sempre houve provas suficientes para repudiá-lo. O que estava faltando era vontade. (Beyoncé e Taylor Swift, que trabalharam com Richardson em 2013, tiveram a sorte de não serem alvos de críticas.)

Em 2017, DeRogatis publicou outra matéria sobre Kelly, dessa vez no BuzzFeed, descrevendo como o cantor mantinha uma "seita" abusiva de mulheres, a maioria das quais tinha aliciado (uma palavra que agora fazia parte do léxico popular) enquanto ainda era menor de idade.[79] Dessa vez, as reações foram muito diferentes do silêncio de 2000. Duas mulheres negras, Oronike Odeleye e Kenyette Barnes, organizaram uma campanha com a hashtag "MuteRKelly" [Tire o som de R. Kelly], que foi bem-sucedida ao pressionar vários estabelecimentos a cancelarem os shows do cantor. "Espero que o movimento consiga parar esse homem", disse Odeleye para a revista *Glamour*. "Se eu conseguir transformá-lo em uma batata tão quente a ponto de nenhum artista querer trabalhar com ele, de nenhuma gravadora querer um contrato com ele, então fizemos nosso trabalho."[80]

Kelly já tinha 50 anos a essa altura, seus maiores sucessos tinham ficado para trás, havia menos tolerância para homens envolvidos com meninas e ele tinha perdido a graça. Embora tenha chamado os protestos contra si de "linchamentos", o público não estava mais do lado dele.[81] As pessoas passaram a querer ver supostos abusadores sendo punidos. Em 2017, com o movimento #MeToo, Richardson foi dispensado por várias publicações e grifes: o adjetivo mais associado ao seu nome não era mais "polêmico", e sim "decadente".[82] Dois anos depois, o documentário *Leaving Neverland* tornou inegável o abuso sistemático que Michael Jackson cometeu contra diversos meninos. No mesmo ano, a Lifetime — o mesmo canal que havia romantizado a relação entre Aaliyah e Kelly em *The Princess of R&B* — exibiu o documentário *Sobreviver a R. Kelly*, que mostrava as vítimas do cantor dando depoimentos pessoais. Era, finalmente, um testemunho público incontestável de uma vida inteira de predatismo. A gravadora o abandonou — sem muito sacrifício, pois a fase mais lucrativa dele havia ficado para trás.[83]

A polícia voltou a investigá-lo e, em setembro de 2021, ele foi condenado por nove acusações de extorsão e tráfico sexual de seis mulheres. Cinco delas testemunharam, a sexta era Aaliyah.[84] Isso aconteceu em parte porque as evidências eram avassaladoras, em parte por causa da mudança da opinião pública a respeito de aliciamento e abuso sexual, as velhas táticas de Kelly de gerar confusão e difamar as vítimas deixaram de funcionar. No julgamento, testemunhas falaram que ele foi visto tendo relações sexuais com Aaliyah quando a cantora tinha 13 ou 14 anos.[85] A parte talvez mais horrível foi o testemunho do gerente de turnê de Kelly, que confessou ter ajudado o cantor a obter a identidade falsa que permitiu que ele se casasse com Aaliyah. Não havia nada de romântico na situação. Kelly não foi movido por amor, mas pelo medo de que ela estivesse grávida. A intenção por trás do casamento era contornar o risco de uma acusação de estupro de vulnerável ao fazer um aborto.[86] A cena descrita era desoladora: homens adultos decidindo juntos como lidar com o corpo de uma criança. Kelly foi sentenciado a trinta anos de prisão. Em fevereiro de 2023, um júri em Chicago o condenou por mais seis acusações. A mulher que antes havia negado ter participado da chamada "fita do xixi" estava entre as vítimas que testemunharam. Ela tinha 14 anos quando o abuso foi filmado por Kelly.[87]

O autocontrole imaculado de Aaliyah durante a carreira era, em parte, a reação de alguém que lidava cuidadosamente com as repercussões de uma situação ocorrida no começo da vida, quando não teve poder algum de escolha. No fim, é difícil ter certeza sobre quanto controle Aaliyah de fato recuperou. Uma das revelações do livro de 2021 de Iandoli foi que a cantora talvez nem estivesse acordada quando o avião caiu. Uma testemunha relatou que ela estava nervosa com o voo e que se recusou a embarcar. Um membro da equipe deu a ela um comprimido que a fez cair no sono, e ela foi levada inconsciente para dentro da aeronave — uma marionete humana, no fim das contas.[88] A morte dela naquele acidente a poupou do escrutínio brutal que a fama nos anos 2000 teria causado: ela não precisou enfrentar o reconhecimento do público de que havia sido a noiva infantil do homem na "fita do xixi".

Mas significa também que ela perdeu a justiça que o #MeToo fez em seu caso, quando o movimento tardiamente ofereceu um modelo de abuso que se assemelhava ao que a vitimizou. Para algumas pessoas, as décadas que se passaram antes de Kelly receber qualquer castigo são prova de uma indiferença institucional para com garotas negras e do viés do #MeToo em favor de mulheres brancas; mas também do que a fama oferecia a homens, negros e brancos.

No dia 20 de agosto de 2021, quase duas décadas após a morte de Aaliyah, os álbuns da cantora pela Atlantic, enfim, foram lançados no Spotify. Eles ainda soam primorosamente futuristas e sensuais — como o trabalho de uma artista que tinha mais a dizer. O acidente fatal de avião interrompeu não apenas a possibilidade de mais músicas e de todas as experiências normais que Aaliyah poderia ter, como também a possibilidade de ela contar, com as próprias palavras, ao que havia sido submetida quando menina.

Em fevereiro de 2002, seis meses após a morte de Aaliyah, *A rainha dos condenados* estreou. No filme, o vampiro Lestat (interpretado por Stuart Townsend) desperta em sua tumba e decide se tornar um astro do rock. Como um dos "novos deuses" do entretenimento, ele percebe que pode fazer suas vítimas sem enfrentar qualquer consequência. Quanto mais Lestat anuncia a própria depravação, mais os fãs o incentivam. O filme é uma pieguice risível de tão boba, cheia de clichês do gênero nu metal, e Aaliyah fica à deriva no clima ridículo do filme de baixa classe; afinal, ele está muito aquém do legado que ela merecia.[89] Porém, a história toca em uma das verdades grotescas da indústria do entretenimento. Como Kelly poderia ter ensinado a Lestat, não existe forma melhor de um artista homem esconder a própria natureza predatória do que anunciar ostensivamente ao mundo que é um monstro.

5

Janet Jackson: indecência

"Fiquei com muita vergonha."

Foram necessárias três décadas de trabalho como artista para Janet Jackson ser convidada para se apresentar no show do intervalo do Super Bowl de 2004, e seria necessário menos de um segundo para sua carreira sair dos trilhos em uma das maiores desgraças da "década por baixo da saia". Uma apresentação durante o Super Bowl era — e continua sendo — um dos auges de qualquer carreira musical. A plateia espera ver tanta ação no show quanto na partida final do campeonato de futebol americano. As emissoras tinham a mesma expectativa, já tendo aprendido na década de 2000 que intervalos monótonos faziam os espectadores se distraírem e os anunciantes repensarem os preços caríssimos que pagaram pela publicidade durante o jogo. O show do intervalo não é financeiramente vantajoso para os artistas: eles recebem o valor indicado pelo sindicato e pagam boa parte dos custos do cenário do próprio bolso.[1] A pressão é grande: um show para um estádio lotado que precisa ser feito em menos de meia hora, incluindo o tempo para montar e desmontar o palco.[2] Mesmo com todos os custos e riscos, os artistas querem participar, porque o Super Bowl os coloca nas televisões do país inteiro e os anuncia como os maiores astros da música naquele ano.

A audiência do evento começou a mudar no começo dos anos 2000. O aumento no número de canais e o surgimento de aparelhos de gravação digital, como o TiVo, significavam que a televisão se tornava menos uma experiência em massa e mais um reflexo de preferências pessoais. "Acho que há algo muito profundo acontecendo no mundo", declarou Michael Powell, presidente da Comissão Federal de Comunicações, o órgão que administra as transmissões de televisão e rádio nos Estados Unidos, em 2003. "Estamos entrando em uma incrível era de intimidade na comunicação de massa." Mas Powell acrescentou que o Super Bowl permanecia sendo um caso especial, um evento televisionado que a nação inteira queria assistir, e assistir *ao mesmo tempo.*[3] Noventa milhões de espectadores veriam Janet se apresentar ao vivo no dia 2 de fevereiro de 2004. Seriam 90 milhões de pessoas expostas à sua música — algumas pela primeira vez — e que poderiam se tornar fãs e comprar álbuns ou ir aos shows. No fim das contas, foram 90 milhões que viram o seio dela exposto em uma revelação de figurino desajeitada. Foi algo que a levou de personificação do empoderamento sexual e a símbolo global da indecência, transformando sem querer a forma como consumimos a mídia para sempre. Esse episódio ficaria marcado como Nipplegate, ou o "escândalo do mamilo".

Se não fosse pelo seio, Janet talvez fosse lembrada como a melhor parte de um intervalo meia-boca. Em uma entrevista para a MTV antes do show, o coreógrafo havia prometido "alguns momentos chocantes".[4] (O show do intervalo era produzido pela MTV, propriedade do conglomerado de mídia Viacom, que pouco tempo antes havia recebido permissão da Comissão Federal de Comunicações para comprar a CBS, o canal que exibia o Super Bowl em 2004.[5] A propaganda cruzada era uma das vantagens da consolidação.) Entretanto, à medida que a performance se aproximava do fim, havia poucos sinais de que ela entregaria algo memorável pelos motivos certos. O show começou com um vídeo curto que promovia a campanha da MTV para o registro de eleitores, chamada "Escolha ou perca" (2004 era ano de eleição). Então, Jessica Simpson — outro talento da Viacom, graças ao reality show *Newlyweds: Nick and Jessica*, da MTV — fez uma aparição, gritando "Houston! Escolha cair na farra!". Uma banda tocou "I Like the Way You Move", de OutKast, e só então Janet apresentou sua primeira música, "All for You", usando uma roupa com ares de pirata, desenhada por Alexander McQueen.[6] O bustiê preto brilhante tinha uma inspiração fetichista, uma gargantilha acoplada e taças com borda de renda vermelha, mas a roupa era de um pudor impressionante para os padrões de stripper chique das cantoras nos anos 2000 graças à calça corsário e as mangas compridas. Também era recatada para os próprios padrões de Janet, levando em consideração que ela já havia aparecido na capa da *Rolling Stone* com apenas um par de mãos masculinas cobrindo os seios.

Só que, depois disso, as coisas pioraram. Dois anos antes, o show do intervalo do Super Bowl tinha sido uma performance simples e emocionante do U2 na frente de um telão que exibia o nome das vítimas dos atentados do 11 de Setembro. A apresentação foi encerrada com uma revelação de figurino mais graciosa, quando Bono Vox abriu a jaqueta para exibir as estrelas e listras da bandeira dos Estados Unidos no forro.[7] Então, em 2004, toda essa seriedade foi deixada para trás. Depois de Janet, P. Diddy (o nome que Sean Combs, antes conhecido como Puff Daddy, usava na época) e Nelly subiram ao palco e cantaram uma mistura acelerada de duas músicas, envolvendo rebolados e dançarinas que arrancavam as saias quando comandadas. Então veio Kid Rock, impulsionando os quadris enquanto berrava o próprio nome e usava a bandeira dos Estados Unidos como um poncho. Para membros mais conservadores da audiência, a programação já estava desconfortável. Janet voltou ao palco para "Rhythm Nation", um sucesso de 1989 com temas políticos adequados para a campanha de registro de eleitores. Em seguida, Justin Timberlake surgiu do chão, e os dois começaram a cantar uma música dele, "Rock Your Body".

Alguns meses antes, Timberlake tinha ido parar nas manchetes por sua reação sem graça ao ver a ex-namorada Britney beijando Madonna no palco do VMA da MTV. No palco com Janet, ele era o jovem de futuro promissor recebendo a aprovação erotizada de um ícone da indústria. Não apenas um ícone qualquer, mas uma Jackson — o que tinha um significado especial para o cantor. Ao deixar o 'NSync para seguir carreira solo, era nítido que ele tentava copiar o feito do irmão mais velho de Janet, Michael, que foi de membro de destaque do Jackson 5 para o posto de Rei do Pop.[8] O falsete sensual e os passos de dança bonitos de Timberlake eram óbvios pontos em comum com Michael Jackson, embora o que tivesse mais importância talvez fosse a maneira como os dois artistas misturavam influências de gêneros tradicionalmente brancos e negros. Michael Jackson havia começado no Motown e seguido para o pop; Timberlake começou na fábrica de Max Martin e adotou elementos do hip-hop e do R&B.

Enquanto isso, Janet tinha 37 anos e estava no show business desde os 7, o que a tornava a definição de uma artista bem-sucedida. Ela era a caçula dos irmãos Jackson, cultivados para a fama pelo pai, Joe, e, sem dúvidas, a que teve mais facilidade em entrar para o mercado. Passando a juventude em Gary, Indiana, o Jackson 5 tocava nas boates segregadas dos anos 1960, junto com "comediantes ruins, pianistas de bar e strippers", segundo Michael na autobiografia *Moonwalk* [Andar na lua].[9] Janet começou a fazer participações entre os convidados dos shows dos irmãos para uma plateia aberta em Las Vegas[10] e, aos 10 anos, foi escalada para a sitcom *Good Times* da CBS — um entre os vários programas com elenco negro exibidos no horário nobre na década de 1970, cujo objetivo era mostrar para os Estados Unidos uma versão mais inclusiva de si próprios.[11]

Para os irmãos Jackson mais velhos, as primeiras lembranças eram de viver apertados em uma casa de três cômodos em Gary.[12] As de Janet eram de sua "casa em estilo Tudor" nos arredores de Los Angeles.[13] Ela também levou menos surras do pai do que os irmãos. "A gente se apresentava para ele, e ele nos avaliava", recordou Michael.

"Se você fizesse besteira, apanhava, às vezes de cinto, às vezes de vara."[14] (Mais tarde, Michael diria que ficava enjoado só de ver o pai, ao que Joe respondeu, com seu costumeiro carinho paternal: "Ele vai vomitando até o banco.")[15] Janet recebeu um tratamento mais ameno. "Acho que, quando eu nasci, meus pais já estavam cansados de nos castigar", lembrou ela na autobiografia *True You* [Seu eu verdadeiro].[16]

Mesmo assim, ela apanhou pelo menos uma vez do pai e também tinha medo dele. Os desejos do patriarca eram lei na família Jackson: quando Janet tinha 14 anos, ele resolveu que, apesar de ela preferir atuar, seria mais lucrativo seguir carreira como cantora.[17] (Essa mudança de rumo pode ter sido influenciada pelo fato de, na mesma época, Michael ter demitido o pai, que era seu empresário, deixando-o sem um prodígio musical para vigiar.)[18] Joe conseguiu um contrato para Janet na A&M Records; o resultado foram dois álbuns de pop-soul chatinhos que mal figuraram nas paradas de sucesso.[19] Depois disso, Janet assumiu as rédeas da situação. Ela cortou laços profissionais com o pai e se mudou para Mineápolis, onde trabalharia com Jimmy Jam e Terry Lewis, sócios de Prince. O álbum que fizeram juntos foi intitulado *Control* [Controle]. Não era o primeiro gesto de Janet para estabelecer a própria independência — em 1984, aos 18 anos, ela havia se casado em segredo com o cantor James DeBarge; o casamento seria anulado um ano depois, quando Janet ficou sabendo da gravidade do vício de DeBarge em drogas[20] —, mas foi o primeiro a ter sucesso. *Control* chegou ao topo das paradas ao ser lançado em 1986. Isso fez com que Janet deixasse de ser a caçulinha decepcionante da família e se transformasse em uma das poucas artistas capazes de se equiparar às vendas estupendas e ao valor cultural de Michael. O título *Control* não era aleatório: ali estava uma mulher que mandava na própria vida, tanto criativa como sexualmente. Sexo era um dos fatores que ela usava para mostrar que não era mais a garotinha do papai.

Política também. Em uma entrevista para a *Rolling Stone*, o jornalista David Ritz comparou o álbum de 1989, *Janet Jackson's Rhythm Nation 1814*, carregado de temas sociais, ao clássico dos direitos civis de Marvin Gaye, *What's Going On*. As letras falavam sobre pobreza, violência e preconceito, mas a presença dela por si só já era uma declaração política. Historicamente, a música nos Estados Unidos havia sido tão segregada quanto a nação. Nos anos 1940, a *Billboard* organizava paradas separadas para discos "pop" (música feita por artistas brancos e vendida para o público branco) e "raciais" (música feita por artistas negros e vendida para o público negro). No meio do século XX, a última categoria foi transformada em "R&B", mas a distinção se mantinha.[21] Quando a MTV foi lançada, em 1981, artistas negros recebiam um tempo insignificante no ar. Janet e Michael estavam entre os que quebraram esse *apartheid* informal. O domínio impecável que tinham dos aspectos visuais os tornava irresistíveis para os canais de música, assim como as forças do mercado: os Estados Unidos tinham uma classe média negra em ascensão, ao passo que o público branco que havia crescido desde a revogação das leis de segregação racial se tornava mais receptivo ao que gerações anteriores poderiam chamar de "miscigenação musical". Janet era uma verdadeira estrela daquela nova era. *Rhythm Nation 1814*, escreveu Joseph Vogel em uma apreciação pelos 25 anos do lançamento do álbum, "mostrava uma mulher negra multifacetada e dinâmica no papel de líder, como alguém cujas ideias, experiências e emoções faziam diferença".[22] Na canção-título, Janet canta sobre querer "ultrapassar barreiras de cores", e foi exatamente isso o que ela fez ao longo da carreira.

Ainda assim, foi a parte sexual que dominou a imagem da artista nos álbuns seguintes a *Rhythm Nation 1814*. Aquela entrevista da *Rolling Stone* que a compara a Marvin Gaye (para a edição com a icônica foto sem blusa), David Ritz também se demorou em descrições sobre o corpo dela, comentando sobre a "bunda arrebitada" e a "boca sensual".* "O sexo é só uma jogada de marketing?", perguntou ele. "Não", respondeu ela. "Faz muitos anos que sexo é uma parte

* Janet não deve ter ficado ofendida, porque acabaria escrevendo sua autobiografia com a ajuda de Ritz.

importante de quem eu sou. Mas é algo que só se desenvolveu publicamente agora."[23] Janet queria que o público entendesse que sua sensualidade nunca fora atuação; tudo era uma forma autêntica de autoexpressão. (Mais tarde, ela diria que a versão sensual de si mesma tinha sido pelo menos em parte criada pelo marido na época, René Elizondo Jr., o homem que ofereceu as mãos para a capa da *Rolling Stone* e com quem a relação terminou de forma tão feia que a própria Janet foi proibida judicialmente de falar a respeito em sua autobiografia.)[24]

Na época em que lançou *All for You*, em 2001, seu "desenvolvimento" havia chegado ao auge. A canção "Would You Mind" incluía a letra "Kiss you, suck you, taste you, ride you / Feel you deep inside me" [Beijar você, chupar você, lamber você, cavalgar você / Sentir você bem dentro de mim]. Era tão provocante que alguns varejistas sentiram a necessidade de acrescentar adesivos com aviso de conteúdo explícito. (Com o tempo, a gravadora dela, Virgin, lançaria uma versão do álbum sem a faixa explícita.)[25] O álbum foi proibido em Singapura* sob a alegação de que não era "aceitável para nossa sociedade".[26] Essa indignação não impediu que *All for You* se tornasse o quinto álbum seguido de Janet a se tornar número um nas paradas.

Na época da apresentação no Super Bowl, fazia três anos que *All for You* tinha sido lançado. A relevância artística de Janet tinha se tornado questionável. Trinta e sete era considerada uma idade perigosamente madura em um mercado que idolatrava a juventude ao ponto de estabelecer um culto à virgindade de Britney Spears. Sendo assim, era importante que Janet mostrasse que ainda estava com tudo em cima, e bancar a sra. Robinson para o maior jovem galã do mundo parecia uma forma muito eficiente de fazer isso.

Timberlake usava um figurino ainda mais recatado que Janet ao entrar no palco: calça, camisa e jaqueta. Isso o fazia destoar leve-

---

* No mesmo ano, visitei Singapura e comprei uma cópia de *The Singles*, do Bikini Kill, cuja faixa "New Radio" inclui o verso "Let's wipe our cum on my parents' bed" [Vamos esfregar nosso gozo na cama dos meus pais]. Os censores deviam estar de folga nesse dia.

mente da apresentação dela — o encanador que vinha resolver uma emergência na boate fetichista. Fora a incompatibilidade estética, os dois passavam uma boa impressão juntos: duas pessoas bonitas flertando no meio da maior festa do planeta. Ele ia atrás dela, ela rebolava e provocava, e, quando a canção chegou ao auge, os dois se juntaram em uma plataforma no centro do palco, completamente expostos ao estádio, completamente expostos ao mundo. "Talk to me, boy" [Fale comigo, garoto], cantou ela sussurrando, ao que ele rebateu: "Bet I'll have you naked by the end of this song" [Aposto que vou deixar você pelada até o final desta música]. Então ele esticou uma mão sobre o tronco dela, agarrou a taça direita do bustiê e puxou. E algo nesse momento pareceu dar errado. No ensaio, Janet tinha usado uma saia destacável para Timberlake arrancar, mas ninguém gostou do resultado, e aquilo foi tirado da coreografia. Então, o figurinista de Janet passou o dia do show fazendo mudanças apressadas no figurino. Pouco antes da apresentação, Timberlake foi convocado ao camarim de Janet para um debate de última hora. Ninguém jamais revelou o que foi dito nessa reunião.[27]

O que deveria ter acontecido, de acordo com o porta-voz de Janet após o incidente, era que o tecido exterior do bustiê soltaria, deixando o forro de renda vermelha.[28] O que de fato aconteceu foi o seguinte: o látex e a renda foram arrancados juntos quando Justin puxou, e o seio de Janet ficou exposto diante das câmeras — um "problema de figurino", nas palavras que as equipes dos dois usaram em suas retratações iniciais.[29] Só um adesivo de mamilo em forma de raios solares cobria o seio — a parte mais patética é que o chamado "escândalo do mamilo" não envolveu um mamilo visível —, o que só piorou as coisas, porque parecia planejado. Mas a expressão no rosto da cantora insinuava que aquilo não tinha sido proposital. Na mesma hora, ela olhou para baixo e pareceu chocada, enquanto o show continuava de forma cruel ao seu redor. No fundo do palco, sem o conhecimento de que uma exibição que mudaria o mundo tinha acabado de acontecer, um show de fogos foi disparado enquanto Janet levava uma das mãos — tarde demais — ao seio. Foi tudo cronometrado com uma perfeição terrível, pavorosa. No telão, a marca do "Escolha ou perca" surgiu para lembrar aos espectadores de que eles também deveriam votar nas eleições, e então veio a mensagem animada dos patrocinadores: "Obrigado por assistir ao show do intervalo da AOL!"[30] Foi o final perfeito para aquele momento tragicômico. É claro que o show tinha que ser patrocinado por um provedor de internet. Essa foi o terceiro motivo — junto com a consolidação midiática que havia criado aquela baderna envolvendo sinergia de marcas e um ano eleitoral — para o Nipplegate ter se tornado um pesadelo para Janet.

Dois dias após o Super Bowl, a BBC relatou: "O seio de Janet Jackson se tornou a imagem mais procurada na história da internet". Um porta-voz do site de busca Lycos disse que o Nipplegate recebeu sessenta vezes mais buscas que a sex tape de Paris Hilton, oitenta vezes mais que o nome de Britney e ainda mais do que o recorde anterior para mais buscas em um intervalo de 24 horas, que, de acordo com o artigo, era mantido pelos atentados terroristas de 11 de Setembro. As pessoas não queriam apenas ver o Nipplegate; elas queriam vê-lo repetidas vezes. A exibição, os fogos de artifício, o entusiasmo da indignação. *Exibição, fogos de artifício, indignação.* Sem parar. O TiVo revelou que aquele era o momento mais assistido na história do serviço, que recebeu uma enxurrada de novos assinantes.[31] Em uma época em que era difícil encontrar fotos de seios por aí, havia algo irresistível naquele seio em específico — e no conceito de "problema de figurino", uma expressão que imediatamente se tornou parte do vocabulário. Era um eufemismo de pomposidade deliciosa e cheio de ironia. Muita gente acreditava que o figurino tinha funcionado exatamente como o planejado. "Nossa, que coincidência incrível [...] a roupa dela por acaso tinha uma taça de sutiã fujona", zombou a colunista de televisão Lisa de Moraes no *Washington Post*.[32] Era difícil levar a sério Janet alegando ter sido um acidente, não só porque o movimento parecia pensado para ocorrer daquela forma (como foi confirmado por uma eventual explicação de Janet a respeito do figurino), e porque ela era conhecida por ser sensual, mas também porque a exibição provocante de atributos femininos estava na moda nos anos 2000. Alexander McQueen, que criou o figurino, era pioneiro dessa abordagem em suas passarelas desde a década de 1990: cós tão baixos que exibiam os ossos do quadril e "cofrinhos", corpetes cortados para revelar tudo, menos os mamilos, barras de saia que terminavam acima da virilha.[33]

Eram ideias provocantes, fascinantes, que tinham sido transferidas para a moda do dia a dia. Também eram ideias que, traduzidas para corpos maiores do que os das modelos magérrimas e em situações com mais movimento corporal do que um desfile de passarela, corriam grandes chances de dar errado. A capa da edição de outubro de 2004 da *Hustler* era estampada com a manchete "Partes íntimas de Lil' Kim", anunciando fotos da rapper no palco com o minivestido subindo — e sua vagina visível graças à câmera apontada para a parte de baixo da roupa dela.[34] (O site ContactMusic atribuiu as imagens, é claro, a um "problema de figurino", apesar de ser mais exato chamá-las de "assédio cometido por um fotógrafo".)[35] Assim como o vídeo íntimo de Paris, esses momentos eram vistos como uma mistura de "ela estava pedindo por isso" e "ela não queria isso". A exposição só era possível porque a mulher escolheu usar algo revelador; só era empolgante porque nós, o público, conseguíamos ver algo que ela não queria expor. Não apenas era aceitável olhar para a intimidade de Lil' Kim, como também era um castigo por ela nem sequer ter cogitado que o vestido poderia ser indecente. No caso do seio de Janet, tudo isso era amplificado pelo fato de que ela havia passado toda a carreira adulta seduzindo o público ao mesmo tempo que colocava limites claros sobre o que estava disposta a mostrar. Havia uma alegria embriagante em ver tais defesas caírem por terra.

Se Janet e Timberlake queriam atenção, com certeza conseguiram — e o primeiro comentário dele para a mídia sugeria que essa de fato tinha sido a intenção. "Ah, cara", disse ele em um tom displicente para o *Access Hollywood*, em uma entrevista após o show. "A gente adora dar motivo para o falatório de vocês."[36] Janet, por outro lado, saiu do estádio sem falar com a mídia e só daria declarações sobre o assunto no dia seguinte ao show, uma segunda-feira. Isso criou um vácuo para as especulações e as humilhações ganharem força.[37] O lançamento do novo single dela, "Just a Little While", foi adiantado para pouco depois do Super Bowl, aumentando a impressão de que o Nipplegate tinha sido uma jogada de marketing, embora seu porta-voz afirmasse que a mudança de cronograma tinha acontecido porque a música vazara na internet.[38] No entanto, havia um problema com a teoria de que Janet e Justin tinham feito tudo aquilo por atenção: a repercussão foi péssima.

A CBS foi "inundada" por telefonemas raivosos durante a exibição do jogo, de acordo com uma matéria da *USA Today*.[39] A situação tinha acontecido "sem nosso conhecimento", declarou um porta-voz da emissora. "Estamos com raiva e com vergonha." O clima se espalhou para o site de notícias da CBS, que publicou um artigo intitulado "O seio exposto de Janet foi uma jogada de marketing?". A matéria deixava claro que o ponto de interrogação era uma mera formalidade. "Já se foram os dias em que uma boa apresentação bastava para termos assunto para bater papo no escritório", reclamava o texto. "Hoje em dia, um figurino quase inexistente, beijos entre pessoas do mesmo sexo ou linguagem chula — e, agora, vislumbres de nudez — são elementos necessários para gerar burburinho nos Estados Unidos." A rede se apresentava como a infeliz vítima de uma celebridade vulgar por relevância.[40]

A MTV também negou ter qualquer responsabilidade sobre o caso, declarando que o incidente "não foi ensaiado, planejado nem intencional". A NFL disse estar "extremamente decepcionada",[41] e essa indignação com certeza foi piorada quando a AOL exigiu a devolução de parte dos 10 milhões investidos no patrocínio do show do intervalo. O acordo original era que a AOL faria reprises da apresentação para seus 25 milhões de assinantes. O número de pessoas que queriam assisti-la deveria ter feito com que esse fosse um ótimo acordo para o provedor, se não fosse pelo fato de que um dos principais recursos do serviço era a inclusão de controles parentais rígidos, nem um pouco compatíveis com o seio exposto de Janet.[42]

Todo mundo queria ver, mas ninguém podia bancar estar vinculado a ela. Parecia que o Nipplegate custaria ainda mais aos envolvidos, já que a Comissão Federal de Comunicações iniciou imediatamente uma investigação com a intenção de cobrar a maior multa possível da CBS. (O valor total foi 550 mil dólares.)[43] "Estou indignado com o que vi no show do intervalo do Super Bowl", disse o presidente da comissão, Michael Powell, em uma declaração. "Assim como milhões de norte-americanos, eu e minha família estávamos reunidos em frente à televisão para comemorar. Em vez disso, o momento foi maculado por uma artimanha pobre, vulgar e deplorável. As crianças, os pais e os cidadãos de nossa nação merecem mais do que isso."[44] O seio de Janet não era, pelo visto, o tipo de "intimidade na comunicação de massa" que tanto empolgava Powell. A Comissão Federal de Comunicações recebeu mais de 540 mil reclamações sobre o incidente, tornando-o o momento mais criticado da história da televisão nos Estados Unidos.[45]

O escândalo transformou Powell e Janet em antagonistas (por opção dele, não dela); então, é fácil ignorar quanto os dois tinham em comum. Como Janet, Powell representava as possibilidades disponíveis para os norte-americanos negros que cresceram após o movimento dos direitos civis. Ele era três anos mais velho que ela — mas, por ser um homem na política, e não uma mulher na indústria do entretenimento, Powell ainda podia ser descrito (com um leve sarcasmo) como um "jovem de 38 anos bem-sucedido" quando assumiu o cargo de presidente da Comissão Federal de Comunicações em 2001[46] — e, assim como Janet, entendia as vantagens e os fardos de ter um sobrenome famoso. Seu pai, Colin, era uma das figuras militares mais respeitadas nos Estados Unidos antes de fazer a transição para uma carreira política no Partido Republicano, tornando-se o primeiro Secretário de Estado negro do país, no mandato de George W. Bush, de 2001 a 2005.[45] Isso deixava o filho, Michael, vulnerável à acusação de ter sido beneficiado por nepotismo, e havia boatos de que John McCain, amigo da família, fizera campanha por sua indicação ao cargo na Comissão Federal de Comunicações. Michael Powell menosprezava as tentativas de depreciá-lo, dizendo: "Claro, fiquem à vontade para me subestimar. Não tenho tempo para gente negativa."[48]

Entretanto, em 2004, Powell já tinha deixado claro que seu sucesso vinha por mérito próprio. A Comissão Federal de Comunicações era responsável pela infraestrutura de telecomunicações, assim como pelas transmissões de rádio e televisão, e a revolução digital em ambos os setores significava que ele ocupava um dos papéis mais importantes para a vida pública nos Estados Unidos. "A Comissão Federal de Comunicações é a Agência de Proteção Ambiental do século XXI", declarou o comentarista de mídia Clay Shirky. "Os norte-americanos passam mais tempo na paisagem midiática do que na natureza, o que deixa a comissão no comando do ambiente que a maioria de nós de fato habita."[49] E Powell pretendia reinventá-lo.

A política de apoiar a consolidação da indústria midiática, com a teoria de que isso promoveria a competição, tinha começado no governo Clinton: em 2000, o conselho tinha aprovado a compra da CBS pela Viacom por 30 bilhões de dólares, dando à empresa o controle de 35% do mercado de transmissões de rádio e televisão do país.[50] Como presidente da Comissão de um governo republicano praticando uma supervisão tendenciosa ao livre mercado, Powell transformou a desregulação em missão pessoal, e, por ser advogado, ele era visto como alguém com capacidade para tal. Além disso, tinha uma empolgação genuína por novas tecnologias, entusiasmando-se em entrevistas a respeito de novidades como o TiVo e o potencial da internet. Alguns observadores suspeitavam que Powell encarava o papel na comissão como um degrau rumo ao mesmo cargo de destaque que o pai ocupava — havia boatos de que ele cogitava concorrer a governador da Virgínia,[51] ou talvez até pretendesse se tornar procurador-geral dos Estados Unidos caso Bush fosse reeleito.[52] Fato é que ele era um homem poderoso, e toda a sua atenção passou a se concentrar em Janet — e da pior forma possível.

Janet lidaria com o Nipplegate sozinha. As pessoas faziam piada sobre como Justin era inabalável — ele chegou a ser chamado de "homem-Teflon" (porque nenhum problema parecia grudar nele)[53] e de "Houdini do pop" (porque escapava de tudo)[54] —, como nunca houve qualquer possibilidade séria de responsabilização. Na cobertura da imprensa, Timberlake se tornou misteriosamente invisível. "O comportamento de Janet Jackson foi bizarro, escapando do seu figurino de propósito", escreveu Tony Kornheiser no *Washington Post*, como se o seio fosse capaz de se mover por vontade própria.[55] Toda a culpa se empilhou sobre a mulher que havia sido exposta, e não sobre o homem que a expôs. A primeira reação da CBS foi pedir a Janet, e apenas a ela, que aceitasse publicamente toda a responsabilidade pelo incidente.

Ela acatou. "A decisão de fazer uma revelação de figurino no fim da minha apresentação no intervalo foi tomada após os últimos ensaios. A MTV não sabia de nada. Não era minha intenção que a situação chegasse tão longe. Peço desculpa a todos que se ofenderam, incluindo o público, a MTV, a CBS e a NFL."[56] Mas essa admissão incontestável não foi suficiente: no dia seguinte, foi solicitado que ela, e não Timberlake, fizesse um vídeo reiterando sua culpa.[57] Nem isso bastou. Alguns dias após o Super Bowl, os dois estavam agendados para participar do Grammy, também exibido pela CBS. Ele se apresentou como o planejado e ganhou um prêmio, oferecendo um pedido de desculpas choroso pelo incidente no Super Bowl durante o discurso; ela foi desconvidada.[58] (Talvez para aumentar o absurdo, um dos outros convidados era R. Kelly, que tinha sido indiciado por acusações de pornografia infantil dois anos antes e ainda esperava pelo julgamento.) Janet se tornou tão radioativa que a Disney World até removeu uma estátua do Mickey Mouse vestindo o figurino de Rhythm Nation.[59] Aparentemente, a mera insinuação de um figurino era suficiente para corromper olhos inocentes com a ideia do que havia ali embaixo.

Mesmo levando em consideração o quão contraindicado era tentar fazer uma revelação de figurino difícil no intervalo do Super Bowl, algo a respeito do Nipplegate o tornou desproporcionalmente chocante em comparação à escala do ocorrido em si. Como Justin foi ignorado na repercussão, vale questionar o quanto isso foi influenciado pelo fato de ele ser branco, e Janet, negra. O site de extrema direita VDARE com certeza notou esse detalhe: nele, o escândalo foi chamado de "interracial com ousadia". "Quebrar barreiras sexuais entre raças é uma arma importante de destruição cultural", esbravejou o site, "porque isso significa a dissolução de limites culturais que definem procriação e família, e, por fim, a transmissão e a sobrevivência da cultura em si".[60]

O texto é de uma intolerância extrema, mas relacionamentos entre raças diferentes continuavam sendo tabu na grande mídia. O casamento entre negros e brancos só foi legalizado nos Estados Unidos em 1967, e, em 2003, tinha a aprovação de 70% do público — o que significava que 30% era contra.[61] Quando *Romeu tem que morrer* foi lançado em 2000, um beijo entre Aaliyah e Jet Li precisou ser cortado após exibições de teste de plateia, visto que os espectadores reagiram mal a um romance entre uma mulher negra e um homem asiático.[62] No mesmo ano do Nipplegate, o álbum de estreia solo de Gwen Stefani tinha um dueto com André 3000, do OutKast, chamado "Long Way to Go", que usa samples da voz de Martin Luther King Jr. e fala da atração entre um homem negro e uma mulher branca como a próxima barreira dos direitos civis: "When the snow hits the asphalt / Cold looks and bad talk come" [Quando neve cai no asfalto / Olhares frios e comentários maldosos surgem], cantam os dois juntos.

Após o Nipplegate, não só Janet como também Justin se tornaram mais marcados por seus respectivos grupos raciais. Para ambos, o status de miscigenação diminuiu — e para Janet, foi quase destruído. O trabalho dela pelo restante da "década por baixo da saia" foi quase todo voltado para o público negro, cujo carinho por ela permaneceu firme diante das tentativas de torná-la impura. Ela participou do elenco, formado apenas por artistas negros, do filme *Por que eu me casei?*, de 2007, e da sequência de 2010 do popular diretor autoral e ator Tyler Perry. Timberlake também pagou um preço, só que muito menos dramático. Em 2005, o canal VH1 exibiu a série de comédia *Race-O-Rama*, do grupo Ego Trip, formado por cinco homens de grupos raciais diferentes. Um episódio, segundo o resumo do *New York Times*, falava de pessoas brancas que tinham alcançado o status de "negros honorários": "O cantor Justin Timberlake, que dois anos antes tinha o status honorário de irmão do soul, desde então teve o passe no gueto suspenso por ter abandonado Janet Jackson depois da confusão no Super Bowl."[63] A barreira racial que Janet havia ultrapassado parecia ter se fechado com firmeza após o Nipplegate.

Quando participou do *Late Show with David Letterman*, quase dois meses após o Super Bowl, Janet expressou seu espanto por "este seio pequenininho" ter causado tamanha comoção. Só que o problema era que o seio havia sido exibido em meio a um momento de pânico moral extremo. Na época do ocorrido, a Comissão Federal de Comunicações sofria fortes pressões para cobrar multas de transmissões impróprias — um dos primeiros atos de Michael Powell como presidente do órgão tinha sido impor uma cobrança de 7 mil dólares para uma estação de rádio por tocar a versão censurada de uma música de Eminem[64] —, mas a definição de "impróprio" também era incerta. Durante o Globo de Ouro de 2003, exibido pela Fox, Bono havia comemorado o recebimento de um prêmio com as palavras "Isso é incrível pra caralho!". A premiação era exibida ao vivo, então não foi possível cortar nem colocar um bipe por cima do palavrão. Houve reclamações, mas a investigação da comissão decidiu que o uso do palavrão como locução adverbial não se enquadrava no padrão legal de "ofensa evidente conforme avaliação de padrões da comunidade para o meio de transmissão". O veredito foi ridicularizado, mas, de acordo com o que o linguista John T. McWhorter escreveu no fim de 2003, isso era apenas o produto perverso mas inevitável, de um Estados Unidos em que a contracultura havia ganhado.

A classe executiva do país nos anos 2000 consistia não apenas de homens héteros de terno, mas também de pessoas como Judy McGrath, que era presidente da MTV Networks Group dentro da Viacom e responsável pela MTV e pelo VH1. Sob o comando dela, os canais tinham feito com sucesso a transição para a exibição de reality shows, com programas como *The Osbournes* e *Newlyweds: Nick and Jessica*. Ela também havia supervisionado a evolução da estética do choque, que foi a base do show do Super Bowl. McGrath dizia em entrevistas que era fã de Radiohead, e a decoração do escritório dela incluía uma fonte com um crucifixo no topo, que ela usava para guardar balas.[65] McGrath era uma *baby boomer*: foi adolescente nos anos 1960 e 1970, quando ser hippie era pré-requisito, e os gostos dela refletiam isso. Na década de 2000, pessoas como ela eram as arquitetas da cultura, e acabar com tabus estava na moda. "Queiramos ou não", escreveu McWhorter no *Washington Post*, "é melhor nos acostumamos. Vivemos hoje em uma sociedade que valoriza fazer pouco-caso do 'sistema' como símbolo de ser esclarecido. Então, é inevitável que ocorram outras decisões como essa, e, no fim das contas, só nos resta apertar os cintos e aceitá-las". A mídia norte-americana era regulada pela Lei das Comunicações de 1934, que havia estabelecido a Comissão Federal de Comunicações. McWhorter continuou:

> A lei, escrita por pessoas nascidas nos Estados Unidos da era vitoriana, decretava ser impróprio usar publicamente linguagem que "descreva ou simule atividades ou órgãos sexuais ou excretores". Mas isso apenas leva à questão: se agora nos sentimos tão confortáveis em reconhecer, discutir e até exibir nossas "partes" mais íntimas em público, então qual é a justificativa lógica para não usarmos as palavras que insinuam o que fazemos com elas?
>
> Afinal, este é um país em que a atriz Tea Leoni fala com a voz mansa no TV Guide sobre ter "se relacionado bastante" com um ex-parceiro, acadêmicos celebram o uso de profanidades em raps como algo visionário, adultos impressionáveis são tomados por um fascínio carinhoso por Eminem, filmes de conteúdo adulto são vistos habitualmente por adolescentes, casais de famosos amigados anunciam que terão um filho de forma casual, rapazes exibem roupas íntimas por cima dos cintos e moças em calças de "cintura baixa" exibem uma fissura inferior considerada em certos círculos como "o novo decote".[66]

Então, poderiam argumentar que Janet "pagar peitinho" estava dentro dos "padrões" da mídia dos anos 2000. No entanto, algumas pessoas não estavam prontas para aceitar com facilidade tamanha degradação. O Conselho Televisivo dos Pais (PTC, na sigla em inglês) tinha sido formado em 1995 com a missão de "guiar o esforço nacional para restaurar responsabilidade e decência à indústria do entretenimento".[67] A organização tinha um passado conturbado, tendo surgido como um projeto dentro do Centro de Pesquisa de Mídia, explicitamente de direita. O centro foi fundado para combater uma suposta tendência progressiva na mídia, que, segundo os fundadores, minava "os valores tradicionais norte-americanos". Conforme essa visão de mundo, a indústria do entretenimento não passava de uma grande máquina de propaganda política, seduzindo os cidadãos a desenvolverem uma tolerância pecaminosa por abortos, homossexualidade e sexo extraconjugal[68] — assim como espalhar o "mito jornalístico" do aquecimento global.[69] (O Centro era patrocinado pela gigante do petróleo ExxonMobil.)[70]

Mesmo após o PTC se transformar em um órgão diferente, não ficou claro quanta independência ele de fato tinha — as duas organizações compartilhavam valores, e o presidente do conselho era fundador do Centro de Pesquisa de Mídia. Mas, enquanto o centro era um grupo tradicional de lobismo, alinhado de modo explícito ao Partido Republicano, o PTC era apartidário (oficialmente, pelo menos) e se apresentava como uma campanha da sociedade civil. Embora a internet fosse uma fonte inesgotável de depravação, também era uma ferramenta essencial. Os membros do conselho não pagavam nenhuma taxa, precisando apenas se registrar no site para receber boletins indignados e cobranças. As armas do PTC eram vigilância constante e campanhas de reclamação em massa. Eles empregavam "analistas de entretenimento" para assistir a centenas de horas de programas de televisão potencialmente impróprios e anotar todas as possíveis infrações com detalhes.[71] Isso era necessário por causa daquela "intimidade na comunicação de massa" mencionada por Michael Powell. Em um ambiente em que telespectadores com gravadores digitais podiam ter a conveniência de assistir apenas aos programas que desejavam, na hora em que queriam; boa parte do material mais preocupante era exibido por canais de assinatura a cabo, não dava para contar com o público para se deparar com séries degeneradas como *Sex and the City* ou o drama de cirurgiões plásticos *Nip/Tuck*. Era necessário apontar a transgressão para as pessoas. Isso significava que o PTC era, na prática, um gerador do Efeito Streisand: quanto mais ele criticava a existência de algo, mais atenção atraía para o alvo de suas críticas.

Só que, apesar da abundância de potenciais materiais revoltantes à sua escolha, o PTC tinha dificuldade em mirar bons alvos: a campanha contra a World Wrestling Entertainment por supostamente incentivar atos de violência fatal entre crianças terminou com o PTC e o Centro de Pesquisa de Mídia tendo que pagar uma indenização de 3,5 milhões para a WWE e um longo pedido público de desculpas.[72] (A WWE se vingou nas telas também, fazendo uma paródia do conselho como um grupo de vilões chamados "Direito de Censurar".)[73] Assim, para o PTC, o Nipplegate veio como uma benção. Ali estava algo despropositado, aparentemente premeditado e exibido ao vivo na televisão aberta para uma vasta audiência que incluía milhões de crianças. No mesmo dia do Super Bowl (e um dia antes de Janet se pronunciar), o PTC lançou um e-mail de alerta eloquentemente enojado, afirmando que o escândalo tinha "um planejamento óbvio" e rejeitando todos os pedidos de desculpa das emissoras envolvidas. "Para aqueles que insistem que a única solução dos pais para essa nojeira é 'trocar de canal', fazemos a seguinte pergunta: isso significa que os pais não deveriam mais permitir que seus filhos assistam a jogos de futebol americano?"[74]

O alerta pedia que os apoiadores do PTC ajudassem na causa ao "enviar esta mensagem para todos na sua lista de contatos" e encaminhava o link de um formulário automático de reclamação. Tudo que uma parte indignada precisava fazer era preencher e clicar no botão "Assinar e enviar" para mandar um e-mail cuidadosamente escrito para todos os cinco membros da Comissão Federal de Comunicações.[75] Antes dos anos 2000, expressar desagrado exigia o comprometimento mínimo de escrever uma carta e ir até a caixa de correio. Mas naquele momento, graças à internet, já era possível se misturar ao coro moralista da maioria simplesmente apertando algumas teclas. Nos relatórios da época, não fica claro se a Comissão Federal de Comunicações tentou separar várias reclamações do mesmo remetente e, mesmo que tenha feito isso, o fato de o e-mail ter incentivado os interessados a pôr os amigos para ajudar era um sinal de que nem toda a indignação com o Super Bowl representava uma reação espontânea do público.

Um presidente tecnologicamente safo como Powell poderia, talvez, ter entendido isso. Mas ele se identificava com a causa do PTC. "Como pai, compartilho do desprazer e do cansaço de milhões de norte-americanos diante da erosão dos padrões de decência em nossa televisão", testemunhou ele para o Centro de Pesquisa de Mídia. "Na verdade, a Comissão já começou a agir em relação a vários aspectos importantes."[76] Essa adoção de paternalismo contradizia as credenciais de desregulação muito documentadas de Powell. O problema é que o incidente do Super Bowl exigia uma resposta firme, porque, apesar de não dizer isso abertamente, aquela foi a materialização dos piores medos de alguns conservadores sobre o projeto de consolidação da mídia proposto pelo próprio Powell.

Como seria de esperar, as reformas receberam oposição da esquerda anticorporativista e de músicos preocupados que a falta de competição nas rádios dificultasse a exposição de artistas menores ou mais controversos. Essa questão não era uma besteira, como o banimento das Dixie Chicks em 2003 havia mostrado.[77] Porém, também havia resistência do lado do próprio Powell, daqueles que temiam os efeitos sobre a liberdade de expressão à medida que a mídia fosse dominada por um grupo minúsculo de empresas.[78] Um dos defensores mais íntegros das Dixie Chicks tinha sido o senador republicano John McCain — o mesmo que apoiara Powell no começo de sua carreira política. Agora, ele se tornaria um dos críticos mais ferrenhos dessas reformas, que acreditava serem capazes de permitir de forma involuntária a supressão das opiniões de minorias. "É um argumento forte sobre o que a concentração de mídia tem o poder de causar", disse McCain para o presidente da Cumulus Media durante uma audiência no senado. "Se alguém ofender o senhor e o senhor decidir censurar essa pessoa, meu amigo, foi dada a largada para a destruição da Primeira Emenda."[79]

Outros membros da direita, por outro lado, não se incomodavam tanto com a preocupação pela Constituição, focando em um medo egoísta de que seus próprios pontos de vista pudessem ser reprimidos. Como a existência do Centro de Pesquisa de Mídia mostrava, havia na direita uma crença persistente de que os progressistas dominavam as transmissões. Talvez essa crença tivesse fundamento, e talvez não tivesse sido proposta em boa-fé, mas, se havia um exemplo do pesadelo do monopólio em ação para os conservadores culturais avaliarem, era a Viacom. Vejamos a campanha "Escolha ou perca" da MTV. Em teoria, era um incentivo apartidário para as pessoas se registrarem para votar nas eleições. Na prática — e apesar da inclusão do ídolo republicano Kid Rock no show do intervalo do Super Bowl —, o público da MTV era inevitavelmente mais jovem e mais progressista. Em outras palavras, eram democratas. "A MTV age como o principal programa de alcance de jovens do Partido Democrata", reclamou o comentarista conservador Jonah Goldberg.[80]

Outro produto da Viacom tinha tendências muito mais explícitas. No Comedy Central, o *Daily Show* de Jon Stewart oferecia humor sobre atualidades com um viés de esquerda, e a política era tão importante quanto as piadas. "Não seria exagero dizer que, nos anos pré-Obama [...] o líder da resistência democrata era Jon Stewart, e ele fazia comícios em todos os dias úteis, às onze da noite, no Comedy Central", escreveu Devin Gordon em uma retrospectiva da carreira de Stewart em 2022.[81] No e-mail de alerta sobre o Super Bowl, o PTC mencionava explicitamente as conexões corporativas entre a MTV, a CBS e a Viacom.[82] Powell havia dado um poder imenso à última e, por causa disso, ela havia exibido um seio desnudo bem na cara das crianças dos Estados Unidos. "Valores" ganharam força como uma causa na futura eleição presidencial, e como um político republicano — com possíveis ambições para um cargo ministerial —, Powell tinha fortes incentivos para responder aos críticos na direita.[83] Adotar uma postura firme sobre a decência em geral e sobre Janet em específico pode ter sido uma forma de fazer isso.

Powell não era a única pessoa interessada em tornar Janet um alvo. Les Moonves, o CEO da CBS, expressou publicamente sua determinação em recorrer à justiça sobre as multas impostas pela Comissão Federal de Comunicações e declarou que qualquer sanção sobre decência era uma violação da liberdade de expressão.[84] Mas o Nipplegate havia sido uma humilhação vasta e cara tanto para sua emissora como para ele pessoalmente, e Moonves tinha a reputação de ser implacável contra aqueles que julgava terem o prejudicado. Isso incluía, de acordo com uma investigação de 2018 da *New Yorker*, várias mulheres que alegavam ter rejeitado as investidas visivelmente sexuais dele e viram suas carreiras saírem dos trilhos na emissora. (Moonves negou as acusações.)[85] Aparentemente, isso também incluía Janet. De acordo com relatos, ele acreditava que o problema de figurino tinha sido proposital e que Janet não parecera arrependida o bastante, apesar de suas duas retratações, e orientou a MTV, o VH1 e as estações de rádio da Viacom (o maior grupo de estações nos Estados Unidos) a banir as músicas da cantora.[86] No pânico moral que se instalou após o episódio, a competição seguiu na mesma onda. Havia boatos que tinha sido Moonves quem cortara a cantora do Grammy. Havia alegações de que ele continuava insistente em puni-la, até em 2011. Quando a editora Simon & Schuster (do grupo CBS) assinou contrato para a publicação da autobiografia de Janet em 2011, *True You*, ele aparentemente ameaçou demitir os responsáveis, esbravejando: "Por que caralhos ninguém me avisou disso?"[87]

Se as alegações contra Moonves forem verdade, o absurdo da situação é difícil de entender. Estamos falando de um homem que, de acordo com várias mulheres, beijava à força funcionárias efetivadas e outras em potencial no ambiente de trabalho, enfiava a mão sob suas saias ou as imprensava contra o sofá do escritório —

e que, ao mesmo tempo, ficou tão desnorteado com um vislumbre momentâneo, talvez acidental, de um seio a ponto de tentar destruir a carreira de uma artista. Entretanto, por mais contraditórias que essas duas posturas pareçam ser, elas se conectavam no princípio de que o corpo das mulheres deve existir para a conveniência dos homens; se esses corpos não cumprem as exigências masculinas, então os homens têm o direito de aplicar quaisquer que sejam as punições possíveis.[88] Apesar de o nome dela estar por todos os cantos, a música de Janet foi efetivamente suprimida, e os danos à sua carreira foram profundos.

Mesmo quando ela conseguia aparecer na mídia, o foco era todo no seio, e não na música. Em sua aparição no *Late Show with David Letterman*, dez minutos da entrevista, que durou 15, foram tomados por perguntas sobre o que havia acontecido no Super Bowl. Só após Janet admitir com vergonha que "meio que era para acontecer daquele jeito, mas... não era para eu ter me revelado tanto quanto me revelei", Letterman perguntou sobre o novo álbum dela, *Damita Jo*.[89] O programa era exibido pela CBS, então fica a questão sobre por que o suposto banimento de Moonves não foi aplicado nesse caso: talvez aquela fosse mais uma parada na turnê de desculpas de Janet, ou talvez Letterman fosse poderoso demais para seguir ordens. Ele tinha um longo histórico de entrevistas em tom de flerte com Janet, o que a tornava uma das convidadas favoritas do programa. O interrogatório do apresentador, por outro lado, não dava muitos sinais de ter sido amenizado pela relação pregressa dos dois, e foi doloroso assistir a Janet — mesmo depois de tanto tempo — continuar patinando sobre o assunto. Os danos do Nipplegate foram piorados pelo fracasso de Janet em controlar a narrativa com uma explicação simples e uma postura desavergonhada. Seja lá qual fosse a lembrança da entrevista com que os espectadores ficaram, era mais provável que Janet os levasse a fazer uma busca na internet pelo vídeo do ocorrido do que visitar uma loja para comprar seu álbum recém-lançado.

Damita Jo não foi um fracasso segundo os padrões da maioria dos artistas, levando em consideração que chegou ao segundo lugar das paradas assim que foi lançado. Mas foi segundo os padrões que Janet tinha para si. Após cinco álbuns consecutivos no topo das paradas, aquele foi o primeiro a não repetir o feito desde os tempos complicados em que ela era controlada pelo pai, e levando em consideração que Janet tinha um contrato de 80 milhões de dólares com a Virgin (um acordo que quebrou recordes ao ser assinado em 1996),[90] *Damita Jo* se qualificava como desastroso. Em vez de revigorar a imagem sexualizada de Janet, o incidente do Super Bowl pintou a cantora no imaginário do público como absurda e desesperada: aquela nudez de frações de segundo foi reproduzida como imagem estática por jornais e blogs, reprisada por noticiários decepcionados, passada em looping no TiVo e por toda a internet — e passou a defini-la. O *New York Times* a descreveu como "envelhecida" e a criticou por "tirar a poeira da velharia" durante o show do intervalo — uma crítica injusta, porque o Super Bowl sempre foi um palco para tocar sucessos, e não para exibir material novo. (No ano anterior, Sting havia cantado "Message in a Bottle" como um dueto com No Doubt, uma música que tinha mais de vinte anos.) Porém, o problema de Janet como uma artista mulher era que ela já estava no ramo havia tempo suficiente para ter canções que também podiam ser consideradas velharias. Quase duas décadas antes do Super Bowl, ela fizera a transição de estrela mirim para adulta que Britney tanto lutou para conseguir. A mudança para a meia-idade, no entanto, se mostraria bem mais desafiadora.

Parte da culpa disso foi de *Damita Jo* em si. Em 1998, Madonna havia passado pela difícil transição para os 40 anos, sendo uma estrela do pop com o álbum *Ray of Light* e se aventurado em musicais de cinema (*Evita*), seguindo por uma reinvenção musical (trabalhando com o produtor de trip-hop William Orbit), um despertar espiritual (adoção pública da tradição mística judaica da Cabala) e uma transformação de imagem (tendo passado boa parte dos anos 1990 usando roupas curtíssimas, o clipe do single principal de *Ray of Light* mostra Madonna em um vestido longo preto de bruxa, e o visual registrado para a promoção do álbum era todo jeans). Mas, em 2004, Janet continuava explicitamente sexual. Com músicas como "Sexhibition" [Sexibição], "All Nite (Don't Stop)" [A noite toda (não para)] e "Moist" [Molhada], *Damita Jo* "faz R. Kelly parecer sutil", disse uma crítica da *Rolling Stone*, articulando perfeitamente, mesmo sem perceber, como as mulheres tinham valores morais diferentes quando o assunto era sexo.[91] O álbum tinha alguns toques diferentes — uma faixa contava com a participação de Kanye West, que era novidade na época para o *Guardian* descrevê-lo como o "novo prodígio do hip-hop" —, porém, no geral, consistia em mais canções de Jam e Lewis, passando a impressão de que a colaboração deles com Janet tinha se esgotado. Só que a grande questão era que o incidente no Super Bowl tinha causado danos irreparáveis à imagem de Janet. O problema não era a indecência — era bem provável que ela conseguisse se aproveitar de mera indecência —, mas o total fracasso da equipe dela em estabelecer uma narrativa convincente sobre o evento. Os críticos diziam que tinha sido um plano desesperado; o relato de Janet sugeria que havia sido um erro caótico. Nenhuma interpretação se encaixava com a sensualidade confiante que a cantora exalava desde *Control*.

Essas interpretações não se encaixavam uma com a outra. A Janet das músicas — a que cantava "relax, it's just sex" [relaxe, é só sexo] — e a dos vários pedidos de desculpa envergonhados por exibir um pouco do corpo não podiam existir no mesmo universo. "Um dos motivos por que é difícil acreditar na versão do 'problema de figurino' é que podemos ver no álbum que Jackson é astuta", escreveu Alexis Petridis na crítica do *Guardian* (um dos vereditos mais positivos sobre o álbum).[93] A Janet do álbum acabava com a do Super Bowl. Mas, como notou Neil Strauss em sua crítica na *Rolling Stone*, o contrário também acontecia. "No que diz respeito a esse CD, o pecado de Janet Jackson não foi expor o seio durante o Super Bowl. Afinal, a moça só queria exibir uma joia nova. O pecado foi tirar a roupa sem seduzir ninguém. Do dia para a noite, ela destruiu a persona extremamente sexualizada que cultivou pelos últimos dez anos e minou *Damita Jo*, que gira em torno de sua sexualidade."[94]

(Strauss logo se tornaria uma celebridade sexual por mérito próprio, popularizando a subcultura do "artista da sedução" com seu livro *O jogo: a bíblia da sedução*, de 2005.)

Mas havia algo além do Super Bowl que fazia o sexo ser uma desvantagem sem precedentes para Janet: o irmão dela. Quatro meses antes do Super Bowl, Michael Jackson foi preso sob acusações de abuso sexual de menores. Apesar de os fãs permanecerem firmes, a aura de uma relação inapropriada entre a família Jackson e o sexo persistia — e grudou em Janet. A crítica do site da BBC sobre *Damita Jo* começava dizendo que, após o Nipplegate, "Michael, seu irmão problemático — para dizer o mínimo —, ficou parecendo muito comportado em comparação com ela".[95] Usuários da fanpage Janet Xone pensavam do mesmo jeito: "Ela é igual ao irmão e não respeita crianças", escreveu um fã.[96]

Quando questionada no documentário *Janet*, de 2022, se as alegações contra Michael a afetaram, ela respondeu: "Sim [...] culpada por associação."[97] (Ela nunca aceitou publicamente a culpa do irmão.) Mesmo sem o incidente do Super Bowl, a Janet de 2004 — inaceitavelmente velha para uma estrela do pop, criticada pelos atos do irmão — teria dificuldade para vender sensualidade de forma convincente, mas o escândalo foi fatal ao cristalizar o problema com sua persona em um momento que poderia ser reprisado para sempre. Após o ocorrido, ela não estava mais no controle. Em vez disso, era a executora de um estratagema grosseiro, vítima de uma imprensa cheia de caprichos, uma personagem relutante em uma peça moral sobre a degradação dos valores norte-americanos. Após seu álbum de 2006, *20 Y.O.*, se mostrar um fracasso comercial tão grande quanto *Damita Jo*, Janet deixou a Virgin.[98] O declínio estava completo.

O corpo de Janet foi uma vantagem para a carreira da cantora, mas também um problema a ser resolvido, mesmo antes do Super Bowl. A série *Good Times* pertencia ao calmo período progressista da televisão norte-americana na década de 1970,[99] mas isso não necessariamente fazia com que trabalhar nessa época fosse uma experiência progressista para uma menina de 10 anos como Janet. "Antes de a produção começar", contou ela em *True You*, "me disseram duas coisas: que eu era gorda e precisava emagrecer, e que, por meu corpo estar começando a se desenvolver, eu precisava esconder meus seios. Em todos os casos, a mensagem era péssima: meu corpo era errado. Ao mesmo tempo, era clara: para ter sucesso, eu precisava mudar minha aparência [...]. Toda gravação eu passava pelo suplício de apertar faixas largas de gaze sobre o tronco para esconder o formato natural dos meus seios. Era incômodo e humilhante."[100]

True You foi publicado em 2011 e não menciona o Super Bowl. Àquela altura, o Nipplegate era uma vergonha que Janet queria deixar no passado. Em vez disso, o livro fala de forma franca sobre uma vida inteira lidando com questões corporais. Desde a infância, Janet ouvia que seu corpo era muito chamativo, muito provocante, muito exagerado. Uma vida inteira sendo culpada pela maneira como outras pessoas olhavam para ela. Objetificar-se nas músicas e apresentações era uma forma de recuperar o controle sobre esse corpo, algo que a febre de lascívia sobre o Nipplegate havia tirado dela.

Durante o restante da década de 2000, Janet fez parte de um grupo de celebridades, a maioria mulheres, cujo ganho de peso era uma fonte constante de notícia. Em 2006, o TMZ escreveu: "No passado, Janet era a bonita dos Jackson. Mas, depois que um vídeo dela se bronzeando nua caiu na internet, as pessoas começaram a se perguntar se Justin Timberlake conseguiria encontrar aquele piercing no mamilo hoje em dia."[101] Rá, rá. Ela queria atenção, então agora seria inspecionada, querendo ou não, e julgada. *True You* é, além de uma autobiografia, um livro de dieta, no qual Janet explica como aprendeu a "comer melhor, se exercitar melhor, ter uma aparência melhor, se sentir melhor, ser melhor".[102] A garotinha que era chamada de gorda passou a ser endeusada ao abraçar a magreza. O livro terminava com uma seleção de receitas para perder peso criadas pelo chef particular da cantora.[103]

O Nipplegate havia deixado Janet rebaixada de um jeito irreversível. No fim, quase todo mundo que teve contato próximo com o escândalo se deu mal de certa forma. Para Michael Powell, as consequências chegaram quase que de imediato. A cruzada dele pela decência se tornou uma cortina de fumaça para o polêmico programa de desregulamento que ele propunha, e ambas as iniciativas fracassaram. No verão de 2004, ele era criticado na imprensa pela "falta de habilidades políticas básicas" — o que não era um bom sinal para ambições de crescimento no governo.[104] Em dezembro do mesmo ano, Powell escreveu uma coluna para o *New York Times* em que voltou atrás no seu comprometimento para tornar as transmissões de televisão e rádio mais comportadas. "O tom estridente com que muitos de nós discutem sobre a aplicação de regras contra conteúdo impróprio na televisão e no rádio seria capaz de estourar um tímpano", escreveu ele — o que era verdade, mesmo que o texto se esquecesse de mencionar que, poucos anos antes, ele mesmo era um dos que tinha "tomado medidas" em nome da moralidade.[105]

Les Moonves permaneceu em seu cargo na CBS até setembro de 2018, quando saiu após alegações de assédio sexual contra ele se tornarem públicas.[106] (Devido a um acordo entre as partes em 2021, ele não recebeu nada de uma potencial rescisão de 120 milhões de dólares.)[107] Mas, apesar de todas as forças voltadas contra ela, Janet persistiu. Aos poucos, a histeria sobre o incidente do Super Bowl diminuiu para uma lembrança histórica desconcertante. Quem, afinal, ficaria tão indignado por causa de um mero seio? Artistas mais jovens começaram a reconhecer a influência da cantora. (Kate Perry cantava um trecho de "What Have You Done for Me Lately?" como homenagem à "senhorita Janet Jackson" durante sua turnê de 2018.) Em 2019, Janet foi nomeada para o Hall da Fama do Rock.[108] O gesto não apenas era uma demonstração de respeito por ela, mas também um pedido apressado de desculpas para todo o sexo feminino pela discriminação endêmica que as mulheres sofreram na música.

Em 2018, o passado finalmente começou a cobrar a conta de Justin. Quando as atenções sobre Janet e Britney foram renovadas, houve uma certa reavaliação do papel dele na vida de ambas, e o veredito não foi agradável. O "homem-Teflon", em quem problema nenhum parecia grudar, tornou-se um receptáculo para todos os crimes da cultura. Seu "status de menino perfeito" havia se dissipado, escreveu a crítica Maria Sherman na *Slate*: "As mudanças de opinião a respeito dele parecem um exorcismo cultural, uma chance de usar o símbolo das boy bands para nos purgarmos dos males que ele agora representa para muitas." Esses males incluíam não apenas a misoginia que testemunhamos no tratamento dado a Britney e Janet, mas também, supostamente, racismo indireto. De repente, o privilégio de Justin como um homem branco ficou muito óbvio para alguns observadores, e uma aparição no Super Bowl de 2018 destacou a disparidade com que ele e Janet foram tratados. (Sem nenhum tato, Timberlake incluiu "Rock Your Body" na setlist.) "Em 2018, a apropriação cultural permeava o discurso do público", escreveu Sherman, e, sob essa perspectiva, o histórico de colaborações entre Justin e produtores de R&B e seu uso de influências do hip-hop poderiam parecer mais indícios de racismo do que o oposto.[109] Era, curiosamente, um ressurgimento daquela divisão musical entre o pop e as questões raciais que Janet havia superado nos anos 1980: ficava implícito que existia uma distinção entre música "negra" e "branca", e que um garoto branco só devia tocar música "branca".

Na verdade, fazia tempo que Justin parecia consciente de ter se beneficiado do racismo e do machismo na distribuição de castigos pós-Nipplegate. "Se pararmos para pensar que foi um episódio meio a meio, eu provavelmente recebi 10% da culpa", disse ele em uma entrevista para a MTV em 2006. "Acho que os Estados Unidos são mais rígidos com mulheres [...] e acho que o país é injustamente rígido com pessoas de outros grupos étnicos."[110] Mas, em 2018, o mundo queria responsabilizar alguém por essa rigidez, e esse alguém era ele. Agora, 90% da culpa era dele, e ninguém falava de outra coisa além de sua mão antes invisível. O fato de ter sido a coreografia e o figurino de Janet foi esquecido. Esquecido também foi o fato de que Timberlake — um ex-membro de boy band no começo precário de sua carreira solo em 2004, apenas alguns anos livre das predações do empresário do 'NSync, Lou Pearlman, e extremamente dependente da boa vontade da mídia — não era muito poderoso para os padrões da indústria do entretenimento. Os danos causados a Janet tinham vindo, na maioria, de homens menos famosos e menos fotogênicos. Mesmo assim, o papel de Justin estava decidido. "Timberlake", escreveu Sherman, "tornou-se o emblema perfeito de uma era passada que recompensava caras exatamente iguais a ele. Até não recompensar mais." Justin fez várias retratações em uma tentativa de acalmar fãs irritados, só que a mancha ficou, assim como ficou para Janet nos anos 2000.[111]

O PTC talvez pudesse alegar ter incutido um novo espírito de cuidado na mídia, mesmo que as mudanças legislativas prometidas por Powell nunca se concretizaram. Emissoras introduziram um atraso em transmissões ao vivo, como o Oscar, para garantir que nunca mais seriam pegas de surpresa pela indecência de uma celebridade.[112] Pelos próximos seis anos, o Super Bowl combateu a possibilidade de um novo Nipplegate convidando apenas artistas históricos para o intervalo — Paul McCartney, os Rolling Stones, Prince, Tom Petty, Bruce Springsteen e The Who. Não é coincidência o fato de todos serem homens. A melhor forma de prevenir um seio exposto no palco era, pelo visto, se certificar de que ninguém com seios chegasse perto dele. Em outras palavras, um dos resultados do Nipplegate foi a punição coletiva de artistas mulheres pelo pecado de ter um corpo feminino.

Quando o Black Eyed Peas levou o pop de volta para o show do intervalo, em 2011, precisou acalmar os organizadores, preocupados com o fato de um dos integrantes ser uma mulher. "Eles estavam nervosos com isso", disse Will.i.am, e "verificaram nosso figurino como se estivessem nos revistando em um aeroporto".[113] A MTV pareceu consideravelmente menos abalada, como ilustrado pelo momento em que Anna Nicole Smith exibiu os seios no palco do VMA australiano de 2005, os mamilos cobertos com adesivos da MTV, em algo que a Fox News chamou de "uma piada sobre o 'problema de figurino' de Janet Jackson no Super Bowl".[114] No fim das contas, o PTC só pôde cantar vitória por um breve intervalo. Ele não só fracassou em remover vulgaridades da esfera pública, como também estava enganado sobre a relação entre partidos políticos e a causa moralista. Vulgaridade e progressismos não andavam invariavelmente juntos. O próximo republicano a ocupar a presidência dos Estados Unidos depois de Bush não sairia dos ambientes sagrados de megaigrejas, mas do caos carnavalesco da velha inimiga do PTC, a WWE — Donald Trump.

Mas é claro que alguém saiu vencendo com a desgraça de Janet. O Nipplegate germinou uma ideia. O programador Jawed Karim foi um dos milhões que procuravam por um vídeo da humilhação de Janet e ficou chocado com a dificuldade de encontrá-lo e assisti-lo. Em 2004, colocar vídeos na internet exigia conhecimento de programação e uma quantidade absurda de banda larga: não existia um grande portal que recebesse vídeos criados por usuários, nenhum site centralizado que os abrigasse. Então, Karim sugeriu a Chad Hurley e Steve Chen, dois colegas empreendedores do Vale do Silício, que fizessem um. O resultado foi o YouTube, lançado em 14 de fevereiro de 2005 — passado pouco mais de um ano do fatídico show do intervalo do Super Bowl.[115] O fervor de assistir e reassistir à exposição de uma mulher, de ficar saboreando o exato instante em que a imagem dela se desintegrava, foi poderoso o suficiente para motivar uma revolução tecnológica. Em 2009, surgiu o primeiro astro da música nascido no YouTube: um garoto bonitinho de 15 anos chamado Justin Bieber. Ele era, segundo o *New York Times*, "uma criatura de sua era: um menino talentoso descoberto por fãs no YouTube, depois vendido para eles por um influxo sempre renovado de vídeos propositalmente verdadeiros no site".[116] Bieber representava o estrelato adaptado ao ambiente virtual. Ele entendia como usar a "intimidade" com o público, concretizada por completo com as redes sociais, e traduzir isso em uma relação com os fãs que seguia as regras dele. Janet jamais conseguiria se beneficiar das lições que ela própria ajudou uma geração de artistas a aprender nem da tecnologia que ajudou a inspirar. Em vez disso, ela se tornou um exemplo permanente dos limites da inocência para as mulheres que transformavam sexualidade em produto, um sacrifício vivo para as artimanhas políticas dos homens mais poderosos.

6

Amy Winehouse: realidade

"Without girls like you, there'd be no fun"*

Um pouco antes de morrer, em 2011, Amy Winehouse fazia o mesmo que milhões de pessoas nos cinco anos anteriores: olhava para Amy Winehouse. Durante a investigação que se seguiu, o guarda-costas testemunhou tê-la visto na cama assistindo a vídeos de si mesma no YouTube.[1] Segundo ele, Amy não costumava fazer isso, pelo menos não na presença dele. Com exceção disso, ela parecia "normal, nada fora do comum", quando ele lhe entregou a comida indiana pedida naquela noite. No dia seguinte, ao entrar no quarto, viu garrafas de vodca vazias no chão. Amy estava sóbria havia várias semanas, mas voltou a beber por se sentir "entediada", de acordo com a médica que a acompanhava. A profissional não acreditava que ela poderia fazer algo contra si: "Amy afirmou que não queria morrer."[2] Havia vômito no banheiro — resultado da embriaguez ou sinal da bulimia que deixava seu peso perigosamente baixo.[3] Ela não tinha batimentos cardíacos. Ela não respirava.

* "Sem mulheres como você, não haveria diversão". Trecho de "Fuck Me Pumps", single de 2003. *[N. da E.]*

As multidões já se aglomeravam na frente da casa quando o corpo da cantora foi removido — do mesmo modo que agiam diante de qualquer espetáculo de Amy, estivesse ela cantando ou sob o efeito de entorpecentes e se comportando de forma errática em público. Fotógrafos registraram dois homens de terno preto esticando o corpo em um saco mortuário vinho.[4] A cobertura da imprensa fez estardalhaço sobre a idade dela: aos 27, ela não apenas era jovem, como também tinha a mesma idade de Janis Joplin, Jimi Hendrix e Kurt Cobain ao morrerem. Isso tornava Amy parte do chamado "Clube dos 27", um grupo involuntário (e morbidamente dramatizado) de artistas que viveram de forma intensa demais.* Na morte, assim como na vida, todos os olhares permaneciam nela, e tudo era registrado para se tornar parte de sua mitologia.

Por muito tempo, essa mitologia me impediu de apreciar a música de Amy. Ela era uma cantora de jazz com uma voz de extraordinário alcance e sonoridade, que parecia ainda mais impressionante por sair de um corpo tão pequeno. As letras valorizavam uma vida de comportamentos excessivos e falavam sobre um coração partido por homens horríveis — temas (e hábitos) clássicos e tradicionais de cantoras de jazz que seguiam o padrão de Billie Holiday em meados do século XX. A música que catapultou a carreira mundial de Amy foi "Rehab", de 2006. A letra ostentava o orgulho de se recusar a procurar ajuda: ela era problemática, mas ela própria criava os próprios problemas, porque queria ser assim. Parecia uma declaração rebelde de livre-arbítrio, se ignorássemos o fato de o livre-arbítrio ser uma característica difícil de ser encontrada em dependentes químicos. A figura pública de Amy era exagerada, com tanto delineador e cabelo sintético que, com o tempo, as apresentações ganharam o ar de um show de drag queens (e elas reconheciam isso e retribuíam a

---

* Um estudo do *British Medical Journal* concluiu que o "Clube dos 27" não tinha força estatística, apesar de fazer a observação sombria de que "a fama pode aumentar o risco de morte para músicos, provavelmente devido ao estilo de vida de astros do rock". "Is 27 really a dangerous age for famous musicians? A retrospective cohort study", *BMJ*, 20 de dezembro de 2011.

homenagem, o que resultou em várias versões de "Amy" no reality show *RuPaul's Drag Race* ao longo dos anos).

Mas todas as palavras eram sinceras. Não havia ironia — Amy cantava sobre o que fazia, e o que fazia obviamente a destruía. Tudo que eu amava nela — e havia muita coisa, desde a forte inspiração em grupos femininos dos anos 1960 até as letras que alternavam entre observações ácidas e uma autoexposição vulnerável, seu visual vampiresco e, o mais óbvio, a maneira como ela cantava — não era suficiente para passar por cima da sensação de que ouvir seus álbuns era como presenciar um suicídio. A música não se tornou macabra por prever sua morte; tornou-se macabra porque era o roteiro de alguém que tirava a própria vida em público. Conforme os reality shows tomavam o espaço da música pop na "década por baixo da saia", a arte confessional de Amy e os julgamentos que os tabloides faziam de sua vida tornaram a cantora o maior reality show de todos.

Um dos meus vídeos favoritos no YouTube mostra Amy em um trecho do programa de música *Popworld*, em 2004, que era exibido nas manhãs de domingo no Reino Unido. A gravação foi feita pouco antes do BRIT Awards do mesmo ano, para o qual ela havia recebido duas indicações por seu álbum de estreia, *Frank*. A cantora parecia estar fazendo campanha pela vitória do álbum como se estivesse se candidatando para um cargo político. No vídeo, Amy faz uma piadinha sobre sanduíches de presunto com o apresentador Simon Amstell (os dois são judeus, e Amstell costumava fazer alusão às próprias origens no programa).[5] Em seguida, ambos entram em um pequeno carro prata rumo às ruas de Londres, usando um megafone para gritar "Votem em Amy Winehouse!" para os pedestres, que não entendiam o que estava acontecendo. O cômico da situação é que esse prêmio não é decidido pelo público, então aquela era uma empreitada inútil: uma zombaria sobre o tipo de coisa que aspirantes da política precisavam fazer, mas não uma artista como ela, que dependia de aclamação da crítica, e não do voto popular. "Que divertido!", diz, dando gargalhadas no banco traseiro. Amy era ainda mais jovem — 21 anos na época — e, apesar do cabelo comprido e da maquiagem belamente atrevida, ainda não havia se tornado a figura minúscula que cambaleava, pintada com um delineador espalhafatoso enquanto equilibrava algo parecido com uma colmeia na cabeça. Ela é engraçada. Ela é carismática. Ela é travessa. Ela se diverte, e é divertido assisti-la. Ela parece uma garota comum do norte de Londres, e era claro que se tornaria uma estrela.[6]

Mas demoraria um pouco para isso acontecer. *Frank* foi um sucesso, mas discreto, em pequena escala. (O álbum alcançou a 13ª posição nas paradas do Reino Unido e não chegou a ser lançado nos Estados Unidos.) Amy queria mais do que isso. Aos 12 anos, ela havia se inscrito na Sylvia Young Theatre School — uma das instituições de maior renome para jovens talentos —, e sua apresentação mostrava, mesmo naquela época, objetivos inflexivelmente altos. "Tenho o sonho de ser famosa, de trabalhar nos palcos", escreveu. "É uma ambição para a vida toda. Quero que as pessoas escutem minha voz e esqueçam seus problemas por cinco minutos. Quero ser lembrada por ser uma atriz, uma cantora que lota casas no West End e shows na Broadway. Por ser... apenas eu."[7]

Ela foi aceita e fez sua primeira aparição televisiva enquanto estudava na Sylvia Young como figurante em um esquete do programa *The Fast Show* (conhecido como *Brilliant* nos Estados Unidos), da BBC.[8] Mas teve dificuldade em se ajustar à vida escolar e trocou de colégio várias vezes. Durante a adolescência, começou a ter comportamentos autodestrutivos que a dominariam mais tarde. Quando adulta, Amy contou em entrevistas que havia começado a se automutilar aos 9 anos, na mesma época em que os pais, Mitch e Janis, se separaram.[9] Por volta dos 12 ou 13, descobriu a maconha e o álcool.[10] Ainda adolescente, contou para a mãe que tinha inventado uma nova "dieta": comer e depois vomitar. A mãe se lembrava de "não ter dado atenção ao comentário".[11]

Em 1999, após terminar a escola com notas medianas, Amy foi aceita na BRIT School, a escola de teatro que também formaria a cantora Adele e o ator Tom Holland. Mais uma vez, ela não se encaixou.

Pensou em se especializar em teatro musical e logo se arrependeu. "Aos olhos de Amy, o teatro musical girava em torno de fazer tudo conforme o esperado — ter uma boa voz, ter uma boa base como atriz, subir no palco e repetir o mesmo espetáculo todas as noites. Ela não enxergava originalidade naquilo", recordou-se a mãe da cantora. E originalidade — autenticidade — era o que Amy mais valorizava. Ela abandonou a BRIT School após o primeiro mês, mas continuou registrada na agência de talentos da Sylvia Young. Então, em 2000, a agência a indicou para a National Youth Jazz Orchestra. Em menos de um mês, Amy, com 16 anos, se apresentou pela primeira vez e, além disso, começou a se apresentar em pubs com Tyler James, um amigo que conheceu na Sylvia Young. James já tinha um contrato assinado com a agência Brilliant 19.[12]

Em 2001, a Brilliant 19 também assinou contrato com Amy, então com 17 anos, que pediu demissão do emprego diurno em uma agência de notícias sobre celebridades. No ano seguinte, assinou um contrato de publicação com a EMI, e logo depois veio um contrato de gravação com a Island. A soma totalizava cerca de meio milhão de libras. "Ela era péssima com dinheiro e se comportou como a maioria das pessoas se comportaria naquela idade: como se tivesse ganhado na loteria", escreve James em seu livro *Minha Amy: a vida que partilhamos*. Ela não fazia planos para o futuro: pensava apenas no presente — o que significava ser independente. Alugou um apartamento, mudou-se do porão da mãe e gastou o dinheiro exatamente como uma adolescente que de repente ficou rica faria: em Louboutins, vestidos, violões e comida.[13] E também começou a escrever as músicas que comporiam seu álbum de estreia.[14]

A juventude de Amy é evidente em *Frank*. Apesar de as canções mostrarem as influências ecléticas que iriam destacá-la, em especial a inspiração no hip-hop, há certa falta de forma: mais de uma vez, o som entra no reino sem graça do "smooth jazz", como avaliou a crítica do site da BBC.[15] (Como *Frank* não foi lançado nos Estados Unidos, todas as críticas da época são do Reino Unido.) As duas coisas que faziam Amy se destacar eram a voz e as letras, e ambas sugeriam uma maturidade que não correspondia à idade. Ela era inocente e experiente ao mesmo tempo, e uma parte importante do encanto vinha do fato de ela apresentar experiências pessoais. "Ela alega só conseguir escrever sobre as coisas que já aprendeu", observou o *Guardian* em um tom elogioso.[16] As palavras de Amy nunca seguiam uma fórmula nem eram clichês. Se ela cantava sobre algo, era porque tinha vivido ou testemunhado aquilo.

"Fuck Me Pumps", uma das canções que se destaca no álbum, oferece uma observação social afiada que ridiculariza as mulheres que iam aos bares de Londres no intuito de gerar matérias para os tabloides: aspirantes a esposas de jogadores de futebol com saltos altíssimos, bolsas grandes e silicone nos seios — o tipo de mulher sobre quem Amy escreveu durante sua breve carreira no mercado de fofocas: "Without girls like you, there'd be no fun / We'd go to the club and not see anyone" [Sem garotas como você, não haveria diversão / Nós iríamos às boates e não encontraríamos ninguém]. "October Song" fala sobre a morte de sua canária, Ava.* "Stronger than Me" destroça um ex-namorado de forma brutal. "Are you gay?" [Você é gay?], pergunta ela, dispensando com alegria a possibilidade de ser politicamente correta.[17] Então, faz ainda pior no refrão, chamando-o de *ladyboy* [afeminado].[18] O título *Frank* não era aleatório. Em um mundo de pop robótico — o tipo de música processada, impessoal, que havia sido desbravado por Aaliyah e do qual Britney se tornara símbolo —, Amy era desafiadoramente de carne e osso.

Por outro lado, tamanho comprometimento com a autenticidade levava a inseguranças sobre seu status como artista. Primeiro, ela não gostou da campanha promocional. "Dei a eles [a gravadora e

* Apesar de ter sido uma musa, Ava infelizmente não foi um animal de estimação muito bem-cuidado, segundo a mãe de Amy: "[Amy] abria a gaiola com frequência para deixá-la voar pela sala, mas alimentá-la não fazia parte das prioridades. 'Mãe, acho que Ava não está bem', disse um dia. Na semana seguinte, acordei com outro telefonema: 'Mãe... acho que Ava morreu. Você pode vir aqui?' Ava tinha mesmo morrido: Amy a encontrou embaixo do sofá, dura feito madeira. Pobre canária. Quando virou alvo da atenção de Amy, ela nem desconfiava de que estaria batendo as botas em uma questão de semanas." Winehouse, *Loving Amy*, p. 102.

seus empresários] muito controle — cuidei das músicas porque sei como fazer isso, mas, para a parte promocional, pensei: 'Preciso confiar nessas pessoas, porque nunca fiz isso antes'. Esse foi meu maior erro", contou ela em uma entrevista. "Eles só sabem repetir o que já foi feito, e não quero repetir nada que já tenha sido feito. Nunca quero ser medíocre. Você escuta as músicas mais tocadas, mas, sem querer ofender ninguém, aquelas pessoas não têm alma."[19] Em fevereiro, após o lançamento de *Frank*, Amy reclamava até do álbum, dizendo que a gravadora a obrigou a acrescentar algumas faixas e remixes. Segundo ela, tinham "fodido" o álbum desde a produção até o lançamento.[20]

Houve também a questão do gerenciamento. A Brilliant 19 havia sido fundada por Simon Fuller, o responsável pela franquia de shows de talentos internacionais *Idol* (que começou com o *Pop Idol*, na ITV, em 2001) e pelas Spice Girls. A imprensa do Reino Unido o apelidou de "Svengali Spice".[21] Amy detestava reality shows. "Nem em um milhão, um bilhão de anos, eu participaria de um programa desses", declarou ela em uma entrevista, "porque acho que ninguém deveria julgar a sua musicalidade. A música é algo que você tem dentro de si". Por mais brutal que pudesse ser nas letras, ela achava que a crueldade dos reality shows era algo difícil de encarar: "Apesar de os participantes serem uma merda, faz muito mal ouvir que você é isso."[22]

De toda forma, qualquer pessoa que soubesse de sua conexão com Fuller poderia encarar a "autenticidade" e a "originalidade" de Amy como nada mais que uma forma inteligente de vender uma imagem. A cantora de jazz e a marionete do pop pareciam vir de universos opostos, mas poderiam ser apenas duas versões do mesmo produto oferecido pelo mesmo marqueteiro que vendia enlatados — duas bonecas com acessórios diferentes. A impressão de que Fuller era responsável pelo sucesso de Amy pesava para a cantora, algo que ela admitiu ao ser questionada sobre o assunto em uma entrevista de 2004: "Meu cara do setor de A&R [artistas e repertório] fica paranoico com essa questão, porque não quer que as pessoas achem que ele [Fuller] teve algum envolvimento."[23] Era algo que ela estava determinada a evitar. A próxima — e última — fase de sua carreira seria definida por uma rejeição total a Fuller e ao pop manufaturado ao qual ele era associado.

Independentemente disso, no meio dos anos 2000, Amy — e quase todo mundo que trabalhava com música — vivia no mundo de Simon Fuller. Ele teve a ideia daquilo que se tornaria o fenômeno *Idol* em 1997, depois de ter sido demitido como empresário das Spice Girls. A experiência apontou as limitações inerentes ao modelo de negócios que Fuller seguia até então: apesar de ter ajudado as Spice Girls a se tornarem gigantescas, ainda assim ele foi dispensado. Fuller precisava pensar mais alto e encontrar uma maneira de não ficar à mercê dos empresariados. Ele seria dono do conceito, e os empresariados seriam substituíveis. Em 1999, ele tentou vender um programa de televisão chamado *Fame Search* para as emissoras britânicas. Visionário, seria uma competição de talentos realizada pela internet, com os candidatos se inscrevendo de forma virtual. Só que era visionário até demais: a internet ainda era uma tecnologia pouco disseminada na época, e as redes hesitaram em basear um programa inteiro de televisão nela.[24]

Mas existia mercado para algo parecido com *Fame Search*. No ano 2000, com o conceito rebatizado como *Your Idol*, Fuller entrou em contato com o executivo de televisão Nigel Lythgoe, que já estava comprometido com outra competição de música. Chamado de *Popstars*, o programa, baseado em um formato que Lythgoe viu na Nova Zelândia, começaria a ser transmitido no começo de 2001. O que mais o fascinava era o vislumbre oferecido pelo processo de testes: "A possibilidade de ver tudo o que era bom e o que era ruim e depois a honestidade dos jurados — foi isso que me cativou", explicou em uma entrevista de 2021. "Não amenizamos nada. Mostramos o lado obscuro do showbiz."[25] Em comparação com as superproduções que se tornariam os reality shows, o *Popstars* original do Reino Unido era discreto de um jeito fofo. O formato não apenas ignorava o aspecto virtual que Fuller tinha bolado, como também não havia votação do público. Não havia nem plateia. A única oportunidade de interação acontecia no final, depois de os vencedores gravarem e lançarem um single que os espectadores poderiam comprar (já que o mercado físico da música ainda não ia de mal a pior).

Nada glamouroso, *Popstars* abriu as portas para a franquia *Idol*. A maior mudança, os jurados, veio de um retorno dos espectadores, que, no começo dos anos 2000, não queriam ver os participantes recebendo críticas construtivas de forma gentil. Eles queriam esperanças destroçadas, fraquezas expostas, verdades difíceis reveladas — em *Popstars*, era Lythgoe quem fazia isso. Para o jornalista Richard Rushfield, que cobria o *Idol* para o *Los Angeles Times*, essa acidez era uma reação ao estilo nauseantemente doce que dominava a cultura dos anos 1990: "Ao falar a verdade no ambiente de um teste da indústria do entretenimento, Lythgoe não apenas acabou com o excesso de bajulação que havia, segundo as opiniões, envenenado a vida civil; em certo sentido, ele se rebelou contra a mediocridade que a indústria do entretenimento forçou o público a engolir nos últimos anos".[26] A imprensa passou a chamá-lo de "Nigel Nojento", e ele adorava. "Gostei porque chamou atenção para o programa", disse ele, apesar de sem dúvida também gostar de que o foco estivesse, de alguma forma, nele. Lythgoe se tornou mais famoso do que a maioria das pessoas que se apresentavam para ele, tornando-se jurado no *American Idol* e em *So You Think You Can Dance* nos Estados Unidos.

Para os alvos de sua crueldade, a experiência era menos agradável. Após o processo de testes ter reduzido os aspirantes a um grupo de cinco membros chamado Hear'Say, *Popstars* os acompanhava enquanto gravavam o single e se preparavam para a fama. Isso significava que precisavam de uma imagem tanto quanto de uma música. Em um episódio, Lythgoe diz aos participantes que eles precisam emagrecer. "Você acha que estou gorda?", pergunta a cantora Kym Marsh. "Acho que você engordou no Natal, mas já precisava perder peso antes", responde Lythgoe com frieza. Marsh caiu no choro diante das câmeras.[27] Essa era a programação das noites de sábado na televisão do Reino Unido, e o tipo de coisa que Amy, uma jovem com um distúrbio alimentar, poderia ter assistido para se divertir. Mais tarde, Marsh revelaria que ela também havia sofrido de bulimia quando era mais nova.[28]

Em sua autobiografia, Marsh descreve o incidente como o momento em que percebeu que ela e seus companheiros de banda não estavam apenas competindo por uma chance de se tornarem famosos — eles também eram a matéria-bruta para outro tipo de entretenimento, sobre o qual tinham pouquíssimo controle. "De repente, ficou horrivelmente claro. Parecia que eu e os outros éramos apenas marionetes ou personagens de uma novela. Fomos apresentados como caricaturas de nós mesmos e estávamos sendo usados para arrancar gargalhadas ou chocar os espectadores. A sensação era péssima." Lythgoe escolheu ser o vilão, só que Marsh não teve opção ao ser escalada para o papel de vítima: "Eu, pelo menos, estava cansada de ser manipulada. Nigel parecia ter esquecido que eu era uma pessoa de verdade, com sentimentos de verdade."[29]

Fazer parte do Hear'Say não seria um problema para Marsh por muito tempo. A banda anunciou a separação no dia 1º de outubro de 2002 (Marsh já havia saído): desde o lançamento à implosão, passaram-se 18 meses.[30] Mas, para os criadores do programa, a banda havia sido um sucesso imenso. Em 2001, Lythgoe se juntou à empresa de Fuller, Brilliant 19, como chefe do desenvolvimento de televisão, e o *Pop Idol* chegou às telinhas em outubro de 2001 — com a votação do público e o acréscimo essencial de Simon Cowell como o "jurado malvado". Os elementos essenciais do formato que Fuller levaria para os Estados Unidos em 2002 estavam todos lá. Uma audiência de 22,8 milhões de pessoas assistiria a Kelly Clarkson vencer a primeira temporada de *American Idol*. Em uma era de atenções divididas e quedas de audiência em todas as redes, ver um homem britânico irônico destruindo o ego de jovens cantores era o que a nação queria.[31]

Não era só a dinâmica da televisão que se tornava mais complicada. Em 1997, a princesa Diana falecera em um acidente de carro enquanto era perseguida por fotógrafos, fazendo com que a imprensa passasse por uma revisão de valores morais que levaria ao abandono das fotos de paparazzi — mas só por algum tempo. Em 2001, o editor do jornal *Mirror* era Piers Morgan. Algumas semanas após os atentados de 11 de Setembro, ele anunciou que o jornal seguiria uma nova abordagem, mais séria, para acompanhar aqueles novos tempos mais sérios. No entanto, isso não significava parar de falar sobre celebridades. (Morgan era repórter de fofocas e entendia a importância da fama para as vendas.) O que ele queria dizer era que não ofereceria mais aos famosos, ou aos seus representantes, a oportunidade de aprovar matérias e fotos antes da publicação. "Fiquei de saco cheio de relações-públicas e agentes dando pitaco", disse Morgan. "Só pensei que tinha chegado a hora de nos rebelarmos."[32] Os ataques de 11 de Setembro, segundo ele, "nos deram o poder de colocar as celebridades de volta em seu lugar", mas a dignidade dessa declaração foi só um pouquinho prejudicada pelo fato de ela vir como resposta a uma briga com o casal Richard e Judy, apresentadores de TV de um programa matinal homônimo .[33]

Talvez os atentados tenham aumentado o apetite de Morgan, embora ele não tenha sido sincero nesse caso: sua arma mais importante na guerra contra as celebridades foi criada um ano antes. Em 2000, o *Mirror* começou a publicar uma nova coluna de fofocas chamada The 3AM Girls [As jovens das três da manhã], assim chamada porque se tratava de três jovens incentivadas a varar a noite em festas com os astros sobre quem escreviam. Morgan as imaginou como uma versão do arquétipo das jovens "sem modos" — mulheres bonitas que queriam se divertir e cair na farra, bebendo no mesmo ritmo dos homens. Um arquétipo, na verdade, em que Amy também se encaixaria. "Eu gostava da ideia de um grupinho de moças escandalosas andando por aí, porque eu sabia que todos os homens famosos seriam vulneráveis ao charme delas", contou Morgan. "Era tipo as Spice Girls intelectuais. Uma paródia de como é o showbiz agora."[34] Morgan se colocou no papel de Svengali, reunindo uma girl band de fofoqueiras — uma versão jornalística de Simon Fuller.

O gênero, por si só, tornava a 3AM Girls uma proposta muito distinta dos jornalistas homens que então dominavam a cobertura sobre celebridades. Mas o comportamento delas também era diferente. "A orientação que recebíamos era para deixar os famosos com muito medo", escreveu Jessica Callan, uma das colunistas originais, em sua biografia escrita em 2007, sobre seu trabalho na época. "Se alguém bancasse a estrelinha para cima de nós, tínhamos permissão de dar nomes aos bois e falar mal deles na coluna. Nossas histórias favoritas? Famosos brigando e trepando."[35] A ideia fez tanto sucesso que elas ficaram famosas por conta própria: a *Vanity Fair* publicou uma matéria sobre elas, escrita por Nancy Jo Sales, a principal cronista de cultura de celebridades da época. Para a coluna, quanto mais drama, melhor. Da mesma forma que os reality shows de Fuller eram editados para criar protagonistas, antagonistas e narrativas, as colunistas pegavam o material bruto dos encontros com estrelas e fofocas aleatórias e transformavam tudo em algo parecido com uma novela. "Você precisa de um elenco de personagens, brigas antigas, para tornar a edição mais interessante", disse Callan em uma entrevista de 2002 para o *Guardian*. "De toda forma, os artistas gostam de aparecer nos jornais. Eles precisam de nós tanto quanto precisamos deles."[36]

No entanto, nem todas as celebridades concordavam com essa conclusão. No mesmo ano dessa entrevista, o *Mirror* foi processado pela supermodelo Naomi Campbell por divulgação criminosa de informações particulares, após a coluna publicar uma foto dela saindo de uma reunião dos Narcóticos Anônimos. Campbell alegou que isso era uma violação da sua privacidade; o editor do jornal discordou. Para a audiência, ele argumentou que celebridades abriam mão da privacidade: "Ao entrar na cela de Hannibal Lecter por vontade própria, vai levar uma dentada na nuca. Ao usar a mídia o tempo todo para promover uma imagem comercial, ou para falar sobre áreas muito íntimas da sua vida [...], vai ter menos direito à privacidade do que um homem ou uma mulher comuns."[37]

No fim, as fotos dos paparazzi estavam longe de ser o elemento mais intrusivo usado pela imprensa nos anos 2000: essa também foi a era dourada dos grampos telefônicos. A segurança mínima dos correios de voz significava que era fácil acessar mensagens de figuras conhecidas e publicá-las como matérias. Outra técnica se chamava *blagging*: um jornalista ligava, por exemplo, para um consultório médico fingindo ser representante de um famoso para acessar seu histórico. Isso instaurava um clima de paranoia e isolamento entre as vítimas, que, sem saber como a imprensa conseguia aquele material, temiam que algum confidente estivesse contando segredos em troca de dinheiro.[38] Em 2020, acordos judiciais com vítimas e despesas legais custaram centenas de milhares de libras para os tabloides envolvidos.[39]

Campbell venceu o caso contra o *Mirror*, mas a opinião pública concedeu a vitória moral a Morgan.[40] As reportagens com estilo cáustico sobre celebridades eram o que boa parte do público britânico queria. A revista *Heat* havia sido lançada em 1999 com o objetivo de falar sobre cultura, mas foi recebida com uma indiferença generalizada. Em 2000, o editor Mark Frith relançou a publicação como um tabloide agressivo de fofocas, conhecido pelo "círculo da vergonha", que consistia em círculos vermelhos feitos em fotos de famosos para destacar ultrajes como celulite, ausência de maquiagem ou pelos corporais. Era uma conduta de mídia em que corpos e comportamentos femininos podiam ser julgados sem hesitação nem questionamentos: era a cultura que Amy absorvia antes de se tornar famosa e que a absorveria durante o estrelato. Frith defendeu a revista contra acusações de abuso, descrevendo o que faziam como um "imposto da fama". Aquilo, segundo uma entrevista concedida por ele em 2004, fazia parte do jogo da notoriedade moderna: "Faz parte de ser famoso, e, com exceção de alguns grandes astros de Hollywood, acho que eles não se incomodam."[41] De acordo com Morgan, em 2002, "as celebridades legais, as que respeito, sempre conseguem rir de si mesmas".[42]

Amy, segundo esse critério, era legal. Ela se levava a sério como artista, mas não como celebridade: nesse aspecto, ela não se incomodava em entrar na dança, como aconteceu em sua falsa campanha eleitoral para o *Popworld*. Era simpática com os paparazzi, a ponto de conversar com eles e lhes oferecer xícaras de chá quando começaram a acampar diante do prédio dela na esperança de conseguir uma foto.[43] Darren e Elliott Bloom, irmãos que trabalhavam juntos como fotógrafos de famosos, alegam terem sido procurados pela assessoria da cantora para se tornarem seus paparazzi "oficiais", recebendo acesso privilegiado.[44] (Muitas das fotos mais famosas de Amy foram tiradas pela equipe deles — incluindo a imagem dela no saco mortuário.) Em uma época em que o público queria ver aquilo que Lythgoe chamava de "lado sombrio do showbiz", Amy também estava disposta a compartilhar isso, declamando sua irritação com a indústria do pop em entrevistas. Suas críticas eram tão intimidantes quanto qualquer coisa que um jurado de show de talentos pudesse dizer. Ela era, em resumo, a estrela perfeita para a "década por baixo da saia". Se a fama fosse um jogo, Amy pertenceria ao grupo que parecia entender as regras. Nada disso impediria que ela fosse transformada em um personagem nas colunas e nos blogs do mundo da fofoca. Mas Amy precisaria seguir o caminho trilhado por Fuller e se tornar conhecida nos Estados Unidos.

Back to Black é um daqueles álbuns miraculosos, no qual todos os elementos parecem se encaixar de forma perfeita. Assim como *Frank*, as influências são bem claras: o jazz continua lá, assim como o hip-hop e também o ska, o soul, e as bandas femininas dos anos 1960. Só que, no segundo álbum, Amy não prestava homenagens. Ela pegou as músicas e as transformou em algo novo, próprio — algo completa e profundamente pessoal. A cantora descreveu o processo de composição para o amigo Tyler James: "Você pega uma caneta, corta seu braço com ela e sangra no papel."[45] A imagem sugere que compor músicas é se expor, além de ser uma versão perturbadora das automutilações às quais ela recorria desde a infância.

O álbum foi lançado no Reino Unido no fim de 2006, quando Amy tinha 23 anos. Dessa vez, ela também conseguiu um lançamento nos Estados Unidos, no início de 2007. Os críticos adoraram o álbum e ficaram fascinados por ela. "Uma coleção de canções que volta no tempo de forma incrível", declarou o *New York Times*.[46] A *Entertainment Weekly* chamou o álbum de "quase perfeito", concluindo que ele indicava "não apenas a chegada de um talento completamente pronto, mas talvez o primeiro tiro de uma nova Invasão Britânica".[47] Até críticos com ressalvas, como Joshua Klein, do site Pitchfork, reconheciam que havia algo em Amy que chamava atenção: "Winehouse não é uma cantora pop típica. Se ela se tornar tão popular nos Estados Unidos quanto é em casa, no Reino Unido, isso acontecerá apesar da sua relutância em abraçar a realidade monótona do mecanismo promocional. Ah, ela vai dar entrevistas, mas não há garantias sobre o que irá falar [...]. Ela fará shows, mas não há garantias sobre o que irá fazer nem se irá terminar o show. Cantará sobre os próprios problemas, mas vai estar cagando para a opinião dos outros sobre eles."[48] Como Amy já tinha a reputação de não aparecer em compromissos, dava para perceber que havia algo ali. Isso, entretanto, parecia gerar curiosidade, não preocupação.

O álbum foi um sucesso estrondoso: chegou ao primeiro lugar das paradas do Reino Unido e ao segundo nas dos Estados Unidos. Amy não havia vencido suas indicações no BRIT Awards por *Frank*, apesar da campanha mencionada, mas *Back to Black* lhe rendeu o prêmio de Melhor Artista Feminina Britânica. Ela foi ainda melhor no Grammy, no qual recebeu cinco prêmios: Canção do Ano, Álbum do Ano (ambos por "Rehab"), Melhor Artista Revelação, Melhor Performance Vocal Pop Feminina ("Rehab" de novo) e Melhor Álbum Vocal Pop. (Mark Ronson também venceu na categoria Produtor do Ano, Não Clássico, por seu trabalho de produção, que incluía *Back to Black*.)[49] A *Rolling Stone*, que havia oferecido um dos vereditos menos empolgados em sua crítica original, colocou Amy na capa da edição de junho de 2007, com uma matéria que expunha, com certo alarme, a bebedeira, as automutilações e um "porte excepcionalmente magro". Era inegável que ela havia conquistado o sucesso, apesar de ainda parecer desiludida. "Não quero ser ingrata. Sei que sou talentosa, mas não vim ao mundo para cantar", disse à *Rolling Stone*. "Eu vim para ser uma esposa [...] e cuidar da minha família. Amo o que faço, mas minha vida não se resume a isso."[50]

Talvez o fato mais miraculoso sobre *Back to Black* é ele ter sido feito. Em 2005, Amy tinha apenas o esboço de algumas músicas e suas apresentações ao vivo eram raras. Havia boatos de que a Island Records cogitava dispensá-la, e a relação dela com a Brilliant 19 não ia bem. O problema não era apenas a tensa associação com Fuller e *Idol*. Depois de *Frank*, Amy se tornou frequentadora habitual dos pubs da região de Camden, em Londres, e seu empresário, Nick Shymansky, estava preocupado porque ela estava bebendo muito. Ele tentou convencê-la a ir para uma clínica de reabilitação.[51] Ela se recusou, e tal intervenção fracassada acabou inspirando a letra de "Rehab" — a primeira faixa de *Back to Black* e o principal single que anunciaria o retorno após *Frank*. (De acordo com James, o verso "I'd rather be at home with Ray" [Eu preferia ficar em casa com Ray] é uma referência a Raye Cosbert, o agente de shows da cantora, que se tornaria seu empresário após Shymansky se recusar a sair da Brilliant 19.)[52] Para Amy, criação e autodestruição andavam de mãos dadas.

Nos anos 1990, Camden havia sido o centro do pop britânico, e outra geração de bandas de rock e festeiros migraram para lá na década de 2000 — e os paparazzi os seguiram. Kate Moss era frequentadora habitual, assim como Pete Doherty, da banda The Libertines (que virou amigo de Amy e cujos próprios problemas com dependência química foram amplamente documentados).* Todo mundo que era ou queria ser alguém conhecido ia para lá se divertir. "Era um ambiente dominado por integrantes de bandas e por um tipo de personalidade no qual Amy se encaixava como uma luva", lembra James. "Ela era uma cantora solo de jazz, mas também era um pouco como os homens das bandas. Basicamente, tudo se resumia a ser um doidão do rock."[53] Mesmo que Amy não estivesse se dedicando à música, ela podia manter suas credenciais de artista enchendo a cara com pessoas do meio.

---

* Uma matéria de tabloide de péssimo gosto sobre Doherty alegava que ele havia oferecido um "minicachimbo de crack feito sob encomenda" para um gato, fazendo com que o animal fosse retirado de seus cuidados por uma sociedade protetora de animais. Rosie Swash, "Kittens, just say no to cracknip", *The Guardian*, 7 de setembro de 2007.

Foi nessa época que a persona de Amy nos tabloides ganhou forma, e a jovem simpática começou a ser substituída por outra coisa. Desde o início, a imagem pública de Amy foi marcada por uma personagem fabricada. A mãe dela comentou que, na primeira aparição importante na televisão, em 2004 (no *Jonathan Ross Show*), "ela estava linda e falava com eloquência e segurança, mas eu nunca a tinha visto usando tanto delineador antes. E o sotaque? Parecia com a Amy, mas não falava como ela. Não era o sotaque que se falava em casa. Era forte e regional."[54] Com o tempo, Amy desenvolveria esse personagem, acrescentando elementos de um estilo tagarela da mesma forma como adicionava influências nas canções: um pouco das namoradas de gângsteres de Londres, um pouco do estilo street das latinas que viu em Miami durante as gravações de *Back to Black*, um pouco das músicas que amava.[55] Ronnie Spector, antiga líder das Ronettes, se recordou de se apresentar em Londres e ver Amy na plateia: "Ela estava a minha cara. Tinha um penteado igual ao meu e tudo. Foi assustador."[56]

Na cultura dos tabloides da década de 2000, entretanto, a linguagem visual que a compunha era só dela: o penteado colmeia e o delineado gatinho, com vestidos estilo pin-up curtíssimos e apertadíssimos ou calças jeans skinny e coletes que se ajustavam ao corpo cada vez mais magro. Nos pés, saltos muito altos ou sapatilhas de balé. Na pele, uma coleção de tatuagens em estilo náutico. Quando *Back to Black* foi lançado, a aparência da cantora era surpreendentemente diferente da época de *Frank*, tornando-a um ícone capaz de ser reconhecido de imediato. Em um episódio da segunda temporada de *Keeping Up with the Kardashians*, Caitlyn Jenner (então Bruce Jenner) vê uma foto de Kim com o cabelo penteado para trás e os olhos cheios de delineador e anuncia: "Ai, meu Deus! Ela não está a cara da Amy Winehouse aqui?"[57] O visual era inconfundível.

Recriar-se como um personagem poderia ser uma forma de lidar com as pressões da fama, como outra estrela britânica de reality show e contemporânea de Amy tinha explicado. Sarah Harding fez parte do Girls Aloud, o grupo que venceu a segunda temporada de

Popstars, em 2002. Por mais que quisesse ser cantora, a ideia de se tornar o centro das atenções deixava Harding nervosa. Então, quando a imprensa lhe deu o apelido de "Harding Hardcore" por causa de suas tendências a cair na farra, ela se agarrou à persona como se essa fosse a solução. "Para mim, foi tipo 'Ah! Então é assim que eu sou. Estava buscando meu papel na banda, deve ser esse'", escreve ela em sua autobiografia (publicada pouco depois de ela morrer de câncer, aos 39 anos). "Então, nesse sentido, acho que foi fácil para mim. Conveniente. Quer dizer, eu gostava de beber, era um pouco rebelde, gostava de festas, então estava tudo ótimo. Até não estar mais."[58] Em 2011, Harding se internou em uma clínica de reabilitação para tratar a depressão e a dependência química.[59]

O problema em bancar a festeira era incorporar o papel. Por mais que fosse só uma imagem no começo, as consequências acabavam se tornando reais. Esse foi o caso de Amy, e a persona dela também se intrometia em sua vida real de outras formas. De acordo com James, ela se tornou obcecada por bancar um certo papel nos relacionamentos mais íntimos. "Ela cismava que tinha que ouvir o companheiro dela, como se estivesse na década de 1950", escreveu ele. "As maiores estrelas do pop daquela época cantavam sobre independência, ganhar o próprio dinheiro — 'Independent Woman' [Mulher independente], do Destiny's Child, por exemplo, e o TLC cantando 'I don't need no scrubs' [Não quero restos]. Amy detestava tudo isso. As únicas canções de amor que a interessavam eram as que diziam 'Vou me jogar embaixo de um ônibus por você'."[60]

Para ser a mulher passiva do tipo de música que queria escrever, ela precisava de um homem que pudesse bancar o agressor, e encontrou a inspiração durante as sessões de bebedeira em Camden. Blake Fielder-Civil era um dos frequentadores menos impressionantes da área: era viciado em heroína, vivia grudado no Libertines e tinha uma namorada. Outros namorados, como o que inspirou "Stronger", não ofereceram o tipo de masculinidade dramática que Amy desejava — o tipo que envolvia os elementos essenciais da definição de boa matéria da 3AM Girls: "brigar e trepar". Mas Fielder-Civil era capaz de executar o papel com perfeição. Poucas semanas depois de conhecê-lo, ela já havia tatuado o nome dele em seu seio esquerdo.[61] As letras de *Back to Black* eram intimamente inspiradas na relação caótica, instável e cheia de vícios do casal. "As músicas literalmente se escreveram sozinhas", contou Amy para a *Rolling Stone*. "Todas falam de como era minha relação com Blake na época [...]. Nunca senti por ninguém o que sinto por ele."[62]

O sofrimento gerou músicas incríveis. "Tears Dry on Their Own" tem uma rebeldia linda: a narradora ainda ama um cara, por mais terrível que ele tenha sido, mas aceita que ele vá embora. "Back to Black" é mais desanimadora: o verso-título, que significa "de volta ao escuro", implicando uma volta à autodestruição pela bebida, enquanto o amado volta para a ex, "aquela mesma antiga aposta segura". "Wake Up Alone" é a canção mais doce e triste do álbum: ela se mantém distraída da tristeza do coração partido durante o dia e não bebe, mas à noite sonha com o cara. Sua rendição é atenuada pelo luto; a letra é sugestiva e linda: "Pour myself over him, moon spilling in / And I wake up alone" [Eu me derramo sobre ele, sob o luar / E acordo sozinha]. (A narradora pode estar sóbria por enquanto, mas ainda vivencia o amor na linguagem da embriaguez — ela se derrama como uma bebida.)

O casal estava separado quando Amy gravou o álbum e, se tivessem continuado assim, a intensidade de *Back to Black* poderia ser lembrada apenas como a hipérbole de uma desilusão amorosa profunda, mas breve. Ela teria conseguido o que precisava dele — tanto no sentido criativo como no emocional — e seguido em frente. Em vez disso, quando "Rehab" se tornou um sucesso na lista dos top 10, Fielder ressurgiu. Em maio de 2007, os dois se casaram.[63] A partir disso, o relacionamento deles deixou de ser assunto de músicas para se tornar o tema incessante de colunas de fofoca. Sem dúvida, as letras sugerem questões românticas não resolvidas entre os dois, mas alguns dos amigos e parentes da cantora acreditavam que um drogado sem qualquer renda estável tinha um motivo mais cínico para se associar a uma mulher que havia alcançado fama e riqueza repentinas. Segundo James, Fielder era "um viciado que podia bancar as próprias drogas" por causa dos lucros de um álbum que mostrava com detalhes o mal que ele fazia a Amy. Fielder — que parou de usar o "Civil" no sobrenome após uma briga com o padrasto — declarou em entrevistas que nunca pretendeu "*sugar*" Amy, mas, ainda assim, ela foi uma de suas fontes de renda durante a vida e após a morte: em 2014, ele foi pago para posar para fotos ao lado do túmulo de Amy.[64] Se ela tivesse um empresário mais experiente, talvez algum esforço teria sido feito para protegê-la, como Shymansky tentara em 2005. Mas um dos motivos que a fez romper laços foi ele querer interferir em seus hábitos.

Ao analisar a vida de Amy, tentar identificar o momento em que ela poderia ter sido salva se torna algo tentador. Se houve algum, deve ter sido antes do sucesso de *Back to Black*. O intervalo de quase sobriedade que tornou o álbum possível se encerrou rapidamente. Em 2006, Amy fez outra aparição na televisão com Simon Amstell, que havia saído do *Popworld* e apresentava o programa musical *Never Mind the Buzzcocks*, da BBC. Ela ainda era engraçada e desinibida — sua imitação da sex tape de Paris Hilton arranca gargalhadas —, mas estava visivelmente bêbada, com uma expressão distante em boa parte do tempo. Em determinado momento, ela cospe no chão, e Amstell fica chocado de verdade.

— Podemos ressuscitar a antiga Amy Winehouse? — implora ele. — Isso não é mais um show de jurados, é uma intervenção.

— Ela morreu — sussurra Amy, acariciando o rosto dele. — Ela morreu.

Ainda assim, a cantora encontra compostura suficiente para defender Jessica Garlick — uma das participantes que chegou ao top 10 da primeira temporada de *Pop Idol* e que faz uma aparição na rodada de "parada da identidade" de *Buzzcocks*. No geral, essa é uma oportunidade de fazer piadas cruéis às custas de alguém que não é mais tão famoso assim, e Amstell faz alguns trocadilhos maldosos com o sobrenome de Garlick.

— Não sei quanto você está recebendo por isso, mas eu bateria em quem está te pagando — diz Amy, com a voz arrastada.

— Eles recebem cachê, sabem o que vai acontecer — rebate Amstell, mencionando "o imposto da fama em ação".

— Nossa, você está falando que nem um cafetão — brinca um dos colegas de equipe de Amy.

Enquanto tudo acontece, ela encara uma xícara (que aparentemente continha vinho), inclinando a torre de cabelo. Nesse instante, Amy se rebela contra a crueldade da cultura de celebridades dos anos 2000, protegendo uma ex-participante de reality show do desdém da mídia. Nesse instante, ela cambaleia sob toda aquela pressão.

Amy não faria outro álbum após *Back to Black*. O legado dela é dolorosamente escasso, ainda mais para alguém que considerava estar no mesmo nível de grandes cantores de jazz. A discografia de Frank Sinatra e Sarah Vaughan é imensa. Até Billie Holiday, cuja dependência de drogas e álcool a transformou em um exemplo de "cantora caótica", produziu mais de dez álbuns antes de morrer, aos 44 anos. Ainda assim, apesar de não produzir quase nada em seus últimos anos de vida, Amy os passaria sendo mais famosa do que nunca — apenas por ser ela, exatamente como sonhara aos 12 anos. O que mais lhe dava fama era o que também a destruía. Quando *Idol* migrou para os Estados Unidos, uma das coisas de que o público mais gostou foi a grosseria britânica oferecida pelo jurado Simon Cowell.[65] Amy oferecia um choque cultural semelhante — só que, no caso dela, o que interessava era o comprometimento franco com seus vícios.

Uma das primeiras menções a ela na imprensa dos Estados Unidos foi feita em um post do blog do *New York Times*, em 2007, que a descrevia como a "estrela britânica que é notoriamente contra clínicas de reabilitação". O post começava falando sobre os problemas de Britney: pouco tempo antes, Craig Ferguson, apresentador do programa *The Late Show*, tinha apresentado um monólogo em que criticava a mídia pelo interesse lascivo nas dificuldades de uma jovem "vulnerável". "Mas sempre existe a possibilidade de os problemas [de Britney] gerarem músicas incríveis", refletia o texto. "É como o caso da cantora britânica que expõe os próprios vícios para quem quiser ver e que está prestes a chegar aos Estados Unidos: Amy Winehouse."[66] Para a imprensa, o fato de Amy estar transformando sua vida em arte oferecia um álibi para transformar sua vida em conteúdo. A promoção de *Back to Black* foi marcada por apresentações com a voz arrastada e ausências, e isso era visto como prova do status dela como artista, e não como motivo de preocupação.

Alguns acontecimentos, no entanto, conseguiam chocar até os observadores de celebridades mais lascivos. Em agosto de 2007, fotos tiradas pelos "paparazzi oficiais" de Amy, os irmãos Bloom, mostravam a cantora e o marido com sinais claros de violência doméstica. A têmpora e as juntas dos dedos dela estavam machucados, havia sangue em seus joelhos e pés, manchas vermelhas na ponta das sapatilhas de balé. Já Blake exibia arranhões no rosto e pescoço. Perez Hilton — que considerava Amy uma de suas amigas famosas — publicou as fotos com o título "Aviso: isto é real demais". Ele usou a primeira pessoa do plural — que adotou nessa época por algum motivo — e se referiu à Amy pelo apelido que costumava usar para ela, "Wino" [beberrona]. "Acreditamos em Deus e rezamos para que salve Amy da morte que ela insiste em convidar para a própria vida", escreveu.[67]

Ainda assim, as orações — por mais sinceras que fossem — não impediram o blogueiro de continuar publicando conteúdos sobre Amy. Em resposta à publicação inicial, ela lhe mandou uma série de mensagens implorando para ele "esclarecer os fatos" e declarando que Fielder era "o melhor homem do mundo" e que o casal "jamais machucaria um ao outro". "Blake", escreve ela, "salvou minha vida". Perez Hilton obedientemente publicou as mensagens, respeitando os desejos da amiga e, por coincidência, recebendo ainda mais acessos.[68] A essa altura, Amy quase não tinha mais uma vida particular. Ela não precisava escrever músicas para contar uma história romantizada de automutilação: a imprensa registraria isso por ela.

Em dezembro de 2007, o *News of the World* cedeu sua capa para uma carta aberta da mãe de Amy, que implorava para a filha, com quem já não tinha contato na época, procurar ajuda.* Em seu livro de memórias, Janis Winehouse diz que, apesar de ter publicado a carta por desejar contato com a filha, não foi ela quem escreveu: foi tudo obra do jornal.[69] Enquanto Janis parecia ingênua quando o assunto era fama, o pai de Amy tentava alcançá-la por mérito próprio. Ele assinou contrato com uma gravadora para produzir um álbum de jazz e fez várias aparições na televisão — até aceitou participar de um documentário sobre como era ser pai de um filho dependente químico, que foi comprado devido à promessa de conter imagens de Amy, apesar de o projeto nunca ter sido concluído.[70] "Ele se tornou tão fascinado pelo próprio sucesso que não parecia mais enxergar a filha como ela era, e talvez não conseguisse enxergar nem a si mesmo", escreveu James sobre Mitch Winehouse na época. "Era como se ele também fosse um personagem, o 'pai de Amy Winehouse'."[71] Mitch apresenta uma visão mais nobre do próprio envolvimento com a mídia — "Eu queria que o público soubesse das dores e dos dilemas com que essas pessoas convivem"[72] —, mas parece ter tomado, na melhor das hipóteses, uma decisão equivocada. Até quem deveria ter protegido a cantora foi absorvido pela grande novela na qual se transformou sua vida.

Nesse quesito, ninguém oferecia mais drama do que Fielder. Em 2008, ele foi preso por tentativa de suborno e lesões corporais graves após atacar um homem e depois tentar pagar por seu silêncio (com o dinheiro de Amy, é claro).[73] Na ocasião, em outro exemplo de como os tabloides exploravam a vida de Amy, o tribunal foi informado de que jornalistas do *Mirror* descobriram o plano de Fielder.[74] Em 2009, apesar das frequentes juras de que ela jamais o abandonaria, o casal se divorciou. Amy colocou silicone nos seios nessa época, o que a tornou um pouco mais parecida com as mulheres de quem zombava em "Fuck Me Pumps", dando a entender que pelo menos um cirurgião achou que ela estava saudável e estável o suficiente

* Em 2011, a empresa controladora do *News of the World* decidiu acabar com a publicação em resposta à participação do jornal no escândalo dos grampos de telefone.

para passar por uma cirurgia.[75] Ao determinar que ela estava apta a fazer o procedimento, esse profissional aparentemente não prestava atenção nas aparições públicas de própria paciente, que se tornaram mais caóticas do que nunca — e muito lucrativas para aqueles cuja renda vinha da narração do declínio dela. Um dos últimos posts sobre Amy no blog de Perez Hilton relatava que ela havia se atrasado e aparecido bêbada e sem calcinha em um show particular para o bilionário Roman Abramovich: "Que nojoooo!!!!!!!!! Quem precisa ver aquela xana fedida?", escreveu Hilton, que, pelo visto, havia deixado as orações para trás.[76]

Por conta da destruição pública pela qual Amy passava, algumas pessoas começaram a rever a ideia de que estrelato era sinônimo de se estragar com autenticidade. Quando *Frank* foi lançado nos Estados Unidos, em 2007, após o triunfo de *Back to Black*, um crítico se declarou exausto daquele circo. No Pitchfork, Douglas Wolk escreveu que "essa babaquice de artista sofrido autodestrutivo" era uma "palhaçada"; "sua persona pública de 'olha só como sou complicada' está atrapalhando sua arte". Ele não culpava apenas Amy, mas responsabilizava também o público dela, inclusive a si mesmo, pela cumplicidade na reencenação de Billie Holiday. "Podemos pelo menos pensar com carinho o que significou nossa participação nessa narrativa. E quem somos nós para dizer que desejamos que ela pare de falar que não precisa de ajuda e procure logo a merda da ajuda? Não podemos ser abutres, de forma alguma."[77] Quando ela morreu em 2011, fazia quase cinco anos que os abutres a esperavam.

A causa oficial da morte de Amy foi intoxicação alcoólica.[78] É impossível dizer que a fama a matou — tanto a dependência química quanto o distúrbio alimentar surgiram muito antes de *Back to Black* transformá-la em um ícone da autodestruição —, mas talvez seja verdade que a fama criou as condições para que ela apenas piorasse em vez de melhorar. O comprometimento público de Amy com o papel de "beberrona" significava que o vício havia se interligado irrevogavelmente com quem ela era. Em uma época em que o entretenimento de horário nobre dos sábados consistia em um jurado de reality show chamar uma mulher magra de "gorda", a guerra particular de Amy com o próprio corpo se tornou parte de uma guerra em massa contra o corpo da mulher. Suas patologias eram inseparáveis de sua versão famosa, e esta só poderia viver às custas de seu corpo mortal.

Sua morte deixou um vazio no mercado. No mesmo ano em que ela morreu, outra autoproclamada cantora de jazz surgiu para desestabilizar as fronteiras entre "realidade" e estrelato até quase destruí-las. Em 2011, Lana Del Rey lançou por conta própria uma balada desnorteante, linda, chamada "Video Games". Nela, a cantora adota a persona de uma namorada negligenciada, mas irrevogavelmente dedicada. "It's you, it's you, it's all for you" [É você, é você, é tudo por você], canta ela enquanto o homem da canção abre uma cerveja e a ignora. A música se tornou um sucesso alternativo instantâneo, elogiada em blogs musicais, incluindo o Pitchfork, que aceitou Del Rey como uma proposta indie e a comparou com a cantora lo-fi Cat Power. (Sem dúvida, o fato de Del Rey personificar a namorada ideal que todos os caras alternativos adorariam poder ignorar não prejudicou a popularidade da canção.)

Assim como o som de Amy, as músicas de Del Rey misturavam estilos clássicos com influências do hip-hop. Ela até adotou elementos semelhantes de bandas femininas: "Ultraviolence", do seu terceiro álbum, que leva o mesmo nome, usa um trecho do single "He Hit Me (It Felt Like a Kiss)" [Ele me bateu (pareceu um beijo)], das The Crystals, de 1962. Como a referência a essa canção sugere, Del Rey adotava uma visão de sexualidade ainda mais masoquista que a de Amy. Os clipes das músicas e as artes de capa dos álbuns exibiam um homem apertando sua garganta, insinuando sufocamento. Ao ser questionada sobre isso em uma entrevista de 2014, Del Rey respondeu: "Gosto de um amor meio bruto."[79] A tendência submissa era intrínseca ao tipo de cantora que ela era: "I'm your jazz singer and you're my cult leader" [Sou sua cantora de jazz, e você é meu líder de seita], murmura no fim de "Ultraviolence".

Só que, ao contrário de Amy, Del Rey estava pronta. Sua discografia não apresenta uma obra iniciante equivalente a *Frank*. "Video Games" era o trabalho de uma artista admiravelmente preparada. E preparada até demais, na verdade. Pouco após o lançamento da música, vídeos de uma cantora nova-iorquina chamada Lizzy Grant começaram a circular. Grant tinha uma voz e um visual parecidos com os de Del Rey (mas com lábios um pouco mais finos). Era mesmo ela. Assim, descobriu-se que ela já havia gravado um álbum com um produtor poderoso — apesar de ser impossível ouvi-lo, porque foi removido da internet. A desconfiança deu espaço ao ceticismo conforme foi revelado que Del Rey não era uma novata que tentava alcançar sucesso, mas alguém que tinha contrato com uma gravadora importante. Os sites que antes a apoiavam se tornaram críticos, usando tons triunfantes para anunciar que Del Rey não era a mulher impotentemente passiva que interpretava na canção. Eles a classificaram como uma farsa. Nome falso, boca falsa (apesar de ela negar ter feito preenchimento, dizendo que só fazia beicinho quando cantava), imagem falsa: falsa, falsa, falsa. Comentadores se declararam enojados com a mentira. Em 2012, quando o Pitchfork publicou uma crítica ao álbum de estreia dela sob o nome Del Rey, *Born to Die*, o considerou "o equivalente musical a um orgasmo fingido — uma coleção de músicas provocantes sem fogo".[80]

Os termos sexuais não parecem ter sido coincidência. A sensação era que ela havia dado um golpe e se recusava a oferecer um tipo de intimidade — a intimidade real — que tinha a obrigação de dar ao público, algo que ela negou com veemência. Como artista, Del Rey reconhecia que a "realidade" ainda era valorizada o suficiente para valer a pena lutar por ela. "Nunca tive uma persona", tuitou ela com raiva em 2020, para um crítico que escreveu uma crítica positiva para o álbum *Norman Fucking Rockwell*. "Nunca precisei de uma. Nunca vou precisar."[81] Mas alguns artistas podem se beneficiar de uma, se isso mantiver a versão de carne e osso protegida. Nota-se, ainda, que ela não permite que sua vida particular seja conhecida. A revista *Spin*, em uma entrevista publicada no ano seguinte à morte de Amy, chamou Del Rey de "Amy Winehouse com uma trava de segurança".[82] Parece uma ofensa, mas há um alívio palpável na frase — essa aí, pelo menos, não vai se matar em nome da arte. E, sendo falsa ou não, Del Rey continua aqui, fazendo música. A realidade derradeira de Amy foi a morte.

7

Kim Kardashian: beleza

"Porque eu estava com tesão e me deu vontade."

Tudo começa — é claro — com a bunda. Kim Kardashian caminha pela cozinha da casa da família em Calabasas, na Califórnia. "Estou morrendo de fome", anuncia ela, ao abrir a geladeira e se inclinar para procurar um lanche, oferecendo à câmera a visão perfeita de seu traseiro. A mãe, Kris Jenner, e a irmã mais nova, Khloé Kardashian, estão na cozinha.

— Você não tem uma sessão de fotos amanhã? Para de comer! — diz Khloé.

— Acho que ela quer uma *poupança recheada* — sussurra Kris.

Então os créditos rolam, e vemos boa parte da família se ajeitando para tirar uma foto diante de uma vista da cidade de Los Angeles. Kim vem correndo no final e posa como o centro das atenções em um vestido vermelho apertadíssimo. A meia-irmã caçula, Kylie Jenner, puxa uma corda, e o fundo cai para revelar a bela, mas relativamente modesta, casa da família. A mensagem é transmitida: esse é um programa sobre uma família de subcelebridades cujas pretensões hollywoodianas não passam de uma ilusão de ótica, e Kim é a maior entre eles.

Quando *Keeping Up* estreou na emissora E! em outubro de 2007, a imprensa em geral encarou o programa com desdém. Brian Lowry, escrevendo para a *Variety*, não conseguia enxergar qualquer mérito ou futuro nele. "Depois que você supera os atributos proeminentemente exibidos de Kim, não há muito o que mostrar, nem qualquer premissa", desaprovou, chamando Kim e suas irmãs de "biscates sem talento" antes de concluir com a sugestão de que os espectadores logo deixariam de lado as mais novas fraudes da televisão.[1] Em vez disso, a série duraria vinte temporadas e 14 anos, com vários spin-offs; sua sucessora, chamada apenas *The Kardashians*, começou em 2022. A *Variety* se enganou. Ainda assim, a crítica, apesar de demonstrar total repugnância pela família, não estava de todo errada, já que as únicas coisas que o público sabia sobre seus membros àquela altura era que Kim tinha aparecido em uma sex tape, que saía com Paris Hilton de vez em quando e que seu pai, Robert (falecido em 2003), tinha participado de um dos maiores julgamentos criminais de celebridade dos anos 1990. O participante mais famoso do elenco era o então padrasto de Kim, Bruce Jenner, que foi um herói olímpico nos anos 1970, mas que falava sobre as glórias do passado no circuito de palestras.* Los Angeles estava cheia de famílias como aquela: próximas da fama, mas não exatamente famosas, vivendo na base da indústria do entretenimento. Pessoas que já tinham sido importantes ou que eram parentes de alguém que era.

Pela perspectiva da *Variety*, aquela família não tinha muita importância. Reality shows anteriores que observavam a vida de uma família, como *The Osbournes* e *Gene Simmons Family Jewels*, eram baseados em pessoas que alcançaram a fama pelos meios tradicionais (respectivamente, Ozzy Osbourne e Gene Simmons, ambos cantores de heavy metal com comportamento escandaloso). Eles ofereciam um vislumbre dos bastidores. Com os Kardashian, não havia bas-

* Em 2015, Jenner se assumiu como uma mulher trans e passou a usar o nome Caitlyn, mas, em seu livro de memórias de 2017, *The Secrets of My Life* [Os segredos da minha vida], ela usa pronomes masculinos e o nome "Bruce" para se referir a eventos que aconteceram antes da transição. Faço o mesmo aqui.

tidor. Por que o público ligaria a televisão para passar tempo com aquele bando de desconhecidos em vez de interagir com as pessoas à sua volta? Só que, para uma audiência orientada pela cultura da fofoca dos anos 2000, era exatamente o status desconhecido dos Kardashian que gerava fascínio. Ao longo dos anos anteriores, as pessoas tinham aprendido a encarar a fama com cinismo, como algo convocado por nada além da força de vontade. Qualquer um — por mais sem talento, por mais burro, por mais descompensado que fosse — poderia alcançar sucesso, contanto que estivesse desesperado o suficiente. Então o que seria mais divertido do que assistir a uma família inteira colocando essa teoria em prática enquanto tentava escalar até o topo?

Kim sempre quis ser famosa. Nos anos 1990, durante a adolescência (ela nasceu em 1980), tinha uma obsessão pelo reality show *The Real World*, dos primórdios da MTV, e até cogitou se inscrever para participar.[2] Em vez disso, seguiu carreira como estilista em Hollywood, com clientes que incluíam Paris Hilton e a cantora Brandy Norwood. Paris facilitou a primeira aparição de Kim na televisão, um brevíssimo momento na estreia da primeira temporada de *The Simple Life*, em 2003; a conexão com Brandy resultaria em uma oportunidade ainda mais significativa para a jornada rumo à fama. Em meados dos anos 2000, porém, Kim alcançava os vinte e muitos anos, e nada disso havia se traduzido em estrelato. Mas o surgimento das redes sociais abriu outros caminhos para chamar atenção, e a rede mais importante naquela época era o MySpace, lançado em 2003.

Em 2006, a *Vanity Fair* fez uma matéria em que rasgava elogios ao MySpace. Segundo James Verini, a rede "surge como uma nova espécie de meio de comunicação para a era da internet, um local em que identidade e performance se misturam sem vergonha alguma". Ele citou estatísticas: eram 50 milhões de perfis registrados, 24,5 milhões de visitantes mensais individuais, 170 mil novas inscrições por dia, e todos empolgados para acrescentar posts e fotos classificados como "conteúdo gerado por usuários". "O usuário médio do MySpace dedica mais de duas horas por mês no site", declarou Verini, maravilhado. Apesar de não parecer nada impressionante tendo em vista referências do presente — em 2022, o usuário médio do TikTok dedicou quase 24 horas completas ao aplicativo por mês[3] —, essa era uma mudança significativa na maneira como as pessoas usavam os meios de comunicação. O conteúdo produzido significava o surgimento de algo que poderia ser chamado de famosos gerados por usuários. O MySpace, escreveu o jornalista, "está mudando a natureza da fama, conduzindo o conceito de fama sem justificativa, de Andy Warhol, para um novo mundo bizarro". (É bem provável que Warhol não tenha sido o autor da máxima "No futuro, todo mundo será famoso por 15 minutos", mas a frase é associada a ele mesmo assim.)[4]

Verini apresentou os leitores a figuras como Christine Dolce (cujo nome de usuário era "ForBiddeN"), "uma mulher de Orange County, supostamente com 24 anos, que, por motivos que ninguém além dela parece entender, acumulou 706 mil amigos [...] sem apresentar muita coisa além de um talento mediano para aplicar sombra de olho, aversão à gramática e um decote cavernoso". Dolce desenvolveu a própria linha de roupas. Havia também Tila Tequila — "uma mulher de West Hollywood que parece uma bonequinha de plástico maníaca por sexo" —, que tinha 760 mil amigos[5] e convertera essa quantidade de fãs em um contrato musical e uma turnê por boates.[6] Uma versão arquivada da página de Kim de 2006 mostra que ela estava bem longe de ser tão popular. Usando o nome "Princess Kimberly" (em cuja biografia constava: "Sou uma princesa, você não é, simples assim!"), ela acumulava meros 856 amigos. Um deles era o irmão de Brandy, o rapper Ray J,[7] com quem Kim tinha começado a sair em 2002, após o término do primeiro casamento dela, e com quem ficou até 2006.[8]

Em junho de 2006, o TMZ incluiu Kim em uma publicação sobre "A maldição de Paris Hilton", listando o destino terrível sofrido pelas melhores amigas da socialite até então. Paris brigou com Nicole Richie em 2004 e tinha uma rixa com Lindsay. (Paris foi filmada rindo enquanto Brandon Davis chamava Lindsay de "virilha de fogo", entre outros insultos.)[9] Segundo o TMZ, Kim "parece ser a amiga de Paris do momento. Nas últimas semanas, ela também foi associada a Nick Lachey [ex-participante de boy band e ex de Jessica Simpson]. Entretanto, como a supracitada lista de amigas de Paris mostra, é melhor tomar cuidado, Kim!".[10] A "maldição" demoraria seis meses para se concretizar, começando com um comentário de Ray J na página de Kim no MySpace. "Vamos mostrar nossa sex tape para o mundo", escreveu ele (segundo Kim).[11] E o mundo queria ver.

Quando o TMZ publicou os boatos sobre um vídeo de Kim e Ray J em janeiro de 2007, ela ainda não era famosa o suficiente para seu nome garantir manchetes. Nem Ray J era, e ser exposto dessa maneira talvez o incomodasse. Na verdade, o post recebeu o título "Sex tape da melhor amiga de Paris".[12] Fazia mais de três anos desde *1 Night in Paris*, então a conjunção de "Paris" e "sex tape", que poderia ser empolgante, não atraiu o público. As pessoas se tornaram mais sagazes, mais desconfiadas. Muitos vídeos parecidos tinham surgido nesse meio-tempo, e as práticas sobre aquisição e distribuição, evoluído. Não havia dúvidas de que alguns eram roubados; outros eram divulgados por um dos participantes sem o consentimento da outra pessoa; e ainda uns eram feitos com a intenção explícita de serem lançados. Inspiradas pela crença de que Paris havia ganhado fama e dinheiro a partir da sex tape que foi divulgada, algumas das figuras mais desesperadas de Hollywood resolviam deixar a própria marca no mercado pornô de celebridades.

Uma delas foi Dustin Diamond, um ex-ator mirim que interpretava o nerd Screech na sitcom *Uma galera do barulho* e trabalhava em spin-offs entre 1989 e 2000. Em 2006, o TMZ anunciou que um vídeo de Diamond participando de um ménage estava sendo vendido por um agente conhecido por trabalhar com vídeos pornográficos de famosos.[13] Diamond negou ter qualquer envolvimento, mas o TMZ não acreditou, e com razão.[14] Em uma entrevista de 2013 para a emissora de Oprah Winfrey, Diamond confessou que havia armado tudo após ouvir falar que Paris tinha ganhado 14 milhões de dólares com o próprio vídeo: "Um amigo falou: 'Catorze milhões? Caramba, cadê a sex tape do Screech? Deve valer pelo menos 1 milhão.' E pensei: 'Sim, sim, pode ser.' Foi simples assim."[15] O agente de Diamond parecia ter esperanças de que o vídeo ajudaria o cliente a se livrar da imagem de astro mirim e a conseguir mais trabalhos.[16] Não foi o que aconteceu. Mais tarde, Diamond diria que se arrependeu de tudo e alegaria que nem era ele no vídeo, mas um dublê. "Ganhei um dinheiro, sem dúvida, mas as consequências não valeram a pena", declarou. "Até hoje, as pessoas me encaram com desprezo. Muita gente por aí me olha com cara de nojo — e nem era eu no vídeo."[17] Ele não foi incluído nos novos episódios de *Uma galera do barulho* em 2020 e morreu de câncer no pulmão em 2021.[18]

As primeiras menções ao vídeo de Kim sugeriam que, assim como o de Screech, um homem queria dar um gás na carreira e estava usando a sex tape para isso. No Natal de 2006, o AOL (que dois anos antes ficara tão indignado com o "escândalo do mamilo" no Super Bowl que exigiu o reembolso do patrocínio) publicou o seguinte boato no site Black Voices: "Momentos drásticos pedem medidas drásticas! Fontes alegam que certo cantor de R&B, que nunca teve sucesso de verdade, está tentando vender um vídeo caseiro com conteúdo adulto a empresas de entretenimento para adultos na esperança de que sua carreira seja impulsionada como aconteceu com Paris Hilton. Dizem também que o cantor acredita que o vídeo será uma vingança contra a ex-namorada, que o trocou por outro artista."[19]

O blog de fofocas IDon'tLikeYouInThatWay deu continuidade à matéria, citando nomes e acrescentando os próprios comentários obscenos.

> Em uma matéria do BV Buzz, Jawn Murray dá a entender que Kim Kardashian talvez apareça em uma sex tape com o irmão caçula de Brandy, Ray J [...]. Kim o trocou por Nick Cannon recentemente, então pode fazer sentido. Qualquer garota com peitos enormes e uma bunda grande sempre deveria receber

> um voto de confiança, mas essa anda com Paris Hilton, então acho que faz sentido acreditar que seja verdade [...]. Nossa, ela já enlaçou mais caras negros do que um par de algemas, então, se você for branco, sua esperança de conseguir algo com ela é prometendo sexo oral. É bem provável que ela pule na sua cara feito aquele bicho de *Alien*.[20]

Depois disso, a matéria foi para o Fleshbot (parte da rede Gawker), sem os trechos mais racistas.[21] No meio de janeiro de 2007, o TMZ confirmou a existência do vídeo.[22] Em fevereiro, o estúdio pornográfico Vivid comprou a fita de "terceiros não divulgados" e lançou como *Kim Kardashian: Superstar* [Kim Kardashian: Superestrela]. O título era uma brincadeira, porque, afinal, quem era aquela mulher? A piada maior, no entanto, ficava por conta de Ray J: relegado a um coadjuvante, menos importante que uma mulher sem qualquer fama. O Fleshbot não declarava qualquer empolgação com o lançamento comercial do vídeo. "Como duvidamos que uma empresa como o Vivid correria o risco de lançar algo assim sem a documentação 2257 necessária [uma declaração regulamentar de maioridade, assinada pelos participantes], há suspeitas de que Kim esteja de acordo com o processo de distribuição, o que tira um pouco da graça, na nossa opinião", declarou o blog, demonstrando certo pesar.[23] Na verdade, Kim processou o Vivid por violação ao direito de privacidade, mas pediu que o caso fosse arquivado em abril. Havia a suspeita de um acordo envolvendo o pagamento de 5 milhões de dólares do Vivid para ela,[24] o que o CEO do estúdio, Steve Hirsch, considerou "um investimento incrível". As brigas judiciais só ajudaram a chamar mais atenção para o vídeo, segundo ele.[25] Ainda assim, mesmo que *Kim Kardashian, Superstar* não oferecesse aos espectadores o prazer erótico de uma violação de privacidade verdadeira, o Fleshbot continuou a dar cobertura extensiva ao vídeo — e a Kim.[26]

Perez Hilton foi um dos que achou aquela sex tape duvidosamente conveniente. "Ela criou o próprio estrelato ao sair com homens mais famosos — e transando com o namorado, Ray J, em um vídeo", escreveu ele em seu livro de 2009, *Red Carpet Suicide*. "A fama dela só cresceu depois disso. Seu estrelato finalmente foi levado às alturas, que nem Ray J fez com ela!"[27] (Ele alega que o vídeo foi lançado seguindo um acordo entre ele, Kim e Kris, inspirado nas observações da carreira de Paris.[28] Joe Francis, famoso por *Girls Gone Wild*, também se vangloriou de ter intermediado o acordo com o Vivid em nome das Kardashian.[29] Kim e Kris negam ter participado do vazamento do vídeo.) Em agosto de 2007, Kim tinha 66 mil amigos no MySpace.[30] Ela ainda não era Tila Tequila, mas estava progredindo. No entanto, ao contrário de Paris — na verdade, ao contrário de todas as mulheres neste livro até aqui —, Kim conseguiu encarar a fama com uma visão clara de tudo que ela acarretaria. Britney, Lindsay, Aaliyah e Janet eram crianças quando suas vidas públicas começaram. Paris não era capaz de prever a maneira como a internet moldaria sua vida, e Amy ficou dividida entre talento e vícios. Quando Kim começou a figurar nos blogs de fofoca, ela era uma adulta que teve a oportunidade de estudar tudo que aconteceu antes: o frenesi de notícias sobre Britney e Lindsay, o "escândalo do mamilo", *1 Night in Paris*.

A mãe de Kim, que trabalhava como empresária da filha, também era uma vantagem — ela criou o termo "*momager*", mãe-empresária em inglês, para descrever o próprio papel —, assim como sua vasta experiência no submundo da indústria do entretenimento. "Quando fiquei sabendo do vídeo da Kim, como mãe, quis matá-la. Mas, como empresária, eu sabia que tinha um trabalho a fazer e só queria que ela seguisse em frente", comentou Kris no primeiro episódio de *Keeping Up*.[31] Em sua biografia de 2011, ela foi mais discreta sobre o assunto — sem mencionar a sex tape de forma explícita —, mas tratou de forma mais direta o fato de ter transformado a crise em uma oportunidade. "Havia tanta cobertura na mídia sobre Kim na época, tanto positiva quanto negativa, que sabíamos que precisávamos tomar logo uma atitude para tirar vantagem do momento", escreveu.[32]

Tendo assumido o papel de empresária de Bruce após o casamento deles, em 1991, Kris supervisionou a entrada do marido no mundo dos reality shows quando ele passou a integrar a versão norte-americana de *I'm a Celebrity... Get Me Out of Here!*, de 2003, e *Skating with Celebrities*, de 2006. Os filhos e enteados dele seguiram o exemplo. Os dois filhos do primeiro casamento estrelaram um programa chamado *The Princes of Malibu*, de 2005, que durou pouco e era uma versão de *The Simple Life* com os gêneros trocados. A filha mais velha de Kris, Kourtney Kardashian, fez uma participação em *Filthy Rich: Cattle Drive* no mesmo ano, um programa em que jovens mimados de Hollywood exibiam sua incompetência como fazendeiros. (Durou uma temporada, que foi vergonhosa.) Kim pôde observar todos esses acontecimentos de perto e chegar às próprias conclusões sobre como a fama funcionava. Só que, antes de tudo isso, ela assistiu na primeira fila à novela mais grotesca das celebridades dos anos 1990. Antes de Kim, houve O.J.

Orenthal James Simpson era considerado por Robert Kardashian um grande amigo de faculdade. Para o público, ele era O.J., ou "The Juice" ("o suco" em inglês, já que O.J. é uma sigla usada para suco de laranja), um talento transcendental das ligas universitárias de futebol americano que teve uma carreira ainda mais gloriosa na Liga Nacional, a NFL, entre 1969 e 1979, para depois usar seu carisma e sua beleza no mundo da atuação e da narração de esportes. Para Kris (que o conheceu por intermédio de Robert em 1975), ele foi a porta de entrada para um mundo de fama, glamour, sucesso e riqueza. "Saí correndo do aeroporto para me encontrar com Robert Kardashian — era nosso primeiro encontro de verdade. Sentados na Mercedes verde, esperando por mim no meio-fio do aeroporto, estavam Robert e O.J. Simpson", lembrou Kris em sua autobiografia, de 2011. "'Este é O.J., meu melhor amigo', disse Robert, me apresentando ao famoso jogador de futebol, enquanto eu pensava: 'Meu Deus. Meu DEUS!' Fomos para a casa de Robert em Beverly Hills: Robert Kardashian, O.J. Simpson e eu."[33] Mas, na década de 1990, o brilho de O.J. já havia diminuído. Como Bruce Jenner também descobriu, era difícil manter a fama no esporte depois de deixar a vida de atleta para trás. O.J.

tinha, segundo o jornalista Jeffrey Toobin, "apenas um renome sutil, peculiarmente norte-americano: ele era famoso por ser O.J.".[34] Mas ele permaneceu próximo de Robert e Kris: para os quatro filhos do casal, ele era o "tio O.J.", e sua esposa, Nicole Brown, era a "tia Nicole". [35]

Mas, para Nicole, O.J. era outra coisa. Durante o casamento dos dois, ela chamou várias vezes a emergência alegando que estava sendo agredida. Em 1989, ele não contestou acusações de violência doméstica.[36] Em 1992, o casal se divorciou.[37] No dia 12 de junho de 1994, Nicole e Ron Goldman — um amigo que trabalhava no restaurante no qual ela e sua família haviam jantado naquela noite — foram mortos a facadas na parte externa da casa dela, em Los Angeles. O.J. foi preso, interrogado e liberado. Pouco tempo depois, no dia 17 de junho, quando as acusações foram formalizadas, a equipe jurídica do ex-atleta (que incluía Robert Kardashian como consultor) negociou um acordo para ele se entregar. Em vez disso, ele fugiu em um Ford Bronco branco dirigido por seu amigo Al Cowlings. A perseguição policial recebeu cobertura geral da imprensa, com direito a helicópteros acompanhando cada movimento. Multidões lotaram as ruas para assistir à movimentação, como se aquilo fosse uma corrida que levaria ao *touchdown* antes que a partida de futebol americano acabasse, incentivando-o com cartazes: ACREDITAMOS EM VOCÊ, O.J., SALVEM THE JUICE, LIBERDADE PARA JUICE.[38] Quando R. Kelly se imaginou perseguido pela mídia devido ao relacionamento que tinha com Aaliyah, ele fez uma referência ao carro branco. Aquilo seria, como lembrou Kris (sempre atenta aos números), "um dos maiores eventos televisionados da história, com uma audiência estimada em 95 milhões de pessoas".[39]

Os espectadores testemunhariam a primeira aparição de um Kardashian nas telinhas. Foi Robert (já divorciado de Kris) quem se apresentou à imprensa para ler uma mensagem deixada por O.J. que muito se assemelhava a uma carta de suicídio: "Não tive qualquer envolvimento com o assassinato de Nicole [...]. Se tivemos algum problema, foi porque a amei demais [...]. Há momentos em que me sinto como um marido agredido."[40] O homem que dizia essas palavras às câmeras e à imprensa era pequeno e tinha um ar ansioso, além de distintas mechas brancas nas têmporas, que contrastavam com o espesso cabelo preto.[41] "Quem é essa merda de porta-voz?", teria gritado um jornalista de tabloide britânico; e foi assim que o nome Kardashian entrou para a vida pública.[42]

O caso foi a julgamento em 1995, e a situação de O.J. parecia não ter jeito. Além do histórico de violência contra Nicole e da tentativa de fuga, havia muitas provas físicas que o colocavam na cena do crime, e ele não tinha álibi. Mas sua equipe jurídica não conduziria o caso com base nos fatos. A polícia de Los Angeles havia sido exposta como uma instituição racista em vários escândalos, principalmente no espancamento do motorista negro Rodney King por quatro policiais da cidade, que foram inocentados em um julgamento decidido por um júri de maioria branca em 1992.[43] Sob a liderança do advogado ativista Johnnie Cochran (que havia representado Michael Jackson no julgamento por abuso infantil em 1993),[44] a principal estratégia da defesa era apenas indicar que O.J. era um homem negro e, como tal, não poderia esperar um tratamento justo do sistema legal de Los Angeles. Foi uma tática muito estranha, já que ele nunca havia se associado à causa racial antes. Mas deu certo: O.J. foi absolvido por unanimidade pelo júri, em sua maioria negro.

Parte da popularidade de O.J. enquanto jogava futebol americano vinha do fato de ele oferecer uma versão inofensiva de negritude para os norte-americanos brancos. Ele se recusou a participar dos movimentos de direitos civis nos anos 1960, socializava com pessoas brancas ricas e morava em um bairro de brancos ricos. (Segundo relatos, no dia 17 de junho de 1995, ao voltar para casa após sua tentativa de fuga e encontrar multidões de apoiadores negros aglomeradas para recebê-lo, ele disse: "O que essa crioulada* toda está

* Atualmente, o uso da palavra "crioulo" pode ser considerado ofensivo e configurar crime de racismo no Brasil. No original, a autora reproduziu a fala de O.J. Simpson, "What are all theses niggers doing in Brentwood?". O ex-jogador, que era negro, vivia rodeado de pessoas brancas e usava termos ofensivos, como "niggers", para se referir a pessoas negras. *[N. da E.]*

fazendo em Brentwood?")[45] Se muito, o tratamento que ele recebera da polícia de Los Angeles havia sido exageradamente gentil, já que o departamento, além de ser racista, tinha um fascínio especial por celebridades. O.J. só se tornou negro quando foi conveniente.

Por outro lado, era igualmente plausível que ele tivesse perdido o título de branco honorário após se tornar motivo de vergonha. A capa da *Time* colocou uma versão escura da foto que ele tirou ao ser fichado na semana após a prisão. A revista negou ter más intenções ao fazer isso, mas o presidente da Associação Nacional de Jornalistas Negros declarou que aquilo era "um esforço consciente de transmitir uma imagem maléfica e macabra de Simpson, com o objetivo de induzir os leitores a atribuir a culpa a ele".[46] (Em um esquete de 2004 do programa *The Chappelle's Show*, a premissa era que um "alistamento racial" estava acontecendo, com grupos étnicos diferentes negociando celebridades diferentes: uma das piadas é a delegação branca insistindo que o ex-atleta fosse alistado como negro.)[47] Na verdade, a popularidade de Simpson mostrou ter uma resistência impressionante após sua prisão. Foi a reputação de Nicole que sofreu ataques: a defesa se aproveitou de sua imagem retratada em tabloides como uma festeira promíscua, dificultando ainda mais a missão da acusação de superar a falta de empatia por vítimas de violência doméstica, além da hostilidade específica das mulheres negras do júri com mulheres brancas que saíam com homens negros. Uma parte essencial da estratégia da defesa foi criar "uma válvula de escape para o ressentimento de mulheres negras contra a loira sedutora que tinha fisgado aquele herói negro", escreveu Toobin.[48] Era um dilema cruel para a vítima: se Nicole estivesse errada e O.J. estivesse certo, ele não poderia tê-la matado; mas, se tivesse, ela devia ter merecido.

O julgamento e a absolvição polarizaram os Estados Unidos. E também a família Kardashian. Enquanto Robert se manteve determinado a apoiar o amigo, Kris acreditava que O.J. era culpado. (É um sinal da reverência dela à fama o fato de que, mesmo anos depois, ainda conseguia soar fascinada ao escrever sobre O.J. em sua autobiografia; mas também é um sinal de sua lealdade a Nicole o fato de a fama nunca ter abalado sua percepção do que era certo.) O caçula da família Kardashian, Rob, tinha 7 anos quando o julgamento começou; Kourtney, a mais velha, tinha 15. Os quatro filhos ficaram presos no fogo cruzado e sofriam as consequências de serem associados ao pai, que se tornou um pária, uma vez que os outros amigos brancos de Simpson se distanciavam do advogado. No livro *Kardashian Konfidential* [Konfidências das Kardashian], de 2011, escrito por Kourtney, Kim e Khloé, as irmãs se recordavam da época da seguinte forma:

> Era assustador às vezes, até perigoso. As pessoas acampavam do lado de fora da nossa casa, não apenas a imprensa, mas gente que só estava ali porque sentia raiva. Muitas tinham um comportamento agressivo, e nosso pai avisou que o telefone tinha sido grampeado. Recebemos ameaças de bombas. Um ex-policial disse que ia nos machucar, então papai pedia para sempre prestarmos atenção no que acontecia ao redor ou em quem poderia estar nos seguindo. Uma vez, fomos expulsos de um restaurante porque não o queriam lá dentro. Os pais de alguns amigos nossos os proibiram de frequentar nossa casa.[49]

Quando Robert morreu de câncer no esôfago, em 2003, a situação parecia trágica na melhor das hipóteses, e patética na pior; ele tinha sido uma vítima infeliz do culto à fama. Em 1997, O.J. perdeu em um processo civil aberto pelas famílias de Nicole Brown Simpson e Ron Goldman: o júri concluiu que O.J. havia "proposital e maliciosamente" causado as duas mortes.[50] Isso o colocava em uma situação estranha: inocentado por um tribunal e condenado por outro. Não havia esperança de recuperar sua antiga vida — o suposto assassino de uma mulher branca jamais voltaria a ser o homem negro favorito de norte-americanos brancos. A mácula de culpa também significava que ele não poderia recorrer ao papel de líder dos direitos civis, ainda que tivesse a dignidade necessária para isso. Após as despesas judiciais e a perda do processo civil (que determinou uma grande indenização), todo o dinheiro se foi. Mesmo tendo escapado da Justiça, restou a ele muito pouco além da notoriedade.

Na década de 2000, Simpson se tornou uma figura grotesca. Em 2005, participou de um programa de pegadinhas chamado *Juiced*, que foi lançado direto em DVD e incluía um esquete em que ele tentava vender um Ford Bronco branco batido, explicando para os interessados que o veículo era "ótimo para fugas".[51] No ano seguinte, assinou um contrato para escrever um livro chamado *If I Did It* [Se eu fosse culpado, em tradução livre], que oferecia uma versão "hipotética" sobre como ele poderia ter cometido os assassinatos, ao mesmo tempo que tenuamente insistia em sua inocência.[52] (A parte mais impressionante é que o livro não entra em detalhes sobre nenhum álibi para o momento dos assassinatos.) Apesar disso, ele ainda não havia chegado ao fundo do poço. Em 2008, foi condenado por roubar um negociante de souvenires esportivos e sentenciado a nove anos de prisão: o veredito foi anunciado no aniversário de 13 anos da absolvição inicial pelos assassinatos de 1995.[53] Um detalhe curioso é que, enquanto planejava o crime no quarto de hotel onde estava hospedado, em 2007, viu Kim na televisão, em um comercial para *Keeping Up*. Quando ela mencionou a carreira de advogado do pai e o papel que ele teve no julgamento de 1995, O.J. ficou incomodado. (Talvez seu ego tenha ficado ferido ao pensar que ele devia algo a qualquer um além de si mesmo.) "Querida, seu pai era um merda", berrou ele para a televisão. O.J. chutou que a série dos Kardashian não duraria nem duas semanas.[54]

É provável que Kim se tornasse famosa com ou sem a sex tape: qualquer um que continuasse perseguindo a fama após tudo que ela havia passado durante o julgamento de O.J. tinha que querer muito aquilo. Em 2013, Nick Lachey contou para a revista *Details* como, durante um encontro em 2006, ele e Kim misteriosamente se depararam com uns trinta fotógrafos ao saírem do cinema. "Há certas formas de jogar esse jogo, e algumas pessoas jogam muito bem", comentou ele, rindo.[55] Mas a sex tape deu uma brecha a ela e forneceu à imprensa uma base sobre o tipo de figura pública que Kim era, além de criar um motivo para escrever sobre ela. O vídeo também facilitou a aprovação do reality show. (*Keeping Up* estreou na mesma semana que o programa de namoro de Tila Tequila na MTV, *A Shot at Love with Tila Tequila*.)[56] Em 2011, Kim já era de fato uma superestrela, então *Kim Kardashian, Superstar* podia ser relegado aos confins de sua mitologia pública. *Kardashian Konfidential* não faz qualquer menção à sex tape, apesar de ter um trecho com dicas para "quando você fizer uma besteira enorme e ficar com tanta vergonha a ponto de desejar se mudar para um país minúsculo onde ninguém nunca ouviu seu nome". Para esses casos, as três irmãs recomendavam o seguinte:

1. Permaneça de cabeça erguida.
2. Assuma a responsabilidade.
3. Aguente firme tentando aproveitar o lado positivo.
4. Conte com sua rede de apoio (no nosso caso, nossa família).
5. Aprenda com o que aconteceu.
6. Siga em frente.[57]

Em 2011, Kim havia seguido em frente. Mas, em 2007, ela ainda permanecia na terceira etapa, e o vídeo a ajudou a receber cobertura da imprensa e ter uma narrativa na qual basear a primeira temporada de *Keeping Up*. No primeiro episódio, Kris conversa com a filha sobre um convite para participar do programa *The Tyra Banks Show*, mas havia um detalhe. "Você teria que falar sobre o vídeo", avisa Kris. "Não quero falar sobre isso", responde Kim, emburrada. (Perceba que, ao ter essa conversa, ela já está falando sobre o assunto para as câmeras.) As duas, porém, concordam que aquela é uma oportunidade boa demais para deixar passar, e Kim começa a treinar sua participação, com Kourtney assumindo o papel de Tyra.

— Por que você se filmou fazendo sexo? — pergunta Kourtney.

— Porque eu estava com tesão e me deu vontade — responde Kim, rindo sobre o assunto porque está se divertindo com as irmãs.

Quando volta da gravação de *Tyra,* ela anuncia para a família que foi um sucesso e que está pronta para nunca mais falar sobre aquele assunto.

Mas o reality show ainda não havia acabado. Após a primeira temporada, em que as irmãs Kardashian modelam para uma linha de biquíni do *Girls Gone Wild* e Kim participa da primeira sessão de fotos para a *Playboy,* o último episódio (chamado "O preço da fama") gira em torno da revelação de que algumas fotos nuas de Kourtney aos 17 anos estão sendo vendidas. Dessa vez, vemos a família entrar em contato com o advogado e este levar o caso para o FBI, que acaba com a distribuição das imagens. As Kardashian tinham assumido o controle da narrativa. Ao longo de oito episódios, elas se transformaram em um grupo de personagens pelos quais a audiência podia sentir carinho. As conversas da família na primeira temporada soam falsas em algumas ocasiões, e os enredos são armados, mas, ao mesmo tempo, há uma honestidade instigante. A câmera as mostra lendo os tabloides e os blogs e dissecando famosos (inclusive elas mesmas) da mesma forma que os espectadores do programa faziam. A obsessão das irmãs pela fama é a característica que mais inspirava empatia.

Além disso, era divertido vê-los conseguindo o que queriam. A segunda temporada de *Keeping Up* mostra como a família alcançou suas ambições. A primeira cena começa com Kim se vangloriando para a família que seu nome foi o termo mais procurado no Google e no AOL. Em seguida, ela lança para a câmera, em tom de confissão, uma fala que remonta ao sonho da fama moderno: "Finalmente estou em um momento feliz da minha vida." E completa: "Tudo, desde a minha carreira até minha família, está perfeito. Toda noite é um evento de tapete vermelho diferente, uma sessão de fotos diferente. Há paparazzi por todo canto." Contudo, esse triunfo não aumentou a popularidade de Kim com todo mundo. Em 2018, a amizade com Paris chegou ao fim após a socialite criticá-la em uma entrevista, dizendo que a bunda de Kim era "nojenta [...] tipo queijo cottage dentro de um saco de lixo".[58] Mas o ataque foi em vão. Paris era mais magra que Kim — Perez Hilton brincava que a herdeira bilionária "anda por aí com uma desconhecida chamada Kim Kardashian, que tem um 'motor na traseira do seu Honda', para parecer ainda mais magra"[59] —, só que nem todo mundo concordava que ela era melhor por pesar menos.

O corpo de Kim a excluía do mundo da alta-costura, ainda dominado por pessoas brancas no início da década de 2000 e ainda obcecado pelo corpo magérrimo.[60] Só que, com seios e bunda grandes, ela parecia uma das "gostosas de clipes" que se popularizaram nos clipes de rap. A primeira capa dela foi para a *Complex*, uma revista de hip-hop.[61] *King*, uma publicação voltada para o estilo de vida de homens negros, deixava claro o que seu público-alvo valorizava em uma modelo. O editor Datwon Thomas disse ao *New York Times* em 2004: "Eles querem ver mulheres carnudas, mulheres com... você sabe, um bumbum grande".[62] A *King* estampou Kim na capa em 2007, com a manchete "Quebrando a barreira de cores".[63] De descendência armênia, Kim se qualificava estritamente como branca (apesar de ser um tipo tênue de branca no sistema norte-americano paranoico pela diferenciação étnica), mas a revista dava a entender que ela ainda era gostosa o suficiente para os leitores negros, e todo mundo sabia que ela saía com homens negros. As pessoas tinham visto o vídeo. Nos anos 2000, isso permanecia sendo tabu. Pesquisas mostram que o apoio a casamentos entre grupos étnicos diferentes nos Estados Unidos chegava a 70% em 2003 — só que ainda restava uma grande minoria de opositores.[64] Entre eles, de acordo com a biografia difamatória escrita por Jerry Oppenheimer sobre a família Kardashian, estava Robert Kardashian, que supostamente reagiu ao casamento de Kim com o produtor musical negro Damon Thomas, em 2000, com o comentário: "Conheço esses pretos, passei a vida toda convivendo com eles, e sei que amam uma boceta branca."[65]

Enquanto há bons motivos para considerar com cautela as palavras de uma fonte anônima, não era raro que desconfiassem de relacionamentos como aquele. Isso estava explícito nas opiniões sobre Nicole Brown Simpson, expostas durante o julgamento de O.J.; estava explícito na indignação contra a apresentação de Janet Jackson com Justin Timberlake no Super Bowl; e estava explícito na decisão de editar o filme *Romeu tem que morrer* para retirar o beijo entre Aaliyah e o colega de cena chinês, Jet Li.[66] No mercado pornográfico, a hostilidade era exposta de forma ainda mais incisiva. Produtoras relutavam em gravar cenas entre pessoas negras e brancas porque certas audiências regionais no mercado de televisão a cabo dos Estados Unidos não tolerariam essas "misturas", e algumas atrizes brancas se recusavam a trabalhar com atores negros por acreditarem que isso prejudicaria sua carreira (ou apenas porque também eram racistas). "Inter-racial" era (e continua sendo) uma categoria que não condiz com a pornografia — um fetiche, como sexo grupal ou BDSM.[67] O vídeo de Kim poderia até ter sido uma gravação particular feita apenas para ela e o namorado no começo, mas, após se tornar público, não era mais apenas um vídeo pornográfico de famosos: era um vídeo pornográfico *inter-racial* de famosos. Isso estimulava o frisson de algo proibido e confirmava a atratividade (e, na teoria, a disponibilidade) de Kim para uma audiência masculina negra.

Inevitavelmente, as pessoas começaram a se perguntar se cirurgias plásticas foram as responsáveis pelo corpo incrível de Kim. Na entrevista para a *King*, ela desmente a ideia. "Agora, todo mundo diz que minha bunda é falsa ou que coloquei silicone", disse ela. "Sou armênia; você devia ver as mulheres da minha família. Elas têm seios e bundas maiores. Eu nasci assim. Não posso fazer nada. Não vou lutar contra isso."[68] Na sexta temporada de *Keeping Up*, ela até tira um raio X do quadril para provar que não tem implantes. Os Kardashian podiam ser surpreendentemente sinceros quando o assunto era cirurgia plástica e estética: Kim recebeu injeções de botox diante das câmeras, plásticas nos seios eram debatidas durante o jantar e tanto Kris como Bruce foram filmados passando por operações de rejuvenescimento facial, nas quais mostravam detalhes sangrentos. No mundo deles, fazer esses tratamentos não era motivo de vergonha — ainda assim, era importante para Kim estabelecer a autenticidade da própria bunda.

Porém, como qualquer espectador que entenda algo sobre cirurgia plástica seria capaz de atestar, o procedimento ideal para criar um corpo como o de Kim não era identificável por raio X. O caminho para a abundância ideal é o procedimento de aumento dos glúteos criado nos anos 1960 pelo Dr. Ivo Pitanguy. Em vez de usar silicone para alterar o corpo, o método segue o princípio da redistribuição: gordura é removida de um local indesejado do corpo do paciente (da barriga ou das costas, por exemplo) e transplantado para a bunda, fazendo com que ela alcance uma forma mais generosa, redonda. A operação pode ter resultados dramáticos, além de ser muito perigosa. Quando a gordura é reinjetada, há o risco de ela entrar no músculo ou na corrente sanguínea, causando uma embolia. Uma em cada 3 mil operações do tipo leva o paciente a óbito. Mesmo que a cirurgia ocorra conforme o esperado, a recuperação é dolorosa — pacientes são aconselhados a passar de duas a quatro semanas sem sentar —, e existe a possibilidade de resultados irregulares após a gordura transplantada se estabilizar.[69] Ainda assim, as mulheres queriam passar pelo procedimento. Entre 2002 e 2015, a procura por ele cresceu mais de 3.000%, e esse aumento foi em grande medida graças à influência de Kim.[70]

Não foi apenas o aumento no número de cirurgias que fez a bunda de Kim parecer uma força cultural malévola para algumas pessoas. A capacidade de monetizar o próprio visual e os relacionamentos com homens negros famosos a deixou exposta a um tipo de ressentimento semelhante ao que sentiam por Nicole. Em 2011, Kim participou do reality show *H8R* (de brevíssima duração) para confrontar um de seus críticos virtuais, que foi uma mulher negra chamada Deena. "Não gosto de como você se bronzeia, de como faz preenchimento nos lábios", reclamou Deena em um trecho confessional ao explicar por que não gosta de Kim. "Para falar a verdade, essa vaca é uma ladra. Ela tem uma bunda falsa e aparece em todo canto com nossos homens."[71] (Só para deixar claro, o aumento dos lábios e das nádegas foi negado.)[72] O corpo dela não era apenas o objeto de desejo estereotipado pela cultura negra masculina, mas também uma versão — também estereotipada — de como mulheres negras deveriam ser.

Deena apresentava uma versão sincera de um argumento que dominaria a cobertura dos Kardashian a partir de 2014: dizia-se que o corpo e a imagem de Kim eram uma forma de apropriação cultural, ou "blackfishing" — isto é, o ato de alterar a própria aparência para parecer negra. O debate sobre a bunda de Kim era "uma conversa que [girava] em torno do corpo da mulher negra, só que sem a mulher negra", de acordo com Kierna Mayo, vice-presidente de conteúdo digital da *Ebony*, em um discurso de 2014.[73] (A inversão implícita aqui é que Mayo promovia um debate sobre o corpo de Kim, só que sem Kim.) Entretanto, se "a vaca" era "uma ladra", o que ela havia roubado, e de quem? A bunda dela, por definição, era dela, e Kim sempre foi curvilínea, apesar de quaisquer especulações sobre intervenções cirúrgicas. A despeito desse tipo de objetificação ter se popularizado nos anos 2000 pelo hip-hop, o fato de bundas grandes serem associadas à cultura negra não é a mesma coisa que serem uma característica distinta e exclusiva de mulheres negras. O corpo de Aaliyah era mais parecido com o de Paris do que com o de Kim.

Algumas mulheres negras naturalmente magras passam pelo procedimento de aumento de glúteos ou por outras intervenções porque, de modo paradoxal, não sentem que seus corpos são negros o suficiente sem o formato curvilíneo exagerado.[74] Em 2022, durante um podcast, a rapper Nicki Minaj — alguém que enaltece o próprio corpo voluptuoso nas músicas — admitiu ter recebido "injeções na bunda" (supostamente, um preenchimento) conduzidas por "uma pessoa aleatória" em meados da década de 2000, porque trabalhar com artistas homens que tinham fetiche por "mulheres bundudas" fazia com que ela sentisse que não era "completa ou boa o suficiente".[75] Se muitas mulheres negras não conseguem alcançar a bunda ideal sem intervenção, é difícil argumentar que uma mulher branca com um corpo curvilíneo esteja "roubando algo", independentemente de a bunda em questão ser ou não "falsa".

Entretanto, o argumento da apropriação cultural, em sua forma mais contundente, não se relaciona com o direito de Kim à própria bunda, mas diz respeito ao fato de seu corpo não ser objetificado. No livro *Butts: A Backstory* [Bundas: uma história que vem lá de trás, em tradução livre], a crítica cultural Janell Hobson diz à autora Heather Radke que "a preferência por bundas grandes vem do desejo masculino negro. É isso, sem tirar nem por. É apenas por meio do olhar de pessoas negras que pessoas brancas estão começando a prestar atenção".[76] Aquele era um fetiche destinado a um certo público — apesar de qualquer análise dos filmes de Marilyn Monroe ou das pinturas de Rubens mostrarem que, historicamente, homens brancos foram muito capazes de objetificar quadris redondos por conta própria —, e Kim, de acordo com Radke, "continuaria usando a bunda para se apropriar de elementos da cultura negra com regularidade e sem qualquer hesitação, ganhando pilhas de dinheiro nesse processo".[77]

Seguindo esse tipo de raciocínio, tudo o que gira em torno de Kim e sua família se torna suspeito. A escritora Allison P. Davis chegou até a argumentar que as relações das Kardashian "com homens negros, e os filhos que tiveram com eles, pareciam oferecer certa proteção para tal apropriação".[78] Apesar da tentativa de ser evasiva com o uso da palavra "pareciam", Davis sugere aí que até os laços afetivos mais íntimos de Kim são parte de um impulso por explorar a negritude. Ainda assim, enquanto todo o foco permanece em Kim, muitas das críticas endereçadas a ela talvez devessem ser apontadas para alvos masculinos. A raiva de Deena por Kim estar com "nossos homens" faria mais sentido se fosse direcionada a homens negros que, influenciados por uma cultura que valoriza peles claras, enxergam uma mulher branca como um símbolo de status. Ou talvez essa raiva não seja mais significativa do que o comentário degradante do IDon'tLikeYouInThatWay de Kim ter "enlaçado" "mais caras negros do que um par de algemas": tratava-se apenas de uma forma invertida do incômodo dos Estados Unidos com a miscigenação.

Se a definição de apropriação cultural, nesse caso, diz respeito à simulação de uma aparência negra isenta das consequências oriundas de tal fisionomia, ela não pode ser aplicada à bunda de Kim. Ou ela é um produto da genética, como Kim alega, e, assim, inocente de intenções fraudulentas, ou o resultado de múltiplas cirurgias plásticas (incluindo, de acordo com especulações mais sensacionalistas, a remoção de costelas e várias transferências de gordura para os glúteos), fazendo com que ela tenha sofrido o mesmo trauma corporal pelo qual uma mulher negra teria passado.[79] Se for injusto que Kim lucre com a própria bunda de forma inédita para qualquer mulher negra, as origens dessa injustiça não devem recair sobre ela, mas sobre a história da sociedade na qual vive. De todo modo, também é verdade que uma parte significativa de seu poder de atrair atenção vem dessa história. Kim — devido ao corpo, ao tipo de homem que a deseja e que desejava — habitava a falha geológica entre grupo étnico e sexo nos Estados Unidos.

Em certas ocasiões, como na capa #BreakTheInternet [Quebre a internet] de Kim para a revista *Paper* em 2014, ela parecia conjugar explicitamente essas tensões: a imagem dela equilibrando uma taça de champanhe na bunda foi registrada pelo fotógrafo Jean-Paul Goude, que reproduziu uma foto da modelo negra Carolina Beaumont tirada por ele em 1976, a qual foi posteriormente publicada em um livro chamado *Jungle Fever* [Febre de floresta].[80] Quando se trata do campo de batalha que é o corpo de Kim, as brigas em torno das políticas da atração poderiam ser travadas por toda a eternidade. Tratava-se do tabu do sexo entre grupos étnicos diferentes (pela sex tape e pela associação da família com o caso Simpson, mencionado várias vezes em *Keeping Up*) e da fragilidade das categorias desses grupos como um todo (já que apenas os parentes dela poderiam dizer se era natural ou não, além do status meio branco de Kim como norte-americana com origens armênias).

Kim personificava um novo ideal físico, como Tina Fey escreveu em seu livro *Tina Fey: a poderosa chefona*: "Agora, espera-se que toda garota tenha olhos azuis caucasianos, lábios carnudos espanhóis, um nariz de botão clássico, pele asiática sem pelos com um bronzeado californiano, uma bunda de dançarinas jamaicanas, longas pernas suecas, pequenos pés japoneses, a barriga de uma dona de academia lésbica, o quadril de um menino de 9 anos, os braços de Michelle Obama e peitos de boneca. Na verdade, a pessoa que chega mais perto de alcançar esse visual é Kim Kardashian, que, como todos sabem, foi criada por cientistas russos para sabotar nossos atletas. O restante de nós continua na luta."[81] (A própria Fey perdeu 14 quilos antes de aparecer diante das câmeras em *Saturday Night Live.*)[82] Mas, se você assistisse a *Keeping Up*, veria que até Kim tinha dificuldades, mesmo que de um jeito discretamente televisivo. Por mais que seu visual fosse adequado para o momento, sempre havia um jeito de melhorá-lo. Havia injeções, dietas, exercícios físicos e cintas, segundo ela própria, além de intervenções cirúrgicas extremas, se formos acreditar nos boatos.

Talvez as dificuldades fossem o objetivo. Para muitas mulheres, a aparência voluptuosa era tão inatingível quanto os corpos magérrimos exemplificados por Paris ou os aumentos exagerados de seios dos anos 1990 — representados pela predecessora de Kim no mundo das sex tapes de famosos, Pamela Anderson. Em 2004, o colunista Dan Savage, que dava conselhos sexuais, respondeu à carta de um leitor que se perguntava para onde tinham ido todas as "supertetas" com uma teoria de por que elas foram populares:

> O surgimento repentino de mulheres com implantes de tamanho absurdo nos seios causava tesão, em parte, por serem chocantes. Havia a surpresa de ver decotes tão exagerados, é claro, mas também havia a surpresa mais importante e, infelizmente, bem mais excitante de as mulheres terem encontrado uma nova forma de colocar a própria saúde em risco para atrair a atenção masculina. Homens sempre sentem tesão quando mulheres chegam a extremos bizarros — automutilação (pés atados) e autotortura (saltos altos) — para se tornarem mais atraentes. O fato de peitos enormes fazerem parte de uma misoginia enraizada e erotizada que atormenta todas as criaturas humanas em graus variados passou despercebido por boa parte dos homens.[83]

Depois que a moda dos seios enormes passou, não era grande coisa tê-los, e chegava a hora de seguir em frente para a próxima versão inacreditavelmente exagerada do corpo feminino. Kim por si só e a família Kardashian como um todo mostravam o *trabalho* necessário para alcançar a beleza graças ao uso pessoal indiscriminado de cirurgias plásticas e injeções, documentadas de forma explícita no reality show. Isso podia ser visto, conforme sugeriu Savage, como uma forma de a mulher se subordinar, mas também como uma afirmação de status.

Em seu livro *A teoria da classe do lazer*, de 1899, o economista Thorstein Veblen notou que alguns bens se tornam perversamente mais desejáveis apenas por serem caros, servindo como anúncios da riqueza de quem os possuía. "Ao se acostumar com a percepção apreciativa dos sinais do custo de bens, e ao habitualmente associar beleza com reputação, um artigo belo que não é caro deixa de ser considerado belo", escreveu ele.[84] Independentemente de como Kim havia conquistado aquela aparência, o público interpretava o visual como algo construído, e isso a beneficiava. Ela era gostosa porque parecia cara. Um corpo Kardashian era proposital, cuja finalidade não era apenas ser atraente — e talvez esse nem fosse o objetivo —, mas também anunciar que aquela era uma pessoa com recursos para alterar a si mesma como quisesse.

Outubro de 2007 poderia ter sido um momento desfavorável para lançar um reality show sobre materialismo descarado. ("A gente carrega um monte de coisas dentro de nós", diz Kim em uma das primeiras cenas em que fala para a câmera no primeiro episódio. "Mas são coisas tipo as da Louis Vuitton que você quer.") Apenas um mês antes, o banco Northern Rock tinha entrado em colapso, e foi a primeira instituição financeira a ser vítima da chamada "crise do crédito". Em 2008, foi reconhecido que a economia global entrava em uma grave crise, causando o maior declínio nas atividades comerciais dos Estados Unidos desde a Grande Depressão de 1929. Até então, a década de 2000 era um milagre econômico: entre o começo de 2000 e o fim de 2006, o PIB global passou de 36 trilhões de dólares para 70 trilhões.[85] O mundo inteiro enriqueceu, e parecia que continuaria enriquecendo para sempre. Só que tudo isso foi proporcionado por um mercado inflado por hipotecas de alto risco (também chamadas de *subprime*) nos Estados Unidos. Elas eram valiosas não por conta dos lucros gerados pelos pagamentos, mas porque os mercados financeiros tinham encontrado uma forma de os credores repassarem esses empréstimos para investidores. Isso fez com que o crédito se tornasse surpreendentemente acessível por um tempo e acabou com os incentivos para que os credores verificassem se as pessoas que pediam dinheiro emprestado tinham nome limpo e condições de pagá-lo. Por um tipo de alquimia econômica, quantias enormes estavam chegando às mãos de pessoas que não tinham nada. Como John Lanchester explicou em seu livro *Whoops! Why Everyone Owes Everyone and No One Can Pay* [Ops! Por que todo mundo deve dinheiro para todo mundo e ninguém consegue pagar, em tradução livre], tudo mudou de repente.

> A partir de 2005, a maioria dos empréstimos era feita de forma imprudente, às vezes até com intenções de fato criminosas. A estimativa de Richard Bitner [ex-corretor de *subprime*] na época em que ele saiu do mercado era de que 70% dos pedidos de hipoteca continham erros ou eram fraudulentos [...]. Uma pesquisa de 2007 descobriu que, um ano antes, 60% dos requerentes de *subprime* inflavam falsamente a própria renda em mais de 50% — sendo assim, mais da metade dos requerentes mentia ao aumentar mais da metade sua renda [...]. Nossa, o que poderia dar errado nessa estratégia?[86]

O resultado foi a crise do mercado imobiliário, causando uma recessão mundial.[87] Os Estados Unidos perderam 2,6 milhões de empregos em 2008.[88] Assim como a maioria das coisas no país, o impacto não foi igual para todo mundo: como pessoas negras eram alvos de empréstimos predatórios, elas também foram desproporcionalmente atingidas pela crise do *subprime*.[89] (A crise financeira também ajudou Barack Obama a se tornar, em 2008, o primeiro presidente negro dos Estados Unidos: do Partido Democrata, ele foi capaz de competir contra o recorde de desregulamentação de Wall Street do governo republicano.)[90] Mas as perdas daquele ano não foram apenas materiais. A crise, de forma perturbadora, revelou que toda a base da vida econômica havia sido uma ficção tão substancial quanto, digamos, a fama das Kardashian. Se alguém parasse para prestar atenção perceberia o mesmo vazio em ambos os casos.

Ainda assim, os Estados Unidos recém-empobrecidos não deixaram de lado a valorização de pessoas ricas e fúteis no horário nobre. Em vez disso, as audiências procuravam reality shows como *Keeping Up* como forma de escapismo — e, talvez, como algo mais cruel. Em uma coluna sobre as ofertas de realities da emissora Bravo, Brian Lowry escreveu na *Variety*: "Ainda que a Bravo pareça existir para esfregar a riqueza dos outros na nossa cara, a grade cheia de sofisticação do canal ao mesmo tempo nos permite olhar com desdém para aqueles seios fúteis (e, no caso da franquia *Real Housewives* — que se espalhou de Orange County para Nova York e Atlanta —, também falsos e imensos)."[91] As Kardashian — e Kim mais do que qualquer uma das irmãs (com exceção, talvez, de Kris) — entendiam que o interesse nos membros da família era baseado em sua habilidade de ser tanto ídolos quanto bodes expiatórios. Era possível desejar ser como eles e detestá-los por tudo que eram, e esses sentimentos poderiam surgir no mesmo episódio. Um bom exemplo é o momento perfeito da sexta temporada em que Kim tem uma reação histérica após perder um brinco de diamante, e Kourtney responde: "Kim, existem pessoas morrendo no mundo." Como espectador, você sentia prazer em ver Kourtney julgando o materialismo de Kim, ou imaginava a si mesmo esbanjando — talvez um pouco das duas coisas.

Para Kim, o ano de 2008 talvez tenha sido o mais importante não pelo colapso da economia, mas porque naquela época ela abriu uma conta no Twitter, que havia sido lançado em 2006. No fim do ano, o perfil dela era um dos maiores da plataforma, com quase 2,7 milhões de seguidores. (Coincidentemente, o último episódio de *A Shot of*

Love with Tila Tequila fora exibido em junho de 2008, encerrando qualquer possibilidade de a antiga rainha do MySpace se tornar uma rainha dos realities.[92] A participação de Tila na temporada de 2015 de *Celebrity Big Brother* terminou após alguns dias, quando os produtores da série descobriram que ela havia feito vários tuítes elogiando Hitler, incluindo a publicação de uma foto dela fantasiada como uma guarda sensual de um campo de concentração na frente de Auschwitz.[93] No fim das contas, a fome de atenção tinha limites.) O público de Kim no Twitter a colocava no topo daquela nova aristocracia de influenciadores capazes de exigir, supostamente, 10 mil dólares por um tuíte promovendo produtos como um suplemento para emagrecimento chamado QuickTrim.[94] Ela também podia usar a plataforma para promover projetos da própria marca, como o perfume que estava desenvolvendo.[95] "Percebi bem rápido que as redes sociais seriam usadas como ferramenta de marketing e grupo focal", disse ela em uma entrevista em 2019.[96] O Instagram (lançado em 2010) se mostraria uma plataforma ainda mais importante para Kim após sua entrada em 2012: compartilhar fotos era perfeito para uma celebridade cuja aparência era tudo. Naquela altura, ela já estava com o homem que ajudaria a refinar a próxima versão de sua imagem.

A única pessoa que compreendia tão bem quanto Kim a cultura aspiracional dos anos 2000 era o rapper Kanye West. "All Falls Down", do seu álbum de estreia *The College Dropout*, de 2004, conta a história de uma "mulher negra solteira viciada em compras" e esboça uma tese sobre grupo étnico e consumismo: "Drug dealer buy Jordans, crackhead buy crack / And the White man get paid off of all of that" [O traficante compra Jordans, os cracudos compram crack / E o homem branco recebe dinheiro por tudo isso.] Em *Late Registration*, de 2005, "Diamonds from Sierra Leone" fala sobre a cumplicidade do mercado de joias na violência contra negros africanos para vender as pedras usadas por rappers. Entretanto, mesmo nessas primeiras canções, West se posicionava tanto como participante como crítico desse cenário. Ele enxerga os problemas do sistema, mas não consegue evitá-los. Em "All Falls Down", admite que é tão materialista quanto todo mundo e, em "Diamonds", a ideia de que ele poderia ter a integridade de devolver as próprias joias é dispensada de forma brusca. Com o tempo, o som passou a focar mais e mais a fama — e a dele em específico. Isso podia ser observado no clipe de "New Workout Plan", em 2004, que apresentava Anna Nicole Smith no papel de "Melhor esposa troféu".[97] Também estava no verso do remix da faixa "Everyone Nose (All the Girls Standing in Line for the Bathroom)", do N.E.R.D., citando os nomes "Paris, Lindsay, Britney".* No álbum de 2010, *My Beautiful Dark Twisted Fantasy*, o tema havia se tornado uma obsessão. Na faixa "Hell of a Life", ele declama: "I think I just fell in love with a porn star / Turn the camera on, she a born star" [Acho que acabei de me apaixonar por uma estrela pornô / Ligue a câmera, ela nasceu uma estrela]. Namorar uma mulher que havia feito uma sex tape era o suprassumo do status social. Além disso, àquela altura, das mulheres que tinham uma, Kim era a mais famosa. Apesar de West ser um artista respeitado e de ela ainda ser considerada (nas palavras da *Variety*) uma "biscate sem talento", os dois faziam sentido como casal. Em 2011 (após o casamento de 72 dias entre Kim e o jogador de basquete Kris Humphries), os dois começaram a namorar.

No relacionamento, ele era apresentado como um Svengali, o que a tornava um objeto merecedor dele. Em sua primeira aparição em *Keeping Up* como namorado dela, West fez a limpa no armário de Kim (o mesmo trabalho que ela havia feito por Paris em um episódio de *The Simple Life*), recriando o estilo dela para ajustá-la à estética dele. Antes de Kanye, a editora da *Vogue*, Anna Wintour, havia proibido a família Kardashian de participar do Met Gala pelo crime de "não ter estilo".[98] A partir de 2013, Kim passou a ser recebida no tapete vermelho do baile com looks sempre sensacionais. Em 2014, Wintour não apenas colocou o casal na capa da revista, como também encomendou vestidos de alta-costura sob medida para Kim usar.[99] Os benefícios eram mútuos: enquanto a *Vogue* e o Met

---

* Para mais informações sobre a música, veja o Capítulo 3.

Gala eram agraciados com a relevância de Kim, o apoio deles dava autenticidade à fama dela. Também havia uma espécie de simbiose: Kim era um troféu, e estar com West a permitia conquistar escalões da sociedade que antes não a aceitavam.

Quando o casamento dos dois acabou — o casal se divorciou em 2022 —, era ele quem tinha uma má reputação. West sempre foi instigador e imprevisível, mas, com o tempo, essas características começaram a se aproximar mais da loucura do que da genialidade. Foi um choque quando ele pareceu apoiar Donald Trump durante um show pouco após a vitória do magnata na eleição presidencial de 2016. (Ele disse que o estilo de comunicação de Trump era "muito futurista".)[100] Pouco depois, cancelou o restante da turnê e foi internado por uma "emergência psiquiátrica" — mais tarde, ele revelaria ter sido diagnosticado com transtorno bipolar.[101] Um dos primeiros atos dele após receber alta foi se encontrar com Trump em Nova York.[102] Era raro ver um homem negro apoiando Trump, apesar de não ser algo inédito (Trump levou 13% dos votos de homens negros em 2016 e 19% na eleição seguinte),[103] mas, vindo de um artista tão politizado até então, aquilo parecia um sinal de distúrbio. Em 2022, West já havia piorado as coisas, vinculando-se ao antissemitismo e fazendo elogios a Hitler. Sua paranoia parecia beber da mesma fonte de preconceito contra judeus que havia encontrado voz em Tila Tequila na década anterior.[104]

Kim teve interações com Trump, com resultados muito diferentes. Em 2018, ela se encontrou com o presidente para intermediar a libertação de Alice Johnson, uma mulher idosa negra que havia passado mais de duas décadas na prisão por crimes não violentos associados a drogas.[105] A soltura de Johnson foi a primeira de uma série de vitórias para Kim no mundo nitidamente não sofisticado da reforma do sistema judiciário: ela se aprofundaria ainda mais no assunto ao decidir estudar Direito, como o pai. Só que essas campanhas contavam com a sagacidade dela no uso de redes sociais e conhecimentos jurídicos, e isso foi especialmente impressionante para Trump, um presidente das redes sociais, cujo interesse em política só era menor que o por tuitar. Não havia ninguém mais capacitado para influenciá-lo do que a mulher que transformou a influência em uma forma de arte. Os encontros entre West e Trump fizeram o rapper parecer instável, explorado, um traidor dos princípios que personificava no começo da carreira. A imagem de Kim não apenas permaneceu inabalada por Trump, como foi aprimorada.

Era a continuação de um padrão. Sempre que parecia que alguém estava prestes a usá-la, Kim dava um jeito de tirar vantagem da situação. Ray J, Paris, Kanye West, Trump, até a *Vogue* — Kim se beneficiou de todos. A fama na "década por baixo da saia" era predatória: fazia com que seus alvos terminassem arruinados, feridos e, em alguns casos, mortos. Mas Kim não. Em parte, por um acaso do tempo. Como começou a correr atrás da fama já no final da década, ela conseguiu usar a internet em vez de ser atacada por ela. E houve o apoio inestimável de Kris: não importa o que pensem sobre uma mãe que se aproveita da atenção que a sex tape da filha recebe para conquistar um reality show, não há dúvida de que ela é um exemplo de bons cuidados em comparação a outros pais de famosos, que variam entre catastroficamente ingênuos a completamente abusivos e exploradores.

O mais importante de tudo, porém, é que Kim conhecia o universo da fama. Ela cresceu tomando café da manhã com um atleta renomado, o "tio O.J." foi um dos fugitivos mais infames do país, e a "tia Nicole" se tornou uma celebridade após sua morte. Muito antes de ficar famosa, Kim aprendeu como a fama funciona e como tirar vantagem dela, absorvendo a lição básica dos anos 2000: o valor podia ser conquistado por pura força de vontade. Ao aceitar tornar sua vida particular uma mercadoria, dos relacionamentos até o próprio corpo, ela foi capaz de ir de uma sex tape à Casa Branca. Kim foi a que conseguiu chegar ao topo e, no processo, transformou o significado de beleza na "década por baixo da saia".

8

Chyna: poder

"Eu queria ser desejada, queria que gostassem de mim, queria respeito."

Era o *Royal Rumble* de 2001 da World Wrestling Federation (WWF). Chyna estava estatelada no ringue diante de um público de 16 mil pessoas na New Orleans Arena. Outras 625 mil assistiam em casa pelo pay-per-view.[1] Ela havia acabado de sofrer uma queda feia — não por aparentar ser dolorosa, mas por não parecer real, e sua encenação era mais patética do que a premissa em si. Entretanto, mesmo estirada no chão após um golpe malsucedido, é fácil entender por que Chyna era uma estrela no mundo da luta livre. Seu corpo alto e musculoso fazia com que os comentaristas a descrevessem como "tendo 1,82 metro de altura e pesando 90 quilos",[2] embora ela afirmasse ter por volta de 1,75.[3] Chyna alegava ser capaz de levantar impressionantes 140 quilos no supino.[4] O cabelo preto longo e com franja emoldurava um rosto marcante. Um biquíni de couro com apliques de metal se esticava sobre seios tão grandes que era óbvio que haviam passado por intervenção cirúrgica. (Devido ao seu porte incomum, os implantes foram feitos sob medida: eles eram chamados de Chyna 2000.)[5]

Chyna foi a primeira lutadora a enfrentar homens. Em 1999, ela se tornaria a primeira mulher a vencer o campeonato intercontinental da WWF, e continua sendo a única. Seu sonho era se tornar a "versão feminina do Schwarzenegger".[6] Na mitologia da luta livre, Chyna é lembrada como uma pioneira: "Explorando com ousadia territórios antes exclusivos aos portadores do cromossomo Y dos vestiários do WWE, Chyna superou tantas barreiras quanto superou adversários", lê-se hoje no site da organização.[7] (Em 2002, após uma ação movida pelo World Wide Fund for Nature, a World Wrestling Federation mudou de nome e passou a se chamar World Wrestling Entertainment.)[8] Ela era conhecida como a Nona Maravilha do Mundo — o título de Oitava Maravilha já havia sido conquistado nos anos 1980 por André, o Gigante, que de fato sofria de gigantismo e seria um dos primeiros lutadores a ganhar fama entre o grande público ao participar do filme *A princesa prometida*. Chyna não era gigante, apesar de ter uma altura bem acima da média e uma força descomunal. O nome artístico surgiu quando entrou para a WWF em 1997. Era um apelido irônico, segundo a autobiografia *If They Only Knew* [Quem dera alguém soubesse, em tradução livre], de 2001: "Em inglês, quando falamos *China* pensamos em coisas de porcelana, algo elegante, frágil, delicado, e... lá estava a mulher agressiva e musculosa, dando uma surra em todos os caras."[9]

Mas, ao sofrer a queda durante o *Royal Rumble*, ela não estava lutando contra um homem. Aquele era o fim do acerto de contas entre ela e uma facção chamada Right to Censor [Direito à censura] — uma aliança de lutadores vestidos com camisa branca e gravata preta, caracterizados como conservadores cristãos. A Right to Censor surgiu em 2000 como uma paródia dos verdadeiros conservadores cristãos do Conselho Televisivo de Pais (PTC, na sigla em inglês), que culpava a exibição de lutas livres pela morte de quatro crianças. O PTC desempenharia um papel importante no declínio de Janet Jackson; mas, naquele momento, a versão fictícia estava preocupada com um par de seios diferente.*

* Para mais informações sobre a história do PTC e da WWF, veja o Capítulo 5.

No ano anterior, Chyna fora capa da edição de novembro da *Playboy*. Desde então, a Right to Censor criara uma rivalidade com ela, chamando o ensaio de "mera pornografia disfarçada". Chyna ficou ofendida com a declaração, para a alegria do público de luta livre, que detestava o Right to Censor e o PTC, além de adorar pornografia disfarçada.[10]

Se os reality shows foram a forma de entretenimento que mais marcou os anos 2000, a luta livre abriu o caminho. Antes dos anos 1990, por consenso, os lutadores mantinham a ilusão de que os acontecimentos no ringue eram reais. No dialeto festivo do mercado, isso se chama *kayfabe*. De certa forma, a luta livre mostra a verdade. Os lutadores realmente batem uns nos outros. Eles realmente vão à lona. Eles acumulam hematomas, concussões e ossos quebrados. Eles sangram — às vezes, até se cortam de propósito só para garantir que isso aconteça. Mas essa violência real ocorre durante lutas coreografadas e roteirizadas: há heróis (*faces*) e vilões (*heels*), rivalidades e alianças, pastelão e tragédia, campanhas gloriosas pelo título e decepções devastadoras. A luta livre mistura o rigor físico do balé com o melodrama das novelas e a emoção de verdadeiros riscos físicos. Os enredos precisam envolver e se ajustar à vida fora da ficção. Lesões, ausências e inimizades podem ser incorporadas às narrativas — ou ignoradas.

Quando Kim fez da sex tape que gravou com o então namorado um recurso narrativo, ela fez algo que os lutadores faziam havia décadas: transformou a própria vida em entretenimento. Em 2008, ela foi *ring girl* da *WrestleMania XXIV*. Ao aceitar o papel de antagonista da família — como foi feito, por exemplo, na estreia da segunda temporada de *Keeping Up with the Kardashians*, quando a nova condição de celebridade a leva a se comportar de forma desafiadora —, ela fez o que um lutador reconheceria como um *heel turn*, uma reviravolta. Kim sabia que não existe drama sem conflito e que alguém precisa gerar esse confronto. Mais do que isso: sabia que o público não queria apenas amar os personagens nas telas, mas também odiá-los. Como os lutadores aprenderam há muito tempo, é preciso ter habilidade para conquistar tanto o ódio e o afeto do público. Quando o casamento de Kim com Kris Humphries começou a desmoronar antes de *Kim's Fairytale Wedding: A Kardashian Event* estrear na televisão, ela passou pelo terrível momento em que o *kayfabe* se rompe e a narrativa de dentro do ringue é desfeita pela vida real.

Na luta livre, esses momentos se tornaram cada vez mais frequentes após a chegada da internet. Os roteiristas tinham de lidar com um novo tipo de fã entendido de mídia: um público que não apenas acompanhava a movimentação no ringue, como também estudava o que acontecia por trás dele, compartilhando avidamente fofocas em fóruns de discussão e newsletters. No fim dos anos 1990, a preservação rigorosa do *kayfabe* caiu por terra, da mesma forma que a sensação de segurança das grandes celebridades. Os fãs mais aficionados pela luta livre eram tradicionalmente chamados de *marks* (alvos), já que sua disposição para acreditar em tudo os assemelhava às vítimas de um golpista. Com a mudança dentro dos ringues, eles começaram a se autonomear *smart marks* (alvos inteligentes), ou "*smarks*". Para o negócio continuar dando certo, seria necessário se aproveitar dos limites confusos entre realidade e ficção e reconhecer a farsa como forma de enaltecer o ego desses espectadores. O trabalho de um lutador é *convencê-los* dessa semificção: da autenticidade do personagem (*gimmick*), dos enredos (*angles*) e da briga no ringue ao fingir ter se machucado, mesmo sem que isso aconteça. (Embora qualquer lutador saiba que a melhor maneira de parecer machucado é se machucando de verdade.)[11]

A queda de Chyna não convenceu muito o público no *Royal Rumble* de 2001, mas o que causou indignação nos fãs foram os acontecimentos seguintes. A adversária dela, Ivory, rasteja e estende um braço por cima de Chyna para imobilizá-la, tornando-se a vencedora do campeonato feminino. A vitória de Ivory, no entanto, não seria a história principal. "Ai, meu Deus, ela não está se mexendo", diz o locutor Jim Ross, trocando o rugido sulista habitual por um tom baixo de preocupação. Alarmes soam. O comentarista Jerry Lawler se levanta da mesa e sobe no ringue para ver se a "imobilizada" Chyna estava bem — algo que ele havia feito apenas em 1999, quando o lutador Owen Hart morreu no ringue diante da plateia, depois que o cabo de segurança se soltou. Hart caiu de uma altura de 20 metros. A voz que se ouviu de Ross era inclusive conhecida informalmente como "a voz de Owen Hart", um sinal para os fãs de que os acontecimentos tinham saído dos padrões e deveriam ser levados muito a sério.

As semelhanças eram específicas demais para não terem sido planejadas. A WWF explorava descaradamente uma morte real para convencer o público de uma lesão falsa. Mesmo para uma organização com feitos tão grosseiros, aquilo era chocante. "De incrível mau gosto", foi o veredicto do *Wrestling Observer Newsletter*, apesar de ter admitido que "o trabalho da luta em si foi muito melhor do que o da maioria das mulheres na WWF". Em seguida, o jornal deu ao combate meia estrela, mostrando o prestígio que a luta livre feminina costumava ter.[12]

Numa época em que as lutadoras da WWF eram rotuladas como "divas", cuja principal função era animar o público com deslizes de nudez "acidental", Chyna se recusou a fazer o mesmo e insistiu em enfrentar homens. Ela se dedicou ao desenvolvimento de um corpo poderoso o suficiente para enfrentar adversários ainda mais fortes, mas de forma que ainda pudesse atender às demandas da sensualidade feminina. Por mais que detenham alguma força, entretanto, os lutadores sempre são subservientes aos promotores dos eventos. É comum que os contratos exijam que um profissional ou seu espólio abra mão do direito de processar promotores em caso de lesão ou morte, mesmo que causada por negligência. O lutador era responsável pelas próprias despesas de viagem e acomodação, e os promotores detinham direitos autorais sobre "nome, imagem, personalidade, personagem, caricaturas, figurinos e gestos usados no ringue" — o que viria a ser uma cláusula especialmente prejudicial para Chyna. Até mesmo o nome real de um lutador se tornaria propriedade dos promotores. Ao fim do contrato, o lutador permaneceria com tudo que trouxe consigo, mas qualquer coisa que tivesse sido criada durante o contrato (por exemplo, o nome e a personagem de Chyna) pertenceria aos promotores em caráter permanente.[13] Um lutador ingênuo em relação à propriedade intelectual poderia chegar ao fim do tempo contratual sem qualquer coisa de valor — talvez perdendo até a própria identidade.

Na World Wrestling Federation, Vince McMahon era o rei. Ele havia assumido o lugar do pai (também chamado Vince) em 1982, mas não estava interessado em apenas tocar os negócios da família. Dependendo de como os interesses de determinado negócio se alinhavam aos dele, McMahon era visto como um visionário ou um canalha. Ao comprar organizações regionais menores, ele transformou a WWF em uma das marcas mais poderosas da luta livre: apenas a World Championship Wrestling (WCW) de Ted Turner poderia ser considerada uma rival. Entre 1995 e 2001, o principal programa da WWF na televisão a cabo, o *Monday Night Raw*, que apresentava lutas gravadas, era exibido no mesmo horário que a transmissão ao vivo da WCW, *Monday Nitro*, culminando em uma intensa briga pela audiência que ficou conhecida como "guerras da segunda à noite".[14] Não foi por coincidência que a WCW escolheu um título foneticamente idêntico ao da WWF: tratava-se de uma batalha da incrível mesquinhez masculina que respingava nas telas.[15] Ao vivo, os comentaristas da *Nitro* davam spoilers do episódio já gravado do *Raw* durante a exibição. O *Raw* retaliava com um segmento do programa chamado "Billionaire Ted's Wrasslin' Warroom", em que atores interpretavam paródias pouco lisonjeiras de antigos astros da WWF que a trocaram pelo adversário.[16]

Turner tinha muito dinheiro e profunda lealdade à pantomima de luta livre da classe operária que deixava muitos dos executivos perplexos. McMahon, porém, tinha algo que se mostraria ainda mais valioso do que a conta bancária de Turner: a genialidade. Sob sua liderança, os enredos começaram a incluir romances, humor bizarro e participações de estrelas do esporte e da música pop: as lutas continuavam sendo o centro das atenções, mas os eventos em torno delas conquistavam o público. McMahon sabia que estava lidando com uma audiência mais sofisticada, que não queria ver mocinhos e vilões unidimensionais, e sim anti-heróis e rebeldia. Na época em que Chyna esteve na empresa — conhecida como a "era da atitude" —, The Rock se tornou um dos favoritos dos fãs ao fazer o papel de um valentão arrogante, enquanto as palestras do medalhista de luta olímpica Kurt Angle sobre trabalho árduo e vida honesta (antes uma retórica clássica de *faces*) o transformaram em vilão. McMahon incluiu a si mesmo (e também a própria esposa e filhos) no espetáculo, entrando no ringue como um personagem chamado Mr. McMahon. "Ele transformou a filha em uma vaca falsa e traiçoeira, a esposa em uma megera intrometida, o filho em um leão covarde, e a si mesmo em um arrogante falastrão, só por diversão", escreveu Chyna. Mas ela considerava o verdadeiro Vince McMahon, aquele por trás do *kayfabe*, uma figura paterna.[17]

Depois de simular a lesão, Chyna voltaria para tomar o título de Ivory, conforme ditava a narrativa — afinal, naquele momento, Ivory era a *heel*, e Chyna, a *face*. Até então, nenhuma estrela da luta livre feminina tinha competido na divisão masculina. Chyna parecia estar pronta para ser a primeira: o sonho de ser a "versão feminina do Schwarzenegger" estava perto de se tornar realidade. O grande sucesso interpretando uma versão caricatural de mulher independente fez com que ela se tornasse um dos maiores nomes — e uma das maiores rendas — da WWF. Mas essa carreira acabaria logo após a vitória no campeonato feminino. Uma colisão entre os enredos no ringue, as políticas de bastidores e a vida pessoal da lutadora fizeram com que ela saísse da organização de maneira dolorosa. Depois disso, ela seguiria por um caminho de autodestruição que incluiria a divulgação de uma sex tape, pornografia e vício em opioides, que a levou a uma morte prematura. Enquanto a vida dela era destruída, a WWF impulsionava a carreira de um homem que representava a repressão contra as mulheres norte-americanas em todos os sentidos. O mundo da luta livre que destruiu Chyna seria o palco que engrandeceria Donald Trump.

* * *

Segundo Chyna, Vince McMahon não ficou muito empolgado quando a conheceu, e o motivo foi o tamanho dela. Ela era grande demais — com o corpo musculoso e a mandíbula proeminente, distante demais do conceito convencional de beleza feminina — para ser incorporada de forma convincente aos enredos das lutadoras. Entretanto, mesmo uma mulher extraordinariamente grande é menor do que a maioria dos homens, ainda mais quando se trata dos enormes espécimes que representam boa parte dos lutadores profissionais. "De jeito nenhum. Não vai rolar", disse um incrédulo McMahon, de acordo com a autobiografia de Chyna. "Beleza, ela bate em um cara. E aí? O cara vai revidar? Não. Ninguém vai trabalhar com ela. Ninguém vai ser convincente com ela, é um tabu. Mesmo que fossem, quem iria querer ser espancado por uma mulher?"[18] Mesmo para um *heel*, agredir uma mulher seria ir longe demais (no ringue, pelo menos). Para qualquer lutador do sexo masculino, perder para uma mulher seria humilhante. Seja lá qual fosse o resultado da luta, ter Chyna como oponente parecia oferecer apenas desvantagens para os homens.

Mas ela era apadrinhada pelo influente Triple H, uma estrela em ascensão na WWF, cujo nome verdadeiro era Paul Levesque e que, na verdade, era seu namorado. McMahon podia não ter "interesse em ver uma mulher grande metendo a porrada nos outros",[19] mas Triple H reconhecia o valor de um visual diferente e convenceu o chefe.

Chyna estreou na WWF em 1997, como guarda-costas de Triple H, entrando para a D-Generation X, a aliança dele. Ela se especializou em interferir nas lutas dele, muitas vezes usando seu famoso "golpe baixo" nos adversários — que era, exatamente como seria de esperar, um golpe na virilha. Assim como Triple H, Chyna havia treinado na escola de luta livre de Walter "Killer" Kowalski, em Malden, Massachusetts, mas nunca se destacou pela técnica. Havia descoberto a modalidade com a idade relativamente avançada de 25 anos, pela televisão.[20] Em um ano, participaria de sua primeira competição — lutando contra um homem travestido, porque não havia mulheres grandes o suficiente para enfrentá-la.[21]

Chyna vinha do meio do fisiculturismo, notório por cultivar um estilo desajeitado no ringue. Lutadores do sexo masculino que, assim como Chyna, tinham menos de 1,80 metro de altura costumavam se especializar em acrobacias voadoras arriscadas, como foi o caso de Chris Benoit e Eddie Guerrero, atletas muito respeitados que se tornariam dois dos maiores astros de McMahon. Chyna não tinha agilidade para isso. Outros lutadores compensavam a habilidade limitada tornando-se mestres em receberem punições. Mick Foley, que entrou para a WWF em 1996 e ganhou fama como o esquisitão ferido Mankind, pois teve dificuldade em dominar os movimentos no início da carreira. "Várias testemunhas podem confirmar que eu não tinha talento natural para luta livre", escreveu ele. "Então, quando estavam no ringue comigo, os outros alunos se concentravam no que eu era capaz de fazer, ou seja, levar uma surra."[22] O trabalho de Foley melhorou muito, mas suas apresentações sempre dependeriam do talento espetacular para ser um saco de pancadas. Em 1999, sua coleção de lesões incluía "várias concussões, um nariz quebrado duas vezes, uma mandíbula deslocada, vários dentes quebrados, um pulso quebrado, um polegar quebrado, costelas quebradas, um dedo do pé quebrado, ossos lascados no cotovelo, duas hérnias de discos, mais de trezentos pontos, um músculo abdominal estirado, um joelho operado e, é claro, uma orelha direita parcialmente amputada!". Tudo isso era, como declara a introdução da autobiografia de Foley, apenas "o preço do sucesso".[23]

Parecia improvável, porém, que o público da luta livre profissional quisesse ver uma mulher ser bem-sucedida dessa forma mutiladora — mesmo se os homens estivessem dispostos a correr o risco de virar alvo do ódio do público ao encará-la com brutalidade. Na verdade, Chyna não aguentava pancadas fortes: os implantes de silicone nos seios já tinham se rompido por causa de um simples *clothesline* (um movimento no qual um lutador é atingido no pescoço ou no peito pelo braço estendido do oponente) em uma luta de 1998, fazendo com que ela precisasse usar implantes feito sob medida.[24] O corpo de Chyna não era equivalente ao dos homens. Mas ela tinha uma personagem, que consistia em "ser mulher". Ela representava a versão apavorante da mulher empoderada, a amazona no vestiário. Aos poucos, os roteiristas foram integrando essa personagem aos enredos, gradualmente construindo encontros com lutadores do sexo masculino até o público estar pronto para aceitá-la pelos próprios méritos. Toda vez que ela batia em um dos homens, ganhava força. Com o tempo, passou a parecer tão poderosa que os espectadores toleravam que fosse alvo de violência sem julgar o adversário. Ganhar o campeonato intercontinental contra o rival Jeff Jarrett em outubro de 1999 foi o auge dessa estratégia.

Mas ela ganhou como mulher, não como atleta. A luta que lhe rendeu o título foi o ápice de um longo enredo de "batalha dos sexos". Nos termos dramáticos da luta livre, era perfeito, porque todo mundo saía ganhando: a grosseria de Jarrett estimulava a simpatia pela personagem de Chyna, embora a luta também oferecesse aos espectadores o prazer de ver uma mulher desagradável sendo colocada em seu devido lugar. Os fãs exibiam cartazes que diziam CHYNA, FAÇA O MACHISTA GRITAR! e METE A PORRADA NO JARRETT!, mas também CHYNA É UMA BOSTA! ELA PRECISA DE UMA PIA DE LOUÇA PARA LAVAR![25] — e foi isso que os roteiristas da WWF fizeram. A luta do campeonato intercontinental, na qual armas foram permitidas, foi marcada para "arrumar a casa". Isso era ótimo para a narrativa: seria mais fácil acreditar na vitória de Chyna se ela não contasse apenas com as próprias mãos. A parte essencial, contudo, era o tipo de armas: "Todas as relíquias sagradas das donas de casa — panelas, frigideiras, aspiradores de pó, assentos de vaso sanitário, essas besteiras — seriam colocadas para jogo. A pia da cozinha", escreveu Chyna.[26] Para os fãs que a adoravam — e havia muitos —, a ironia da situação a beneficiava. Para os que a odiavam, aquilo era prejudicial: ela havia conquistado o cinturão, mas só porque, como mulher, era mais habilidosa com uma vassoura na mão. Mesmo assim, Jarrett esperou receber uma oferta de supostos 250 mil dólares da WWF antes de aceitar a luta, mas nem todos o acharam convincente.[27] O comentarista Jim Ross, por exemplo, disse que sempre achou que aquela luta fora um erro.[28]

Chyna conquistou o cinturão intercontinental novamente em agosto de 2000, mas não fez isso vencendo um homem: dessa vez, foi em uma luta de duplas mistas, na qual ela garantiu a vitória imobilizando a adversária Trish Stratus. Era nítido que a WWF havia atingido os limites do que acreditava conseguir alcançar com Chyna fazendo o papel de dominadora. Parte do raciocínio por trás da lesão no *Royal Rumble* de 2001 — além de cimentar Ivory como uma *heel* — era enfraquecer a história de Chyna, preparando-a para a divisão feminina. "A ideia era que ela sentisse dores no pescoço para mostrar vulnerabilidade e não conseguir mais lutar contra homens, o que seria uma vantagem no momento, porque a narrativa anterior já tinha perdido a graça", concluiu a *Wrestling Observer* em uma matéria sobre a luta no pay-per-view.[29]

Mas havia outras maneiras de usá-la, e uma delas era em enredos de romance — se é que *romance* é a palavra certa para a forma nociva como a WWF encarava o sexo. Por exemplo, Chyna mantinha um relacionamento de *kayfabe* com Mark Henry, um lutador negro com persona de mulherengo e que era conhecido pelo apelido "Sexual Chocolate". Tudo começou quando The Rock, para humilhar Chyna, "obrigou" o casal a se beijar, e isso culminou em uma reviravolta de mau gosto, com Chyna propondo um ménage com a amiga Sammy. A transmissão revelava que Sammy era uma travesti e mostrava Henry enojado e vomitando.[30] Mais uma vez, o desdobramento foi ao mesmo tempo positivo e negativo para Chyna, dependendo das preferências do público. ("Não daria certo hoje, né?", disse Jim Ross em 2020, refletindo sobre o enredo. "Não tem mais como falar merda sobre pessoas transgênero.")[31] Para os fãs dela, aquela foi uma sacada inteligente, usada para tirar vantagem da promiscuidade de Henry. Para os que a viam como uma figura cômica, a piada era outra: Henry só se sentia atraído por Chyna porque não sabia diferenciar um homem de uma mulher.

As piadas maldosas sobre ela ter uma aparência masculina eram constantes e cruéis. Em uma aparição no programa *The Howard Stern Show* em 2001, o apresentador perguntou se a *Playboy* havia apagado digitalmente o pênis dela.[32] À primeira vista, a situação era ridícula. A participação de Chyna na WWF deixava bem óbvia a diferença entre características físicas masculinas e femininas. Mas também era verdade que ela tinha traços masculinos. Em parte, isso era resultado da rotina disciplinada de exercícios e dieta que tinha produzido uma composição corporal sem os depósitos de gordura que costumam ser encontrados em mulheres: as únicas curvas no corpo de Chyna eram de silicone. Além disso, havia o conceito machista de que uma mulher *não deveria* ser forte — algo que ela enfrentou na época em que participava de concursos fitness e a fez perder para mulheres cujo corpo menos esculpido era mais atraente para os jurados.[33]

A questão, entretanto, não se resumia a isso. Havia a mandíbula proeminente (ela passou por uma cirurgia corretiva em 1998 que fez sua popularidade disparar)[34] e a voz rouca e oscilante, que quase parecia o falsete de um homem. (Segundo ela, isso era causado pelos constantes *clotheslines* na garganta.)[35] Tudo aponta, no entanto, para outra causa provável: abuso de esteroides anabolizantes. Além de promover o crescimento muscular muito além do alcance de meros exercícios físicos e incentivar uma recuperação mais rápida de lesões, os esteroides provocam crescimento ósseo e engrossam cordas vocais.[36] O uso prolongado causa aumento dos órgãos internos e risco de ataque do coração — Eddie Guerrero morreu de insuficiência cardíaca em 2005, aos 38 anos.[37] Outros efeitos colaterais incluem paranoia, agressividade e delírios — em 2007, quando Chris Benoit assassinou a esposa, Nancy, e o filho, Daniel, antes de cometer suicídio, uma das possíveis explicações apresentadas foi uma erupção de fúria resultante do abuso prolongado de esteroides (embora danos cerebrais graves causados por repetidas concussões provavelmente tenham contribuído).[38]

Chyna negava com veemência o uso de esteroides. Ela dizia que as acusações eram mais uma tentativa de diminuí-la, dando a entender que não tinha conquistado seus músculos por conta própria. "Até parece que eu seria capaz de conquistar isto sozinha, com suor e muito esforço", escreveu.[39] Ainda assim, não havia muitas alternativas. Dentro da WWF, o uso de hormônios era um segredo meio que conhecido — em 1991, o dr. George Zahorian, um médico da organização, foi condenado por vender esteroides para lutadores profissionais.[40] Dois anos depois, Vince McMahon foi indiciado e acusado de traficá-los. Ele se declarou inocente e foi absolvido, mas depoimentos explosivos de lutadores durante o julgamento deixaram claro que o uso de esteroides era comum no vestiário. Hulk Hogan — que passou anos dizendo a "todos os pequenos Hulkmaníacos" para "rezarem e tomarem suas vitaminas" antes de fazer uma migração bem-sucedida para filmes de família, como *O senhor babá*, testemunhou que buscava esteroides na sede da empresa.[41] Sem dúvida, Chyna teve contato com hormônios antes da WWF, quando estava no circuito de fisiculturismo. Ao entrar para a organização, os incentivos só aumentaram, fazendo com que ela deixasse de ser a mulher musculosa da época dos concursos fitness e se transformasse na "fortona" super-humana no ringue de luta livre. Em 2020, ao participar de um podcast, Jim Ross falou com todas as letras que Chyna usava "bomba".[42]

As alterações de humor causadas pelo uso de esteroides também podem ajudar a entender por que Chyna saiu da WWF de forma tão precipitada e amargurada. Ou talvez as situações pelas quais passava em 2001 expliquem o suficiente. Para quem olhasse de fora, a posição dela era confortável. Popular entre os fãs, capa de uma edição de sucesso da *Playboy*, ganhando até uma participação na série *Uma família de outro mundo*, da NBC, em 2000, como par romântico de um dos personagens principais. A personagem, Janice, é uma policial bem mais forte que os colegas homens, mas que, no fundo, só quer ser vista como a mulher doce e vulnerável que realmente é. Talvez a atuação não tenha sido um grande desafio para Chyna, mas a performance dela foi boa o bastante para garantir que a personagem aparecesse nos dois episódios que encerraram a temporada. O colega The Rock tinha acabado de estrear no cinema com *O retorno da múmia* e estava prestes a ganhar o papel de protagonista na continuação *O escorpião rei*. Por que Chyna não poderia ser a próxima lutadora a conquistar Hollywood?[43]

No mundo da luta livre, no entanto, as coisas não iam tão bem para ela. De início, havia a transição para a divisão feminina. Levando em consideração a forma depreciativa como Chyna descrevia mulheres lutadoras, dizendo "que [elas] só rebolam, ficam sensualizando, dão amassos no ringue, fazem aquele teatrinho de sedução para atrair os homens só para depois dar uma sapatada neles, ou coisa parecida, quando menos esperam", é pouco provável que ela tenha ficado feliz. Com o esgotamento dos enredos mistos, o que restava para ela, de acordo com Jim Ross, eram histórias com "conotações sexuais [...]. Ou talvez ela tivesse um caso lésbico". Ela estava visivelmente infeliz no ringue e até desrespeitou Ivory durante a revanche ao não ser convincente (ou seja, não fingir ter se machucado) quando recebeu ataques da adversária.[44] Foi um comportamento pouco profissional, que também a prejudicou no âmbito pessoal, porque desfez toda a trabalhosa construção da sua personagem: se era capaz de vencer Ivory sem esforço, não fazia sentido esta ter sido capaz de machucá-la.

Enquanto isso, a *kayfabe* saiu dos ringues e invadiu sua vida particular. Em 2000, foi criado um enredo de romance entre Triple H e Stephanie McMahon (filha de Vince McMahon), e o romance transbordou para o mundo real. Na mesma época, Chyna e Triple H terminaram.[45] Ela sofreu com a separação — na autobiografia, publicada após o casamento dos dois, ela continuava a se referir a ele como "o homem dos meus sonhos".[46] Isso por si só já teria sido bem doloroso, mas, na política da WWF, o desastre foi ainda maior. Ela não apenas havia perdido o homem que amava, mas também aquele no qual enxergava uma figura paterna. Triple H era seu ex, e Vince McMahon, o futuro sogro dele. Nessa situação, não era de esperar que os roteiristas lhe dessem enredos vantajosos, e a transferência para a luta livre feminina pareceu uma ofensa proposital. O incômodo passou a ficar aparente no trabalho, e os chefões começaram a considerar essa imagem de mulher emotiva um ponto fraco.[47] (É curioso que Chris Benoit não tenha recebido um tratamento semelhante em 2007: antes de assassinar Nancy e Daniel, era considerado um funcionário exemplar. Após as mortes, mas antes de os detalhes da agressividade de Benoit serem divulgados, ele foi até homenageado com a transmissão de um tributo especial.)[48]

O relacionamento de Chyna com a WWF era instável porque ela nunca havia firmado sua posição na hierarquia da luta livre profissional. O lançamento da autobiografia dela em 2001 causou um pequeno escândalo: nela, Chyna fala sobre seu treinador, Killer Kowalski, de forma desrespeitosa. Na cultura machista e baseada na honra da luta livre, as pessoas cumpriam suas obrigações e reverenciavam os mais velhos: elas não zombavam da peruca do treinador nem diziam que ele não tinha acrescentado em nada. "Ela é a maior mentirosa que já conheci", respondeu Kowalski indignado aos jornalistas que cobriam as lutas.[49] Chyna também exaltou os ânimos ao escrever de forma pejorativa sobre o tratamento que recebeu ao começar na WWF: "Quando você é novato, as pessoas ficam olhando para sua cara. Quando você é novata e mulher, ficam conferindo seu corpo. Quando você é novata e uma mulher que parece capaz de quebrar a Xena no meio [uma referência à *Xena: a princesa guerreira*, série fantástica de ação estrelada por Lucy Lawless], já era. Você está exposta a tudo, desde ser chamada de sapatão até receber propostas para um ménage."[50]

A gestão da WWF negou tudo,[51] mas essas alegações coincidiam com os relatos de outras lutadoras. Em 1999, Sable (cujo nome verdadeiro era Rena Mero) processou a organização, alegando (segundo uma reportagem do *New York Post*) ter perdido o cinturão de campeã por se recusar a ficar nua no ringue, além de ter acusado a empresa de submetê-la a "condições inseguras, assédio sexual — incluindo a proposta de um enredo de caso lésbico — e uso desenfreado de esteroides". (As partes entraram em um acordo: Mero tinha de abrir mão do nome artístico e não lutar por três anos.)[52] Por incrível que pareça, o processo não causou rancor entre Mero e seu ex-empregador, e ela voltou em 2003, interpretando a amante de Vince McMahon em um novo enredo.[53]

Em 2001, Chyna teve mais uma chance de salvar sua posição no mundo da luta livre. Quando chegou o momento de renegociar o contrato naquele ano, ela seguiu o conselho que mulheres recebem sobre situações corporativas difíceis: bateu o pé e exigiu um valor que acreditava ser justo. A organização lhe ofereceu 400 mil dólares por ano. Ela fez uma contraproposta, pedindo 1 milhão. Talvez tenha pensado que, como uma estrela em ascensão que trabalhava nas duas divisões, esse fosse seu valor real. Mas estava enganada. Se, para um lutador do primeiro escalão, era uma quantia excessiva, imagine para uma lutadora cuja personagem aos poucos perdia a graça, com a reputação de ser instável e que não cooperava com o novo enredo planejado pela WWF. Era um pedido absurdo. Além do mais, quem pagaria aquela quantia? Na primavera de 2001, a WWF havia comprado a WCW e uma empresa menor chamada Extreme Championship Wrestling.[54] Vince McMahon reinava sozinho na cidade, e, para os gestores da WWF, pedir 1 milhão de dólares era o mesmo que pedir demissão. O tempo de Chyna naquela organização tinha chegado ao fim.[55]

Alguns lutadores nascem para o ringue. O pai de Owen Hart era Stu Hart, o maior treinador e promotor de luta livre do Canadá: dos 12 filhos, todos os meninos se tornaram lutadores, e todas as meninas se casaram com lutadores.[56] O pai e o avô de The Rock foram lutadores.[57] Eddie Guerrero vinha de uma longa dinastia de *luchadores* (competidores de *lucha libre*).[58] Outros, como Mick Foley e Chris Benoit, se apaixonaram pelo ringue e fizeram de tudo para não sair dele.[59] Mas há aqueles que parecem não pertencer a lugar nenhum — pessoas como André, o Gigante, que simplesmente não se encaixam no mundo, e pessoas como Chyna. Na primeira vez que assistiu a uma transmissão de luta livre, com vinte e poucos anos, ela gritou "Eu consigo fazer isso!" para a televisão. Ela não se interessava pela luta livre de mulheres, que classificou como sendo "só peito e bunda", mas ficou fascinada pela dos homens, que tinha "a ambição épica, a grosseria divertida e o heroísmo inofensivo". Ali estava um universo em que seu tamanho seria uma vantagem, e não uma aberração, e no qual ela seria valorizada, não rejeitada; um lugar para chamar de lar.[60]

Qualquer versão que um lutador ofereça sobre sua vida pessoal precisa ser considerada parte do personagem. Chyna queria passar a imagem de garota durona que superava situações impossíveis — então foi essa a história contada em sua autobiografia. Não se tratava de uma narrativa que beneficiaria qualquer outra pessoa além dela — o único a sair com uma imagem positiva foi Vince McMahon, que ela conseguia distinguir das críticas à empresa dele, apesar de esse relacionamento ser mais frágil do que ela imaginava. Além de receber críticas de Killer Kowalski e da administração da WWF, o livro foi contestado pelos pais dela, que foram retratados como negligentes, narcisistas e abusivos — acusações que negaram. (Curiosamente, o pessoal da luta livre não questionava a péssima descrição da família dela, enquanto a família não questionava a péssima descrição do mundo da luta livre. Alguém precisava levar a culpa, afinal.)[61] Mas, se o objetivo era tirar alguma vantagem com aquela versão dos fatos, os fãs não engoliram. A crítica de um blog de luta livre reclamou: "Por que o resultado é tão... tipo, *mimizento*? [...] É só uma história que diz 'coitadinha de mim', falando sobre como a vida dela foi horrível."[62]

Em muitos trechos, *If They Only Knew* é um livro raivoso, às vezes incoerente. (É difícil traçar uma cronologia da vida dela antes da luta livre.) No mínimo, não é sincero sobre o uso de esteroides. Entretanto, mesmo que a obra seja apenas parcialmente confiável, ainda seria justo dizer que Chyna teve uma vida horrível.

Ao nascer em Rochester, Nova York, no ano de 1969, ela recebeu o nome Joan Laurer dos pais, duas pessoas que — segundo Chyna — jamais deveriam ter se encontrado. Ela descreve o pai, Joe, como um vigarista e um bêbado que trai a esposa; a mãe, Janet, "raramente demonstrava carinho, desconfiava de todo mundo e tinha uma mão pesada". Chyna alegava que, durante uma briga, Janet virou uma tigela de espaguete na cabeça de Joe, que reagiu enfiando uma faca de pão na coxa da esposa. O casal se divorciou quando Chyna tinha 3 anos. Ela e os dois irmãos mais velhos moraram com a mãe e uma procissão de padrastos — um deles até ameaçou se matar com um tiro na frente das crianças.[63] (A irmã dela, Kathy, se lembra de o pai ter esfaqueado a mãe, apesar de, em suas memórias, ele ter usado uma faca de açougueiro.)[64] Por outro lado, a mãe de Chyna disse a um podcast: "Não me lembro de nada ruim ter acontecido na infância dela".[65] Durante a vida adulta, Chyna passaria muito tempo sem ter contato com os pais, apesar de ter se reconciliado com eles, em certa medida, antes de morrer. O pai dela faleceu em 2014.[66] As relações com os adultos que cruzavam seu caminho também não eram das melhores. De acordo com a autobiografia, quando ela estava na sétima série — com 12 ou 13 anos —, um professor a beijou e disse que ela era "irresistível".[67]

Ela atribuiu a experiência diretamente ao fato de sempre ter sido "uma garota grande, diferente... *chamativa*".[68] Embora a conexão não seja citada de forma explícita, há uma lógica perfeita e sombria no fato de ela ter desenvolvido bulimia aos 13 anos.[69] Para uma garota que não podia confiar em quem deveria cuidar dela, seu corpo talvez fosse a única coisa sob seu controle. Na adolescência, passou por mudanças óbvias, que atraíam uma atenção perigosa. Ao comer compulsivamente e vomitar, Chyna recuperava uma autoridade frágil sobre o próprio físico, eliminando os depósitos de gordura traidores que pareciam fazer homens adultos perderem a cabeça. Então, seu corpo encontrou uma nova maneira de traí-la: uma consulta de rotina no ginecologista realizada quando ela tinha 16 anos revelou um "tumor do tamanho de uma toranja no ovário". (Era benigno, e ela se recuperou por completo após a cirurgia.)

Àquela altura, Chyna já tinha começado a malhar pesado. "Tudo o que me definia como mulher no sentido físico *doía*", escreveu ela. "Eu sofri para me tornar uma mulher. Talvez por isso fosse tão importante ser forte."[70] Mas isso ainda não fazia com que ela se sentisse segura no próprio corpo. Aos 18 anos, em uma festa da faculdade, ela ficou inconsciente depois de beber muito e acordou com "um pau na minha boca enquanto outro cara desbravava o outro lado".[71] Depois de se formar, ela passou seus vinte e poucos anos em relacionamentos abusivos e empregos medíocres — sendo vendedora de pagers, bartender em estabelecimentos que exigiam que ela tirasse a blusa e dançarina do ventre. Nada a satisfazia. "Eu queria ser desejada, queria que gostassem de mim, queria respeito", escreveu.[72] Ao entrar na academia de Killer Kowalski e descobrir que não tinha apenas o porte, mas também o carisma para se tornar uma lutadora profissional, ela deve ter pensado que encontraria tudo do que sentia falta. "Chyna" não era apenas uma personagem interpretada na televisão, era a pessoa que Joan Laurer estava destinada a se tornar.

Perder o lugar na WWF significava perder tudo. Até o nome artístico foi perdido — ela passou a usar "Chyna Doll", apesar de explicar para Howard Stern durante uma entrevista que isso também poderia ser considerado um uso indevido do nome Chyna e da personagem, que pertenciam à organização.[73]

Ela participou de apenas mais uma luta na televisão: em 2002, competiu no *Celebrity Boxing*, da Fox, contra Joey Buttafuoco, um homem que havia se tornado famoso após a amante de 17 anos, Amy Fisher (apelidada pelos tabloides de "Lolita de Long Island"), atirar na esposa dele, Mary Jo, em 1992. A situação já era degradante por si só e se tornou ainda mais humilhante após Chyna perder para o decadente amador de meia-idade.[74]

Como a luta livre dos Estados Unidos era monopolizada por McMahon, o único lugar que restava a ela era o Japão. A New Japan Pro Wrestling (NJPW) era respeitada, e muitos lutadores renovavam a carreira ao passar um tempo lá. No entanto, a passagem de Chyna seria breve e inexpressiva. A NJPW a contratou para as lutas mistas que ela adorava. Ela se dedicou e conquistou fãs. Mas os problemas fora do ringue voltavam a assombrá-la. Esteroides não são a única substância usada em excesso por lutadores. "Muitos, se gostam de comprimidos, usam remédios para baixar a bola", disse Jim Ross. "Zolpidem, alprazolam, oxicodona, essas merdas todas."[75] Talvez o passado doloroso de Chyna a tivesse tornado predisposta ao vício desde sempre, mas a luta livre fez com que fosse impossível escapar dele.

Simplificando: esteroides causam graves crises de ansiedade, e quem faz uso deles costuma tomar tranquilizantes, como Valium, para estabilizar essa ansiedade.[76] Além disso, para lidar com a dor de lesões acumuladas ao longo de anos de brigas, os lutadores costumam recorrer a opioides. Na verdade, um dos responsáveis pela revolução da analgesia no século XX foi lutador antes de ser anestesista: John Bonica pagou a faculdade de medicina com os lucros de suas lutas como o personagem Masked Marvel, uma experiência que gerou dores crônicas e um interesse profissional persistente em diminuir esse sofrimento. Ele acreditava que os médicos eram cautelosos demais na prescrição de morfina para pacientes com dor, uma crença compartilhada por Richard Sackler, da dinastia farmacêutica Sackler. Os dois trocaram cartas nos anos 1980, e as ideias de Bonica embasaram o desenvolvimento dos revolucionários produtos opioides da família Sackler, MS Contin e, mais tarde, OxyContin — formas sintéticas do narcótico natural da morfina.[77] Ambas são substâncias muito eficazes no controle da dor, muito viciantes e que facilmente provocam overdoses, já que os usuários consomem quantidades cada vez maiores para recriar a euforia inicial. Os Sackler ficaram ricos, enquanto pessoas como Chyna se tornaram desesperadamente dependentes. Ela também bebia em excesso.

Em 2001, Chyna tinha esperança de conseguir um papel no terceiro filme da série *Exterminador do futuro*.[78] Em 2004, com as portas da luta livre fechadas e sem receber qualquer oferta de Hollywood, ela fez sua estreia em um ramo diferente do mercado do entretenimento. Naquele mês de agosto, ela começou a divulgar uma sex tape gravada com o namorado, o lutador Sean Waltman (cujo nome artístico era X-Pac).[79] Em dezembro, o filme foi comprado pela Red Light District, a empresa que distribuiu o vídeo de Paris, que o lançou como *1 Night in China* [Uma noite na China], inspirado no título de *1 Night in Paris*. (A solução encontrada para driblar os direitos autorais foi filmar, nas primeiras cenas, Chyna e X-Pac no *país* China.)[80] Ainda seguindo o exemplo de Paris, após o vídeo, Chyna fez a transição para o mundo dos reality shows: usando seu nome verdadeiro, participou da temporada de 2005 de *The Surreal Life*, da VH1, uma espécie de *Big Brother* de ex-famosos. Sua participação causou desconforto em muita gente. "Joanie Laurer está mostrando a própria destruição", escreveu o jornal canadense *The Globe and Mail*. Era "o equivalente emocional pesado de um filme *snuff*".[81] Waltman, já separado de Chyna, publicou uma declaração no próprio site chamando os produtores de "oportunistas".[82] Em agosto, ela foi presa por agredi-lo.[83]

Os problemas de Chyna não a tiraram por completo da televisão. Ela ainda tinha certo charme, o que lhe rendeu uma participação no filme *Illegal Aliens* [Alienígenas ilegais, em tradução livre], lançado em 2007, ao lado da amiga Anna Nicole Smith. Quando o filme estreou, Smith já tinha morrido.[84] Em 2008, Chyna foi escalada para o *Celebrity Rehab with Dr. Drew*. (A eficácia dessa reabilitação pode ser avaliada pela hospitalização dela em dezembro do mesmo ano: ela foi encontrada inconsciente e com cortes nos braços após a própria festa de aniversário.)[85] Contudo, havia um mercado que com certeza tinha espaço para uma mulher que se deteriorava a olhos vistos. O sucesso de *1 Night in China* foi suficiente para que a Red Light District lançasse uma continuação em 2006. Depois disso, Chyna trabalhou em quatro filmes pornográficos com o Vivid, o estúdio por trás de *Kim Kardashian, Superstar*.[86] (Ela mudou legalmente seu nome para "Chyna" em 2007,[87] acabando com as restrições de uso.) O primeiro foi *Backdoor to Chyna* [Entrada para a porta dos fundos de Chyna, em tradução livre]. A capa incluía o deprimente anúncio "Ela dava surras no ringue e agora leva surras na cama".[88] Antes, Chyna se considerava superior ao clima de "só peito e bunda" da luta livre feminina. Naquele momento, "só peito e bunda" era toda a profissão dela. Ao gravar seu último filme para o Vivid em 2013, ela tinha 44 anos — uma anciã no mundo da pornografia, que considera velha demais a maioria das mulheres com vinte e poucos anos, mas ainda jovem o suficiente para ter um futuro.[89] Só lhe restavam mais três anos de vida.

Chyna queria voltar a lutar. (Em 2005, durante uma aparição caótica no programa de Howard Stern, ela se referiu a Vince McMahon como "Vince McBabaca".)[90] Mas, no *kayfabe* da WWE (a antiga WWF), ela não existia. A luta e os enredos continuaram.

Agora que a WWE não tinha concorrência no campo da luta livre, McMahon queria colocar a própria organização, e si mesmo, no centro da cultura popular. Na luta livre, a melhor maneira de valorizar seu perfil é escolher a briga certa. Chyna havia sido cuidadosamente apresentada ao público por meio de uma série de confrontos com adversários que serviram para mostrar a força e a importância dela. McMahon se apresentaria para o grande público em um confronto com o homem que personificava a riqueza, o poder e o sucesso corporativo nos Estados Unidos. Estava na hora de Donald Trump entrar no ringue.

A imprensa costumava se referir a Trump como um empreendedor imobiliário — assim como McMahon, Trump havia assumido os negócios da família —, apesar de uma investigação feita pelo *New York Times* ter questionado a lucratividade desses empreendimentos.[91] O modo mais adequado de descrevê-lo seria dizer que ele era um astro de reality shows. A versão *kayfabe* de Donald Trump era a de um dos maiores executivos do mundo, uma imagem que sustentava a principal fonte de sua fortuna. Como Trump era sinônimo de riqueza implacável e glamour nova-iorquino, qualquer empresa que quisesse associar essa imagem a seus produtos precisava pagar pelo uso do nome dele: havia filés Trump, gravatas Trump e perfumes Trump.[92] (Ao descrever seu homem ideal em uma entrevista de 2001, Chyna disse: "Ele não tem que ser um Donald Trump da vida, mas precisa ter um bom emprego".)[93] Quando a NBC precisou de alguém para comandar um reality show de negócios, *O aprendiz*, que estreou em 2004, Trump era a escolha óbvia. Ele sabia como vender uma *imagem* de sucesso. Esse era seu personagem. Se McMahon queria ser visto pelo público como um empresário de nível mundial, Trump era a pessoa que ele precisava enfrentar — em um *kayfabe*, é claro.

Depois de gerar um burburinho tenso, foi na *WrestleMania 23*, em 2007, que os dois se encontraram, na chamada Batalha dos Bilionários. O status bilionário de ambos era questionável, mas o exagero faz parte da luta livre: minta para cima a própria altura, tome bomba e arredonde sua riqueza para a casa dos bilhões.[94] O confronto se resumiu a cada um escolher um lutador para brigar em seu nome, e o perdedor se comprometia a raspar a cabeça — uma promessa e tanto para Trump, que declarou uma despesa de 70 mil dólares com o cabelo durante o tempo em que apresentava *O aprendiz*.[95] Para a alegria da plateia, a luta foi da farsa ao caos, com Trump acertando McMahon com um *clothesline* fora do ringue antes de amarrar o rival derrotado na cadeira de barbeiro e colocar o barbeador elétrico para jogo. "Trump entende melhor a excentricidade da luta livre do que [o lutador] Michael Cole, por exemplo", escreveu com admiração a *Wrestling Observer*, cujo autor ainda se sentiu compelido a acrescentar: "EU ADORO DONALD."[96]

É fácil entender como McMahon se beneficiou com a situação: no dia seguinte, ele e Trump foram ao programa *Today* para serem entrevistados por Matt Lauer. Com uma doação de 5 milhões de dólares à instituição de caridade do adversário, McMahon tinha comprado a passagem para a grande mídia.[97] Os benefícios para Trump, além do dinheiro, talvez fossem menos óbvios. (Em 2019, ele foi condenado a pagar uma indenização de 2 milhões de dólares para organizações sem fins lucrativos após admitir o uso indevido de dinheiro arrecadado pela Fundação Donald J. Trump para promover a própria campanha presidencial, pagar dívidas comerciais e comprar um quadro de si mesmo. O ex-presidente descreveu as infrações como "violações técnicas bobas".)[98] Afinal, Trump já tinha uma plataforma no horário nobre com *O aprendiz*. Mas a WWE permitiu que sua persona alcançasse proporções caricaturais diante de um público importante para ele: homens brancos sem diplomas universitários.[99] Sua aparição na WWE aliou a garra de um forasteiro (afinal, ele estava desafiando Vince McMahon) à ideia de sucesso sofisticado (em sua primeira aparição no ringue, ele surgiu sendo banhado com notas de dinheiro e ladeado por mulheres) e à garantia contratual de que ele sairia vencedor.[100] Trump entendia o cinismo da luta livre de forma intrínseca. Não é que nada sério aconteça na modalidade, mas o formato por si só impede que qualquer coisa seja levada a sério. Trata-se de um mercado em que a morte de um colega querido como Owen Hart pode ser transformada em ficção sem que nem dois anos tenham se passado desde a tragédia.

Se *O aprendiz* fortaleceu a imagem de Trump como empresário, a WWE a fortaleceu como presidente, e sua presidência se entrelaçava com a luta livre. Uma das primeiras pessoas que ele nomeou foi a esposa de McMahon, Linda, que ficou encarregada da Administração de Pequenas Empresas.[101] Entre seus apoiadores, o GIF do *clothesline* de Trump em McMahon se transformou em uma forma de comemorar sempre que consideravam que Trump havia "destruído" um inimigo. Ele entendia a encenação, tanto na política como na luta livre. Durante a campanha presidencial de 2016, enquanto Hillary Clinton demonstrava preocupação excessiva em seguir as regras, o candidato encantava apoiadores ao quebrá-las, sendo o anti-herói populista que todos esperavam. Quando Clinton chamou os apoiadores do adversário de "um bando de gente deplorável", teve que se desculpar por ter sido indecorosa.[102] Quando surgiram gravações de Trump se vangloriando de "agarrar as mulheres pela boceta", não houve retratação. Não havia o que perder com aquilo, já que ele poderia alegar que estava brincando: em uma declaração, o ex-presidente argumentou que aquelas palavras eram "papo de vestiário" — talvez os de luta livre que Chyna havia descrito —, enquanto desfrutava da aprovação daqueles que de fato acreditavam que agarrar mulheres pela boceta era admirável.[103] Como a disputa de Chyna pelo título intercontinental tinha mostrado, boa parte do público estava disposta a sentir prazer na humilhação de uma mulher poderosa que resolvia se meter com homens. A disputa entre Trump e Clinton colocou esse enredo em um palco global e resultou no desfecho que os fãs do empresário queriam.

Chyna não veria Donald Trump se tornar presidente. Em abril de 2016, ela morreu devido a uma overdose acidental, segundo as conclusões das autoridades, embora qualquer vício dificulte a percepção do limiar entre de fato desejar morrer e não se importar se a dose usada é incompatível com a vida. A autópsia revelou que ela havia ingerido os opioides oxicodona e oximorfona, além de Valium, nordazepam, temazepam e álcool.[104] Seu corpo foi encontrado no dia 20, apesar de ela provavelmente ter falecido três dias antes, quando fez sua última publicação nas redes sociais.[105] Ninguém se deu ao trabalho de verificar se ela estava bem antes disso — uma morte muito solitária para alguém que passou a vida tentando ser acolhida nos lugares errados. Ela havia sido recebida na luta livre, nos reality shows e na pornografia, e todos esses mundos sugaram dela tudo que podiam. Quando perdia a utilidade, era abandonada com os próprios demônios.

Durante um podcast no ano anterior, Triple H falou sobre a exclusão de Chyna do hall da fama da WWE e, por extensão, da empresa: “Ela merece estar no hall da fama? Sem dúvida [...]. Mas é meio complicado, e este é o outro lado da moeda que ninguém vê [...]. Eu tenho uma filha de 8 anos. Minha filha de 8 anos dá uma olhada no hall da fama e começa a pesquisar na internet [...] O que ela vai encontrar?”.[106]

Chyna havia conquistado popularidade na luta livre ao provocar conservadores com sua “pornografia disfarçada”, mas a real, pelo visto, era demais para a WWE. Depois de tudo pelo que ela passou, a Right to Censor acabaria vencendo. (Três anos após falecer, ela entrou para o hall da fama como parte da D-Generation X, mas nunca recebeu reconhecimento individual.)[107] A aparente hipocrisia da WWE se tornou ainda mais gritante em 2022, quando foi exposto que a empresa pagou 12 milhões de dólares como um "cala-boca" para várias mulheres por alegações de assédio sexual e infidelidade envolvendo Vince McMahon,[108] que, então com 76 anos, se aposentou do cargo de CEO. Sua filha, Stephanie se tornou co-CEO e presidente, enquanto Triple H assumiu a direção criativa.[109] Se isso podia ser considerado justiça, durou pouco: no início de 2023, McMahon armou um retorno e Stephanie renunciou.[110]

É difícil definir o legado de Chyna. Ela dizia que desejava inspirar meninas com sua força, mas, na prática, raramente apoiava outras mulheres — como aconteceu com Ivory, ela era mais propensa a difamar as colegas do que incentivá-las. É verdade que foi uma das primeiras a celebrar descaradamente a própria "brutalidade", mas não podia alegar ter sido poupada da objetificação, uma vez que migrou para o mercado da pornografia. A era da super-heroína esportiva chegaria, só que uma década tarde demais para Chyna. As pioneiras foram mulheres como Ronda Rousey, uma campeã de judô que migrou para o Ultimate Fighting Championship (UFC), que envolve artes marciais mistas, e depois para a WWE, se aventurando por Hollywood no meio do caminho. Em 2019, Rousey enfrentou Becky Lynch e Charlotte Flair na luta principal da *WrestleMania 35*. A competição marcou a primeira vez em que uma luta feminina foi o evento principal, e a verdade é que esse evento teve mais sucesso do que a breve participação de Chyna em lutas mistas. Era um sinal de que os fãs de luta livre finalmente estavam interessados em enredos de mulheres e prontos para aceitar atletas mulheres como parte do espetáculo. Chyna levou o próprio corpo ao limite na busca pelo poder, sem nunca parecer compreender que as instituições às quais se associava — luta livre, pornografia, reality shows — só queriam explorar suas fraquezas.

9

Jennifer Aniston: liberdade

"Eu quero ter tudo."

Quando a "década por baixo da saia" começou, Jennifer Aniston não era uma novata promissora nem uma aspirante desesperada pela fama. Ela não era uma mocinha vulnerável nem famosa por tempo suficiente a ponto de alcançar o status de veterana — que tanto prejudica mulheres no mundo do entretenimento. No começo de 1999, ela tinha 29 anos e devia ser a estrela mais rentável na série de televisão definitivamente mais famosa do mundo. A programação das noites de quinta-feira da NBC (que já tinha transmitido, em momentos diferentes, *Seinfeld*, *Plantão médico* e *Uma família de outro mundo*) fizera a emissora voltar a liderar o horário nobre na televisão, e *Friends* era a joia dessa coroa. A série estreou em 1994, com o objetivo explícito de alcançar o público da geração X que começava a vida adulta na cidade grande. E havia forma melhor de fazer isso que colocá-los na tela?[1] Jerry Seinfeld acreditava que os elementos básicos de *Friends* — uma sitcom sobre um grupo de solteiros em Nova York — eram uma repetição da série que leva seu sobrenome, mas com um elenco mais bonito.[2] Só que *Friends* era mais do que isso. Diferentemente da regra autoimposta de *Seinfeld* sobre "nada de abraços, nada de aprendizados", parte do conceito de *Friends* dizia respeito à evolução e ao crescimento das personagens ao longo do tempo, o que confundia os limites que separavam sitcom e novela.[3] Os seis personagens principais da série pareciam pessoas com quem você de fato teria uma amizade. "Eu me lembro de assistir a *Friends* quando era mais novo e pensar: 'É assim que a gente fala'", disse Sean Hayes, que interpretaria Jack em outra série no horário nobre das quintas-feiras na NBC, *Will & Grace*.[4]

A personagem de Aniston, Rachel Greene, era a que mais precisava amadurecer, então fazia sentido que o público se tornasse mais apegado a ela. A última dos seis a aparecer no episódio piloto, ela entra de repente na cafeteria em que os outros personagens estão reunidos, usando um vestido de noiva porque acabara de fugir do próprio casamento. "Eu precisava sair de lá", conta Rachel chorando enquanto explica a situação. "Comecei a me perguntar: 'Por que estou fazendo isso, e por quem estou fazendo?'."[5] É um ponto de partida inteligente, típico de enredos de comédias românticas: a história de Rachel não termina com ela no altar; em vez disso, começa quando ela percebe que o homem no altar não é o cara certo. Esse era também um reflexo melodramático da vida norte-americana nos anos 1990. Assim como em todas as nações desenvolvidas, as pessoas nos Estados Unidos se casavam mais tarde, ou nem se casavam, e a força motriz dessa tendência era uma geração de mulheres bem-instruídas e ambiciosas, para quem um marido e filhos viriam, se viessem, após a carreira e o autoconhecimento.[6] Em 1999, Rachel já tinha deixado de ser uma filha mimada que precisava do dinheiro do pai e se transformado em uma jovem competente com uma carreira na indústria da moda. Ela mantinha uma instável relação amorosa com Ross, interpretado por David Schwimmer. Era o exemplo perfeito da jovem independente que crescia na vida, fazendo com que muitas mulheres se inspirassem nela: o corte de cabelo cheio de camadas que emoldurava o rosto da atriz se tornou um fenômeno por si só. Milhões de mulheres começaram a ir aos salões de beleza e pedir o "corte Rachel".[7]

Ao ser escalada para a personagem, Aniston tinha dúvidas se algum dia faria sucesso. Pouco antes de *Friends*, ela havia feito algo tão arriscado quanto largar o noivo no altar: recusar um convite do produtor Lorne Michaels para compor o elenco principal de *Saturday Night Live*. "Fui ao escritório de Lorne e falei: 'Fiquei sabendo que mulheres não são respeitadas nesse programa'", contou ela para o *Hollywood Reporter* em 2021. "Não lembro exatamente o que disse depois, mas foi algo do tipo: 'Eu iria gostar se fosse algo como na época de Gilda Radner e Jane Curtin'. Aquilo era um clubinho de garotos na época, mas quem era eu para falar uma merda dessas para Lorne Michaels?!"[8] Isso aconteceu três anos antes de Tina Fey abrir as portas para mulheres serem engraçadas no *SNL*. Mesmo assim, era uma oportunidade incrível demais para ser descartada. A autoconfiança de Aniston, no entanto, começava a chamar atenção. Enquanto ela pulava de uma série sem graça para outra, os executivos da televisão estavam de olho nela.

A NBC queria tanto a atriz que ela foi escalada para *Friends* mesmo já estando comprometida com outra sitcom pouco promissora, *Muddling Through*, na emissora rival CBS. Só para garantir que ela não ficaria presa lá, a NBC montou uma programação agressiva no mesmo horário da outra série, praticamente acabando com o programa.[9] (A CBS era liderada por Les Moonves, e, considerando sua fama horrível, era bem provável que a NBC estivesse certa em seguir essa abordagem.)* Aniston era valiosa, e, assim como o restante do elenco de *Friends*, ela sabia disso. Os seis — três homens e três mulheres — formaram o que Schwimmer descreveria como um "minissindicato" e negociaram um acordo que, além de fazer deles os atores mais bem pagos da televisão, lhes rendeu o direito a royalties por reprises.[10] Aniston havia enfrentado o machismo com a oferta do *SNL* e, com esse acordo, ajudado a criar uma microfortuna para si mesma e seus colegas de cena, com um perfeito equilíbrio de gênero e nenhuma disparidade salarial. Sua vida profissional era

* Para mais informações sobre Moonves, veja o Capítulo 5.

mais ou menos um paraíso conquistado com muito esforço. Esse sucesso a tornou objeto de admiração, mas também fez com que ela ficasse no centro de um pânico existencial sobre as escolhas das mulheres nos anos 1990.

Friends incluiu esse pânico em sua narrativa. Assim como as mulheres que se identificavam com ela, Rachel Greene lidava com novos dilemas causados pela rotina moderna. Postergar uma vida em família abria um leque de opções e liberdades, mas ainda era impossível negociar com os limites do corpo feminino. A fertilidade ainda tinha prazo de validade. No episódio "The One Where They All Turn Thirty" [Aquele em que todos fazem 30 anos], transmitido em 2001, Rachel passa por um aniversário marcante — e fica nervosa quando percebe como está distante do seu "plano ideal".

> Vejamos, quero ter três filhos... Eu deveria ter o primeiro até os 35, o que me dá cinco anos. Então, se eu quiser ter um filho aos 35, só preciso engravidar aos 34, o que dá à Prada quatro anos para começar a vender roupas para grávidas. Espera... Quero passar um ano casada antes de engravidar... Então, posso esperar até os 33 para casar. São três anos. Três anos inteiros. Ah, mas vou precisar de um ano e meio para planejar o casamento. E quero passar, tipo, um ano conhecendo o cara, um ano e meio antes de noivarmos, o que significa que já preciso conhecer o cara quando eu tiver 30 anos... Segundo o meu plano, eu já devia estar com o cara com quem vou casar.[11]

Para as mulheres jovens que assistiam à série, era fácil se identificar com o nervosismo de Rachel: muitas tinham planos semelhantes aos dela, ou pelo menos a consciência de que seriam obrigadas a seguir um caminho parecido com aquele em algum momento. Contudo, na cultura dos anos 1990 de modo geral, uma das principais preocupações acerca do universo das mulheres dizia respeito à percepção de que elas estavam sendo descuidadas demais com os próprios planos, desperdiçando seus melhores anos de fertilidade em prol da busca por educação ou crescimento profissional. O jornalismo da época fazia previsões apocalípticas sobre isso. Um exemplo típico foi uma edição da *Time* de 2002, que trazia a matéria "Como encontrar tempo para um bebê", e cuja capa exibia a imagem de uma criança fofa deitada sobre um escaninho de mesa cheio de correspondências. Na matéria, obstetras lamentavam a ingenuidade de mulheres que buscavam sucesso em um mercado de trabalho projetado para homens. Esses, por sua vez, tinham a vantagem não apenas de possuir uma fertilidade mais duradoura, mas também, tradicionalmente, de ter uma esposa que poderia assumir o dever de criar os filhos. Então, isentos de exercer a paternidade, eles não sofriam prejuízos no âmbito profissional.

"Essas mulheres que estão no auge poderiam ter tudo, filhos e uma carreira, se quisessem", declarou uma das médicas citadas. "O problema foi que ninguém lhes contou a verdade sobre o corpo feminino." Segundo a matéria, as chances de uma mulher engravidar diminuíam muito após os 30 anos — e, após os 35, era melhor ela se preparar para um futuro sem filhos. Sylvia Ann Hewlett, autora de *Creating a Life: Professional Women and the Quest for Children* [Criando uma vida: mulheres no trabalho e a jornada por filhos], acreditava que se tratava mais de ignorar os fatos do que de pura ignorância. Não ter filhos havia se tornado uma "não escolha que se aproximava aos poucos" da realidade de mulheres da classe média que chegavam perto da meia-idade, segundo ela, e, ainda assim, as mais jovens se recusavam a ouvir os alertas: "O fato de o relógio biológico ser real é uma notícia que minha filha de 24 anos não quer ouvir [...] Ela é um exemplo típico", escreveu Hewlett.[12]

Talvez esse fosse o caso da filha de Hewlett. Mas *Friends* e outras produções culturais populares consumidas por mulheres jovens não pareciam ter medo de perder audiência com o debate sobre a queda da natalidade entre as mulheres. Em um episódio da sétima temporada de *Keeping Up with the Kardashians*, Kim e Khloé visitam uma clínica de fertilização para conversar sobre o congelamento de óvulos e voltam com notícias preocupantes. "Com 22 anos, sua fertilidade está neste nível", diz Kim, colocando a mão na altura dos olhos e baixando-a conforme continua. "Com 25, ela desce. Então 26. Aos 32, está assim" — dramaticamente, ela estica o polegar e o indicador para representar o estreito potencial de uma mulher com trinta e poucos anos engravidar.[13] Na verdade, talvez Kim tenha recebido orientações médicas desatualizadas. Em um artigo de 2012 para a revista *The Atlantic*, Jean Twenge explica que pesquisas sobre a fertilidade feminina eram baseadas em dados que precediam a medicina moderna, e que as chances de uma mulher engravidar a partir dos 30 anos eram bem maiores do que indicava o gesto feito por Kim.[14] Mesmo assim, uma mulher normal, por volta dos 20 anos e com acesso à mídia nos anos 2000 tinha poucas chances de não ser informada sobre o prazo de validade do próprio útero.

Só que Aniston não poderia ser acusada de negligenciar a vida pessoal. Em 1998, ela começou a namorar Brad Pitt — um homem tão absurdamente lindo que fazia sentido ser escolhido para o papel do semideus Aquiles no filme *Troia*, de 2004. Ela era a "queridinha dos Estados Unidos"; ele, o "homem mais sexy do mundo". Em 2000, quando ela tinha 31 anos, os dois se casaram — e, segundo os planos de Rachel Greene, sua intérprete estava bastante adiantada. Numa época em que a intensidade do jornalismo de celebridades deixava poucas ilusões a respeito de relacionamentos, Pitt e Aniston eram um raro exemplo de pureza. "Eles pareciam o casal mais feliz que se poderia imaginar — dois astros lindos que tiraram a sorte grande, ganhando não só fama e riqueza, mas também um amor duradouro", escreveu uma jornalista da *Vanity Fair* que tinha conversado com os dois juntos.[15] As pessoas não eram apenas fãs deles individualmente. Elas eram fãs do *casamento*, que parecia representar tudo que se podia esperar de uma união romântica no século XXI. O casal até conseguia fazer piada de suas personas públicas. Em um episódio de 2001 de *Friends*, Pitt fez uma participação especial como Will Colbert, que fora um aluno, à época gordo, da escola em que Rachel cursou o ensino médio. Quando ele reaparece, bonitão, ainda está amargurado pela forma como foi tratado por ela. Era engraçado ouvir Brad Pitt resmungar "Eu odeio Rachel Greene", porque todo mundo sabia que ele amava Jennifer Aniston.[16]

Quando *Friends* acabou, em 2004, o próximo passo óbvio no plano — um que ambos tinham comentado em entrevistas — seria começar uma família. Só que, em vez disso, o casal se separou. Era inevitável que um público tão encantado por aquele relacionamento se tornasse obcecado por todos os detalhes do término. O que poderia ter dado errado naquela união celestial? Os tabloides queriam oferecer uma resposta. Estaria Pitt traindo Aniston com Angelina Jolie, sua colega de cena perigosamente sexy no filme *Sr. e Sra. Smith*? Haveria Aniston perdido o marido ao se recusar a comprometer a carreira para ter um filho?[17] A curiosidade alcançou níveis tão absurdos que, quando Perez Hilton publicou as primeiras fotos de "Brangelina" juntos — ele as recebeu do funcionário de uma revista que tinha perdido o direito das imagens depois que um concorrente fizera uma proposta melhor —, o site recebeu tantos acessos que caiu. Foi um momento que definiu a carreira de Hilton e que transferiu o poder dos veículos impressos para as fontes virtuais.[18]

Quando a trama de *Friends* chegou ao fim, o público recebeu o que queria. Após muitas idas e vindas (incluindo se casarem bêbados, se divorciarem, terem uma filha e decidirem que nunca dariam certo como casal), Ross e Rachel terminam juntos. Na verdade, no último episódio, ela escolhe Ross no lugar de um emprego dos sonhos em Paris, em uma decisão de última hora antes do avião decolar. Rachel Greene, a jovem que fugiu do próprio casamento para descobrir quem deveria ser, havia encontrado o homem por quem valeria a pena sacrificar sua carreira conquistada a duras penas. No fim das contas, a lógica das comédias românticas vencia. O final de *Friends* foi também o final do domínio das *sitcoms* na televisão aberta: o próximo sucesso da NBC no horário nobre das quintas-feiras seria um reality show chamado *O aprendiz*, liderado por Donald Trump.[19]

Mas, com o drama ficcional de Rachel resolvido, o público ainda queria acompanhar o destino de Aniston, ainda queria vê-la passar por todos os tipos de desilusões amorosas e alegrias, ainda precisava que ela representasse a mulher comum dos anos 2000 e mostrasse todas as ansiedades sobre profissionalismo, fertilidade e feminilidade que foram atribuídas a ela. Aniston estava prestes a ser escalada, contra sua vontade, para o segundo maior papel de sua vida: a Sad Jen [Jen Triste], a trágica terceira pessoa de um triângulo amoroso com Pitt e Jolie. Pelo restante da década, nada do que ela falasse, nenhum exemplo de suas conquistas pessoais nem mesmo qualquer felicidade que ela expressasse seriam capazes de convencer o mundo de que estava enganado a respeito dela.

Enquanto Aniston entrava nos anos 2000 como a personificação da história de sucesso feminina, a masculinidade passava por uma crise nos Estados Unidos. "Conforme a nação cambaleava rumo ao novo milênio, observadores pareciam concordar que um apocalipse doméstico tinha começado: a masculinidade norte-americana estava sob ataque", escreveu Susan Faludi em seu livro *Domados: como a cultura traiu o homem americano*, de 1999.[20] Esse mal-estar masculino parece ter se originado em uma reestruturação de longo prazo nas economias desenvolvidas, que fez com que migrassem do trabalho físico e passassem a se basear na indústria de serviços, na qual habilidades convencionalmente femininas, como a comunicação, tinham mais valor do que a força bruta. A masculinidade — antes uma virtude incontestável, que deveria ser cultivada e celebrada — começou a aparecer em companhia da palavra *tóxica* nos anos 1990.[21] Os homens também pareciam estar perdendo valor no âmbito doméstico. Enquanto, para as mulheres, adiar o casamento e a maternidade oferecia uma oportunidade para se desenvolverem como adultas independentes, o mesmo período, para os homens, parecia servir apenas como uma prolongação da imaturidade.

Era possível encontrar uma versão suave dessa ansiedade masculina nos três personagens homens de *Friends*. Ross tem um filho, assim como um emprego que ama e valoriza, mas se divorcia da esposa depois que ela se descobre lésbica. Joey (Matt LeBlanc), obcecado por sanduíches e garotas, é um exemplo afetuosamente estagnado da masculinidade ítalo-americana. Chandler (Matthew Perry) tem um clássico emprego inútil da "nova economia", cuja inutilidade se torna uma piada em todas as temporadas. "Valeu, pessoal. Preciso ir trabalhar", anuncia ele no primeiro episódio da sitcom. "Se eu não registrar aqueles números... não vai fazer muita diferença."[22] Faz sentido quando Monica tem um relacionamento duradouro com um homem mais velho, porque os da sua idade, em seu grupo de amigos, parecem irremediavelmente infantis.

Um dos primeiros filmes de Aniston é uma fantasia de homens que tentam escapar do pesadelo de Chandler. Na comédia *Como enlouquecer seu chefe*, de 1999, escrita e dirigida por Mike Judge, ela tem um papel pequeno — apesar do sucesso em *Friends*, o nome dela aparece em segundo lugar nos créditos — como o par romântico do personagem principal, Peter, interpretado por Ron Livingston. Peter trabalha em uma empresa de computação fictícia chamada Initech. A falta de sentido no trabalho o leva ao desespero. "Então, eu estava sentado no meu cubículo e percebi que, desde que comecei a trabalhar, cada dia da minha vida foi pior do que o anterior", diz ele, em determinado momento. Em casa, é intimidado e traído pela namorada incisiva, Anne (Alexandra Wentworth). Quando a Initech começa a usar consultores de eficiência para terceirizar a maioria dos cargos para Singapura, ele e dois colegas do trabalho, Michael (David Herman) e Samir (Ajay Naidu), conspiram para roubar a empresa usando suas habilidades de programação. O plano fracassa porque eles são tão limitados que não conseguem pensar em uma forma de lavar o dinheiro, mas são salvos quando o escritório da Initech pega fogo — o incêndio destrói todas as provas do crime. Peter troca a terrível Anne pela muito mais desejável e submissa Joanna (interpretada por Aniston) e consegue um emprego como peão de obra. No fim do filme, vemos Peter coberto de terra, revirando os restos da Initech, parecendo mais feliz do que nunca. Ele trabalha menos, recebe mais e, mais importante, talvez tenha recuperado a dignidade masculina de um dia suado de trabalho.[23]

Enquanto *Como enlouquecer seu chefe* transformou em comédia a crise da masculinidade, a outra contribuição da dupla Pitt-Aniston para o cinema naquele ano satirizou de forma pesada essa mesma questão. Apesar de *Clube da luta* não ter um bom desempenho nos cinemas, se tornou um sucesso após o lançamento em DVD. Contudo, quando encontrou seu público, foi abraçado com unhas e dentes. *Clube da luta* foi considerado uma declaração impactante sobre a condição do homem no fim do milênio. Não se sabe se todos os espectadores que se identificaram com o filme de fato o entenderam, mas os homens que o adotaram como um lema não estavam lá tão errados sobre o conteúdo do enredo. O filme de David Fincher, baseado no livro brutal de Chuck Palahniuk, oferecia um relato poderoso sobre o problema pelo qual os homens passavam e sobre a ausência de soluções para tal questão. O narrador de *Clube da luta* — que não tem nome —, interpretado por Edward Norton, tem um emprego de escritório típico, que suga almas, mas, ao contrário de Chandler em *Friends* e de Peter em *Como enlouquecer seu chefe*, ele sabe para que serve seu trabalho: uma fábrica de carros o paga para avaliar defeitos que podem causar a morte de pessoas e calcular se é financeiramente mais viável fazer um recall dos veículos problemáticos ou apenas pagar a indenização pelas fatalidades que alguns deles provavelmente causariam. Sem dúvida, isso o aproxima do produto do próprio trabalho, mas, levando em consideração que o produto em questão é extremamente desumanizante, isso não parece nada bom.

O narrador segue o que ele chama de "vida a um", dividida entre viagens de avião e seu apartamento, que tem a personalidade de um aeroporto. "Assim como todo mundo", diz o narrador, "eu tinha sido dominado pelo instinto de me aninhar com a Ikea... Eu folheava os catálogos e pensava: 'Que tipo de aparelho de jantar me define como pessoa?'".[24] (No primeiro episódio de *Friends*, Ross, Chandler e Joey tentam montar alguns móveis pré-fabricados. Dava para perceber que a Ikea tinha um lugar especial na compreensão popular da masculinidade deslocada.)[25] O narrador de *Clube da luta* assumiu o papel do suprassumo do cidadão corporativo e não estava feliz com isso: ele sofre de insônia crônica, que só consegue aliviar ao frequentar grupos de apoios para doentes, nos quais mente ao se apresentar como alguém que tem câncer, parasitas no cérebro ou tuberculose. Após esses encontros, ele finalmente consegue chorar e dormir. Então ele encontra Tyler Durden, interpretado por Brad Pitt — um homem que não apenas apresenta a imagem perfeita da masculinidade, com um corpo sarado e uma beleza grosseira, como também é incrivelmente habilidoso em articular toda a insatisfação que o narrador sente sobre o próprio lugar no mundo.

"Somos consumidores", explica Tyler. "Somos as consequências da obsessão de um estilo de vida. Assassinatos, crime, pobreza — essas coisas não me preocupam. O que me preocupa são revistas sobre famosos, televisões com quinhentos canais, o nome de um cara aleatório na minha cueca. Minoxidil, Viagra, olestra."[26] Os homens de *Clube da luta* não podem crescer porque não existe uma versão de masculinidade que possibilite isso. "Não posso me casar", reclama o narrador para Tyler. "Sou um menino de 30 anos." Para Faludi em *Domados*, o que os impossibilitava de encontrar a maturidade era consequência da "cultura ornamental" que passou a ser dominante nos anos 1990 e não recompensava mais os homens por cumprir papéis sociais tradicionais. "Construídos em torno de fama e imagem, glamour e entretenimento, marketing e consumismo, eles são um portão cerimonial para o nada. A essência não é apenas o ato de vender, mas o ato de vender a si mesmo, e todo homem está essencialmente por conta própria nessa jornada, um representante de vendas solitário fazendo marketing da própria imagem [...]. Em uma era de celebridades, o pai não tem um conjunto de conhecimentos ou autoridade para transmitir ao filho. Cada um deve ser pai da própria imagem, criar seu próprio Adão."[27]

"Criar seu próprio Adão" é exatamente o que o narrador de *Clube da luta* faz. Tyler, revela o filme, não é uma pessoa diferente: é o *alter ego* do narrador, uma fantasia de tudo que a cultura ornamental acredita que um homem deveria ser, evocado de forma inconsciente para que o narrador possa explorar seu descontentamento proibido.

Faludi era fã do livro *Clube da luta*, e Palahniuk, por sua vez, admirava *Domados*.[28] Os dois autores compartilhavam um entendimento sobre o fracasso da masculinidade, mas também reconheciam que havia outra questão implícita: por que os homens parecem incapazes de tomar uma atitude para solucionar tal descontentamento? *Domados* começou como uma análise da hostilidade masculina com a liberação feminina, escreveu Faludi, mas se tornou outra coisa enquanto ela pesquisava para escrevê-lo: "Em vez de me perguntar por que homens resistem à luta das mulheres por uma vida mais livre e saudável, comecei a me perguntar por que eles se recusam a começar a própria luta. Por que, apesar do aumento de pirraças aleatórias, não ofereceram qualquer resposta metódica, razoável, para o problema deles? Levando em consideração a natureza insustentável e ofensiva das exigências feitas para que os homens se afirmem em nossa cultura, por que eles não se revoltam?" Afinal, era isso que as mulheres tinham feito. Diante do "problema que não tinha nome", a segunda onda do feminismo o nomeou e estabeleceu um movimento político.[29]

Clube da luta, tanto o livro como o filme, oferece uma explicação para a inércia dos homens: mesmo quando tentavam se revoltar, eles não conseguiam se livrar da cultura do consumismo contra a qual ostensivamente se rebelavam. Em um dos momentos mais estranhos do filme, o narrador e Tyler falam sobre uma propaganda de roupas íntimas. "Homens são assim mesmo?", pergunta o narrador sobre um deus grego de cueca na fotografia. Mas Pitt é exatamente igual. O narrador pode explicar todas as formas como o capitalismo tardio está destruindo homens como ele, mas continua desejando parecer com Brad Pitt enquanto faz isso, e é por esse motivo que está fadado ao fracasso. Ele reclama para Tyler que foi abandonado pelo próprio pai, que iniciava uma nova família a cada seis anos. "Esse escroto está abrindo franquias", comenta Tyler — a quebra do núcleo familiar transformou o papel paternal em produto. Só que os clubes da luta que o narrador frequenta no filme também são nitidamente estabelecidos como franquias, e o narrador/Tyler é a figura paterna que deixa os "filhos" simbólicos ansiando por atenção e perpetuando atos insanos para provar lealdade.

Para alguns críticos mais esnobes, as ironias de *Clube da luta* eram um sinal de vazio intelectual e fracasso artístico em vez de uma sátira proposital. Peter Rainer, na *New York Magazine*, chamou o filme de "grito de uma geração de homens reclamões, quase todos brancos, que se sentem prejudicados pelos privilégios das mulheres e de uma economia bem-sucedida".[30] *Clube da luta* era confundido com uma das birras aleatórias da masculinidade frustrada, em vez de entender que é um filme *sobre* birras aleatórias. A verdade é que ficava fácil ignorar tais ironias porque os aspectos visuais do filme eram tão sedutores, e muitos dos maiores admiradores da produção também pareciam não entender ao que estavam assistindo. Alguns anos após o lançamento do longa, começaram a surgir relatos de clubes da luta reais. "Aqui, os caras do mercado financeiro podem ser Muhammad Ali por uma noite e, no dia seguinte, sobre quem as secretárias vão estar falando no bebedouro?", disse um investidor citado em uma matéria do *Evening Standard* sobre boxe entre executivos em Londres.[31] Um estudante combatente em um clube da luta de Utah explicou: "Fico com dores de cabeça, meu olho dói, mas é divertido... É só uma reunião de amigos que querem liberar um pouco de tensão. Dá muita adrenalina".[32] Se o argumento implícito do filme de Finch era que homens preferiam levar um soco na cara a fazer terapia, os fãs do filme pareciam felizes em seguir essa ideia.

Clube da luta deu o tom para a carreira de Pitt no início dos anos 2000, quando o ator usava a própria popularidade para impulsionar projetos não convencionais. Com Aniston e Brad Grey, ele criou a Plan B, uma produtora para dar palco aos tipos de filmes de que preferia participar. "Algumas das escolhas dele não são as mais comerciais", disse Grey em uma entrevista para Leslie Bennetts, da *Vanity Fair*, em 2004. "Brad sempre prefere algo que nunca fez antes. É uma questão de criatividade."[33] Enquanto isso, Aniston parecia ter se tornado prisioneira do sucesso de *Friends*. Como apontou Jim Burrows, que dirigiu o episódio piloto da sitcom: "Todo mundo naquela série era bonito, então os críticos nem se davam conta de como eram engraçados".[34] Durante a época em que *Friends* ainda era produzido, a expansão da televisão a cabo e a competição por assinantes gerou um aumento da chamada "televisão de prestígio". Séries como *Família Soprano* (HBO), *A escuta* (HBO) e *The Shield — acima da lei* (FX) estabeleceram a ideia de que os seriados de drama eram uma arte tão respeitável quanto o melhor do cinema. Mas Aniston era uma estrela da televisão aberta, e isso significava que era associada ao entretenimento, não ao ofício: quando seu trabalho em tempo integral é ser a queridinha do país, é difícil nadar contra a maré. Apesar de ela ser uma comediante brilhante e uma atriz incrível em dramas (como provou o filme de baixo orçamento *Por um sentido na vida*, lançado em 2002 e escrito por Mike White), os papéis que surgiam raramente usufruíam do seu talento. No geral, ela interpretava ou a mocinha de comédias românticas ou a companheira do protagonista de comédias.

Em *Rock Star* (2001), Jen é a namorada leal da cidade natal que oferece ao cantor de heavy metal interpretado por Mark Wahlberg um refúgio da fama. Em *Todo poderoso* (2003), ela contracena com Jim Carrey, que interpreta um jornalista egoísta e obcecado pela carreira, enquanto sua personagem é a mulher boazinha que espera ele decidir assumir um compromisso. Em *Quero ficar com Polly* (2004), ela é a excêntrica mulher dos sonhos que ajuda o personagem ansioso de Ben Stiller a se encontrar. Como a protagonista de *Dizem por aí...* (2005), ela recebeu mais oportunidades de ser engraçada, mas ainda interpreta uma personagem que quer superar o nervosismo que sente com questões do lar e sossegar com o namorado — provavelmente infiel —, interpretado por Mark Ruffalo. Em outras palavras, o propósito das personagens em quase todos os filmes que ela fez nessa época era casar ou pelo menos ser o tipo de mulher com quem o personagem principal deveria *querer* casar. Dentro e fora das telas, ela parecia ser a garota-propaganda da monogamia heterossexual. Mesmo quando foi escalada para um papel diferente no thriller *Fora de rumo*, de 2005, em que ela tem a oportunidade de interpretar uma *femme fatale*, a personagem consegue um momento de redenção antes de morrer ao dar a entender que estava mesmo apaixonada pelo homem que tentou enganar.

Enquanto isso, em 2004, Pitt começou a trabalhar em um filme que parecia feito para destruir o conceito de casamento. *Sr. e Sra. Smith* é a história de um casal que tem a vida perfeita em um subúrbio norte-americano. A casa é mobiliada com peças elegantes e sem graça, a esposa serve o jantar à mesa toda noite às 19 horas em ponto, os dois mal fazem sexo e mal escutam um ao outro enquanto falam sobre o próprio emprego.

— Existe um vazio imenso entre nós, que fica sendo preenchido com tudo que *não* falamos um para o outro. Como isso se chama? — pergunta a Sra. Smith para o terapeuta de casais em uma das primeiras cenas.

— Casamento — responde o terapeuta, secamente.[35]

A reviravolta é que nenhum Smith está contando a verdade para o outro, porque os dois são assassinos de aluguel, contratados por agências rivais. Quando os disfarces são revelados, um recebe a missão de matar o outro, dilema que os leva à maior desavença matrimonial possível. No confronto principal do filme, os dois se caçam pela bela casa do casal, destruindo o lugar inteiro. Finalmente livres de todos os engodos, eles percebem que se amam e fazem sexo selvagem sobre as ruínas. Pitt interpretava o Sr. Smith, Jolie, a Sra. Smith, e os boatos no set diziam que havia pouquíssima atuação envolvida na química do casal.

Em janeiro de 2005, Pitt e Aniston soltaram uma declaração anunciando que o relacionamento havia acabado. "Queremos comunicar que, após sete anos juntos, decidimos nos separar formalmente", dizia o texto. "Para as pessoas que acompanham esse tipo de coisa, gostaríamos de explicar que nossa separação não é resultado de qualquer especulação publicada em tabloides. A decisão é resultado de muita reflexão cuidadosa. Estamos muito felizes em permanecer amigos que se amam e se admiram muito. Pedimos, desde já, por bondade e sensibilidade nos próximos meses."[36] O término de qualquer casamento é triste, e essa tristeza aumenta quando, em sua dissolução, o relacionamento particular se torna público. Traições são reveladas. Boatos são espalhados. Planos antes discutidos abertamente na expectativa casual de um futuro compartilhado viram provas humilhantes de ingenuidade, prova de fracasso. Isso é ainda mais verdadeiro em um casamento entre celebridades, já que o fim é estampado em jornais e televisões por todo o mundo. Quando um casamento é visto como o ideal do século, e você e seu ex são elevados ao status de símbolos perfeitos de seus respectivos gêneros, a pressão é extraordinária.

O divórcio de Aniston e Pitt gerou uma conversa global sobre a natureza das relações entre homens e mulheres. De forma ainda mais invasiva, tornou-se uma discussão sobre a saúde do útero de Aniston e se ela estava disposta ou era capaz de ter o filho que o então marido aparentemente queria. "Talvez a pista mais gritante do motivo que levou esse conto de fadas ao fim possa ser vista no comportamento de Pitt em um programa de entrevistas do ano passado [2004]", explicou uma matéria do *Guardian* sobre a separação do casal. "Com os olhos marejados, o ator contou ao país seu sonho. 'Vou falar: filhos, família, estou pensando em ter uma família', disse ele. Mas o único sinal de prole no seu casamento foi o projeto de um filme que fariam juntos, anunciado no ano passado."[37] Em uma entrevista chorosa, mas impetuosa, oferecida para a matéria de capa da edição de setembro de 2005 da *Vanity Fair*, Aniston apontava a injustiça desse comentário. "Um homem que se divorcia jamais seria acusado de preferir a carreira a ter filhos", comentou ela. "Isso me deixou muito irritada. Eu nunca disse que não queria ter filhos. Eu queria, eu quero, e vou ter filhos! As mulheres que me inspiram são as que têm carreiras e filhos; por que eu iria querer me limitar? Sempre quis filhos, e jamais abriria mão dessa experiência por uma carreira. Eu quero ter tudo."[38] Era uma resposta incisiva para os curiosos, mas também uma que publicamente a tornou refém das suas possibilidades reprodutivas.

A situação de Aniston piorava com o fato de a mulher que a substituíra parecer ser tudo o que ela não era. Jolie ficou famosa mais ou menos na mesma época que Aniston, em meados dos anos 1990, despontando no thriller cibernético *Piratas de computador*, de 1995 (ela se casou com o colega de cena, Jonny Lee Miller). Pelo papel em *Garota, interrompida* (1999) como a carismática sociopata Lisa, levou o Oscar de Melhor Atriz Coadjuvante, o que a confirmou como um grande talento. Jolie rejeitava o caminho convencional de mulheres de comédias românticas seguido por Aniston. Em vez disso, optava por uma mistura de dramas respeitáveis e filmes de ação: gêneros cujo público-alvo eram homens ou, no mínimo, não apenas mulheres. Se Aniston era a visão de Hollywood da mulher com quem as outras poderiam se identificar, Jolie representava tudo o que o público masculino ansiava, e a autorrepresentação provocante enfatizava isso. Em entrevistas, ela comenta sobre brincar com facas e gostar de sadomasoquismo. A vitória no Oscar foi quase ofuscada pela chegada no tapete vermelho com o irmão, James Haven, quem beijou na boca para as câmeras. "A intensidade exagerada da vida real de Jolie e o fato de ela viver com o botão do foda-se ligado são quase tão inquietantes quanto suas atuações na tela", disse uma matéria extremamente impressionada da *Time*.[39]

Mas, quando aceitou participar de *Sr. e Sra. Smith*, ela passava por uma reinvenção da própria imagem, ou pelo menos uma renovação de persona. Em 1999, havia pedido divórcio de Miller, casando-se de novo no ano seguinte com Billy Bob Thornton, que conheceu no set de *Alto controle*, também de 1999. Thornton era quase vinte anos mais velho, e a percepção do público era que aquele casamento tinha intensidade sexual até demais, evidenciada pelos frascos de sangue que cada um usava como pingente. ("Os colares eram bem simples", explicou Thornton para um podcast em 2018. "'Vamos furar o dedo com uma caneta e juntar um pouquinho de sangue aqui, e aí, quando estivermos longe um do outro, podemos usar o colar.' Era só isso. Só que, quando a imprensa ficou sabendo, parecia que estávamos usando um balde de sangue pendurado no pescoço", comentou — como se a estranheza do gesto dissesse respeito ao *volume* de fluidos corporais.)[40] Mas um dos atos mais chocantes de Jolie aconteceu em 2002, ao fazer algo quase normal: nesse ano, aos 26, ela e Thornton anunciaram ter adotado um órfão cambojano chamado Maddox. "Por baixo de todas as tatuagens, couro preto e um frasco do sangue do marido, um coração maternal bate em Angelina Jolie", começava uma matéria perplexa da *People*,[41] e o próximo passo dela após a adoção foi aceitar trabalhos humanitários sérios nas Nações Unidas.[42]

Quatro meses após anunciar a adoção, Jolie pediu o divórcio de Thornton.[43] Naquela fase, a imagem pública dela se mostrava mais madura, o que não comprometia a sensualidade e a aprovação masculina. Em 2004, no começo das gravações de *Sr. e Sra. Smith*, Jonathan Van Meter escreveu um perfil dela para a *Vogue*. Ele tecia elogios ofegantes à "natureza feminina/masculina" dela e citava Ethan Hawke (que havia trabalhado com ela pouco tempo antes), que a descreveu como uma exceção ao gênero: "Não sei se já trabalhei com outra mulher que soubesse tão bem como ser protagonista de um filme". Enfaticamente, Jolie não era como as outras. Ao ser questionada sobre como era interpretar a esposa de Pitt em *Sr. e Sra. Smith*, ela explicou para Van Meter: "Na verdade, é uma mistura muito engraçada [...] Minha opinião sobre casamento é muito cínica, então a pergunta 'Você quer matar seu cônjuge?' é bem séria. A mentalidade dele segue mais a linha 'Que ideia engraçada, matar a pessoa com quem você é casado', porque ele está em um casamento feliz."[44] Quando as filmagens se encerraram, é claro, esse casamento feliz" estava arruinado. Enquanto boa parte das fofocas do set era bem lasciva, um detalhe aparentemente inofensivo se destacava na cobertura: diziam que Pitt, ansioso pela paternidade, passava horas e mais horas brincando com Maddox.[45]

Antes de Pitt e Jolie anunciarem oficialmente que estavam juntos, protagonizaram um longo ensaio fotográfico publicado pela revista *W* sob o título "Domestic Bliss" [Harmonia no lar], que mostrava os dois como a personificação do *american way of life* dos anos 1960.

Assim como *Sr. e Sra. Smith*, o ensaio evocava o visual exuberante e frio dos melodramas de meados do século XX de Douglas Sirk para representar as frustrações luxuosas do casamento da classe média. Os dois atores rezando à mesa do jantar com cinco garotinhos que parecem filhos deles; Pitt pegando no colo uma Jolie aparentemente inconsciente, como se a tivesse encontrado entorpecida por martínis e Valium ao chegar em casa; os dois na cama, a imagem embaçada como se a paixão fosse intensa demais para as câmeras.[46] Para Aniston, isso foi de uma crueldade imensa. De acordo com o perfil dela para a *Vanity Fair*, em 2005, Aniston não se deixa abalar com o assunto, mas um "amigo" que não é identificado comentou que aquilo era "de uma falta de sensibilidade extrema".[47] Partindo do princípio de que o "amigo" não estava fazendo fofoca, essa era uma estratégia que permitia que ela levasse a público a mágoa que sentia, ao mesmo tempo que evitava a impressão nada atraente de ser uma ex amargurada.

Mas não havia como se proteger do maior simbolismo que pairava em torno do término. A desintegração do casamento de Pitt e Aniston se tornou uma peça importante na rivalidade existente entre duas formas de feminilidade, com Aniston completando o plano clássico feminino de um lado, e o caos sedutor de Jolie do outro. Você até podia comprar uma camiseta para mostrar o lado que escolheu apoiar: a boutique Kitson, de Los Angeles, que encontrou seu público-alvo ao se alinhar à cultura de celebridades, oferecia as estampas TIME JOLIE e TIME ANISTON. (As irmãs Hilton foram fotografadas usando as camisetas. Nicky torcia para Aniston, e Paris, seguindo a própria personagem, apoiava Jolie.)[48] A cobertura sobre Aniston na imprensa era solidária — afinal, ela foi traída —, mas tinha um tom inconfundível de pena. Ela apostou todas as fichas em ser a boa menina e terminou de mãos abanando. Enquanto isso, a família nada convencional de Jolie crescia. Ela adotou um segundo bebê em 2005 e, em janeiro de 2006, anunciou estar grávida de Pitt.[49] A grande pergunta do século XXI — como uma mulher deveria ser? — parecia ter sido respondida após a formação de "Brangelina": provavelmente não igual a Jennifer Aniston.

Após o divórcio, Aniston teve um envolvimento rápido com o ator Vince Vaughn e um namoro de um ano com o cantor John Mayer (que ele depois afirmou ter acabado por ele ter sido um "babaca").[50] Em 2010, começou a sair com o ator Justin Theroux, com quem ficou casada entre agosto de 2015 e fevereiro de 2018. Havia poucos sinais de que ela vivia em um estado de tristeza permanente pelo ex-marido. A vida romântica dela não era das mais interessantes: o TMZ, que preferia dar atenção aos famosos presos por dirigir bêbado ou internados em clínicas de reabilitação, chamou Aniston de estrela mais chata de Hollywood.[51] Mas o site seguia um padrão de veracidade muito alto e publicava apenas o que conseguia confirmar. Outros veículos de fofoca seguiam abordagens mais criativas e, para eles, o triângulo amoroso Aniston-Pitt-Jolie era interessante demais para ser abandonado: em termos práticos, era algo que aumentava a venda de revistas, então precisaria ser mantido nas páginas mesmo com todos os indícios do mundo de que os envolvidos haviam seguido em frente. Da década de 2000 em diante, tabloides passaram a publicar uma enxurrada interminável de manchetes que informavam aos leitores que Pitt e Jolie se separariam, Aniston teria um filho, Pitt e Aniston estavam prestes a se reconciliar, ou que ela tinha dito para Pitt "parar de procurá-la". O fato de as matérias serem contraditórias e inevitavelmente desmentidas não diminuía em nada a popularidade que tinham. (Pitt e Jolie acabariam se casando em 2014. Em 2016, ela entrou com um pedido de divórcio, acusando-o de abuso em ações judiciais subsequentes; ele nega as acusações.[52] Mesmo assim, não parece razoável creditar às manchetes desordenadas da década anterior qualquer poder premonitório.)

Algumas revistas escreviam ficção inspirada em fotos de paparazzi. Graças, em parte, aos esforços da agência fotográfica Coleman-Rayner, que obsessivamente documentava o trio, nunca faltava material para usar.[53] Uma simples expressão facial capturada pela câmera poderia se tornar a base para todas as especulações possíveis. Um editor anônimo descreveu esse processo para o jornalista Oliver Bukerman, do *Guardian*, em 2009: "Você criava a história em torno da emoção [...]. O que está acontecendo com a pobrezinha da Jen nesta semana? Bom, John Mayer começou a sair com outra, e, para uma mulher da idade dela, isso deve ser horrível [...]. Então você constrói uma narrativa sobre o que uma mulher da idade dela poderia estar sentindo." O editor continuou: "A questão é: como podemos montar uma história baseada em um conjunto de emoções com que nossos leitores consigam se identificar? Isso pode nascer de uma informação verdadeira, ou de uma foto. Ou podemos inventar tudo".[54]

Independentemente do que acontecia, Aniston tinha sido escolhida como o rosto triste e solitário das mulheres com quase 40 anos, e o consenso geral era que, sem um companheiro e um filho, essa condição só poderia ser infeliz. O único elemento que regia a invenção dessas histórias era a possibilidade de alguma esperança, assim como ocorre nas novelas. "A melancolia precisa ser breve, porque é deprimente — e, não menos importante, chata. (Também seria chato se Aniston se sentisse em paz sendo solteira ou não tendo filhos...)"[55] Por fim, o propósito da cobertura midiática sobre a "Sad Jen" não era refletir a verdade, e sim as preocupações associadas a mulheres em idade fértil no geral. Antes, alarmistas temiam que mulheres fossem ingênuas sobre o próprio corpo. A "Sad Jen" talvez fosse a maior propaganda do relógio biológico da era.

Por baixo de tantas mentiras, no entanto, havia um vestígio de verdade: nas entrevistas concedidas durante essa época, Aniston sempre afirmava que queria se tornar mãe, apesar de o escrutínio deixá-la nitidamente desconfortável. Quando Van Meter a entrevistou para a *Vogue* em 2008, relatou que ela ficou "bem irritada" com a pergunta sobre filhos. "Já falei várias vezes", respondeu. "Eu vou ter filhos. Tenho certeza disso."[56] Mas não falava publicamente que, durante esse período, sua vida particular esteve marcada por tentativas: "Foi muito difícil. Eu passava por sessões de fertilização *in vitro*, tomava chás chineses, qualquer coisa que você pudesse imaginar. Essa era minha obsessão. Eu teria dado tudo para alguém ter me dito: 'Congele seus óvulos. Faça esse favor a si mesma'. Mas você não pensa nessas coisas", contou ela para a *Allure* em 2022.[57]

O fato de os filmes que ela fez após o divórcio retornarem o tempo todo aos temas da maternidade e do casamento não ajudava. Ainda mais desconfortável foi o filme *Separados pelo casamento* (2006), em que ela e Vaughn interpretaram um casal se separando. Não havia como escapar da repercussão da vida particular da atriz. No drama sentimental *Marley & eu* (2008), ela contracena com Owen Wilson no papel da esposa que equilibra as ambições relacionadas à carreira e ao planejamento cuidadoso de particularidades da vida doméstica: em uma das cenas mais memoráveis, ela faz uma atuação devastadora de um aborto espontâneo. Em *Ele não está tão a fim de você* (2009), ela é a namorada pentelha que tenta convencer o namorado infantil (Ben Affleck) a assumir um compromisso. E em *Coincidências do amor* (2010), do qual foi produtora-executiva, sua personagem quer tanto ter um filho que decide se tornar mãe solo com um doador de esperma.

Em 2009, em um discurso de agradecimento no prêmio Women in Film, Aniston brincou sobre como os papéis no cinema pareciam imitar sua vida pessoal. "É engraçado", disse, "uns anos atrás, comecei a perceber que havia um paralelo esquisito entre os filmes que eu fazia e minha vida fora das telas. Isso começou com *Por um sentido na vida*. E aí evoluiu para *Dizem por aí...*, seguido por *Fora de rumo*, e então veio *Separados pelo casamento...*". Ela seguiu para o auge da piada: "Então, se alguém por aí tiver um projeto chamado *Amor duradouro com um homem adulto e estável...*"[58] Quando disse isso, ela estava solteira e tinha 40 anos. Jamais teria o filho que os tabloides tanto prometiam. Em 2021, o *Hollywood Reporter* perguntou a ela como a vida após *Friends* tinha sido diferente de suas expectativas. "A carreira foi uma coisa", respondeu. "Eu não sabia o que estava por vir, mas fui muito abençoada nesse aspecto. Os trabalhos que faço são diferentes, mas adoro o que faço, não importa o que aconteça, mesmo que seja uma comédia idiota que receba críticas horríveis

— isso não importa, se o que realizo me deixa feliz." Então ela continuou: "Foram as coisas mais pessoais que meio que mudaram de forma, por assim dizer. Isso, sim, foi complicado, o fato de todo mundo ter uma concepção de como o futuro será, e que vamos só parar e nos concentrar em uma coisa ou em outra. Aí tudo muda do dia para a noite, e já era. Mas, por outro lado, tudo é uma bênção se você consegue encarar os altos e baixos da vida. E, se tudo isso não tivesse acontecido, eu não estaria sentada aqui, sendo a mulher que sou hoje."[59]

Talvez algumas pessoas a classificassem como uma das mulheres para quem a falta de filhos foi uma "escolha involuntária que se aproximou aos poucos", como descreveu Sylvia Ann Hewlett. Mas vale mencionar que uma mulher com os recursos dela tem mais opções que a maioria das pessoas. Mesmo sem um parceiro, ela poderia, como Jolie, ter adotado; ou poderia ter um filho por uma barriga de aluguel, como Kim e Khloé Kardashian fizeram. Ela preferiu não seguir por esses caminhos, o que cria algumas lacunas na imagem que os tabloides criaram de uma mulher obcecada por ser mãe. Apesar de todas as formas de recrutamento para representar o dilema de conciliar carreira e maternidade, o contentamento final de Aniston pode ser o fato mais significativo de todos. A infertilidade é fonte de profundo sofrimento — e, ainda assim, indo contra a imagem persistente da "Sad Jen", maridos e filhos não geram felicidade instantânea para mulheres. Na verdade, pesquisas do acadêmico britânico Paul Dolan determinaram que casamento e maternidade tendem a tornar as mulheres norte-americanas menos felizes. "O subgrupo da população mais saudável e feliz é composto por mulheres que nunca se casaram ou tiveram filhos", disse Dolan em 2019. "Você encontra uma mulher solteira de 40 anos, que nunca teve filhos, e diz: 'Poxa, que pena, né? Talvez um dia você encontre o cara certo, e isso mude.' Não, talvez ela conheça o cara errado e isso mude. Talvez ela conheça um cara que a tornará menos feliz e saudável, e morra mais cedo."[60]

Além dos esforços preocupados dos anos 2000 de apavorar mulheres com questões reprodutivas, havia um medo ainda maior: e se elas não precisarem de um homem e de filhos para serem felizes? (Ou se permanecessem igualmente infelizes das duas formas?) A insistência de que mulheres ficariam desoladas se não seguissem o plano era apresentada como um conselho bem-intencionado, embora talvez fosse mais parecido com uma chantagem emocional: se pudessem ser persuadidas a se acomodarem e procriarem apesar dos custos imediatos com que precisariam arcar, o mercado poderia ser poupado de passar por uma reforma para se adaptar melhor às funcionárias, que compõem 47% da força de trabalho total dos Estados Unidos.[61] (O país permanece sendo a única economia desenvolvida em que a licença-maternidade remunerada não é uma política nacional — uma deficiência pública que inevitavelmente prejudica mais as mulheres.)[62] Mais do que isso, os homens não precisariam se transformar em parceiros desejáveis para mulheres bem-instruídas e ambiciosas: se, em massa, elas pudessem ser convencidas de que se acomodar era sua única opção, então meninos de 30 anos poderiam continuar sendo meninos de 30 anos.

A entrevista para o *Hollywood Reporter* fazia parte da promoção da série televisiva dramática *The Morning Show*, da Apple TV+, que marcou o primeiro papel de Aniston como protagonista desde *Friends*. A evolução da TV, que começara com as guerras dos canais a cabo no fim dos anos 1990, se perpetuou pelas décadas seguintes e ganhou nova força com a chegada dos serviços de streaming. Isso causou um renascimento no interesse por *Friends*, e não apenas entre espectadores mais velhos que queriam assistir a reprises nostálgicas. Os millenials, que eram crianças na época da transmissão inicial, e a geração Z, que ainda nem tinha nascido, também estavam ávidos pela série.[63] Em 2018, a Netflix assinou um contrato de 100 milhões de dólares para continuar exibindo o seriado — um valor exorbitante que era mais do que justificado pela popularidade do programa.[64] Mas o mundo do streaming precisava de conteúdos novos além de sucessos conhecidos, e isso significou outro *boom* de séries dramáticas originais, com todos os serviços rivais correndo para encomendar os próprios programas imperdíveis. Os frutos dessa competição podem ser vistos em séries como *Stranger Things* (Netflix), *O Senhor dos Anéis: Os anéis de poder* (Amazon Prime Video), vários *spin-offs* da Marvel e de *Star Wars* (Disney+) e, na Apple TV+, *The Morning Show*, que estreou em 2019.[65]

Friends foi um triunfo para Aniston, mas também a manteve presa a várias imitações menos interessantes da personagem Rachel Greene. Com o amadurecimento da televisão, um papel equivalente aos talentos dela pôde ser oferecido. Após mais de uma década sendo menosprezada no cinema, Aniston ganhou um prêmio do Sindicato dos Atores pela atuação em *The Morning Show*. Na série, ela interpreta Alex Levy, uma âncora de noticiário cujo colega de bancada, Mitch Kessler (interpretado por Steve Carrell), é demitido por conduta sexual imprópria. É um enredo que nitidamente se inspira na ruína real de homens como Matt Lauer, Charlie Rose e Bill O'Reilly, que perderam os empregos após acusações contra eles virem à tona, na esteira do caso de Harvey Weinstein.[66] (Lauer, Rose e O'Reilly negam as acusações.) Além disso, é um drama com olhar afiado para a cumplicidade institucional e para as políticas do ambiente de trabalho na aplicação da justiça. Alex fica horrorizada com o comportamento de Mitch e triste por perdê-lo como colega, mas a queda dele é uma oportunidade para ela. Para Mitch, por outro lado, trata-se de uma reviravolta inexplicável na ordem sexual do mundo. "Eu não estuprei ninguém", berra para os assistentes conforme o grau de sua humilhação pública se torna inegável. "Não gozei em uma planta na frente de ninguém! Se eu comi umas secretárias e assistentes, foda-se — elas gostaram! Os homens usam o poder para atrair mulheres desde que o mundo é mundo, mas, agora, vamos cortar a cabeça do Mitch Kessler por causa disso!"[67]

A crise da masculinidade, como mapeada por Faludi e *Clube da luta*, não foi resolvida pela "década por baixo da saia". Em 2012, Hanna Rosin publicou *The End of Men: And the Rise of Women* [O fim dos homens: e a ascensão das mulheres, em tradução livre], que repetia muitas das conclusões de Faludi sobre as dificuldades dos homens, mas terminava com um tom otimista. "Talvez", escreveu

Rosin, "estejamos nos aproximando do momento em que os homens vão parar de olhar para trás, reclamando por todos os 'homens de verdade' estarem mortos, e se permitirão amolecer um pouco".[68] Os escândalos expostos pelo #MeToo mostraram que poucos homens tinham interesse em se desconstruir. Em vez disso, eles se apegavam à dominância, usando o sexo para reforçar o controle sobre as mulheres, que infestaram o ambiente de trabalho. Então, em 2016, a masculinidade injustiçada encontrou expressão política na eleição de Donald Trump. O #MeToo, que surgiu como um movimento em massa em 2017, foi basicamente a revolta da revolta: da promessa traída de um futuro feminino veio um movimento de conscientização em que muitas mulheres não apenas reconheciam pela primeira vez os males que sofreram nas mãos de homens em posições de poder, como também percebiam, pela primeira vez, a partir do testemunho de outras, como encontros com predadores eram quase universais. O #MeToo, além de encorajar mulheres a expor o nome de abusadores, estabeleceu a regra de que a palavra das mulheres deve ser levada a sério. Após os anos sombrios que chamo de "década por baixo da saia", isso parecia uma compensação.

O que faltava, no entanto, era uma forma de diferenciar as alegações sérias e as menos plausíveis. Alguns alvos mereciam serem destruídos. No caso de outros — e uma das tensões da primeira temporada de *The Morning Show* é se Mitch seria um deles —, isso ficava menos claro. Al Franken, um comediante que virou senador dos Estados Unidos, por exemplo, foi acusado de abuso sexual cinco semanas após a publicação das alegações contra Harvey Weinstein. Na época, parecia urgente que Franken fosse punido. O *Slate* publicou uma coluna intitulada "Al Franken deveria renunciar imediatamente". "Não existe motivo racional para duvidar da verdade [das] acusações, não existe defesa legítima sobre os atos de Franken e não existe qualquer ambiguidade", declarava o texto. O fato de ele negar as alegações era visto como outra prova de sua depravação: era "um estudo de caso da negação cínica, uma tentativa de fazer *gaslighting* [...] enquanto passa a ideia de expressar arrependimento".[69] Sob pressão dos colegas, Franken renunciou — e então, dois anos depois, a *New Yorker* citou possíveis discrepâncias na versão da acusadora que desmentiam as alegações.[70] Na falta do devido processo, nenhuma das partes poderia receber qualquer indenização.

Porém, enquanto o #MeToo oferecia uma forma de justiça selvagem, os direitos formais das mulheres nos Estados Unidos se esvaíam. Em 2012, Rosin havia considerado que os direitos profissionais, sexuais e reprodutivos conquistados pelas mulheres nas décadas anteriores eram inegociáveis. "Uma sociedade que se tornou dependente da ambição desmedida de mulheres não pode, na cara de pau, reiniciar um debate sobre controle de natalidade", escreveu ela, com confiança — mas também com inocência. A nomeação de juízes conservadores ao Supremo Tribunal por Trump permitiu a revogação do caso *Roe contra Wade* em 2022, pondo fim ao direito constitucional de mulheres terem acesso ao aborto no país. Em uma declaração após a decisão, o juiz Clarence Thomas sugeriu que o mesmo argumento jurídico também poderia ser aplicado no caso (entre outras decisões) *Griswold contra Connecticut*, que estabelecia o direito à privacidade quanto ao uso de métodos contraceptivos.[71] A janela da maternidade adiada aproveitada por tantas mulheres havia permitido que tanto a liberdade feminina quanto a ansiedade masculina aumentassem. Pelo menos nos Estados Unidos, havia esforços determinados a acabar com ela.

Isso não significa que as mulheres vão necessariamente obedecer: uma das lições dos dados demográficos é que, mesmo com os esforços para incentivá-las a terem filhos, mulheres bem-instruídas ainda terão menos bebês e farão isso em idade mais avançada, se fizerem. Mas exercer essa preferência se torna bem mais difícil sem o acesso ao aborto legalizado. Em 2004, Rachel Greene e Jennifer Aniston eram versões semelhantes da liberdade feminina: a versão fictícia conseguiu "ter tudo", enquanto a real passou por uma mistura mais complicada de decepções e conquistas, mas acabou construindo uma vida que deve, por várias perspectivas, ser considerada feliz e bem-sucedida. Em um exemplo quase único entre as mulheres que vivenciaram a forma mais extrema de fama nos anos 2000, Aniston não se tornou prisioneira da própria imagem, por mais implacáveis que tenham sido os esforços para que isso acontecesse. Sua persona famosa existia paralelamente à sua vida real, na qual ela encontrou o próprio contentamento. Atualmente, para as jovens dos Estados Unidos, a liberdade de traçar o próprio plano, com todos os riscos e recompensas que o acompanham, não pode mais ser considerada uma certeza.

Conclusão

"Blurred Lines"

Em março de 2013, Pharrell Williams lançou uma nova música. Isso era normal: o som dele servira de trilha sonora dos anos 2000. Como parte do grupo de produção e composição The Neptunes, ele havia ajudado Britney a deixar para trás a imagem de estudante precoce e se tornar uma gata de tirar o fôlego. Também ajudou Justin Timberlake a virar um bad boy e um sex symbol. Como parte da banda N.E.R.D., lançou o remix de Kanye West "Everyone Nose (All the Girls Standing in the Line for the Bathroom)", música na qual todas as mulheres são chamadas de festeiras e problemáticas. Ele havia trabalhado com Gwen Stefani, Madonna, Kelis — e estava colaborando com Robin Thicke, um cantor de soul branco que só tinha alcançado um sucesso comercial discreto desde o fim dos anos 1990, sem um grande hit. (No "casamento de contos de fadas" de Kim e Kris Humphries, um matrimônio que duraria apenas 72 dias, Thicke cantou na festa.) Mas, para o cantor, aquela era uma música diferente. Ela foi um megassucesso mundial, que o colocou no foco das atenções do público. Porém, ao mesmo tempo, aquela música o destruiria. Trata-se de "Blurred Lines", que marcou o fim da "década por baixo da saia".

No começo, "Blurred Lines" não pareceu muito controversa para ninguém. A letra se endereçava a uma "boa menina" que com certeza, segundo o narrador, "deve querer uma safadeza". "I know you want it" [Eu sei que você quer], canta Thicke. A revista *Spin* considerou a canção "outra obra divertida que remete ao soul do perpetuamente subestimado" cantor e declarou que aquilo que mais empolgava naquele lançamento era o clipe "hilário".[1] Nele, Williams, Thicke e o rapper T. I. (todos completamente vestidos) dançam em um set minimalista com três modelos: Emily Ratajkowski, Elle Evans e Jessi M'Bengue. Todas usam roupa íntima branca — exceto na versão explícita do clipe, na qual usam apenas um fio-dental nude enquanto fazem poses com uma seringa enorme, um dado gigante, uma ovelha e outros objetos absurdos. Perto do fim, balões metalizados preenchem a tela, formando o dizer "ROB THICKE TEM UM PAU ENORME", e, como forma de reconhecer que a música estava sendo lançada em um mundo de redes sociais, #THICKE pisca diante de nossos olhos.

"Eu queria lidar com a letra misógina e engraçada de forma que as mulheres dominassem os homens", disse a diretora Diane Martel. "Instruí-as a olhar para a câmera. Isso é muito proposital, e elas passam boa parte do tempo fazendo isso; elas estão na posição de poder. Não acho que o clipe seja machista."[2] Se ela parecia estar se defendendo, era porque, quando deu a entrevista, a música já era o centro de uma tempestade de críticas à objetificação de mulheres, e muitas pessoas — mulheres em específico — acreditavam que o clipe era, de fato, mais machista ainda. Isso incluía, para o azar de Martel, o próprio Thicke. "Tentamos fazer tudo que era tabu. Bestialidade, injeções de drogas e qualquer coisa que fosse depreciativo contra mulheres", disse o cantor para a *GQ*. "As pessoas dizem: 'Olha, você acha que isso é degradante para as mulheres?'. E eu respondo: 'Claro que sim. Como é prazeroso degradá-las. Eu nunca tinha feito isso antes. Sempre as respeitei'."[3]

O tênue senso de ironia que havia sustentado a "década por baixo da saia" ficava evidente. Aquilo que mulheres encaravam como uma piada era levado mais a sério por homens. Em seu livro de 2021, *Meu corpo*, Ratajkowski conta que Thicke apalpou seus seios durante as filmagens. (Martel confirmou essa versão; Thicke não respondeu às alegações.)[4] Mas, apesar de o clipe ser ultrajante, foi a letra que despertou a reação mais inflamada. O primeiro protesto sobre aquilo ser ofensivo não veio de um site feminista como o Jezebel, mas do blog pessoal de uma mulher chamada Lisa Huynh. "Alguém já ouviu a nova música de estupro de Robin Thicke?", perguntou ela aos leitores. "Basicamente, o cantor de R&B passa a maior parte da música (cujo péssimo título significa 'limites confusos') murmurando 'Eu sei que você quer' no ouvido de uma garota. Podem me chamar de cínica, mas essa frase não transmite muito bem o conceito de consentimento em uma relação sexual [...]. É sério, a música é nojenta — apesar de grudar no ouvido."[5] Tricia Romano, do Daily Beast, deu continuidade ao tema, escrevendo em junho uma matéria na qual dizia que a canção tinha "um quê de estupro".[6] Alguns dias depois, o BuzzFeed fez um post com o título "Todo mundo acha que 'Blurred Lines', de Robin Thicke, tem 'um quê de estupro'".[7] A atenção que o vídeo atraiu acabou causando sua destruição.

Foi um momento de radicalização para jovens mulheres. Em novembro, a associação de estudantes da University College de Londres proibiu a música. A "obra divertida que remete ao soul" havia se tornado, de acordo com declaração de Dorian Lynskey no *Guardian*, "a música mais polêmica da década".[8] O Jezebel — que finalmente percebeu que sua indignação renderia acessos — descreveu o infeliz Thicke como "um espírito vingativo que pode ser invocado se murmurarmos 'machista burro' três vezes diante de um espelho escuro ao som de batidas do R&B".[9] O triunfo de Thicke tinha vindo, para ele, no momento mais inoportuno. A crescente sensação de injustiça em relação à forma como mulheres eram tratadas precisava de um alvo, e o cantor estava na hora e no lugar perfeitos para se transformar nesse alvo. Em 2014, após o sucesso de "Blurred Lines" e de seu álbum homônimo, ele lançou *Paula*, em homenagem à esposa, de quem já estava separado na época. Foi, compreensivelmente, um fracasso: no Reino Unido, a primeira semana após o lançamento totalizou chocantes 540 cópias vendidas. Nos Estados Unidos, onde o álbum vendeu 25 mil cópias, as coisas pareciam melhores — até você perceber que esse número era sete vezes menor do que o atingido pelo álbum anterior na primeira semana de vendas. A mídia anunciava esses fatos com um prazer quase indiscreto. A matéria da *Vanity Fair* intitulada "O novo álbum de Robin Thicke vendeu tão mal que talvez você pense que foi um erro de digitação" demonstrava a satisfação típica da época.[10]

Algo com certeza mudou na relação entre mulheres e cultura popular. No mesmo mês do lançamento de "Blurred Lines", houve outro divisor de águas nos costumes da "década por baixo da saia". Em uma entrevista para a matéria de capa da *Vanity Fair* escrita por Nancy Jo Sales, Taylor Swift observou explicitamente que havia "um lugar cativo no inferno para mulheres que não ajudam outras mulheres". O comentário foi uma resposta a um incidente na cerimônia do Globo de Ouro em janeiro do mesmo ano, quando as apresentadoras Tina Fey e Amy Poehler fizeram piada sobre a vida amorosa muito noticiada da jovem cantora.[11] Para Swift, aquele foi o momento de se defender contra a cobertura que a imprensa fazia de sua vida: "Se você quiser ouvir uma grande revelação, desde 2010, saí com exatamente duas pessoas", disse ela para Sales.[12] O importante aqui não era apenas uma celebridade se rebelar contra a forma como era tratada pela mídia — muitas estrelas já tinham feito isso, e com muito mais motivos do que Swift tinha nesse caso —, mas o fato de ela fazer isso com a expectativa de receber solidariedade.

Nascida em 1989, Swift era apenas três anos mais nova que Lindsay Lohan, mas esses anos já representavam um abismo entre gerações. Para Britney, Paris e Lindsay, a internet havia sido uma imposição brutal que lhes roubava o controle sobre a própria imagem. Para Swift, era algo que compunha naturalmente sua vida: ela usava o MySpace antes de ser famosa, e, depois, o Instagram permitiria que ela criasse uma relação direta com os fãs. Ela dizia ser um "bebê da internet".[13] Se estava incomodada com a forma como era tratada pela mídia, ela simplesmente falava direto com o próprio público, que seria mais propenso a aplaudi-la por sua integridade do que penalizá-la por não aceitar brincadeiras. Enquanto as mulheres que vieram antes dela eram obrigadas a responder a intermináveis perguntas invasivas para justificar a própria fama — Britney Spears e sua virgindade; Lindsay Lohan e seus seios; Jennifer Aniston e sua fertilidade —, algo havia mudado quando Swift conversou com a *Vanity Fair.*

O jornalismo de celebridades sempre havia sido um negócio simbiótico baseado no acesso. Os veículos da imprensa precisavam de celebridades porque o público se interessava por elas, e essas precisavam da imprensa para colocá-las diante do público. Foi essa mesma proximidade que gerou espaço para blogueiros como Perez Hilton, que falavam dos famosos como se a fama em si fosse uma afronta às morais do público e adoravam anunciar histórias que o antigo sistema poderia esconder. Só que esse quadro não podia sobreviver ao advento das redes sociais. Como um artigo do Awl escrito por John Herrman em 2005 observava: "A súbita fartura de fotos de celebridades, tiradas pelas próprias, publicadas no Instagram, muitas vezes com textos que também viram notícia, destrói um conjunto de arranjos". A dependência da imprensa pelos famosos não era mais recíproca:

> Digamos que um casal de famosos tenha um filho (parabéns). Alguns anos atrás, eles poderiam vender essa notícia para um tabloide disposto a pagar uma grana, ou à única revista de fofoca que se recusara a publicar um antigo boato sobre divórcio. Os famosos tinham poder, mas as revistas também [...]. Com o Instagram, o poder muda completamente. Um casal famoso de verdade terá mais seguidores juntos em seus perfis do que praticamente qualquer veículo, e a maioria deles de fato serão fãs. (Não existe nenhuma publicação sobre famosos entre as cem contas com mais seguidores no Instagram. A *People*, por exemplo, é a 10ª maior revista do Estados Unidos, com uma circulação de

> 3,5 milhões de exemplares por edição, e tem 1,1 milhão de seguidores; o anúncio da gravidez de Chrissy Teigen no Instagram foi feito para 4,1 milhões de pessoas, e o post simultâneo no perfil de seu companheiro, John Legend, para outros 2,7 milhões.) Se o casal famoso publicar a foto do bebê por conta própria [...] as revistas terão de oferecer um link ou colocá-la em suas páginas *do mesmo jeito.*[14]

Então, se Swift achava que a atenção que davam à sua vida amorosa era injusta (apesar de fazer repetidas alusões ao assunto em suas músicas), a *Vanity Fair* não iria comprometer sua relação com ela ao discordar de forma enfática. O jornalismo de celebridades se tornou mais ameno. Talvez o maior exemplo disso seja a matéria de 2008 da *Vogue*, em que Beyoncé foi apresentada "em suas próprias palavras" — ou seja, ela pôde entrevistar a si própria.[15] A crueldade casual dos anos 2000 não tinha mais espaço. Em grande parte, isso aconteceu porque qualquer personalidade com fãs suficientes para virar notícia também tinha poder para direcioná-los contra qualquer um que acreditasse ser um inimigo. Em 2018, a escritora Wanna Thompson sofreu fortes perseguições e abuso após tuitar que, na sua opinião, estava na hora de a rapper Nicki Minaj encontrar um caminho mais "maduro". Minaj respondeu-lhe diretamente, e a hostilidade foi intensificada por seus fãs (chamados, coletivamente, de "Barbz"). Em um sinal de como a mídia passou a ter medo dos famosos, Thompson perdeu até o estágio em um blog de entretenimento.[16]

Ainda havia apetite por fofoca — o TMZ permaneceu, e permanece, extraordinariamente bem-sucedido —, mas o comportamento padrão da mídia passou a enaltecer os famosos. O BuzzFeed, que por uma época nos anos 2010 pareceu ser o futuro do jornalismo, tinha o lema "Sem haters". "O site é uma das principais vozes do momento e prospera na economia de compartilhamento pela internet, na qual aceitação é popularidade, e popularidade é valor", escreveu Tom Scocca no Gawker, em um ensaio de 2013 que lamentava a ascensão de uma estética que ele definia como "puxa-saquismo".[17] Só que Scocca estava do lado perdedor da guerra cultural, assim como o Gawker, apesar de ainda serem necessários mais três anos antes de reconhecerem a derrota. Em abril de 2013, o Gawker publicou um post escrito por John Cook com o título autoexplicativo: "Uma juíza nos disse para tirar do ar nosso post sobre a sex tape de Hulk Hogan. Não faremos isso".[18] O vídeo em questão havia aparecido no Gawker no mês de outubro anterior, e foi algo normal para o grupo de sites da rede, que já havia publicado muito material pessoal explícito protagonizado por famosos e pessoas comuns. Hogan — ex-astro da luta livre que tinha perdido a credibilidade nos processos sobre esteroides — era exatamente o tipo de figura meio apagada que se encaixava com a postura autoirônica do Gawker sobre a fama.

Os advogados de Hogan tentaram usar leis de direito autoral para censurar o vídeo, mas, como as gravações tinham sido feitas sem o conhecimento dele — a filmagem fora feita em segredo pela mulher com quem transava e pelo marido dela —, e esse não era um argumento viável.[19] A próxima abordagem foi violação de privacidade, que rendeu mais sucesso. A juíza Pamela Campbell ordenou que o vídeo e o post que resumia seu conteúdo fossem removidos. O Gawker apagou o vídeo de má vontade, mas não via motivos para cumprir a retirada do texto. "A ordem de Campbell pela remoção não só de um vídeo muito curto e editado, que mostra apenas um trecho de uma sessão de trinta minutos de sexo de Hulk Hogan, mas também de um longo relato de alguém que assistiu ao vídeo inteiro, é risível e bate de frente com séculos de jurisprudência da Primeira Emenda", escreveu Cook com soberba. Para melhorar, ele incluiu um link para uma versão do vídeo hospedada em outra fonte. Quando o caso finalmente foi concluído, em 2016, a juíza decidiu a favor de Hogan em todas as alegações e ordenou que ele fosse indenizado em 140 milhões de dólares — mais do que o suficiente para levar o Gawker à falência.[20] Nenhum site de fofoca quis imitar tamanha insolência.

* * *

O Gawker cometeu muitos erros nesse caso específico. Um dos mais graves foi achar que estava envolvido em uma simples batalha legal com um lutador fracassado: na verdade, o caso estava sendo secretamente patrocinado e orientado pelo milionário Peter Thiel, do PayPal. Em 2007, quando o cinismo dos anos 2000 estava no auge, o Valleywag (um blog da "família" Gawker) expôs Thiel com um post chamado "Peter Thiel é muito gay, gente". Desde então, o milionário queria encontrar uma forma de acabar com o site, e o vídeo de Hogan lhe deu essa oportunidade.[21] Thiel não poupou recursos para aproveitá-la. A extensão da derrota do Gawker pode ser atribuída em grande parte a uma decisão muito inteligente tomada pelos advogados de Hogan, com base em uma percepção adquirida durante uma simulação com jurados. "Ficou bem evidente que queríamos mulheres acima do peso compondo os jurados", disse um participante da equipe de Thiel, citado pelo jornalista Ryan Holiday em *Conspiracy* [Conspiração], o livro que escreveu sobre o caso. "A maioria das pessoas não consegue ter empatia por um vídeo desse tipo, mas mulheres acima do peso se sensibilizam com questões que envolvem o corpo e já sofreram bullying na internet. Homens não têm esse problema. Mulheres dentro do padrão não têm esse problema. Eles não sofrem humilhações por conta de seus corpos."[22]

É uma ironia, apesar de ser quase de rotina, algo que prejudicava principalmente mulheres ser usado em um caso cuja vítima era um homem. As leis sobre discriminação sexual passaram por mais avanços após a exposição de casos de homens colocados em desvantagem. O mais interessante é que os advogados de Hogan perceberam como a intrusão virtual era difundida entre as mulheres. Quando *1 Night in Paris* vazou em 2003, o status elevado de Paris foi parte do motivo pelo qual ela não era merecedora de pena. As pessoas se interessavam pelo vídeo porque ela era rica, famosa e bonita; o fato de ela ser rica, famosa e bonita significava que já tinha sacrificado qualquer expectativa de privacidade de antemão. Dez anos depois, a experiência de ser envergonhada em público era muito mais comum. Qualquer mulher que tivesse entrado em contato com a internet já tinha sido alvo de algum tipo de humilhação ou era capaz de imaginar a dor de ser um alvo.

Os anos 2000 democratizaram a fama. A ideia do "famoso por ser famoso" havia criado furtivamente uma era em que até a pessoa mais obscura poderia ter um tipo de perfil público. A relação parassocial que o público tinha com as mulheres da "década por baixo da saia" — a angústia pelo comportamento sexual de Britney, a atenção frenética recebida pelo vício de Amy e a obsessão pela fertilidade de Jennifer — passou a ser desenvolvida por qualquer pessoa com fama nas redes sociais. Algumas encararam isso como uma oportunidade, o que levou ao surgimento de um novo tipo de subcelebridades conhecido como influenciadores. Outras sofreram apenas as consequências negativas: o julgamento, a paranoia, a sensação de ter se tornado um personagem em um drama escrito por terceiros e apenas em benefício próprio. Com a adoção universal de celulares com câmera, qualquer um poderia ser documentado sem saber, a qualquer momento. A ideia de que alguém famoso estava "pedindo aquilo" (o "aquilo" em questão era a cobertura invasiva) apenas por ser famoso se tornou menos aceitável, já que ficou aparente que, caso as circunstâncias conspirassem a favor, quase todo mundo com qualquer nível de fama poderia estar sujeito "àquilo". A fama, que antes era um trauma de elite e vinha só após, pelo menos, certa promessa de recompensa financeira, tornou-se uma condição básica da vida moderna.

Eu vivi os anos 2000. Eu lia os blogs. Eu escutava as músicas. Eu participava das fofocas. Eu ria das piadas. E, ainda assim, ao escrever este livro, não me senti voltando a um território familiar: me senti entrando em um mundo alienígena. Houve mesmo um tempo em que era aceitável que entrevistadores na televisão pressionassem uma cantora de 21 anos até ela se debulhar em lágrimas por causa de um simples término de namoro? Toda uma rede de notícias passou um mês inteiro dedicando-se às consequências do seio exposto de uma mulher? A imprensa progressista de Nova York publicava atualizações diárias sobre a existência de um vídeo de sexo estrelado por uma socialite? Sites voltados para a pornografia lamentaram quando o vídeo contendo uma relação sexual de uma influenciadora foi levado a público com o consentimento dela? Reality shows chamavam mesmo mulheres de gordas pejorativamente sem se envergonharem disso? Vícios potencialmente fatais eram tratados como entretenimento no horário nobre, e não como uma doença desesperadora? Todo mundo estava tranquilo com artistas mais velhos abusando de jovens cantoras? O fato de a resposta para todas essas perguntas ser "sim" não deveria me surpreender, porque eu estava lá e, em alguns casos, até fui conivente. Mas fiquei chocada.

As crenças básicas da "década por baixo da saia" parecem quase tão absurdas para mim quanto as dos julgamentos de bruxas do século XVII, e somadas ao terrível conhecimento de ter participado daquilo — em vez de perguntar "Como as pessoas eram capazes de pensar uma coisa dessas?", sou forçada a questionar: "Como eu era capaz de pensar uma coisa dessas?". Um dos aspectos mais tristes do julgamento do Gawker foi quando A. J. Daulerio, autor da postagem original, foi interrogado e obrigado a relatar não apenas seu trabalho sobre Hogan, mas toda a cultura do blog sobre privacidade. "Imagine como deve ter sido naquele banco de testemunhas", escreve Holiday. "Sim, você publicou trechos de um vídeo de sexo, mas não os gravou, e pelo menos estava oferecendo um argumento editorial meio sincero sobre a trivialidade da fama e do sexo com o texto que os acompanhava. Agora, você é pintado como um aproveitador solitário [...]."[23] Afinal, muitas subcelebridades — o exemplo mais óbvio é Chyna — de fato foram cúmplices no vazamento das próprias sex tapes. Seria do interesse do Gawker presumir que Hogan seria uma delas, apesar de, se fosse o caso, ser um argumento fácil de provar.

O comportamento de Daulerio ao publicar o vídeo era normal, até de repente deixar de ser. Não haveria mais limites confusos. Em vez disso, uma clareza moral firme começou a se formar. Para uma mulher famosa depois dos anos 2000, o maior risco para a reputação não era um vídeo de sexo ou uma crise analisada de modo cruel.

(Transtornos mentais podem, na verdade, ser transformados em um conteúdo que recebe muita solidariedade, como aconteceu com as ex-estrelas da Disney Demi Lovato e Selena Gomez em documentários confessionais.) O que pode prejudicar a carreira de uma mulher, no entanto, é o "cancelamento" por uma ofensa moral real ou imaginada. O mesmo tipo de indignação em massa que, por exemplo, forçou o reconhecimento público dos crimes de R. Kelly também poderia se voltar contra figuras culpadas de infrações bem menores. E, como as mulheres são, em geral, punidas de forma mais intensa ao se desviarem das normas sociais, elas estão especialmente vulneráveis. O maior exemplo aqui é Chrissy Teigen — a modelo escolhida por Herrman para o ensaio do Awl como a personificação do poder das celebridades na era das redes sociais. A popularidade de Teigen foi estabelecida com uma presença agressivamente progressista no Twitter, elogiada pelos "foras" que dava em Donald Trump. Porém, em 2021, vieram à tona publicações da década anterior, quando ela parecia dizer para a aspirante a reality shows Courtney Stodden (com 16 anos em 2011) para se matar. Quando Teigen escreveu esses tuítes, eles mal foram notados. Mulheres como Stodden tinham um propósito na cultura daquela época, e com certeza era serem odiadas. Dez anos depois, os mesmos tuítes se tornaram revoltantes — e isso segundo os padrões que a própria Teigen abraçava e reforçava. Na sequência imediata ao escândalo, parceiros comerciais se distanciaram e ela foi isolada socialmente. (Ela se referiu a si mesma como participante do "clube dos cancelados".)[24]

Taylor Swift também se viu em um dos extremos da opinião pública após uma briga com Kim Kardashian e Kanye West sobre ela ter aprovado ou não dois versos na música "Famous" dele: "I feel like me and Taylor might still have sex / Why? I made that bitch famous" [Acho que eu e Taylor talvez ainda transemos/ Por quê? Eu fiz aquela piranha ser famosa]. Após Kardashian publicar um vídeo que passava a impressão de que Taylor mentia, os comentários nas redes sociais da jovem cantora foram invadidos por fãs de Kardashian usando o emoji de cobra para simbolizar uma suposta duplicidade; o autor de um blog de cultura negra chamado The Root foi hiperbólico ao denunciar Swift como "o tipo mais perigoso de mulher branca".[25] Em 2019, Swift descreveu o trauma da experiência para a *Vogue*: "Uma humilhação pública em massa, com milhões de pessoas dizendo que você está cancelada, é uma experiência que te isola [...]. Acho que não existem muitas pessoas capazes de entender como é ter milhões de pessoas odiando você a plenos pulmões".[26] No começo de 2023, a cantora Lizzo tuitou uma crítica à cultura do cancelamento, chamando-a de estratégia. "Talvez agora seja um momento aleatório para dizer isto, mas está no meu peito [...] a cultura de cancelamento é apropriação", escreveu ela. "Existia uma indignação real de pessoas verdadeiramente marginalizadas, e agora ela se tornou uma moda, usada de forma errada e mal direcionada."[27] Na "década por baixo da saia", a reputação de uma mulher famosa era baseada em uma pureza sexual cruelmente vigiada; nos anos 2020, o teste de pureza precisou se tornar moral.

A reinvenção das normas dos anos 2000 foi quase tão arbitrária quanto a maneira como eram aplicadas antes. Não era muito justo que um bilionário rancoroso fosse capaz de destruir o Gawker, por mais indefensável que seu conteúdo fosse. (Parte dos sites foi vendida e continua existindo hoje com novos donos, enquanto o Gawker em si foi ressuscitado em 2021 sob a bandeira do Bustle Digital Group. Mas, sem o tom descompromissado do blog original, ele fracassou, sendo encerrado em fevereiro de 2023.)[28] Se Swift queria oferecer um argumento contra o machismo, uma piada boba feita por duas comediantes que se autoproclamam feministas não era o melhor dos exemplos. E, talvez ainda mais lastimável, temos Robin Thicke — um homem de sucesso mediano e pouco poder na indústria musical, que se tornou a personificação da cultura do estupro graças, em parte, a um clipe dirigido por uma mulher. (Pharrell Williams, que teve muito mais culpa por moldar os comportamentos nos anos 2000, saiu ileso: em 2014, a *Style* publicou um perfil sobre ele em que o elogiava por "empoderar mulheres".)[29] Esses momentos não trouxeram bem uma sensação de justiça, mas representaram uma mudança: os comentários maldosos, hostis e violentos que eram aceitáveis no tratamento das celebridades (especialmente mulheres) deixaram de ser tolerados.

Contudo, essa intolerância não deve ser lamentada. A "década por baixo da saia" foi muito corrosiva — principalmente para as mulheres que se tornaram alvos, mas também para toda aquela cuja identidade foi formada nessa época. É difícil entender por que eu aceitava as coisas como eram, pois não existo mais em um miasma cultural que insistia em tratar essas coisas como aceitáveis. Mesmo assim, algo foi perdido e encontrado ao mesmo tempo. Em um mundo em que o jornalismo de celebridades é comandado por forças iguais (e igualmente vazias) da indignação nas redes sociais e da arrogância pelo poder dos fãs, a seu modo, quanto ao que acontecia nos anos 2000, começar a ter pena de famosas, em vez de encará-las com desdém, pode ser infantilizador em certos momentos. Por exemplo, o tratamento que Janet Jackson recebeu após o incidente no Super Bowl foi um absurdo óbvio, mas a mudança para apresentá-la apenas como vítima (tanto da mídia quanto, de forma mais direta, de Justin Timberlake), iniciada por volta de 2018, parece degradá-la de outras maneiras.[30] Como todas as mulheres neste livro, ela tomava decisões, e essas eram tomadas sobre ela. Jackson não escolheu o contexto com que teria de lidar; porém, mais do que qualquer uma — com exceção de Jennifer Aniston, e talvez de Kim Kardashian —, sua posição permitia que ela usasse do próprio julgamento e tomasse atitudes. É desrespeitoso fingir que ela não teve livre-arbítrio, por mais que fosse limitado.

Entretanto, em muitos casos, as mulheres sobre quem escrevi eram jovens demais quando tiveram de lidar com os aspectos predatórios da fama — Britney Spears, Paris Hilton, Lindsay Lohan e Aaliyah. No caso de outras (Amy Winehouse e Chyna), transtornos mentais ou dependências químicas as tornaram frágeis demais para sobreviver à exploração e à exposição que acompanhavam uma carreira no mercado do entretenimento. Mesmo assim, toda mulher neste livro está aqui porque tem, ou teve, um talento extraordinário que a levou à fama. De algum jeito, apesar das pressões desumanas que sofreram, elas também fizeram trabalhos incríveis. Sim, é possível dizer que algumas também fizeram trabalhos horríveis, como aconteceu com Lohan e Aniston. Podemos argumentar, nos casos de Hilton e Chyna, que reality shows e luta livre são fúteis demais para demonstrar alguma grandeza. Podemos sentir uma tristeza imensa pelo potencial destruído pela morte, como no exemplo de Winehouse e Aaliyah. Contudo, a arte bem-sucedida em qualquer meio é rara, e eu prefiro me sentir feliz com aquilo que temos.

Não alego que as mulheres aqui citadas foram bons exemplos nem (Deus me livre) que as coisas que fizeram foram, de alguma forma, "feministas" ou "subversivas". Alego apenas que elas eram *interessantes*, seguindo um ritmo próprio, e não apenas sacrifícios feitos ao altar da cultura de celebridades. A fama permanece brutal, e a vida na internet ainda nutre um ódio especial por mulheres. O machismo encontrou nova forma na esfera pública durante os anos 2000. O declínio de alguns abusadores individuais após o #MeToo não deveria fazer ninguém achar que a indústria do entretenimento se tornou um espaço seguro para mulheres. Sempre há homens poderosos que transformarão instituições em máquinas de abuso. Mesmo assim, o tratamento que mulheres famosas antes recebiam parece inimaginável hoje. Às vezes, o registro do progresso é a maneira como o passado se tornou absurdamente distante. As mulheres neste livro aguentaram todo o peso de uma década — uma época que determinou as regras de como vivemos agora, uma que parece tão próxima que quase conseguimos tocá-la, mas que está separada de nós por um abismo muitíssimo vasto de tecnologia e política.

Agradecimentos

De certa forma, estou escrevendo este livro desde que assisti ao clipe de "... Baby One More Time" pela primeira vez. De outra forma, mais convincente, este livro começou quando Freya Sanders, da UnHerd, me pediu para escrever sobre o #FreeBritney. Daí surgiu uma matéria, que levou a uma ideia de Ian Leslie: "Acho que isso daria um livro". Parabéns, Ian! Você tinha razão. A inestimável Caroline Hardman acreditou na proposta e se tornou minha agente (o que também significou que recebi o apoio formidável da equipe da Hardman & Swainson). A incrível colega de Hardman, Sarah Levitt, vendeu os direitos do livro para os Estados Unidos, e as rainhas do editorial Zoe Hood e Ursula Doyle, da Fleet, e Samantha Weiner e Sarah Robbins (com a ajuda de Juliet Dore), da Abrams, me guiaram pelo processo de escrevê-lo. Holly Connolly fez as belas ilustrações. Obrigada a todos vocês por me ajudarem a tornar isso real. Espero de coração que achem que o produto final seja mais *Meninas malvadas* do que *Eu sei quem me matou*.

Helen Lewis, Tracy King, Rebecca Reilly-Cooper, Gia Milinovich, Hadley Freeman, Janice Turner e Francis Wheen ofereceram incentivos e comentários cruciais que me ajudaram a enfrentar o trabalho francamente horroroso de escrever um manuscrito. Caroline Criado-Perez me deu sugestões muitíssimo úteis sobre a questão da privacidade. Obrigada a Soph Wilkinson por ler o capítulo sobre Lindsay e compartilhar seus incríveis conhecimentos sobre a atriz comigo. Obrigada a Clare Ditum por ler o de Paris e por todas as danças. Obrigada a Jim DeRogatis por ler o que escrevi sobre Aaliyah, que jamais poderia ter sido escrito sem sua exemplar investigação jornalística sobre R. Kelly. Um agradecimento especial para Matt Elliott, que me apresentou o lado horrível e caótico do entretenimento esportivo ao me obrigar a assistir a luta livre quando éramos adolescentes. Rachel Hewitt e Francesca O'Neill me deram um lugar onde escrever, e sou verdadeiramente grata às duas por isso. Sinto muito por tudo que fiz com as gavetas de talheres da cozinha de vocês. Ao Dr. T., que me ensinou história: o senhor deve estar muito triste por eu ter decorado as datas de todas as sex tapes e nunca a "Dieta de Worms", mas, pelo menos, eu me esforcei dessa vez.

Meus pais me fizeram acreditar que nada na cultura é banal demais para ser levado a sério e demonstraram extrema confiança de que eu encontraria meu lugar um dia, apesar de todos os meus esforços para isso não acontecer. Obrigada, mamãe e papai. Para minha irmã, Rachael: sei que você preferia que este livro fosse sobre o Soundgarden, mas o lerá mesmo assim. Para Maddy e Jay, que são mais importantes para mim do que o álbum *Blackout*. E, finalmente, obrigada a meu marido, Nathan, por sua incansável e, para falar a verdade, às vezes muito irritante insistência para que eu escrevesse este livro (mesmo nos momentos em que eu não queria). Amo todos vocês.

Notas

Introdução

1. Molly Haskell. *From Reverence to Rape.* (Nova York: Penguin, 1973), p. 12.
2. Oklahoma *vs.* Riccardo Gina Ferrante. Motion to Quash. Disponível em: www.oklahomacriminallaw.com/Real%20Quash%20Peeping%20Tom.pdf.
3. "Tulsa 'Peeping Tom Arrest' Sentenced to 240 Months in Federal Prison for Sex Crimes". United States Attorney's Office | Northen District of Oklahoma em6, 8 de julho de 2022. O site está fora do ar.
4. Oklahoma *vs.* Riccardo Gina Ferrante. Summary Opinion. Disponível em: https://www.oklahomacriminallaw.com/Ferrente%20Court%20of%20Criminal%20Appeals%20Ruling.pdf.
5. "Court Drops Case of 'Peeping Tom' in Target; Says Victim Was Not in Private Place". *Fox News,* 14 de janeiro de 2015. Disponível em: www.foxnews.com/story/court-drops-case-of-peeping-tom-in-target-says-victim-was-not-in--private-place.
6. Catharine A. MacKinnon. *Toward a Feminist Theory of the State.* (Cambridge, MA: Harvard University Press, 1991), p. 194.
7. John Estus. "Voyeurism Laws to Go High-tech: Peeping Statutes Don't Account for Public Sites". *Oklahoman,* 4 de maio de 2008. Disponível em: eu.oklahoman.com/story/news/2008/05/04/voyeurism-laws-to-go--high-techbrspan-classhl2peeping-statutesdont-account-for-public-sites--span/61597778007/.
8. "Upskirt Photos Not Illegal, US Court Rules". *Associated Press,* 6 de março de 2014. Disponível em: www.cbc.ca/news/world/upskirt-photos-not-illegal--u-s-court-rules-1.2562395.
9. "Without Your Vagina, There's No You!". Fleshbot, 30 de março de 2007. Disponível em: web.archive.org/web/20071221114437/http://fleshbot.com/sex/video/without-your-vagina-theres-no-you-248354.php.
10. Louise Gannon. "'I Find Being Sexy Embarrassing', Reveals Emma Watson". *Daily Mail,* 6 de fevereiro de 2009. Disponível em: www.dailymail.co.uk/

home/moslive/article-1127838/I-sexy-embarrassing-reveals-EmmaWatson.html.

11. "Vanessa Hudgens Is (Probably Not) Naked". Fleshbot, sem data, 2008. O site está fora do ar.
12. "'HSM' Nude Pic: It's the Real Deal!", TMZ, 6 de setembro de 2007. Disponível em: web.archive.org/web/20081201021217/http://www.tmz.com/2007/09/06/hsm-nude-pic-its-the-real-deal/.
13. Simon Gage. "Actress Vanessa Hudgens: I Want to Do This When I'm 60; I Want to Be Like Meryl Streep", Metro, 18 de julho de 2013. Disponível em: https://metro.co.uk/2013/07/18/actress-vanessa-hudgens-i-want-to-do-this--when-im-60-i-want-to-be-like-meryl-streep-3887207/.
14. Ariel Levy. *Female Chauvinist Pigs: Women and the Rise of Raunch Culture* (Londres: Pocket Books, 2005), pp. 3-4.
15. Perez Hilton com Leif Eriksson e Martin Svensson. *TMI: My Life in Scandal* (Chicago: Chicago Review Press, 2020), p. 66.
16. Max Roser, Hannah Ritchie e Esteban Ortiz-Ospina. "Internet". Our World in Data, sem data. Disponível em: ourworldindata.org/internet.
17. "Time Spent Online Doubles in a Decade". *Ofcom,* 11 de maio de 2015. Disponível em: https://www.warc.com/newsandopinion/news/time-online--doubles-in-a-decade/en-gb/34750.
18. Roger Collis. "Learning to Live Without Your BlackBerry". *The New York Times,* 17 de maio de 2007. Disponível em: https://www.nytimes.com/2007/05/17/travel/17iht-trfreq18.1.5752164.html.
19. A. E. Marwick e Danah Boyd. "I Tweet Honestly, I Tweet Passionately: Twitter Users, Context Collapse, and the Imagined Audience". *New Media and Society,* 13, nº 1 (2011), pp. 114-33. Disponível em: https://doi.org/10.1177/1461444810365313.
20. Penelope Trunk. "Why I Tweeted About My Miscarriage". *The Guardian,* 6 de novembro de 2009. Disponível em: www.theguardian.com/lifeandstyle/2009/nov/06/penelope-trunk-tweet-miscarriage.
21. Richard Pérez-Peña. "2 Celebrity Magazines Buck Circulation Trend". *The New York Times,* 11 de fevereiro de 2008. Disponível em: www.nytimes.com/2008/02/11/business/media/11cnd-mag.html.
22. Perez Hilton com Jared Shapiro. *Red Carpet Suicide* (Londres: Celebra, 2009), p. 225.
23. Procure por Hollywood Tuna Archives na internet.
24. Emily Gould. "How the *Gawker* Stalker Map Works: A Guide for Dummies, Outraged Famous People, and Old Folk". Gawker, 9 de abril de 2007.
25. Emily Gould. "Replaying My Shame". *The Cut,* 26 de fevereiro de 2020. O site está fora do ar.
26. Nancy Jo Sales. "The Suspects Wore Louboutins". *Vanity Fair,* março de 2010. Disponível em: archive.vanityfair.com/article/share/e9cc0cc3-dbf1--4fab-8367-5fc7c05608e6.

27. Amélie Pedneault, Danielle A. Harris e Raymond A. Knight. "Toward a Typology of Sexual Burglary: Latent Class Findings". *Journal of Criminal Justice*, 40, nº 4 (julho-agosto de 2012). Disponível em: www.sciencedirect.com/science/article/abs/pii/S004723521200075X.
28. Maureen O'Connor. "'Lindsay Was Crying' in Jail, Says Girl Who Tried to Rob Her". Gawker, 26 de julho de 2010.
29. Richard Lawson. "*Pretty Wild* Might Be the Worst Television Show Ever Made", Gawker, 29 de março de 2010.
30. Alex Pareene. "Exclusive: Donald Trump's Brother Robert Has Billy Joel Tickets Tonight, Rented Party Bus, Pre-gamed in Murray Hill", Gawker Stalker, 15 de março de 2016.
31. Barbara Penner. "A World of Unmentionable Suffering: Women's Public Conveniences in Victorian London". *Journal of Design History*, 14, nº 1 (2001), pp. 35-51. Disponível em: https://www.jstor.org/stable/3527271.
32. Hallie Rubenhold. *The Five: A história não contada das mulheres assassinadas por Jack, o Estripador* (São Paulo: Editora Wish, 2021).
33. Alwyn Collinson. "How Black Friday Changed the Suffragette Struggle". Museu de Londres, 14 de novembro de 2018. Disponível em: https://www.museumoflondon.org.uk/discover/black-friday.
34. Jodi Kantor e Megan Twohey. "Harvey Weinstein Paid Off Sexual Harassment Accusers for Decades". *The New York Times*, 5 de outubro de 2017. Disponível em: www.nytimes.com/2017/10/05/us/harvey-weinstein-harassment--allegations.html.
35. Joanna Robinson. "Rose McGowan Claims She Was Dropped by Her Agent for Speaking About Sexism in Hollywood". *Vanity Fair*, 25 de junho de 2015. Disponível em: www.vanityfair.com/hollywood/2015/06/rose-mcgowan--fired-agent-sexism-hollywood.
36. Ronan Farrow. "'I Haven't Exhaled in So Long': Surviving Harvey Weinstein". *The New Yorker*, 25 de fevereiro de 2020. Disponível em: www.newyorker.com/news/q-and-a/i-havent-exhaled-in-so-long-surviving-harvey-weinstein.

Britney Spears: fama

1. "Britney Wheeled Out on a Gurney". TMZ, 4 de janeiro de 2008. Disponível em: www.tmz.com/2008/01/04/britney-wheeled-out-on-a-gurney/.
2. Michael Cragg. "'It Was a Bit of a Blur': Britney Spears on the Making of... Baby One More Time". *The Guardian*, 11 de agosto de 2008. Disponível em: www.theguardian.com/music/2018/aug/11/britney-spears-making-baby--one-more-time.
3. Rob Sheffield. "How Britney Spears Changed Pop with 'Baby One More Time'". *Rolling Stone*, 12 de janeiro de 2019. Disponível em: https://www.rollingstone.com/feature/britney-spears-baby-one-more-time-anniversary--rob-sheffield-777564/.

4. Polly Vernon. "Like a Virgin?". *The Guardian*, 6 de junho de 2000. Disponível em: www.theguardian.com/world/2000/jun/06/gender.uk1.
5. Vladimir Nabokov. *Lolita* (São Paulo: Alfaguara, 2011).
6. John Berger. *Modos de ver* (São Paulo: Fósforo Editora, 2023).
7. Levy. *Female Chauvinist Pigs*, p. 30.
8. "U.S. Music Revenue Database". RIAA. Disponível em: www.riaa.com/u-s--sales-database/.
9. "Gold & Platinum". RIAA. Disponível em: www.riaa.com/gold-platinum/?tab_active=default-award&se=baby+one+more+time#search_section.
10. Eamon Forde. "Oversharing: How Napster Nearly Killed the Music Industry". *The Guardian*, 31 de maio de 2019. Disponível em: www.theguardian.com/music/2019/may/31/napster-twenty-years-music-revolution.
11. "U.S. Music Revenue Database".
12. Concert Archives. "Madonna Tours and Concerts". Sem data. Disponível em: www.concertarchives.org/bands/madonna.
13. Concert Archives. "Britney Spears Tours and Concerts". Sem data. Disponível em: www.concertarchives.org/bands/britney-spears.
14. Mark Binelli. "Britney Spears Finds It Hard to Be a Woman". *Rolling Stone*, 2 de outubro de 2003. Disponível em: www.rollingstone.com/music/music--news/britney-spears-finds-it-hard-to-be-a-woman-254714/.
15. Ann Hornaday. "'Crossroads': Britney's Fizzy Serving of Hot Pepsi". *The Washington Post*, 15 de fevereiro de 2002. Disponível em: www.washingtonpost.com/archive/lifestyle/2002/02/15/crossroads-britneys-fizzy-serving-of-hot--pepsi/95e64090-0180-411e-a8af-6bf89004dd07/.
16. John Dingwall. "Your Time Is Up, Jacko: Britney Wants Albums' Top Slot". *Daily Record* (Glasgow), 5 de novembro de 2001. Disponível em: www.thefreelibrary.com/otr.Off+the+record%3A+YOUR+TIME+IS+UP%2C+JACKO%3B+Britney+ wants+albums+top...-a079729749.
17. Fã de Britney, vários tuítes. Disponível em: twitter.com/BritneyHiatus/status/1360354816183132165.
18. Andy Swift. "Loser". Details, 9 de fevereiro de 2021. O site está fora do ar.
19. Alex Denney. "An Ode to Britney: The Making of the 'Cry Me a River' Video". Dazed, 24 de novembro de 2017. Disponível em: www.dazeddigital.com/music/article/38186/1/cry-me-a-river-justin-timberlake-video-director-interview.
20. Binelli. "Britney Spears Finds It Hard to Be a Woman".
21. Equipe da *Us Weekly*. "Britney Spears' Us Weekly Covers Through the Years". *Us Weekly*, 4 de abril de 2019. Disponível em: www.usmagazine.com/celebrity-news/pictures/britney-spears-us-weekly-covers-through-the--years-20142111/42359-2/.
22. "Britney Spears – Interview with Diane Sawyer @ ABC Primetime (2003)". YouTube, sem data. Disponível em: www.youtube.com/watch?v=FyI6PTuLYgw.
23. Lou Pearlman com Wes Smith. *Bands, Brands, and Billions: My Top 10 Rules for Making Any Business Go Platinum* (Nova York: McGrawHill, 2003), p. 20.

24. Ibid., p. 109.
25. Bryan Burrough. "Mad About the Boys". *Vanity Fair*, 3 de outubro de 2007. Disponível em: www.vanityfair.com/news/2007/11/pearlman200711.
26. *The Boy Band Con: The Lou Pearlman Story*, dirigido por Aaron Kunkel (Pilgrim Media/Searchlight, 2019).
27. Liam Stack. "Lou Pearlman, Svengali Behind Backstreet Boy and 'NSync, Dies at 62". *The New York Times*, 22 de agosto de 2016. Disponível em: www.nytimes.com/2016/08/23/arts/music/lou-pearlman-dead.html.
28. John Seabrook. "We Live in the Pop-Culture World that Lou Pearlman Created". *The New Yorker*, 22 de agosto de 2016. Disponível em: www.newyorker.com/culture/culture-desk/we-live-in-the-pop-culture-world--that-lou-pearlman-created.
29. Britney Spears e Lynne Spears. *Britney Spears' Heart to Heart* (Londres: Hodder & Stoughton, 2000), contracapa.
30. Britney Spears e Lynne Spears. *Um presente de mãe* (São Paulo: Moderna Paradidático, 2001), panfleto.
31. Pearlman com Smith. *Bands, Brands, and Billions*, p. 103.
32. Spears e Spears. *Britney Spears' Heart to Heart*, pp. 86-8.
33. Ibid., p. 118.
34. Binelli. "Britney Spears Finds It Hard to Be a Woman".
35. Jennifer Vineyard. "Britney Talks Sex: Turns Out She Really Wasn't that Innocent", MTV, 8 de julho de 2003. Disponível em: www.mtv.com/news/9sefqc/britney-talks-sex-turns-out-she-really-wasnt-that-innocent.
36. Bradley Stern. "Annet Artani: From 'Everytime' to 'Alive'". MuuMuse, fevereiro de 2010. Disponível em: muumuse.com/2010/02/annet-artani-from--everytime-to-alive.html/#more-5249.
37. Heather Waugh e Heidi Parker. "'I Find It Very Suspect': Director David LaChapelle Weights in on #FreeBritney After Old Music Video Footage of Spears in a Cage Leaks Online". *Daily Mail*, 29 de abril de 2019. Disponível em: www.dailymail.co.uk/tvshowbiz/article-6973799/David-LaChapelle--weighs-Britney-Spears-music-video-showing-cage-leaked.html.
38. Wenn. "Britney: David LaChapelle Tricked Me into Sexy Photos". ContactMusic, 2 de outubro de 2003. Disponível em: www.contactmusic.com/britney-spears/news/britney.-david-lachapelle-tricked-me-into-sexy-photos.
39. Veronica Esposito. "David LaChapelle: 'I've never seen what I do as objectification'". *The Guardian*, 6 de setembro de 2022. Disponível em: www.theguardian.com/artanddesign/2022/sep/06/david-lachapelle-photographer--fotografiska-new-york.
40. Waugh e Parker. "'I Find It Very Suspect'".
41. John Berman e Edward Lovett. "'Britney Spears' Ex, Jason Alexander, Reflects on 55-Hour Marriage: 'I Was in Love'". *ABC News*, 3 de fevereiro de 2012. Disponível em: abcnews.go.com/Entertainment/britney-spears-jason--alexander-reflects-55-hour-marriage/story?id=15506535.
42. *Britney & Kevin: Chaotic*, dirigido por Rob Klug (Fairy Zone, 2005).

43. Gil Kaufman. "Britney Spears Sues over Bum Knee, Seeks $ 9.8 Million". MTV, 7 de fevereiro de 2005. Disponível em: www.mtv.com/news/1496626/britney-spears-sues-over-bum-knee-seeks-98-million/.
44. Jennifer Vineyard. "Britney Lashes Out Against Tabloid 'Liars' on Her Web Site". MTV, 30 de março de 2005. Disponível em: www.mtv.com/news/1499271/britney-lashes-out-against-tabloid-liars-on-her-web-site/.
45. Lindsay Kimble. "Emotional Bobby Brown Admits He Once Hit Wife Whitney Houston and Details Using Drugs while Daughter Bobbi Kristina Was Nearby". *People*, 2 de dezembro de 2020. Disponível em: people.com/celebrity/bobby-brown-admits-hitting-whitney-houston-details-couples-drug-usage/.
46. Perez Hilton. "Filthy Whore". Perez Hilton, sem data. Disponível em: perezhilton.com/filthy-whore/.
47. Perez Hilton. "Attention All Britney Fans". Perez Hilton, sem data. Disponível em: perezhilton.com/attention-all-britney-fans/.
48. Rosie Swash. "Britney Spears's Former Manager Issued with Restraining Order". *The Guardian*, 29 de abril de 2009. Disponível em: www.theguardian.com/music/2009/apr/29/britney-spears-former-manager.
49. Spears e Spears. *Britney Spears' Heart to Heart*, p. 17.
50. Brandon Lowrey. "Lutfi Testifies Britney Shaved her Head to Avoid Drug Testing". *Reuters*, 26 de outubro de 2012. Disponível em: www.reuters.com/article/entertainment-us-britneyspears-lutfi-idUSBRE89J01P20121023.
51. Sheila Marikar. "Bald and Broken: Inside Britney's Shaved Head". *ABC News*, 19 de fevereiro de 2007. Disponível em: abcnews.go.com/Entertainment/Health/story?id=2885048&page=1.
52. Ryan Smith. "Why Britney Spears Shaved Off Her Hair – Looking Back 15 Years Later". *Newsweek*, 15 de fevereiro de 2022. Disponível em: www.newsweek.com/why-britney-spears-shaved-off-her-hairlooking-back-15--years-later-1679388.
53. Donnell Alexander. "The Paparazzi Who Stalked Britney Spears Have No Regrets". Insider, 18 de fevereiro de 2021. Disponível em: www.insider.com/the-paparazzi-who-stalked-britney-spears-have-no-regrets-2021-2.
54. Hilton com Shapiro. *Red Carpet Suicide*, p. 229.
55. Os comentários de Cowell em *The Sun* foram citados em "'I Looked Like a Fat Pig', Says Britney After MTV Fiasco". *Daily Mail*, 13 de setembro de 2007. Disponível em: www.dailymail.co.uk/tvshowbiz/article-480947/I-looked--like-fat-pig-says-Britney-MTV-fiasco.html.
56. Sady Doyle. *Trainwreck: The Women We Love to Hate, Mock and Fear... and Why* (Nova York: Melville House, 2016), p. 175.
57. Binelli. "Britney Spears Finds It Hard to Be a Woman".
58. Claudia Rosenbaum. "Breaking Down Britney Spears's Accusations Against Her Father". Vulture, 20 de janeiro de 2022. Disponível em: www.vulture.com/2022/01/britney-spears-dad-allegations-finances.html.
59. Equipe da *Us Magazine*. "Britney Spears Get a People's Choice Nod". *Us Magazine*, 10 de novembro de 2008. O site está fora do ar.

60. Parte 1 de *Britney: For the Record*. Daily Motion. Disponível em: www.dailymotion.com/video/x7lr2p.
61. "Britney Spears: 28 Years in 28 Pictures". Page Six, 2 de dezembro de 2009. Disponível em: pagesix.com/2009/12/02/britney-spears-28-years-in-28--pictures-2/.
62. Nicholas Hautman. "Louis Walsh: 'Britney Spears Was on So Much Medication on 'X Factor'". Page Six, 14 de junho de 2021. Disponível em: pagesix.com/2021/06/14/louis-walsh-britney-spears-was-on-medication-on-x-factor/.
63. Liz Day, Samantha Stark e Joe Coscarelli. "Britney Spears Quietly Pushed for Years to End Her Conservatorship". *The New York Times*, 2 de novembro de 2021. Disponível em: www.nytimes.com/2021/06/22/arts/music/britney--spears-conservatorship.html.
64. Emma Nolan. "Jamie Spears' Lawyer Denies Britney's Birth Control Claims". *Newsweek*, 15 de julho de 2021. Disponível em: www.newsweek.com/jamie--spears-lawyer-denies-britney-birth-control-claims-iud-1610027.
65. Jem Aswad. "'Read Britney Spears' Full Statement Against Her Conservatorship: 'I Am Traumatized'". Variety, 23 de junho de 2021. Disponível em: https://variety.com/2021/music/news/britney-spears-full-statement--conservatorship-1235003940//.
66. Daphne Barak. "'Without My Help, Britney Might Be DEAD': His Words Will Infuriate the Legions of Britney Spears Fans Who Campaigned for Her Freedom — But, Speaking for the First Time, Her Father Jamie Insists the Controversial 13-Year Conservatorship SAVED Her". *Daily Mail*, 17 de dezembro de 2022. Disponível em: www.dailymail.co.uk/news/article-11549597/Jamie-insists--Britney-Spears-controversial-13-year-conservatorship-saved-ruin.html.
67. "Britney Spears Says She is Now Able to Use Cash, Have the Keys to Her Car After Being Freed from Conservatorship". *CBS News*, 17 de novembro de 2021. Disponível em: www.cbsnews.com/losangeles/news/britney-spears--use-cash-keys-to-car-freed-conservatorship/.
68. Citado em Jacqueline Lindenberg. "Britney Spears Lashes Out in Frustration over Documentaries Made About Her: 'I Feel Like America Has Done a Wonderful Job at Humiliating Me'". *Daily Mail*, 9 de julho de 2022. Disponível em: www.dailymail.co.uk/tvshowbiz/article-10998539/Britney-Spears-lashes--frustration-documentaries-her.html.

Paris Hilton: invasão

1. NYP Holdings *vs*. Mario Lavenderia, petição, 2 de maio de 2005.
2. Hilton com Eriksson e Svensson. TMI, p. 63.
3. Hilton com Shapiro. *Red Carpet Suicide*, p. 10.
4. "Paris Hilton's Driving Could Lead to Jail". *Los Angeles Times*, 30 de março de 2007. Disponível em: https://www.latimes.com/archives/la-xpm-2007-mar-30-me-paris30-story.html.

5. "Paris Hilton Wins Big Outlaw of 2006—VH1's Big in 06 Awards". YouTube, sem data. O site está fora do ar.
6. Bob Morris. "Next Generation: The Hilton Sisters". *The New Yorker*, 10 de outubro de 1999. Disponível em: www.newyorker.com/magazine/1999/10/18/next-generation-l-the-hilton-sisters.
7. Michelle Gotthelf. "Debutantes They Ain't: Hot Young Heiresses Partying Up a Storm". *New York Post*, 15 de outubro de 2000. Disponível em: nypost.com/2000/10/15/debutantes-they-aint-hot-young-heiresses-partying-up-a--storm/.
8. Nancy Jo Sales. "Hip-hop Debs". *Vanity Fair*, setembro de 2000. Disponível em: archive.vanityfair.com/article/2000/9/hip-hop-debs.
9. Katherine E. Finkelstein. "Jury Clears Combs and Bodyguard; Split Verdict for 3rd Defendant". *The New York Times*, 16 de março de 2001. Disponível em: https://www.nytimes.com/2001/03/16/nyregion/jury-clears-combs-and--bodyguard-split-verdict-for-3rd-defendant.html.
10. Sales. "Hip-hop Debs".
11. Daniel R. Coleridge. "Hilton's Sis Rejected Reality TV". TVGuide, sem data. Disponível em: web.archive.org/web/20030725004416/https://www.tvguide.com/newsgossip/insider/030722c.asp.
12. Leslie Ryan. "'Simple Life' New Reality at Fox Studio: 20th Tries on Genre for Size". Television Week, sem data, 2003. Disponível em: web.archive.org/web/20040215040316/http://www.tvweek.com/topstorys/112403simplelife.html.
13. Peter White. "Paris Hilton Admits She Was 'Playing a Character Before' as Heiress; Opens Up About YouTube Doc 'This Is Paris' — TCA". Deadline, 18 de janeiro de 2020. Disponível em: deadline.com/2020/01/paris-hilton-this--is-paris-character-youtube-1202834878/.
14. Josh Wolk. "Are Paris and Nicole Rich Ditzes in the 1st Ep?". *Entertainment Weekly*, 2 de dezembro de 2003. Disponível em: ew.com/article/2003/12/02/are-paris-and-nicole-rich-ditzes-1st-ep/.
15. Marc S. Malkin com Deborah Schoeneman. "The Paris Hilton Sex Tape; Nicole Miller Gets Real; A Royal Pain". New York Metro.com, 18 de agosto de 2003. Disponível em: web.archive.org/web/20030815183515/http://www.newyorkmetro.com/nymetro/news/people/columns/intelligencer/n_9099/.
16. Elizabeth Spiers. "Paris Hilton: Sex, Lies & Videotape, Cont'd". *The Kicker* (blog), New York Metro.com, 12 de novembro de 2003. Disponível em: web.archive.org/web/20031228135819/http://thekicker.nymetro.com/archives/000167.html.
17. "Paris Hilton's PR Strategy: Avoidance". CNN, 26 de novembro de 2003. Disponível em: edition.cnn.com/2003/SHOWBIZ/TV/11/26/television.paris.reut/.
18. *Never Mind the Buzzcocks*, episódio 4, temporada 19, dirigido por John L. Spencer, exibido em 16 de novembro de 2006, na BBC Two.

19. Amanda Chicago Lewis. "Pam and Tommy: The Untold Story of the World's Most Infamous Sex Tape". *Rolling Stone*, 22 de dezembro de 2014. Disponível em: www.rollingstone.com/feature/pam-and-tommy-the-untold-story-of--the-worlds-most-infamous-sex-tape-194776/.
20. Richard Morgan. "Revenge Porn: Jilted Lovers Are Posting Sex Tapes on the Web — And Their Exes Want Justice". Details, sem data. Disponível em: web.archive.org/web/20091113144122/http://www.details.com/sex-relationships/porn-and-perversions/200809/revenge-porn.
21. Mike Masnick. "Since When Is It Illegal to Just Mention a Trademark Online?". TechDirt, 5 de janeiro de 2005. Disponível em: www.techdirt.com/articles/20050105/0132239.shtml.
22. Paul Rogers. "Streisand's Home Becomes Hit on Web: Star Had Sued Valley Mogul to Keep Photographs Off Site". *Mercury News*, 24 de junho de 2003. Disponível em: www.californiacoastline.org/news/sjmerc5.html.
23. Mike Masnick. "Fines and a Destroyed Phone for a Topless Cameraphone Snap Shot". TechDirt, 1 de dezembro de 2004. Disponível em: www.techdirt.com/2004/12/01/fines-and-a-destroyed-phone-for-a-topless-cameraphone--snap-shot/.
24. Mike Rogers. "The Fine Line of Celebrity Stupidity". MSNBC, 1 de junho de 2003. Disponível em: www.californiacoastline.org/news/msnbc-stupidity.html.
25. Chris Clarke. "The Price of Tides: Streisand Environmental Hypocrite". CounterPunch, 31 de maio de 2003. Disponível em: www.californiacoastline.org/news/counterpunch.html.
26. Malkin com Schoeneman. "The Paris Hilton Sex Tape".
27. FTC. "Sellers of Girls Gone Wild Videos to Pay $1.1 Million To Settle Charges of Unauthorized Shipping and Billing". 30 de julho de 2004. Disponível em: www.ftc.gov/news-events/news/press-releases/2004/07/sellers-girls-gone--wild-videos-pay-11-million-settle-charges-unauthorized-shipping-billing.
28. Ryan Simkin. *FLASH! Bars, Boobs and Busted: Five Years on the Road with Girls Gone Wild* (Santa Monica: 4 Park Publishing, 2010), p. 31.
29. Gloria Steinem. "A Bunny's Tale: Show's First Exposé for Intelligent People". *Show*, maio de 1963. Disponível em: undercover.hosting.nyu.edu/files/original/5c9de8d1db51cede1395f6d6fa480ca24e872b76.pdf.
30. Mireya Navarro. "The Very Long Legs of 'Girls Gone Wild'". *The New York Times*, 4 de abril de 2004. Disponível em: www.nytimes.com/2004/04/04/style/the-very-long-legs-of-girls-gone-wild.html.
31. Simkin. *FLASH!*, p. 48; Aurora Snow. "The Adult Industry Doesn't Pay! (As Much as You Think)". Daily Beast, 11 de julho de 2017. Disponível em: www.thedailybeast.com/the-adult-industry-doesnt-pay-as-much-as-you-think.
32. Ariel Levy. "Girls Get Naked for T-shirts and Trucker Hats". Slate, 22 de março de 2004. Disponível em: slate.com/news-and-politics/2004/03/girls--get-naked-for-t-shirts-and-trucker-hats.html.

33. Laura Miller. "The Passion of Andrea Dworkin". Salon, 12 de abril de 2005. Disponível em: www.salon.com/2005/04/12/dworkin_3/.
34. Equipe da *Reuters*. "'Girls Gone Wild' Founder Freed on Florida Charges". *Reuters*, 12 de março de 2008. Disponível em: www.reuters.com/article/us--francis-idUSN1221876020080312.
35. Simkin. *FLASH!*, p. 51.
36. Ibid., pp. 40–1.
37. Greta Christina. "Girls Gone Wild". Blog de Greta Christina, sem data, 2005. Disponível em: web.archive.org/web/20070206020806/http://www.gretachristina.com/girlsgonewild.html.
38. Simkin. *FLASH!*, p. 75.
39. Ibid., p. 177.
40. web.archive.org/web/20051104030454/http://www.exgfpics.com:80/blog/.
41. Tracy Clark-Flory. "The Twisted World of 'Ex-Girlfriend Porn'". Salon, 28 de fevereiro de 2011. Disponível em: https://www.salon.com/2011/02/28/exgirlfriend_porn/.
42. "Misery Merchants: How Should the Online Publication of Explicit Images Without Their Subjects' Consent Be Punished?". *The Economist*, 4 de julho de 2014. Disponível em: www.economist.com/international/2014/07/05/misery-merchants.
43. Kashmir Hill. "Revenge Porn (Or: Another Reason Not to Take Nude Photos)". Forbes, 2 de junho de 2009. Disponível em: web.archive.org/web/20110709024721/http://blogs.forbes.com/kashmirhill/2009/06/02/revenge-porn-or-another-reason-not-to-take-nude-photos/.
44. Richard Luscombe. "Sex Video Gives Paris Hilton Publicity Money Can't Buy". *The Guardian*, 7 de dezembro de 2003. Disponível em: www.theguardian.com/world/2003/dec/07/arts.usa.
45. Hilton com Shapiro. *Red Carpet Suicide*, p. 56.
46. *Reuters*. "Paris Hilton Sues Over Internet Sex Tape". CNN, 9 de fevereiro de 2004. O site está fora do ar.
47. Marvad Corporation *vs*. Donald Thrasher, 14 de novembro de 2003.
48. Salomon *vs*. Hilton et al., primeira revisão de petição, 2 de janeiro de 2004.
49. Todd Peterson. "Claim: Paris Hilton 'Directed' Sex Tape". *People*, 24 de fevereiro de 2004.
50. Stephen M. Silverman. "Hilton, Salomon End Sex-Tape Legal Battle". *People*, 13 de julho de 2004. Disponível em: people.com/celebrity/hilton-salomon--end-sex-tape-legal-battle/.
51. Paris Hilton com Merle Ginsberg. *Confessions of an Heiress* (Nova York: Fireside, 2004), p. 29.
52. Natalie Finn. "Remembering How Moviegoers Got Psyched to 'See Paris Die' in 'House of Wax'". E! News, 6 de maio de 2020. Disponível em: www.eonline.com/news/1148602/remembering-how-moviegoers-got-psyched-to--see-paris-die-in-house-of-wax.

53. Natalie Finn. “Paris Hilton’s Traumatic Trip to Jail Was 10 Years Ago: How She Revamped Her Life After the Celebutantes Gone Wild Era”. E! News, 27 de abril de 2017. Disponível em: www.eonline.com/news/846325/paris--hilton-s-traumatic-trip-to-jail-was-10-years-ago-how-she-revamped-her--life-after-the-celebutantes-gone-wild-era.
54. Ruth Kinane e Joey Nolfi. “Sarah Silverman Says She ‘Immediately’ Regretted Paris Hilton Jokes at 2007 MTV Movie Awards and Wrote Her to Apologize”. *Entertainment Weekly*, 5 de março de 2021. Disponível em: ew.com/news/sarah-silverman-immediately-regretted-paris-hilton-jokes-wrote-to--apologize/.
55. “Sarah Silverman Dragging Paris Hilton at the 2007 MTV Movie Awards”. YouTube, sem data. Disponível em: www.youtube.com/watch?v=G_v3dN7TOk4&t=8s.
56. Lorena Mongelli. “Paris Bawls in Jail: Shrink Pays Call”. *New York Post*, 6 de junho de 2007.
57. Equipe do TMZ. “Paris DID Have to Spread ‘Em!’, In the Zone”. TMZ, 6 de junho de 2007. Disponível em: web.archive.org/web/20070609170039/http://www.tmz.com/2007/06/06/paris-did-have-to-spread-em/#c5295317.
58. Elizabeth Snead. “Paris Is Set Free! Crying Works!”. Styles and Scenes, The Envelope, 7 de junho de 2007. O site está fora do ar.
59. Mike Nizza. “Paris Hilton Ordered Back to Jail”. The Lede, *The New York Times*, 8 de junho de 2007. Disponível em: web.archive.org/web/20070611091018/https://thelede.blogs.nytimes.com/2007/06/08/paris--hilton-due-in-court/.
60. Jack Leonard e Doug Smith. “Hilton Will Do More Time than Most, Analysis Finds”. *Los Angeles Times*, 14 de junho de 2007. Disponível em: web.archive.org/web/20070618015624/http://www.latimes.com/entertainment/news/la-me-paris14jun14,0,404958.story?coll=la-home-center.
61. Paul Harris. “Why I Said ‘No’ to Paris Hilton Mania”. *The Guardian*, 1 de julho de 2007. Disponível em: www.theguardian.com/media/2007/jul/01/broadcasting.tvnews.
62. Matéria da *Us Weekly* discutida em “‘Countdown with Keith Olbermann’ for July 2”, transcrição, NBC News, 3 de julho de 2007. Disponível em: www.nbcnews.com/id/wbna19581765.
63. Tracy Clark-Flory. “Porn in a Flash”. Salon, 25 de novembro de 2008. Disponível em: web.archive.org/web/20100523132107/http://www.salon.com/life/feature/2008/11/25/upskirting.
64. Greta Christina. “Going Wild: A Feminist’s Defense of the ‘Girls Gone Wild’ Girls”. Blog de Greta Christina, 15 de agosto de 2006. Disponível em: gretachristina.typepad.com/greta_christinas_weblog/2006/08/going_wild.html.
65. “Paris Hilton: Feminist Icon to Be”. Gawker, sem data. Disponível em: web.archive.org/web/20031107032721/http://www.gawker.com/archives/009956.php.

66. Michaele L. Ferguson. "Choice Feminism and the Fear of Politics". *Perspectives on Politics* 8, nº 1 (2010), pp. 247-53.
67. Christopher Hitchens. "Siege of Paris: The Creepy Populism Surrounding High-Profile Defendants". Slate, 11 de junho de 2007. Disponível em: slate.com/news-and-politics/2007/06/the-creepy-populism-surrounding-paris--hilton-and-scooter-libby.html.
68. Kaie O'Malley. "Sorry Paris Hilton, We Should Have Had Your Back". *Elle*, 24 de setembro de 2020. Disponível em: www.elle.com/uk/life-and-culture/culture/a34127722/paris-hilton-apology/.
69. Randi Bergman. "All Hail the Unlikely Queen of Celebrity Fragrance". *Elle*, 21 de janeiro de 2020. Disponível em: www.ellecanada.com/beauty/paris--hilton-the-unlikely-queen-of-celebrity-fragrance.
70. Cait Munro. "Can an Heiress Be Self-Made? Paris Hilton Thinks So". Refinery29, 30 de julho de 2018. Disponível em: www.refinery29.com/en--us/2018/07/205006/paris-hilton-interview-greed-self-made.
71. Sarah Ditum. "Perez Hilton on Being the World's Most Notorious Gossip Blogger". *The Times*, 19 de setembro de 2021. Disponível em: www.thetimes.co.uk/article/perez-hilton-on-being-the-worlds-most-notorious-gossip--blogger-l0fqvdvkr.
72. Provo Canyon School, declaração para imprensa, 17 de setembro de 2020. O site está fora do ar.

Lindsay Lohan: apocalipse

1. Kenneth Turan. "Happily Trapped". *Los Angeles Times*, 29 de julho de 1998. Disponível em: www.latimes.com/archives/la-xpm-1998-jul-29-ca-7980-story.html.
2. Jett Otto. "An Interview with Lindsay Lohan". IGN, 6 de agosto de 2003, atualizado em 20 de maio de 2012. Disponível em: www.ign.com/articles/2003/08/06/an-interview-with-lindsay-lohan.
3. Greg Williams. "Hell Hath No Fury Like a Showbiz Father Scorned". *New York Magazine*, 18 de fevereiro de 2005. Disponível em: www.nymag.com/nymetro/news/people/features/11159/index1.html.
4. Associated Press. "Lohan Parents' Divorce Heats Up on Long Island". *Today*, 7 de agosto de 2007. Disponível em: www.today.com/popculture/lohan--parents-divorce-heats-long-island-1C9429793.
5. Stephen M. Silverman. "Lindsay's Uncle Arrested for Alleged Scam". *People*, 22 de junho de 2005. O site está fora do ar.
6. Estados Unidos *vs*. Paul Sullivan, julgamento de caso criminal.
7. Spencer Morgan. "The Parent Trap". *Observer*, 15 de agosto de 2007. Disponível em: web.archive.org/web/20150825205613/http://observer.com/2007/08/the-parent-trap-2/.

8. "Lohan Seeks Press Muzzle". The Smoking Gun, 3 de fevereiro de 2005. Disponível em: www.thesmokinggun.com/documents/crime/lohan-seeks--press-muzzle.
9. Williams. "Hell Hath No Fury Like a Showbiz Father Scorned".
10. Associated Press. "Lohan Parents' Divorce Heats Up on Long Island".
11. Robert Haskell. "Lindsay Lohan". *W*, 1 de abril de 2005. Disponível em: www.wmagazine.com/story/lindsay-lohan.
12. Morgan. "The Parent Trap".
13. Marcelle S. Fischler. "For Lohan Matriarch, Like Daughter, Like Mother". *The New York Times*, 21 de outubro de 2006. Disponível em: www.nytimes.com/2006/10/21/nyregion/nyregionspecial2/22limom.html.
14. Brian Lowry. "Living Lohan". *Variety*, 26 de maio de 2008. Disponível em: web.archive.org/web/20080607012539/https://variety.com/review/VE1117937255.html?categoryid=32&cs=1&nid=2609.
15. "An Incomplete List of Attendees of the *EW* Pre-Emmy Party". Gawker, 21 de setembro de 2004. O site está fora do ar.
16. "Harry Potter: Hermione Growth Spurt — SNL". YouTube, sem data. Disponível em: www.youtube.com/watch?v=uwfdFCP3KYM.
17. Gill Pringle. "I'm Not a Girl, Not Yet a Woman". *The Guardian*, 13 de junho de 2004. Disponível em: www.theguardian.com/film/2004/jun/13/features.magazine.
18. Virginia Heffernan. "Anchor Woman: Tina Fey Rewrites Late-Night Comedy". *The New Yorker*, 26 de outubro de 2003. Disponível em: www.newyorker.com/magazine/2003/11/03/anchor-woman.
19. Vanessa Grigoriadis. "Everybody Sucks". *New York Magazine*, 12 de outubro de 2007. Disponível em: nymag.com/news/features/39319/.
20. Defamer, sem data. Disponível em: web.archive.org/web/20041212003605/http://www.defamer.com/index.php?page=4.
21. "Wilmer Valderrama Won't Be in Lindsay Lohan's 'Rumors' Video". Popdirt.com, 25 de setembro de 2004. O site está fora do ar.
22. Stephen Hunter. "'Herbie: Fully Loaded': Old Engine in New Body". *The Washington Post*, 22 de junho de 2005. Disponível em: www.washingtonpost.com/wp-dyn/content/article/2005/06/21/AR2005062101765.html.
23. Robert K. Elder. "Movie Review: 'Herbie: Fully Loaded'". Metromix.com, sem data. Disponível em: web.archive.org/web/20051109100914/http://metromix.chicagotribune.com/movies/mmx-050621-movies-review-herbie,0,5936419.story?coll=mmx-movies_top_heds.
24. "Defamer Preview: Lindsay Lohan's Too Big for Disney". Defamer, 18 de fevereiro de 2005. Disponível em: web.archive.org/web/20050221034141/http://www.defamer.com/hollywood/gossip/lindsay-lohan/defamer-preview--lindsay-lohans-too-big-for-disney-033598.php.
25. "Lindsay Lohan Gets Booze Warnings on 'Herbie' Set". Defamer, 15 de setembro de 2004. Disponível em: web.archive.org/web/20050221032729/http://

www.defamer.com/hollywood/gossip/lindsay-lohan-gets-booze-warnings--on-herbie-set-021386.php.

26. Haskell. "Lindsay Lohan".
27. Todd Peterson. "Lindsay Lohan Hospital Trip: 'I Was Tired'". *People*, 22 de novembro de 2004.
28. "Lindsay Lohan's Breast a New Debate for 2005". Defamer. Disponível em: https://web.archive.org/web/20050217022544/http://www.defamer.com/hollywood/gossip/lindsay-lohan/lindsay-lohans-breasts-a-new-debate--for-2005-028964.php.
29. Haskell. "Lindsay Lohan".
30. Jennette McCurdy. *Estou feliz que minha mãe morreu* (São Paulo: nVersos, 2022).
31. Leyla Mohammed. "Demi Lovato Opened Up About Losing Her Virginity After Being Allegedly Raped by Someone Who Was Also on Disney". BuzzFeed, 25 de agosto de 2022. Disponível em: www.buzzfeednews.com/article/leylamohammed/demi-lovato-rape-disney-lost-virginity-teenager.
32. McCurdy. *Estou feliz que minha mãe morreu*; *Demi Lovato: Dancing With the Devil*, dirigido por Michael D. Ratner (YouTube Originals, 2020).
33. McCurdy. *Estou feliz que minha mãe morreu.*
34. Mickey Rapkin. "Emilio Estevez Is No Bobby Kennedy". *GQ*, 4 de outubro de 2006. Disponível em: www.gq.com/story/rfk-assassinaton-bobby-kennedy--emilio-estevez.
35. Roger Ebert. "A Hard Day's Plight". RogerEbert.com, 11 de maio de 2006. Disponível em: www.rogerebert.com/reviews/just-my-luck-2006.
36. Geoffrey Macnab. "I Used to Google My Name to See What Came Up — It Hurt". *The Guardian*, 27 de setembro de 2006. Disponível em: www.theguardian.com/film/2006/sep/27/londonfilmfestival2006.londonfilmfestival.
37. Emily Nussbaum. "'Sex and the City': Tenth Anniversary". *New York Magazine*, 26 de agosto de 2011. Disponível em: nymag.com/news/9-11/10th--anniversary/sex-and-the-city/.
38. Heffernan. "Anchor Woman".
39. Terry Teachout. "Tawdriness in Turnaround". *The Wall Street Journal*, 4 de janeiro de 2002. Disponível em: www.wsj.com/articles/SB1010103475159692400?mod=article_inline.
40. Grady Smith. "Is Country Music Ready to Forgive the Dixie Chicks?". *The Guardian*, 19 de novembro de 2015. Disponível em: www.theguardian.com/music/2015/nov/19/the-dixie-chicks-tour-is-country-music-ready-to-forgive.
41. "A Shattered Nation Longs to Care About Stupid Bullshit Again". *The Onion*, 3 de outubro de 2001. Disponível em: www.theonion.com/a-shattered-nation--longs-to-care-about-stupid-bullshit-1819566188.
42. Amy Odell. *Anna: The Biography* (Londres: Allen and Unwin, 2022), p. 225.
43. Grigoriadis. "Everybody Sucks".
44. Emily Yahr. "Harvey Weinstein's Behavior Was a Dark Inside Joke on Shows Like 'Entourage' and '30 Rock'". *The Washington Post*, 10 de outubro de 2017.

Disponível em: www.washingtonpost.com/news/arts-and-entertainment/wp/2017/10/10/harvey-weinsteins-behavior-was-a-dark-inside-joke-on--shows-like-entourage-and-30-rock/.

45. Jodi Kantor e Megan Twohey. "Harvey Weinstein Paid Off Sexual Harassment Accusers for Decades". *The New York Times*, 5 de outubro de 2017. Disponível em: www.nytimes.com/2017/10/05/us/harvey-weinstein-harassment-allegations.html; Ronan Farrow. "From Aggressive Overtures to Assault: Harvey Weinstein's Accusers Tell Their Stories". *The New Yorker*, 10 de outubro de 2017. Disponível em: www.newyorker.com/news/news-desk/from-aggressive--overtures-to-sexual-assault-harvey-weinsteins-accusers-tell-their-stories.
46. Jacob Stolworthy. "Lindsay Lohan Defends Harvey Weinstein: 'I Feel Very Bad for Him'". *The Independent*, 11 de outubro de 2017. Disponível em: www.independent.co.uk/arts-entertainment/films/news/harvey-weinstein--allegations-lindsay-lohan-defends-instagram-video-georgina-chapman--wife-a7993966.html.
47. Marsha Kranes. "Lindsay Bares Anguish". *New York Post*, 2 de março de 2005. Disponível em: nypost.com/2005/03/02/lindsay-bares-anguish/.
48. Evgenia Peretz. "Confessions of a Teenage Movie Queen". *Vanity Fair*, fevereiro de 2006. Disponível em: archive.vanityfair.com/article/2006/2/confessions--of-a-teenage-movie-queen.
49. Anita Gates. "George Barris, Photographer Who Captured the Last Images of Marilyn Monroe, Dies at 94", *The New York Times*, 4 de outubro de 2016. O site está fora do ar.
50. Josh Grossberg. "Lindsay Lohan: A Timeline of All Her Arrests (and Boy, There Are a Lot of 'Em)". E! News, 29 de novembro de 2012. Disponível em: www.eonline.com/news/367020/lindsay-lohan-a-timeline-of-all-her-arrests--and-boy-there-are-a-lot-of-em.
51. "Hollywood Big Blasts Lohan". The Smoking Gun, 28 de julho de 2006. Disponível em: www.thesmokinggun.com/documents/crime/hollywood--big-blasts-lohan.
52. Amy Bonawitz. "*Georgia Rule* Controversy Haunts Lohan". CBS News, 9 de maio de 2007. Disponível em: https://www.cbsnews.com/news/georgia-rule--controversy-haunts-lohan/.
53. Todd Leopold. "Lohan's 'Killed Me' Sets Worst-Film Record". CNN, 23 de fevereiro de 2008. O site está fora do ar.
54. Ben Child. "Lindsay Lohan Has Labour Pains as Film Goes Straight to Cable". *The Guardian*, 27 de março de 2009. Disponível em: www.theguardian.com/film/2009/mar/27/lindsay-lohan-labour-pains-straight-to-cable.
55. "Insurance Row Nearly Ends Lohan's Film Career". *Irish Examiner*, 7 de junho de 2008. Disponível em: www.irishexaminer.com/lifestyle/arid-30365157.html.
56. Dave Itzkoff. "A One-Way Ticket to Disaster". *The New York Times*, 1º de janeiro de 2008. Disponível em: https://www.nytimes.com/2008/01/01/arts/01iht-30trainwreck.8972416.html.

57. Helen Pidd. "I Don't Want to Sound Like a Piece of Poop, but...". *The Guardian*, 1º de fevereiro de 2008. Disponível em: www.theguardian.com/film/2008/feb/01/2.
58. Richard Lawson. "Taradise Lost: Is Celebrity Hedonism Over?". Gawker, 10 de novembro de 2008. O site está fora do ar.
59. Zach Johnson. "Lindsay Lohan on Samantha Ronson: 'Two Toxic People Cannot Be Together'". *People*, 26 de novembro de 2012. Disponível em: www.usmagazine.com/celebrity-news/news/lindsay-lohan-on-samantha-ronson--two-toxic-people-cannot-be-together-20122611/.
60. Perez Hilton. "Lohan's Lesbian Love Triangle". Perez Hilton, sem data. Disponível em: perezhilton.com/lohans-lesbian-love-triangle/.
61. Sarah Nechamkin. "The Last Photos of Marilyn Monroe". The Cut, 8 de junho de 2017. Disponível em: www.thecut.com/2017/06/bert-stern-photos--of-marilyn-monroe-before-her-death.html.
62. Amanda Fortini. "Lindsay Lohan as Marilyn Monroe in 'The Last Sitting'". *New York Magazine*, 18 de fevereiro de 2008. Disponível em: web.archive.org/web/20130309011151/https://nymag.com/fashion/08/spring/44247/.
63. Gina Bellafante. "Lohan Assumes the Pose: Monroe's Final Sitting". *The New York Times*, 21 de fevereiro de 2008. Disponível em: www.nytimes.com/2008/02/21/arts/21iht-21loha.10266205.html.
64. Mike Collett-White. "Lohan's 'Macabre' Monroe Snaps an Internet Hit". *Reuters*, 23 de fevereiro de 2008. Disponível em: www.reuters.com/article/us-lohan/lohans-macabre-monroe-snaps-an-internet-hit--idUSN2262698320080222.
65. Abby Goodnough e Margalit Fox. "Anna Nicole Smith Dies at 39". *The New York Times*, 8 de fevereiro de 2007. Disponível em: www.nytimes.com/2007/02/08/arts/08cnd-smith.html.
66. Fortini. "Lindsay Lohan as Marilyn Monroe in 'The Last Sitting'".
67. "Lindsay is Sentenced to Jail Over Necklace Theft". BBC, 12 de maio de 2011. Disponível em: bbc.co.uk/news/newsbeat-13371625.
68. Grossberg. "Lindsay Lohan: A Timeline of All Her Arrests".
69. Melissa Gira Grant. "How Stoya Took on James Deen and Broke the Porn Industry's Silence". *The Guardian*, 4 de dezembro de 2015. Disponível em: www.theguardian.com/culture/2015/dec/04/how-stoya-took-on-james-deen--and-broke-the-porn-industrys-silence.
70. Bret Easton Ellis. "Bret Easton Ellis: Notes on Charlie Sheen and the End of Empire". Daily Beast, 13 de julho de 2017. Disponível em: www.thedailybeast.com/bret-easton-ellis-notes-on-charlie-sheen-and-the-end-of-empire.
71. Stephen Rodrick. "Here Is What Happens When You Cast Lindsay Lohan in Your Movie". *The New York Times Magazine*, 10 de janeiro de 2013. Disponível em: www.nytimes.com/2013/01/13/magazine/here-is-what-happens-when--you-cast-lindsay-lohan-in-your-movie.html.
72. "InAPPropriate Comedy". Disponível em: web.archive.org/web/20130604181337/http://inappropriatecomedy.com/.

Aaliyah: domínio

1. "A Vigil for Aaliyah". BBC News, 28 de agosto de 2001. Disponível em: news.bbc.co.uk/1/hi/entertainment/1512938.stm.
2. "Vigil for Aaliyah". ABC News, 28 de agosto de 2001. Disponível em: abcnews.go.com/Entertainment/story?id=102746&page=1.
3. Thomas J. Lueck. "New York Fans Grieve over Death of Aaliyah". *The New York Times*, 29 de agosto de 2001. Disponível em: www.nytimes.com/2001/08/29/us/new-york-fans-grieve-over-death-of-aaliyah.html.
4. Autoridade de investigação de acidentes aéreos nas Bahamas. "Aircraft Accident Report. F.S.I. File # A0619836". 30 de agosto de 2006. Disponível em: www.baaid.org/_files/ugd/fbeb16_0fa5141104984abf9a107bf1b6fd862f.pdf.
5. Kurt Eichenwald com Robin Pogrebin. "Haste, Errors and a Fallen Star". *The New York Times*, 8 de setembro de 2001. Disponível em: www.nytimes.com/2001/09/08/arts/haste-errors-and-a-fallen-star.html.
6. Hyun Kim. "Revisit Aaliyah's August 2001 Cover Story: 'What Lies Beneath?'". Vibe, agosto de 2001. Disponível em: https://www.vibe.com/features/editorial/aaliyah-august-2001-cover-story-what-lies-beneath-682260/.
7. Ernest Hardy. "Aaliyah". *Rolling Stone*, 2 de agosto de 2001. Disponível em: web.archive.org/web/20011102125720/http://www.rollingstone.com/recordings/review.asp?aid=2042779&cf=1967.
8. Aaliyah. "Aaliyah: MTV Diary in HD Full Episode". YouTube, sem data. Disponível em: www.youtube.com/watch?v=WlOYYd5T-CE.
9. Kathy Iandoli. *Baby Girl: Better Known as Aaliyah* (Nova York: Simon and Schuster, 2021), p. xvi.
10. Ibid., p. xii.
11. Ibid., p. 3.
12. Ibid., pp. 6–7.
13. "She's Got That Vibe". Lyrics Genius, sem data. Disponível em: genius.com/R-kelly-andpublic-announcement-shes-got-that-vibe-lyrics.
14. Camille Augustin. "Aaliyah Week: 'Age Ain't Nothing But a Number' & the Isley Brothers Cover that Placed Aaliyah on the Map". Vibe, 26 de agosto de 2016. Disponível em: www.vibe.com/features/editorial/age-aint-nothing-but-a-number-aaliyah-week-448053/.
15. Retha Powers. "Brat Rap". *The New York Times*, 5 de março de 1995. Disponível em: www.nytimes.com/1995/03/05/magazine/brat-rap.html.
16. Margo Jefferson. *On Michael Jackson* (Londres: Granta, 2018), p. 57.
17. Aaliyah. "I'm So into You". Lyrics Genius, sem data. Disponível em: genius.com/Aaliyah-im-so-into-you-lyrics.
18. Aaliyah. "No One Knows How to Love Me Quite Like You Do", Lyrics Genius, sem data. Disponível em: genius.com/Aaliyah-no-one-knows-how-to-love-me-quite-like-you-do-lyrics.
19. Touré. "Aaliyah: 1979–2001", *Rolling Stone*, 11 de outubro de 2001. Disponível em: www.rollingstone.com/music/music-news/aaliyah-1979-2001-192667/.

20. Hip Hop News Uncensored. "The Deleted R. Kelly and Aaliyah Interview that Will Make You Sick!!". YouTube, sem data. Disponível em: www.youtube.com/watch?v=wkguAwVeAPg.
21. Iandoli. *Baby Girl*, p. 30.
22. Augustin. "Aaliyah Week".
23. KlassicThrowbackTV. "Throwback News: Aaliyah Marries R. Kelly (1994)". YouTube. Disponível em: www.youtube.com/watch?v=H7mZv2vHx58.
24. Jim DeRogatis. *Soulless: The Case Against R. Kelly* (Nova York: Abrams, 2019), p. 65.
25. Iandoli. *Baby Girl*, p. 81.
26. R. Kelly. *Soulacoaster: The Diary of Me* (Nova York: SmileyBooks, 2012), nota do autor.
27. Maria Bobila. "Aaliyah's Stylist Derek Lee on Her Most Fashionable Music Video Moments". Nylon, 21 de agosto de 2020. Disponível em: www.nylon.com/fashion/derek-lee-on-styling-aaliyah-her-most-fashionable-music-videos.
28. Touré. "Aaliyah: 1979–2001".
29. Iandoli. *Baby Girl*, p. 81.
30. Kelefa Sanneh. "A Pioneer, Briefly, of a New Sound". *The New York Times*, 2 de setembro de 2001. Disponível em: www.nytimes.com/2001/09/02/arts/a-pioneer-briefly-of-a-new-sound.html.
31. Jim DeRogatis e Abdon Pallasch. "R. Kelly Accused of Sex with Teenage Girls". *Chicago SunTimes*, 21 de dezembro de 2000. Disponível em: chicago.suntimes.com/2000/12/21/18423229/r-kelly-accused-of-sex-with-teenage-girls.
32. Kelly. *Soulacoaster*, dedicatória.
33. Kenneth Lanning. "The Evolution of *Grooming*: Concept and Term". *Journal of Interpersonal Violence* 33, nº 1 (2018), pp. 5–16. Disponível em: calio.org/wp-content/uploads/2019/03/the-evolution-of-grooming-conceptand-term.pdf.
34. DeRogatis e Pallasch. "R. Kelly Accused of Sex with Teenage Girls".
35. DeRogatis. *Soulless*, pp. 1–3.
36. Kimberlé Crenshaw. "Mapping the Margins: Intersectionality, Identity Politics, and Violence Against Women of Color". *Stanford Law Review* 43, nº 6 (julho de 1991), pp. 1241–99.
37. Eldridge Cleaver. *Soul on Ice* (Nova York: Delta, 1999), pp. 31–3.
38. John Kifner. "Eldridge Cleaver, Black Panther Who Became GOP Conservative, Is Dead at 62". *The New York Times*, 2 de maio de 1998. Disponível em: www.nytimes.com/1998/05/02/us/eldridge-cleaver-black-panther-who-became-gop-conservative-is-dead-at-62.html.
39. Crenshaw. "Mapping the Margins", p. 1.242.
40. DeRogatis. *Soulless*, p. 77.
41. Kim. "Revisit Aaliyah's August 2001 Cover Story: 'What Lies Beneath?'".
42. Iandoli. *Baby Girl*, p. 48.

43. John Mulvey. "Aaliyah". Disponível em: web.archive.org/web/20010718234116/https://www.nme.com/NME/External/Reviews/Reviews_Story/0,1069,8453,00.html.
44. Touré. "Aaliyah: 1979–2001".
45. Iandoli. *Baby Girl*, p. xviii.
46. Lueck. "New York Fans Grieve over Death of Aaliyah".
47. Touré. "Aaliyah: 1979–2001".
48. Joyce Wadler. "Private Mass, Public Tribute for Singer". *The New York Times*, 1º de setembro de 2001. Disponível em: www.nytimes.com/2001/09/01/nyregion/private-mass-public-tribute-for-singer.html.
49. Christopher John Farley. *Aaliyah: More Than a Woman* (Nova York: Pocket Books, 2001), pp. 2, 29, 40, 92, 93, 150, 183, 185.
50. Veja, por exemplo: Caroline Sullivan. "Obituary: Aaliyah: Singer Who Brought Style and Artistry to R&B". *The Guardian*, 27 de agosto de 2001. Disponível em: www.theguardian.com/news/2001/aug/27/guardianobituaries.caroline-sullivan; e Jon Pareles. "Aaliyah, 22, Singer Who First Hit the Charts at 14". *The New York Times*, 27 de agosto de 2001. Disponível em: www.nytimes.com/2001/08/27/arts/aaliyah-22-singer-who-first-hit-the-charts-at-14.html.
51. Sanneh. "A Pioneer, Briefly, of a New Sound".
52. Jim DeRogatis e Abdon M. Pallasch. "City Police Investigate R&B Singer R. Kelly in Sex Tape". *Chicago Sun-Times*, 8 de fevereiro de 2002. Disponível em: web.archive.org/web/20020212051418/http://www.suntimes.com/output/news/cst-nws-kelly08.html.
53. Paul Flynn. "Man in the Mirror: An Interview with R. Kelly". *The Guardian*, 19 de setembro de 2004. Disponível em: www.google.com/amp/s/amp.theguardian.com/music/2004/sep/19/urban.
54. DeRogatis. *Soulless*, p. 117.
55. Ibid., p. 130.
56. Veja, por exemplo: Normal1875, "Have You Seen the Official R. Kelly Tape?". HBCU Sports Forums, 12 de abril de 2002. Disponível em: www.hbcusports.com/forums/threads/have-you-seen-the-official-r-kelly-tape.7585/.
57. Caroline Sullivan. "Review: R. Kelly, Happy People/U Saved Me". *The Guardian*, 20 de agosto de 2004. Disponível em: www.theguardian.com/music/2004/aug/20/popandrock.
58. Kelefa Sanneh. "R. Kelly at Radio City: Songs Served with a Side Order of Ham". *The New York Times*, 20 de abril de 2006. Disponível em: www.nytimes.com/2006/04/20/arts/music/r-kelly-at-radio-city-songs-served-with-a-side--order-of-ham.html.
59. Flynn. "Man in the Mirror".
60. DeRogatis. *Soulless*, pp. 203–4.
61. "Rihanna Attack: The Official Blow-by-Blow". TMZ, 25 de agosto de 2009. Disponível em: www.tmz.com/2009/08/25/rihanna-attack-the-official-blow--by-blow/; https://completemusicupdate.com/article/tmz-post-picture-of--beaten-rihanna/.

62. David Itzkoff. "Chris Brown Sentenced". 26 de agosto de 2009. Disponível em: nytimes.com/2009/08/27/arts/music/27arts-chrisbrownse_brf.html.
63. John Seabrook. *The Song Machine: Inside the Hit Factory* (Londres: Vintage, 2015), p. 226.
64. "Rihanna Breaks Silence over Chris Brown: 'If It's a Mistake, It's My Mistake'". *The Telegraph*, 30 de janeiro de 2013. Disponível em: www.telegraph.co.uk/news/celebritynews/9837484/Rihanna-breaks-silence-over-Chris-Brown--if-its-a-mistake-its-my-mistake.html.
65. "Rihanna Exploits Beating in New Video". TMZ, 19 de outubro de 2011. Disponível em: www.tmz.com/2011/10/19/rihanna-puts-chris-brown--lookalike-in-new-video/.
66. "Wrigley Spits Out Chris Brown — For Good". TMZ, 6 de agosto de 2009. Disponível em: www.tmz.com/2009/08/06/wrigleys-spits-out-chris-brown--for-good/.
67. "Chris Brown, 'Graffiti'". *Billboard*, 19 de janeiro de 2010. Disponível em: www.billboard.com/music/music-news/chris-brown-graffiti-1069883/.
68. Greg Kot. "R. Kelly and the Music Industry's Complicity". *Chicago Tribune*, 18 de janeiro de 2019. Disponível em: www.chicagotribune.com/entertainment/music/ct-ent-r-kelly-sony-kot-0123-story.html.
69. Melissa Locker. "Coming Soon to IFC: R. Kelly's 'Trapped in the Closet: The Next Installment'". IFC, 20 de março de 2012. Disponível em: web.archive.org/web/20120322070647/https://www.ifc.com/fix/2012/03/trapped-in-the--closet-announcement.
70. Alexis Petridis. "How Did R. Kelly Create the World's Strangest Soap Opera?". *The Guardian*, 20 de agosto de 2007. Disponível em: www.theguardian.com/music/musicblog/2007/aug/20/howdidrkellycreatethewor.
71. Chuck Klosterman. "Sex, Pies and Videotape". *The Guardian*, 25 de agosto de 2007. Disponível em: www.theguardian.com/music/2007/aug/25/urban.dvdreviews.
72. Stephen Witt. "Why Can't You Listen to Aaliyah? Ask Her Uncle". Complex, 16 de dezembro de 2016. Disponível em: www.complex.com/music/2016/12/aaliyahs-music-isnt-online-and-her-uncle-barry-hankerson-is-the-reason--why.
73. Richard Benson. "How Terry Richardson Created Porn 'Chic' and Moulded the Look of an Era". *The Guardian*, 29 de outubro de 2017. Disponível em: www.theguardian.com/artanddesign/2017/oct/28/terry-richardson-porn--chic-moulded-look-era-fashion-industry-photographer.
74. HB Team. "Barack Obama x Terry Richardson Photograph". Hypebeast, 16 de setembro de 2008. Disponível em: hypebeast.com/2008/9/barack-obama--x-terry-richardson-photograph.
75. Niamh McIntyre. "Terry Richardson: The Shocking List of Allegations Facing the Fashion Photographer". *The Independent*, 27 de outubro de 2017. Disponível em: www.independent.co.uk/news/terry-richardson-sexual--allegations-list-abuse-assault-fashion-photographer-models-a8022001.html.

76. Mark Di Stefano. "Celebrity Photographer Terry Richardson Has Been Banned From Top Magazines After Years Of Allegations From Models". BuzzFeed, 24 de outubro de 2017. Disponível em: https://www.buzzfeed.com/markdistefano/conde-nast-terry-richardson.
77. Stephanie Smith. "Why Lady Gaga Scrapped R. Kelly Duet Video". PageSix, 19 de junho de 2014. Disponível em: pagesix.com/2014/06/19/lady-gaga-scrapped-r-kelly-duet-video-after-controversies/.
78. Lady Gaga. "I stand by anyone who has ever been the victim of sexual assault". Twitter, 10 de janeiro de 2019. Disponível em: twitter.com/ladygaga/status/1083237788663697408.
79. Jim DeRogatis. "Inside the Pied Piper of R&B's Cult". BuzzFeed, 17 de julho de 2017. Disponível em: www.buzzfeednews.com/article/jimderogatis/parents-told-police-r-kelly-is-keeping-women-in-a-cult.
80. Oronike Odeleye, em relato para Mattie Kahn. "The Cofounder of #MuteRKelly on Where the Hashtag Goes Next". *Glamour,* 3 de maio de 2018. Disponível em: www.glamour.com/story/oronike-odeleye-muterkelly-where-hashtag-goes-next.
81. Touré. "Touré: R. Kelly Backlash Is Not a 'Lynching' but a Reckoning". *Rolling Stone,* 3 de maio de 2018. Disponível em: www.rollingstone.com/culture/culture-news/toure-r-kelly-backlash-is-not-a-lynching-but-a-reckoning-628995/.
82. Kara Boomgarden-Smoke. "More Publishers Cut Ties With Terry Richardson". *Women's Wear Daily,* 26 de outubro de 2017. Disponível em: https://wwd.com/business-news/media/more-publishers-cut-ties-with-terry-richardson-11037284/.
83. Jem Aswad e Shirley Halperin. "R. Kelly Dropped by Sony Music". *Variety,* 18 de janeiro de 2019. Disponível em: variety.com/2019/biz/news/r-kelly-dropped-sony-music-1203106180/.
84. Troy Closson. "R. Kelly Is Convicted of All Counts After Decades of Accusations of Abuse". *The New York Times,* 27 de setembro de 2021. Disponível em: nytimes.com/2021/09/27/nyregion/r-kelly-racheteering-sex-trafficking.html.
85. Troy Closson e Emily Palmer. "R. Kelly Sexually Abused Aaliyah When She Was 13 or 14, Witness Says". *The New York Times,* 13 de setembro de 2021. Disponível em: www.nytimes.com/2021/09/13/nyregion/r-kelly-trial-aaliyah.html.
86. Tony Closson e Emily Palmer. "Ex-Manager Says R. Kelly Thought Aaliyah, 15, Was Pregnant with His Baby", *The New York Times,* 20 de agosto de 2021, atualizado em 28 de setembro de 2021. Disponível em: www.nytimes.com/2021/08/20/nyregion/r-kelly-trial-racketeering.html.
87. Robert Chiarito e Julia Jacobs. "R. Kelly Sentenced to 20 Years for Child Sex Crimes". 23 de fevereiro de 2023. Disponível em: nytimes.com/2023/02/23/arts/music/r-kelly-sentenced-federal-child-sex-crimes.
88. Iandoli. *Baby Girl,* pp. 166–7.
89. *A rainha dos condenados,* dirigido por Michael Rymer (Warner Bros., 2002).

Janet Jackson: indecência

1. Samuel Spencer. "Yes, the Halftime Performers at the Super Bowl Do Get Paid — But Not Much". *Newsweek*, 12 de fevereiro de 2022. Disponível em: www.newsweek.com/super-bowl-2022-halftime-show-performers-paid-1678068.
2. Allen St. John. "6-Minute Shuffle: How the NFL Sets Up a Super Bowl Halftime Stage". *Popular Mechanics*, 11 de fevereiro de 2022. Disponível em: www.popularmechanics.com/adventure/sports/a5307/4344900/.
3. Noam Scheiber. "The Way We Live Now: 9-21-03: Questions for Michael Powell; King of All Media". *The New York Times Magazine*, 21 de setembro de 2003. Disponível em: www.nytimes.com/2003/09/21/magazine/the-way--we-live-now-9-21-03-questions-for-michael-powell-king-of-all-media.html.
4. Shaheem Reid. "Janet Jackson's Super Bowl Show Promises 'Shocking Moments'". MTV, 28 de janeiro de 2004. Disponível em: www.mtv.com/news/1484644/janet-jacksons-super-bowl-show-promises-shocking-moments/.
5. Stephen Labaton. "Federal Regulators Give Approval to Viacom's Buyout of CBS". *The New York Times*, 4 de maio de 2000. Disponível em: www.nytimes.com/2000/05/04/business/federal-regulators-give-approval-to-viacom-s--buyout-of-cbs.html.
6. Andrea DenHoed. "'Wardrobe Malfunction': The Anatomy of a Phrase". *The New Yorker*, 31 de janeiro de 2014. Disponível em: www.newyorker.com/culture/culture-desk/wardrobe-malfunction-the-anatomy-of-a-phrase.
7. ecraviotto2003. "U2 at XXXVI Superbowl [sic] 2002 Full Halftime Show". YouTube, sem data. Disponível em: www.youtube.com/watch?v=jiE8v29h6zI.
8. Veja: Ben Ratliff. "Justified". *Rolling Stone*, 28 de novembro de 2002. Disponível em: www.rollingstone.com/music/music-album-reviews/justified-184824/; Caroline Sullivan. "Review: Justin Timberlake: Justified". *The Guardian*, 1º de novembro de 2002. Disponível em: www.theguardian.com/music/2002/nov/01/popandrock.artsfeatures6; e Denise Boyd. "Justin Timberlake Justified Review". BBC, 2002. Disponível em: https://www.bbc.co.uk/music/reviews/vdmq/.
9. Michael Jackson. *Moonwalk: A autobiografia de Michael Jackson* (Minas Gerais: Estética Torta, 2022).
10. Janet Jackson. *True You: A Journey to Finding and Loving Yourself* (Nova York: Gallery Books, 2011), p. 33.
11. Ibid., p. 1.
12. Jackson. *Moonwalk: A autobiografia de Michael Jackson.*
13. Jackson. *True You*, p. 10.
14. Jackson. *Moonwalk: A autobiografia de Michael Jackson.*
15. Laura Italiano. "A Look Back at Joe Jackson's Tormented Relationship with the Kids He Made Stars". PageSix, 28 de junho de 2018. Disponível em: pagesix.com/2018/06/28/a-look-back-at-joe-jacksons-tormented-relationship-with--the-kids-he-made-stars/.
16. Jackson. *True You*, p. 41.

17. Ibid., p. 40.
18. Jackson. *Moonwalk: A autobiografia de Michael Jackson.*
19. Jackson. *True You*, p. 87.
20. *Janet Jackson*, dirigido por Benjamin Hirsch (Lifetime, 2002).
21. "Jukebox Tabs for Fats Domino Songs, 1957". The Charts, University Libraries. Disponível em: exhibitions.lib.umd.edu/fatsdomino/legacy/charts.
22. Joseph Vogel. "The Nation that Janet Jackson Built". *The Atlantic*, 15 de setembro de 2014. Disponível em: www.theatlantic.com/entertainment/archive/2014/09/the-world-changing-aspirations-of-rhythm-nation-1814/380144/.
23. David Ritz. "Janet Jackson: The Joy of Sex". *Rolling Stone*, 17 de setembro de 1993. Disponível em: www.rollingstone.com/music/music-news/janet--jackson-the-joy-of-sex-56099/.
24. Jackson. *True You*, p. 125.
25. Chris Willman. "Unfair Warning: Are Hip-hop Artists Being Held to a Different Standard?". *Entertainment Weekly*, 14 de agosto de 2001. Disponível em: web.archive.org/web/20090421120002/http://www.ew.com/ew/article/0,,171027,00.html.
26. "Singapore Upholds Janet Jackson Ban". BBC News, 5 de junho de 2001. Disponível em: news.bbc.co.uk/1/hi/entertainment/1370650.stm.
27. *Malfunction: The Dressing Down of Janet Jackson*, dirigido por Jodi Gomes (Left/Right, 2022).
28. "Apologetic Jackson Says 'Costume Reveal' Went Awry". CNN, 3 de fevereiro de 2004. Disponível em: http://edition.cnn.com/2004/US/02/02/superbowl.jackson/.
29. Ibid.
30. Mike. "Janet Jackson Super Bowl XXXVIII Halftime Show (2004)". YouTube, sem data. Disponível em: www.youtube.com/watch?v=JzipWoXgVm0.
31. "Janet's Breasts Make Net History". BBC News, 5 de fevereiro de 2004. Disponível em: news.bbc.co.uk/1/hi/technology/3461459.stm.
32. Lisa de Moraes. "CBS Gave 90 Million an Eyeful". *The Washington Post*, 3 de fevereiro de 2004. Disponível em: www.washingtonpost.com/archive/lifestyle/2004/02/03/cbs-gave-90-million-an-eyeful/2be7d6d3-b059-46b8-a899-b3d6d4fb967b/.
33. "Alexander McQueen A/W 1995: 'Highland Rape'". Long Live McQueen (blog), Tumblr. Disponível em: the-widows-of-culloden.tumblr.com/post/57900804593/alexander-mcqueen-a-w-1995-highland-rape.
34. *Hustler*, outubro de 2004. Disponível em: hustlermagazine.com/magazines/october-2004/.
35. Steven Williams. "Lil' Kim Set to Unintentionally Appear in 'Hustler' Magazine for Wardrobe Malfunction". ContactMusic, 21 de julho de 2004. Disponível em: www.contactmusic.com/lil-kim/news/lil.-kim.s-shocking--genital-pictures.
36. De Moraes. "CBS Gave 90 Million an Eyeful".
37. *Malfunction: The Dressing Down of Janet Jackson.*

38. "Apologetic Jackson Says 'Costume Reveal' Went Awry".
39. "Jackson, Timberlake Apologize for Flash", *USA Today*, 3 de fevereiro de 2004. Disponível em: usatoday30.usatoday.com/life/television/news/2004-02--03-jackson-timberlake-apologize_x.html.
40. "Janet's Bared Breast a PR Stunt?". CBS News, 2 de fevereiro de 2004. Disponível em: www.cbsnews.com/news/janets-bared-breast-a-pr-stunt/.
41. "Jackson, Timberlake Apologize for Flash".
42. Nic Hopkins. "AOL Demands $10M Refund After Jackson Mishap" *The Sunday Times*, 6 de fevereiro de 2004. Disponível em: www.thetimes.co.uk/article/aol-demands-dollar10m-refund-after-jackson-mishap-bc2mdmd7lkj.
43. "Janet Jackson: Supreme Court Approves Super Bowl Ruling", BBC News, 29 de junho de 2012. Disponível em: www.bbc.co.uk/news/entertainment--arts-18651908.
44. Frank Ahrens e Lisa de Moraes. "FCC Is Investigating Super Bowl Show". *The Washington Post*, 3 de fevereiro de 2004. Disponível em: www.washingtonpost.com/archive/politics/2004/02/03/fcc-is-investigating-super-bowl--show/3d523644-ed7a-41ad-a2f1-dcee9b07b9cf/.
45. "Notice of Apparent Liability for Forfeiture". Arquivo nº EB-04-IH-0011, NAL/Accct. nº 200432080212. Disponível em: law2.umkc.edu/faculty/projects/ftrials/conlaw/FCCjackson.html.
46. Rob Brown. "The Powell and the Glory". *The Guardian*, 29 de outubro de 2001. Disponível em: www.theguardian.com/media/2001/oct/29/mondaymediasection.afghanistan.
47. Jeannine Aversa. "Auto Wreck Led Colin Powell's Son to Establish His Own Identity". *The Seattle Times*, 16 de agosto de 1998. Disponível em: archive.seattletimes.com/archive/?date=19980816&slug=2766859.
48. Brown. "The Powell and the Glory".
49. Ibid.
50. Stephen Labaton. "Federal Regulators Give Approval to Viacom's Buyout of CBS". *The New York Times*, 4 de maio de 2000. Disponível em: www.nytimes.com/2000/05/04/business/federal-regulators-give-approval-to-viacom-s--buyout-of-cbs.html/.
51. "Powell Leaving FCC: Chairman Announces Resignation to Pursue Unnamed Opportunities; Led Fights on Obscenity, Ownership". CNN Money, 21 de janeiro de 2005. Disponível em: money.cnn.com/2005/01/21/news/newsmakers/powell_resigning/.
52. Tom Shales. "Michael Powell and the FCC: Giving Away the Marketplace of Ideas". *The Washington Post*, 2 de junho de 2003. Disponível em: www.washingtonpost.com/archive/lifestyle/2003/06/02/michael-powell-and--the-fcc-giving-away-the-marketplace-of-ideas/ed8c1f3a-be25-4214-92f6-25353f487e38/.
53. Stephen M. Silverman. "No, Janet Won't Be at Grammys, After All". *People*, 4 de fevereiro de 2004. Disponível em: people.com/awards/no-janet-wont--be-at-grammys-after-all/.

54. David Segal. "The Grammys' Hip-Hop Parade". *The Washington Post*, 9 de fevereiro de 2004. Disponível em: www.washingtonpost.com/archive/lifestyle/2004/02/09/the-grammys-hip-hop-parade/cd0ace41-b367-49a8-a281-5775594d50fc/.
55. Tony Kornheiser. "Newscycled Items that Are Left to Be Trashed". *The Washington Post*, 13 de março de 2004. Disponível em: www.washingtonpost.com/archive/sports/2004/03/13/newscycled-items-that-are-left-to-be-trashed/cde1f646-bc04-42ff-81d8-71054bb26578/.
56. Cady Lang. "A Comprehensive Guide to Justin Timberlake's Rocky History with the Super Bowl Halftime Show". *Time*, 2 de fevereiro de 2018. Disponível em: time.com/5129559/janet-jackson-justin-timberlake-super-bowl-2018/.
57. PublicApologyCentral. "Janet Jackson Discusses Wardrobe Malfunction at Super Bowl Halftime Show". YouTube, sem data. Disponível em: youtu.be/aavUakg4S74.
58. Gary Susman. "Justin Apologizes in Order to Appear at Grammys". *Entertainment Weekly*, 7 de fevereiro de 2004. Disponível em: ew.com/article/2004/02/07/justin-apologizes-order-appear-grammys/.
59. Gary Susman. "Disney World Removes Janet Jackson-Inspired Statue". *Entertainment Weekly*, 3 de março de 2004. Disponível em: ew.com/article/2004/03/03/disney-world-removes-janet-jackson-inspired-statue/.
60. Sam Francis. "Morality Not the Only Target on Monday Night Football". VDARE, 26 de novembro de 2004. Disponível em: web.archive.org/web/20120204040022/https://vdare.com/articles/morality-not-the-only-target-on-monday-night-football.
61. Justin McCarthy. "US Approval of Interracial Marriage at New High of 94%". Gallup, 10 de setembro de 2021. Disponível em: news.gallup.com/poll/354638/approval-interracial-marriage-new-high.aspx.
62. Beatrice Loayza. "The Imperfect Legacy of Aaliyah's Romeo Must Die". Vulture, *New York Magazine*, 27 de agosto de 2021. Disponível em: www.vulture.com/2021/08/the-imperfect-legacy-of-aaliyahs-romeo-must-die.html.
63. Lola Ogunnaike. "Seriously Kidding About Race". *The New York Times*, 23 de fevereiro de 2005. Disponível em: www.nytimes.com/2005/02/23/arts/seriously-kidding-about-race.html.
64. Neal Travis. "FCC Turns Eminem Song into 'Fine Art'". *New York Post*, 6 de junho de 2001. Disponível em: nypost.com/2001/06/06/fcc-turns-eminem-song-into-fine-art/.
65. Lynda Richardson. "Public Lives; She Wants Her MTV. Actually, She's Got Her MTV". *The New York Times*, 11 de junho de 2003. Disponível em: www.nytimes.com/2003/06/11/nyregion/public-lives-she-wants-her-mtv-actually-she-s-got-her-mtv.html.
66. John T. McWhorter. "Oh, R-o-b, the Bad Words Won't Go Away". *The Washington Post*, 28 de dezembro de 2003. Disponível em: www.washingtonpost.com/archive/opinions/2003/12/28/oh-r-o-ob-the-bad-words-wont-go-away/0e20aa72-d71f-495d-b1f8-489ba9a9960f/.

67. *Parents Television Council 2005 Annual Report*, 2005. Disponível em: https://web.archive.org/web/20060428212424/http://www.parentstv.org/PTC/joinus/AR2005.pdf.
68. Brian Fitzpatrick. "Does Watching TV Damage Character?". Human Events, 12 de junho de 2007. Disponível em: web.archive.org/web/20070613015557/http://www.humanevents.com/article.php?id=21069.
69. Julia A. Seymour. "Media Myth: Networks Stick to Warming Theme Despite Avalanche of Chilling News". MRCBusiness, 4 de março de 2009. Disponível em: web.archive.org/web/20160119204107/http://www.mrc.org/media-myths/media-myth-networks-stick-warming-theme-despite-avalanche-chilling--news-0.
70. *Exxon Mobil Corporation 2004 Worldwide Contributions and Community Investments*, 2004. Disponível em: www.documentcloud.org/documents/1019878-2004-exxon-giving-report.
71. Bob Thompson. "Fighting Indecency, One Bleep at a Time". *The Washington Post*, 9 de dezembro de 2004. Disponível em: www.washingtonpost.com/archive/lifestyle/2004/12/09/fighting-indecency-one-bleep-at-a-time/2be1a76e--bc1b-4e1d-898f-9f09d4f40ad8//.
72. Paul Farhi. "TV Watchdog Apologizes for False Claims on Wrestling". *The Washington Post*, 9 de julho de 2002. Disponível em: www.washingtonpost.com/archive/lifestyle/2002/07/09/tv-watchdog-apologizes-for-false-claims--on-wrestling/dacca2ea-5431-4bfe-bc90-e759739e7b9f/.
73. Brian Fritz e Christopher Murray. *Between the Ropes: Wrestling's Greatest Triumphs and Failures* (ECW Press, 2006), e-book.
74. Parents Television Council. "Take Action Against CBS" Outrageous Super Bowl Stunt". PTC, PTC E-Alert, 2 de fevereiro de 2004. Disponível em: web.archive.org/web/20040423085937/http://www.parentstv.org/ptc/publications/ealerts/2004/0202.asp.
75. Parents Television Council. "File Your Formal FCC Indecency Complaint Against the de fevereiro de 1 CBS Broadcast of 'NFL Super Bowl XXXVIII Half-Time Show' Now!". PTC, 21 de fevereiro de 2004. Disponível em: web.archive.org/web/20070930201025/https://www.parentstv.org/ptc/action/superbowl/main.asp.
76. Testemunho de Michael K. Powell, presidente do conselho, Comissão de Comunicações Federais, perante o Comitê do Congresso de Energia Doméstica e Comércio, Subcomitê de Telecomunicações e Internet. Rayburn House Office Building, Washington, D.C., 11 de fevereiro de 2004. Disponível em: docs.fcc.gov/public/attachments/DOC-243802A3.pdf.
77. Jennifer 8. Lee. "Musicians Protesting Monopoly in Media". *The New York Times*, 18 de dezembro de 2003. Disponível em: www.nytimes.com/2003/12/18/arts/musicians-protesting-monopoly-in-media.html.
78. Shales. "Michael Powell and the FCC".
79. Edmund Sanders. "Senators Scold Radio Chain for Tuning Out Dixie Chicks". *Los Angeles Times*, 9 de julho de 2003. Disponível em: www.latimes.com/archives/la-xpm-2003-jul-09-fi-cumulus9-story.html.

80. Jonah Goldberg. "Very Different Visions". Townhall, 12 de setembro de 2008. Disponível em: townhall.com/columnists/jonahgoldberg/2008/09/12/very--different-visions-n852447.
81. Devin Gordon. "What Happened to Jon Stewart?". *The Atlantic*, 21 de abril de 2011. Disponível em: www.theatlantic.com/culture/archive/2022/04/the-problem-with-jon-stewart-tucker-carlson/629608/.
82. Parents Television Council. "Take Action Against CBS' Outrageous Super Bowl Stunt".
83. Shales. "Michael Powell and the FCC".
84. Brian Hiatt. "Janet's Super Bowl Stunt Could Cost $550K". *Entertainment Weekly*, 19 de julho de 2004. Disponível em: ew.com/article/2004/07/19/janets-super-bowl-stunt-could-cost-550k/.
85. Ronan Farrow. "Les Moonves and CBS Face Allegations of Sexual Misconduct". *The New Yorker*, 27 de julho de 2018. Disponível em: www.newyorker.com/magazine/2018/08/06/les-moonves-and-cbs-face-allegations-of-sexual--misconduct.
86. Lawrie Mifflin. "Viacom Set to Acquire CBS in Biggest Media Merger Ever". *The New York Times*, 8 de setembro de 1999. Disponível em: archive.nytimes.com/www.nytimes.com/library/financial/090899cbs-viacom-deal.html.
87. Yashar Ali. "Exclusive: Les Moonves Was Obsessed with Ruining Janet Jackson's Career, Sources Say". *The Huffington Post*, 9 de julho de 2018. Disponível em: www.huffingtonpost.co.uk/entry/les-moonves-janet-jackson-career_n_5b919b8ce4b0511db3e0a269.
88. Daniel Kreps. "Nipple Ripples: 10 Years of Fallout from Janet Jackson's Halftime Show". *Rolling Stone*, 30 de janeiro de 2014. Disponível em: www.rollingstone.com/culture/culture-news/nipple-ripples-10-years-of-fallout--from-janet-jacksons-halftime-show-122792/.
89. soapluvr. "Janet on Letterman". YouTube, sem data. Disponível em: www.youtube.com/watch?v=p2zyp7uACbg.
90. Chuck Philips. "Janet Jackson Spins a New Record: $80-Million Deal". *Los Angeles Times*, 12 de janeiro de 1996. Disponível em: www.latimes.com/archives/la-xpm-1996-01-12-mn-23892-story.html.
91. Neil Strauss. "Damita Jo". *Rolling Stone*, 24 de março de 2004. Disponível em: www.rollingstone.com/music/music-album-reviews/damita-jo-248247/.
92. Alexis Petridis. "Review: Janet Jackson, Damita Jo". *The Guardian*, 26 de março de 2004. Disponível em: www.theguardian.com/music/2004/mar/26/popandrock.shopping.
93. Ibid.
94. Strauss. "Damita Jo".
95. Ian Wade. "Janet Jackson: Damita Jo Review". BBC, 2004. Disponível em: www.bbc.co.uk/music/reviews/gmcz/.
96. Lola Ogunnaike. "Capitalizing on Jackson Tempest". *The New York Times*, 4 de fevereiro de 2004. Disponível em: www.nytimes.com/2004/02/04/arts/capitalizing-on-jackson-tempest.html.

97. Andrew Court "Janet Jackson Felt 'Guilty by Association' Amid Michael Jackson's Abuse Trial". *New York Post,* 3 de janeiro de 2022. Disponível em: nypost.com/2022/01/03/janet-jackson-speaks-out-about-michael-jackson--abuse-trial/.
98. "Janet Jackson signs new deal". NME, 16 de julho de 2007. Disponível em: web.archive.org/web/20071216073525/https://www.nme.com/news/janet--jackson/29708.
99. Susan Faludi. *Backlash: O contra-ataque na guerra não declarada contra as mulheres* (Rio de Janeiro: Rocco, 2001).
100. Jackson. *True You,* p. 1.
101. "Celebs Who Balloon Between Projects". TMZ, 12 de janeiro de 2006. Disponível em: www.tmz.com/2006/01/12/celebs-who-balloon-between-projects/.
102. Jackson. *True You,* p. 3.
103. Ibid., p. 186.
104. "Gaming the Rules: Politicians Should Be Kept Out of Regulation". *The Economist,* 24 de julho de 2003. Disponível em: www.economist.com/leaders/2003/07/24/gaming-the-rules.
105. Michael K. Powell. "Don't Expect the Government to Be a V-Chip". *The New York Times,* 3 de dezembro de 2004. Disponível em: www.nytimes.com/2004/12/03/opinion/dont-expect-the-government-to-be-a-vchip.html.
106. Farrow. "Les Moonves and CBS Face Allegations of Sexual Misconduct".
107. John Koblin. "Leslie Moonves Receives Nothing from CBS Exit Package". *The New York Times,* 14 de maio de 2021. Disponível em: nytimes.com/2021/05/14/business/media/leslie-moonves-cbs-severance.html.
108. Brittany Spanos. "Janet Jackson's Rock and Roll Hall of Fame Acceptance Speech: 'Induct More Women'" *Rolling Stone,* 29 de março de 2019. Disponível em: www.rollingstone.com/music/music-news/janet-jackson-rock-and-roll--hall-of-fame-2019-814263/.
109. Maria Sherman. "How Justin Timberlake Came Undone". *Slate,* 18 de novembro de 2021. Disponível em: slate.com/culture/2021/11/justin-timberlake--reckoning-britney-spears-janet-jackson.html.
110. Nina Braca. "Everything Justin Timberlake Has Said About the 2004 Super Bowl Controversy". Billboard, 18 de janeiro de 2018. Disponível em: www.billboard.com/music/music-news/justin-timberlake-2004-super-bowl--controversy-statements-8094956/.
111. Sherman. "How Justin Timberlake Came Undone".
112. Gary Susman. "Academy Blasts ABC over Oscar Tape Delay", *Entertainment Weekly,* 11 de fevereiro de 2004. Disponível em: ew.com/article/2004/02/11/academy-blasts-abc-over-oscar-tape-delay/.
113. Rob Tannenbaum. "How Hip-Hop Inched Its Way to the Super Bowl Halftime Stage", *The New York Times,* 10 de fevereiro de 2022. Disponível em: www.nytimes.com/2022/02/10/arts/music/super-bowl-halftime-hip-hop.html.
114. "Anna Nicole Flashes Crowd at MTV Event". Fox News, 13 de janeiro de 2015. Disponível em: www.foxnews.com/story/anna-nicole-flashes-crowd--at-mtv-event.

115. Jim Hopkins. "Surprise! There's a Third YouTube Co-founder". *USA Today*, 11 de outubro de 2006. O site está fora do ar.
116. Jan Hoffman. "Justin Bieber Is Living the Dream". *The New York Times*, 31 de dezembro de 2009. Disponível em: www.nytimes.com/2010/01/03/fashion/03bieber.html.

Amy Winehouse: realidade

1. Janis Winehouse. *Loving Amy: A Mother's Story* (Londres: Bantam Press, 2014), p. 273.
2. Alexandra Topping. "Amy Winehouse died of alcohol poisoning, second inquest confirms". *The Guardian*, 8 de janeiro de 2013. Disponível em: www.theguardian.com/music/2013/jan/08/amy-winehouse-alcohol-poisoning-inquest.
3. Winehouse. *Loving Amy*, p. 273.
4. Sarah Bull. "Amy Winehouse, 27, Found Dead at Her London Flat After Suspected 'Drug Overdose'". *Daily Mail*, 26 de julho de 2011. Disponível em: www.dailymail.co.uk/tvshowbiz/article-2018020/Amy-Winehouse-dead-London-flat-drug-overdose.html.
5. Hadley Freeman. "'God, I never thought we'd be this old!': Miquita Oliver and Simon Amstell on Popworld turning 20". *The Guardian*, 1º de maio de 2021. Disponível em: www.theguardian.com/tv-and-radio/2021/may/01/miquita-oliver-and-simon-amstell-on-popworld-turning-20.
6. Eternal Amy Winehouse. "Amy Winehouse BRIT Awards Campaign Popworld 2004", sem data. Disponível em: www.youtube.com/watch?v=H1kuCS9uX9s.
7. Winehouse. *Loving Amy*, p. 71.
8. Ibid., p. 73.
9. Henrietta Roussoulis. "Amy Winehouse: The Q Interview". *The Independent*, 18 de janeiro de 2004. Disponível em: www.independent.co.uk/artsentertainment/music/features/amy-winehouse-the-q-interview-74363.html; Winehouse. *Loving Amy*, p. 53.
10. Tyler James com Sylvia Patterson. *Minha Amy: A vida que partilhamos* (Rio de Janeiro: Agir, 2021).
11. *Amy*, dirigido por Asif Kapadia (Film4 Productions, 2015); Winehouse. *Loving Amy*, p. 131.
12. Winehouse, *Loving Amy*, p. 84.
13. James com Patterson. *Minha Amy: A vida que partilhamos*.
14. Winehouse. *Loving Amy*, p. 90.
15. "Amy Winehouse — Frank", BBC, sem data. Disponível em: web.archive.org/web/20121110175202/http://www.bbc.co.uk/dna/collective/A1364744.
16. Beccy Lindon. "Amy Winehouse, Frank". *The Guardian*, 17 de outubro de 2003. Disponível em: www.theguardian.com/music/2003/oct/17/jazz.shopping1.
17. Winehouse. *Loving Amy*, p. 90.

18. Amy Winehouse. "Stronger Than Me", Lyrics Genius, sem data. Disponível em: genius.com/Amy-winehouse-intro-stronger-than-me-lyrics.
19. Roussoulis. "Amy Winehouse: The Q Interview".
20. Gary Mulholland. "Charmed and dangerous". *The Guardian*, 1º de fevereiro de 2004. Disponível em: www.theguardian.com/music/2004/feb/01/popandrock.amywinehouse.
21. Richard Rushfield. *American Idol: The Untold Story* (Nova York: Hachette, 2011), p. 3.
22. Roussoulis. "Amy Winehouse: The Q Interview".
23. Mulholland. "Charmed and dangerous".
24. Rushfield. *American Idol*, pp. 11–12.
25. Michael Hogan. "'Nasty' Nigel Lythgoe on the legacy of Pop Idol: 'Did I create a monster? In no way, shape or form'". *The Telegraph*, 13 de janeiro de 2021. Disponível em: www.telegraph.co.uk/tv/0/nasty-nigel-lythgoe-legacy-pop-idol-did-create-monster-no-way/.
26. Rushfield. *American Idol*, p. 17.
27. *The Talent Show Story*, dirigido por Kerry Allison e Yvette Lyons (Shiver/Talkback Thames, 2012).
28. Kym Marsh. *From the Heart* (Londres: Hodder & Stoughton, 2011), p. 65.
29. Ibid., p. 168.
30. "Hear'say announce split". *The Guardian*, 1º de outubro de 2002. Disponível em: www.theguardian.com/culture/2002/oct/01/artsfeatures1.
31. Rushfield. *American Idol*, p. 91.
32. Nancy Jo Sales. "Sirens for Scandal". *Vanity Fair*, maio de 2002. Disponível em: nancyjosales.com/wp-content/uploads/2015/05/3AMgirls.pdf.
33. Miranda Sawyer. "Hot Gossip". *Observer*, 27 de janeiro de 2002. Disponível em: www.theguardian.com/theobserver/2002/jan/27/features.magazine17.
34. Ibid.
35. Jessica Callan. *Wicked Whispers: Confessions of a Gossip Queen* (Londres: Michael Joseph, 2007), ebook.
36. Sawyer. "Hot Gossip".
37. Sarah Hall. "What the Editor Said to the Supermodel: 'You Are a Celebrity Who Has Voraciously Invaded Your Own Privacy'". *The Guardian*, 13 de fevereiro de 2002. Disponível em: www.theguardian.com/media/2002/feb/13/pressandpublishing.privacy.
38. Emma Brockes. "Sienna Miller on taking on the tabloids: 'It was so toxic — what women were subjected to'". *The Guardian*, 23 de abril de 2022, www.theguardian.com/film/2022/apr/23/sienna-miller-on-taking-on-tabloids-so-toxic-what-women-subjected-to.
39. "Why the phone-hacking story won't go away". *The Economist*, 12 de novembro de 2020. Disponível em: www.economist.com/britain/2020/11/12/why-the-phone-hacking-story-wont-go-away.
40. Julgamentos — Campbell (apelante) *vs.* MGN Limited (réu) . Disponível em: www.bailii.org/uk/cases/UKHL/2004/22.html.

41. John Plunkett. "Stirring Up the Froth". *The Guardian*, 16 de fevereiro de 2004. Disponível em: www.theguardian.com/media/2004/feb/16/pressandpublishing.mondaymediasection.
42. Sawyer. "Hot Gossip".
43. Winehouse. *Loving Amy*, p. 143.
44. Darren e Elliott Bloom com Matt Trollope. *Amy: A Life Through the Lens* (Londres: Omnibus Press, 2016), p. 7.
45. 'James com Patterson. *Minha Amy: A vida que partilhamos.*
46. "New CDs". *The New York Times*, 12 de março de 2007. Disponível em: www.nytimes.com/2007/03/12/arts/music/12choi.html.
47. Will Hermes. "Amy Winehouse's 'Back To Black': *EW* Review". *Entertainment Weekly*, 9 de março de 2007. Disponível em: ew.com/article/2007/03/09/back-black/.
48. Joshua Klein. "Amy Winehouse: Back to Black". Pitchfork, 28 de março de 2007. Disponível em: web.archive.org/web/20080605042226/http://www.pitchforkmedia.com/article/record_review/41866-back-to-black.
49. Equipe da MTV News. "Grammy 2008 Winners List". MTV, 10 de fevereiro de 2008. Disponível em: www.mtv.com/news/y2utwa/grammy-2008-winners-list.
50. Jenny Eliscu. "The Diva and Her Demons: *Rolling Stone*'s 2007 Amy Winehouse Cover Story". *Rolling Stone*, 23 de julho de 2011. Disponível em: web.archive.org/web/20110725013229/https://www.rollingstone.com/music/news/the-diva-and-her-demons-rolling-stones-2007-amy-winehouse-cover-story-20110723.
51. James com Patterson. *Minha Amy: A vida que partilhamos.*
52. Ibid.
53. Ibid.
54. Winehouse. *Loving Amy*, p. 115.
55. Mitch Winehouse. *Amy: Minha filha* (Rio de Janeiro: Record, 2012).
56. Harriet Gibsone. "Ronnie Spector: Kanye West is 'a Dick'". *The Guardian*, 13 de novembro de 2013. Disponível em: www.theguardian.com/music/2013/nov/13/kanye-west-ronnie-spector.
57. *Keeping Up with the Kardashians*, episódio 9, temporada 2, dirigido por David Bresenham, exibido em 11 de maio de 2008, na E!.
58. Sarah Harding com Terry Ronald. *Hear Me Out* (Londres: Penguin, 2021), p. 4.
59. "Girls Aloud's Sarah Harding Enters Rehab for Depression". BBC, 12 de outubro de 2011. Disponível em: https://www.bbc.co.uk/news/newsbeat-15274546.
60. James com Patterson. *Minha Amy: A vida que partilhamos.*
61. Winehouse. *Amy: Minha filha.*
62. Eliscu. "The Diva and her Demons".
63. James com Patterson. *Minha Amy: A vida que partilhamos.*
64. Louise Carpenter. "Blake Fielder: Guilt, Loss and Amy". *The Times*, 20 de junho de 2015. Disponível em: thetimes.co.uk/article/blake-fielder-civil-guilt-loss-and-amy-jrbsr-9w6m0h.

65. Rushfield. *American Idol*, p. 60.
66. Mike Nizza. "Britain's Boldly Anti-Rehab Star". *The New York Times*, 21 de fevereiro de 2007. Disponível em: thelede.blogs.nytimes.com/2007/02/21/britains-boldly-anti-rehab-pop-star/.
67. Perez Hilton. "Warning: This is Too Real". Perez Hilton, sem data. Disponível em: perezhilton.com/warning-this-is-too-real/.
68. Perez Hilton. "We Just Spoke With Amy Winehouse". Perez Hilton, sem data. Disponível em: perezhilton.com/we-just-spoke-with-amy-winehouse/.
69. Winehouse. *Loving Amy*, p. 171.
70. Winehouse. *Amy: Minha filha.*
71. James com Patterson. *Minha Amy: A vida que partilhamos.*
72. Winehouse. *Amy: Minha filha.*
73. "In Court Today: Blake Fielder Civil Due to Be Sentenced". *The Times*, 21 de julho de 2008. Disponível em: thetimes.co.uk/article/in-court-today-blake--fielder-civil-due-to-be-sentenced-rlxbmd07ws2.
74. Adrian Shaw. "'Amy Winehouse's Money Used to Bankroll Bribe Plot', Court Heard". Mirror, 11 de junho de 2008. Disponível em: mirror.co.uk/3am/celebrity-news/amy=winehouses-money-used-to-bankroll-312742.
75. Winehouse. *Amy: Minha filha.*
76. Perez Hilton. "$2 Million Mess". Perez Hilton, sem data. Disponível em: perezhilton.com/2-million-mess/.
77. Douglas Wolk. "Frank — Amy Winehouse". Pitchfork, 14 de novembro de 2007. Disponível em: pitchfork.com/reviews/albums/10900-frank/.
78. Alexandra Topping. "Amy Winehouse Died of Alcohol Poisoning, Second Inquest Confirms". *The Guardian*, 8 de janeiro de 2013. Disponível em: www.theguardian.com/music/2013/jan/08/amy-winehouse-alcohol-poisoning--inquest.
79. Duncan Cooper. "Lana Del Rey is Anyone She Wants to Be". Fader, 4 de junho de 2014. Disponível em: www.thefader.com/2014/06/04/cover-story--lana-del-rey-is-anyone-she-wants-to-be.
80. Lindsay Zoladz. "Born to Die — Lana Del Rey". Pitchfork, 30 de janeiro de 2012. Disponível em: pitchfork.com/reviews/albums/16223-lana-del-rey/.
81. Spencer Kornhaber. "The Plot Against Lana Del Rey". *The Atlantic*, 15 de setembro de 2019. Disponível em: www.theatlantic.com/entertainment/archive/2019/09/lana-del-rey-says-she-never-had-persona-really/597883/.
82. Jessica Hopper. "Deconstructing Lana Del Rey". Spin, 30 de janeiro de 2012. Disponível em: www.spin.com/2012/01/deconstructing-lana-del-rey/2/.

Kim Kardashian: beleza

1. Brian Lowry. "Keeping Up With the Kardashians". *Variety*, 10 de outubro de 2007. Disponível em: variety.com/2007/scene/markets-festivals/keeping--up-with-the-kardashians-1117935063/.

2. Lynsey Eidell. "The Reality-TV Show Kim Kardashian Originally Wanted to Audition For". *Glamour*, 28 de agosto de 2015. Disponível em: www.glamour.com/story/kim-kardashian-the-real-world.
3. Simon Kemp. "Digital 2022: July Data Statshot Report". Datareportal, 21 de julho de 2022. Disponível em: datareportal.com/reports/digital-2022-july-global-statshot.
4. Rachel Nuwer. "Andy Warhol Probably Never Said His Celebrated 'Fifteen Minutes of Fame' Line". *Smithsonian Magazine*, 8 de abril de 2014. Disponível em: www.smithsonianmag.com/smart-news/andy-warhol-probably-never-said-his-celebrated-fame-line-180950456/.
5. James Verini. "Will Success Spoil MySpace?". *Vanity Fair*, março de 2006. Disponível em: archive.vanityfair.com/article/2006/3/will-success-spoil-myspace.
6. "MySpace Phenom Tila Tequila to Tour". TMZ, 16 de julho de 2007. Disponível em: www.tmz.com/2006/07/26/myspace-phenom-tila-tequila-to-tour/.
7. Sophie Kleeman. "Here's Kim Kardashian's 9-Year-Old Myspace Page — It's Even Funnier Than You Think". Mic, 12 de junho de 2015. Disponível em: www.mic.com/articles/120575/here-s-kim-kardashian-s-9-year-old-myspace-page-it-s-even-funnier-than-you-think.
8. Kat Pettibone. "Kim Kardashian and Ray J's Relationship Timeline: Their Sex Tape, Cheating Confessions and More". *Us Magazine*, 5 de maio de 2022. Disponível em: www.usmagazine.com/celebrity-news/pictures/kim-kardashian-ray-js-relationship-sex-tape-timeline/.
9. "Brandon Davis — 'Firecrotch' Originator Burned by Massive Casino Debt". TMZ, 7 de maio de 2015. Disponível em: www.tmz.com/2015/05/07/brandon-davis-debt-lost-money-las-vegas-casinos/.
10. "The Curse of Paris Hilton". TMZ, 26 de junho de 2006. Disponível em: www.tmz.com/2006/06/26/the-curse-of-paris-hilton/.
11. "Kim Kardashian: I'm Not Shopping the Sex Tape". TMZ, 17 de janeiro de 2007. Disponível em: www.tmz.com/2007/01/17/kim-kardashian-im-not-shopping-the-sex-tape/.
12. "Paris' BFF's Sex Tape — It's a Pisser". TMZ, 17 de janeiro de 2007. Disponível em: www.tmz.com/2007/01/17/paris-bff-kim-ks-sex-tape-its-a-pisser/.
13. "Screech Sex Tape?!". TMZ, 17 de setembro de 2006. Disponível em: www.tmz.com/2006/09/27/screech-sex-tape/.
14. "Did Screech Know the Sex Tape Was Coming?". TMZ, 28 de setembro de 2006. Disponível em: www.tmz.com/2006/09/28/did-screech-know-the-sex-tape-was-coming/.
15. Lynn Okura. "Dustin 'Screech' Diamond Talks About His Sex Tape Debacle (VIDEO)". Huffpost, 2 de dezembro de 2013. Disponível em: www.huffpost.com/entry/dustin-diamond-sex-tape-screech_n_4351031.
16. "Screech Sex Tape?!".
17. "The One Thing Dustin Diamond Is Most Embarrassed About". Where Are They Now, Oprah Winfrey Network, sem data. Disponível em: www.youtube.com/watch?v=GWtctcYcDeo.

18. Chancellor Agard. "How the Saved by the Bell Revival Honored Dustin Diamond in the Season 2 Premiere". *Entertainment Weekly*, 24 de novembro de 2021. Disponível em: ew.com/tv/how-saved-by-the-bell-season-2-honored--dustin-diamond/.
19. Jawn Murray. "BV Buzz". AOL Black Voices, 25 de dezembro de 2006. Disponível em: web.archive.org/web/20070113234355/http://blackvoices.aol.com:80/black_entertainment/bvbuzzcanvas/_a/dec-25-2006/20061221143709990001.
20. Todd. "Kim Kardashian Might Be a Porn Star". IDon'tLikeYouInThatWay, 26 de dezembro de 2006. Disponível em: web.archive.org/web/20070227062748/http://www.idontlikeyouinthatway.com/2006/12/kim-kardashian-might-be--porn-star.html.
21. "Morning Wood: Ghosts of Sex Tapes, Past and Future". Fleshbot, 18 de dezembro de 2006. Disponível em: web.archive.org/web/20070305003411/http://www.fleshbot.com/sex/morning-wood/morning-wood-ghosts-of-sex--tapes-past-and-future-224769.php.
22. "Paris' BFF's Sex Tape – It's a Pisser".
23. "Kim Kardashian, Superstar". Fleshbot, sem data. Disponível em: https://web.archive.org/web/20070708143210/http://www.fleshbot.com/sex/celebrity/kim-kardashian-superstar-234663.php.
24. David Sullivan. "Kim Kardashian Drops Vivid Lawsuit". Adult Video Network, 29 de abril de 2007. O site está fora do ar.
25. djvlad. "Vivid CEO Steven Hirsch on How the Kim K & Ray J Deal Came Together (Flashback)". 11 de setembro de 2022. Disponível em: www.youtube.com/watch?v=5mkGdBLSKMI.
26. "DVD Review: Everything You Wanted To Know About 'Kim Kardashian, Superstar' But Were Afraid To Watch". Fleshbot, 22 de março de 2007. Disponível em: web.archive.org/web/20070418095720/https://fleshbot.com/sex/hype/dvd-review-everything-you-wanted-to-know-about-kim-kardashian--superstar-but-were-afraid-to-watch-246457.php.
27. Hilton com Shapiro. *Red Carpet Suicide*, p. 71.
28. Caroline Blair. "Ray J claims Kim Kardashian, Kris Jenner were in on sex tape leak". Page Six, 4 de maio de 2022. Disponível em: pagesix.com/2022/05/04/ray-j-claims-kim-kardashian-kris-jenner-were-in-on-sex-tape-leak/.
29. Scaachi Koul. "Inside the Stunning Rise and Fall of Girls Gone Wild". HuffPost, 26 de maio de 2023. Disponível em: www.huffpost.com/entry/girls-gone-wild-joe-francis_n_645ee736e4b005be8ff3951e.
30. Kleeman. "Here's Kim Kardashian's 9-Year-Old Myspace Page".
31. *Keeping Up with the Kardashians*, episódio 1, temporada 1 (2007).
32. Kris Jenner. *Kris Jenner... and All Things Kardashian* (Nova York: Simon and Schuster, 2011), p. 257.
33. Ibid., p. 28.
34. Jeffrey Toobin. *American crime story: O povo contra O. J. Simpson* (Rio de Janeiro: DarkSide, 2016).

35. Kourtney Kardashian, Kim Kardashian e Khloé Kardashian. *Kardashian Konfidential* (Nova York: St Martin's Press, 2010), p. 29.
36. Toobin. *American crime story: O povo contra O. J. Simpson.*
37. Ibid.
38. Sara Boboltz. "Here's What You Might Not Remember About O.J. Simpson's Police Chase", HuffPost, 9 de fevereiro de 2016. Disponível em: www.huffingtonpost.co.uk/entry/american-crime-story-oj-simpson-bronco-chase_n_56b8f737e4b01d80b2475fc7.
39. Jenner. *Kris Jenner*, p. 162.
40. O. J. Simpson. *If I Did It* (Londres: Gibson Square, 2016), pp. 231–2.
41. Michael Ness. "O. J. Kardashian Reads Letter", 28 de janeiro de 2014. Disponível em: www.youtube.com/watch?v=7nPQeSCjQNw.
42. Jerry Oppenheimer. *The Kardashians: An American Drama* (Nova York: St Martin's Press, 2017), p. xvi.
43. "After The Riots; A Juror Describes the Ordeal of Deliberation". *The New York Times*, 6 de maio de 1992. Disponível em: web.archive.org/web/20090425194252/https://www.nytimes.com/1992/05/06/us/after-the--riots-a-juror-describes-the-ordeal-of-deliberations.html.
44. Adam Bernstein. "Lawyer Johnnie Cochran Played Key Role in Famous Cases". *The Seattle Times*, 30 de março de 2005. Disponível em: www.seattletimes.com/nation-world/lawyer-johnnie-cochran-jr-played-key-role-in-famous--cases/.
45. *O. J.: Made in America*, produzido e dirigido por Ezra Edelman (ESPN Films, 2016).
46. Toobin. *American crime story: O povo contra O. J. Simpson.*
47. Comedy Central. "Chappelle's Show – The Racial Draft", 31 de dezembro de 2017. Disponível em: www.youtube.com/watch?v=2z3wUD3AZg4.
48. Toobin. *American crime story: O povo contra O. J. Simpson.*
49. Kardashian, Kardashian e Kardashian. *Kardashian Konfidential*, p. 29.
50. B. Drummond Ayres Jr. "Civil Jury Finds Simpson Liable in Pair of Killings". *The New York Times*, 5 de fevereiro de 1997. Disponível em: www.nytimes.com/1997/02/05/us/civil-jury-finds-simpson-liable-in-pair-of-killings.html.
51. Harmon Leon. "I Was O. J. Simpson's Accomplice (On His HiddenCamera Prank Show)". Vice, 12 de junho de 2014. Disponível em: https://www.vice.com/en/article/5gkaba/i-was-oj-simpsons-accomplice-on-his-hidden-camera--prank-show-juiced.
52. Edward Watt. "Publisher Calls Book a Confession by O. J. Simpson". *The New York Times*, 17 de novembro de 2006. Disponível em: www.nytimes.com/2006/11/17/books/17ojbook.html.
53. Steve Friess. "O. J. Simpson Convicted of Robbery and Kidnapping". *The New York Times*, 4 de outubro de 2008. Disponível em: www.nytimes.com/2008/10/04/world/americas/04iht-simpson.1.16687098.html.
54. *OJ: Made in America*, episódio 5.

55. Matt Belloni. "Nick Lachey". *Details*, maio de 2013. O site está fora do ar.
56. Gina Bellafante. "The All-Too-Easy Route to Stardom". *The New York Times*, 13 de outubro de 2007. Disponível em: www.nytimes.com/2007/10/13/arts/television/13bell.html.
57. Kardashian, Kardashian e Kardashian. *Kardashian Konfidential*, pp. 110–11.
58. Molly Friedman. "Paris Hilton Is Not A Fan Of Kim Kardashian's 'Cottage Cheese In A Trash Bag' Butt". Gawker, 17 de abril de 2008. Disponível em: web.archive.org/web/20120829233132/https://gawker.com/381060/paris-hilton-is-not-a-fan-of-kim-kardashians-cottage-cheese-in-a-trash-bag-butt.
59. Hilton com Shapiro. *Red Carpet Suicide*, p. 129.
60. "The Power of Kim Kardashian", episódio de *Honestly with Bari Weiss*, Apple Podcasts, 2021.
61. "KIM KARDASHIAN Cover: Feb/March 2007". *Complex*, 5 de fevereiro de 2007. Disponível em: web.archive.org/web/20070304010355/http://www.complex.com/blogs/?p=1991.
62. Lola Ogunnaike. "New Magazines for Black Men Proudly Redefine the Pinup". *The New York Times*, 31 de agosto de 2004. Disponível em: www.nytimes.com/2004/08/31/arts/new-magazines-for-black-men-proudly-redefine-the-pinup.html.
63. "Kim Kardashian". *King*, 17 de maio de 2010. Disponível em: https://web.archive.org/web/20150913074819/https://king-mag.com/kim-kardashian-3/.
64. Justin McCarthy. "US Approval of Interracial Marriage at New High of 94%". Gallup, 10 de setembro de 2021. Disponível em: https://news.gallup.com/poll/354638/approval-interracial-marriage-new-high.aspx.
65. Oppenheimer. *The Kardashians*, p. 67.
66. Beatrice Loayza. "The Imperfect Legacy of Romeo Must Die". Vulture, 27 de agosto de 2021. Disponível em: www.vulture.com/2021/08/the-imperfect-legacy-of-aaliyahs-romeo-must-die.html.
67. "Lexington Steele Interview", Rog Reviews, dezembro de 2001. Disponível em: www.rogreviews.com/interviews/lexington_steele2.asp; "Sophie Dee", Xcitement, 2010, . Disponível em: web.archive.org/web/20100630012304/http://www.xcitement.com/interview/?page_id=907.
68. Equipe do Page Six. "Family Way", Page Six, 15 de agosto de 2007. Disponível em: pagesix.com/2007/08/15/family-way/.
69. Sophie Elmhirst. "Brazilian Butt Lift: Behind the World's Most Dangerous Cosmetic Surgery". *The Guardian*, 9 de fevereiro de 2021. Disponível em: www.theguardian.com/news/2021/feb/09/brazilian-butt-lift-worlds-most-dangerous-cosmetic-surgery.
70. Amin Kalaaji, Stine Dreyer, Line Vadseth, Ivana Maric, Vanja Jönsson e Trond H Haukebøe. "Gluteal Augmentation with Fat: Retrospective Safety Study and Literature Review". *Aesthetic Surgery Journal* 39:3, março de 2019, pp. 292–305. Disponível em: academic.oup.com/asj/article/39/3/292/5040466.
71. PulverSilva101. "Kim Kardashian AMBUSHES Hater!!", 23 de julho de 2012. Disponível em: www.youtube.com/watch?v=H8ph3cTj0pE.

72. Danielle Pergament. "Kim Kardashian and I Analyzed Each Other's Faces". *Allure*, agosto de 2022. Disponível em: www.allure.com/story/kim-kardashian-cover-interview-august-2022.
73. Bethonie Butler. "Yes, Those Kim Kardashian Photos Are About Race". *The Washington Post*, 21 de novembro de 2014. Disponível em: www.washingtonpost.com/blogs/she-the-people/wp/2014/11/21/yes-those-kim-kardashian-photos-are-about-race/.
74. Habiba Katsha. "Body Trends Come And Go, But Black Women Can Never Win". HuffPost, 13 de novembro de 2022. Disponível em: www.huffingtonpost.co.uk/entry/body-trends-black-women-can-never-win_uk_636bb75ee4b06d3e42567051.
75. "A Conversation with Nicki Minaj & Joe Budden", dirigido por Drew Morris (Joe Budden TV, 2022),-. YouTube, https://www.youtube.com/watch?v=LSmMQEsBzmE.
76. Heather Radke, *Butts: A Backstory* (Nova York: Simon and Schuster, 2022), p. 199.
77. Ibid., p. 214.
78. Allison P. Davis. "The End of Kim and Kanye's Wild Ride". *Vulture*, 26 de abril de 2021. Disponível em: www.vulture.com/article/kim-kardashian-kanye-westdivorce.html.
79. Lorry Hill. "Kim Kardashian: Plastic Surgery (2000–2020)". BODY Edition, 28 de setembro de 2020. Disponível em: www.youtube.com/watch?v=6gObY8qEchQ.
80. Barbara Herman. "The Man Behind Naked Kim Kardashian Photos, Jean-Paul Goude, Has A Race Problem". *International Business Times*, 13 de novembro de 2014. Disponível em: www.ibtimes.com/man-behind-naked-kimkardashian-photos-jean-paul-goude-has-race-problem-1723182.
81. Tina Fey. *Tina Fey: A poderosa chefona* (Rio de Janeiro: BestSeller, 2013).
82. Virginia Heffernan. "Anchor Woman". *The New Yorker*, 26 de outubro de 2003. Disponível em: www.newyorker.com/magazine/2003/11/03/anchor-woman.
83. Dan Savage. "Savage Love: On the Racks". The Stranger, 15 de julho de 2004. Disponível em: web.archive.org/web/20060625020725/https://www.thestranger.com/seattle/SavageLove?oid=18774.
84. Thorstein Veblen. *The Theory of the Leisure Class: An Economic Study of Institutions* (1899, reeditado pela Oxford University Press, 2007), p. 89.).
85. John Lanchester. *Whoops! Why Everyone Owes Everyone and No One Can Pay* (Londres: Penguin, 2010), p. xii.
86. Ibid., pp. 111–12.
87. "Great Recession". Britannica, sem data. Disponível em: www.britannica.com/topic/great-recession.
88. Louis Uchitelle. "US Lost 2.6 Million Jobs in 2008". *The New York Times*, 9 de janeiro de 2009. Disponível em: www.nytimes.com/2009/01/09/business/worldbusiness/09iht-jobs.4.19232394.html.

89. Ta-Nehisi Coates. "The Case for Reparations". *The Atlantic*, junho de 2014. Disponível em: www.theatlantic.com/magazine/archive/2014/06/the-case-for-reparations/361631/.
90. Don Gonyea. "Financial Crisis Gave Candidate Obama a Boost". NPR, 8 de setembro de 2009. Disponível em: www.npr.org/templates/story/story.php?storyId=112651600
91. Brian Lowry. "Tying Pop Culture to Economy is a Leap". *Variety*, 11 de fevereiro de 2009. Disponível em: variety.com/2009/tv/news/tying-pop-culture-to-economy-is-a-leap-1117999987/.
92. "A Shot at Love with Tila Tequila". IMDb, sem data. Disponível em: www.imdb.com/title/tt1263572/.
93. Equipe do THR. "Tila Tequila 'Removed' From 'Celebrity Big Brother' Reportedly Due to Past Nazi Remarks". *The Hollywood Reporter*, 28 de agosto de 2015. Disponível em: www.hollywoodreporter.com/tv/tv-news/tila-tequila-removed-celebrity-big-818664/.
94. Michael Learmonth. "Here's Who Gets the Highest Ad Rates Online". Business Insider, 21 de dezembro de 2009. Disponível em: www.businessinsider.com/heres-who-gets-the-highest-ad-rates-online-2009-12; Katie J. M. Baker. "Stop Lying To Your Young, Impressionable Fanbase, Kim Kardashian!". Jezebel, 2 de março de 2012. Disponível em: jezebel.com/stop-lying-to-your-young-impressionable-fanbase-kim-k-5890088.
95. Julie Naughton. "Kim Kardashian Discusses First Scent". *Women's Wear Daily*, 2 de outubro de 2009. Disponível em: wwd.com/beauty-industry-news/beauty-features/kim-kardashian-discusses-first-scent-2324791/.
96. Jonathan Van Meter. "In the 2010s, Fame Went Multi-Platform Kim Kardashian West on life as a brand and her political awakening". The Cut, 25 de novembro de 2009. Disponível em: www.thecut.com/2019/11/kim-kardashian-west-on-her-decade-of-multi-platform-fame.html.
97. Khal. "Remember That Time Anna Nicole Smith Was in Kanye West's 'The New Workout Plan' Video?". Complex, 8 de fevereiro de 2007. Disponível em: www.complex.com/pop-culture/2017/02/anna-nicole-smith-kanye-west-the-new-workout-plan-video.
98. Amy Odell. *Anna: The Biography* (Londres: Allen and Unwin, 2022), p. 220.
99. Ibid., pp. 288–9.
100. Joe Coscarelli. "Kanye West Calls Out Beyoncé and Praises Trump in Onstage Tirade". *The New York Times*, 20 de novembro de 2016. Disponível em: www.nytimes.com/2016/11/21/arts/music/kanye-west-beyonce-donald-trump-speech.html.
101. Joe Coscarelli. "Kanye West is Hospitalized for 'Psychiatric Emergency' Hours After Canceling Tour". *The New York Times*, 21 de novembro de 2016. Disponível em: www.nytimes.com/2016/11/21/arts/music/kanye-west-hospitalized-exhaustion.html; Jon Caramanica. "Into the Wild with Kanye West". *The New York Times*, 25 de junho de 2018. Disponível em: www.nytimes.com/2018/06/25/arts/music/kanye-west-ye-interview.html.

102. Katie Rogers. "Kanye West Visits Donald Trump". *The New York Times*, 13 de dezembro de 2016. Disponível em: www.nytimes.com/2016/12/13/us/politics/kanye-trump-tower-visit.html.
103. Ashitha Nagesh. "US election 2020: Why Trump gained support among minorities". BBC News, 22 de novembro de 2020. Disponível em: www.bbc.co.uk/news/world-us-canada-54972389.
104. Hadley Freeman. "Don't Punish Kanye West". UnHerd, 11 de outubro de 2022. Disponível em: unherd.com/2022/10/dont-punish-kanye-west/.
105. "Alice Johnson freed after Trump grants clemency plea". BBC News, 7 de junho de 2018. Disponível em: www.bbc.co.uk/news/world-us-canada-44390737.

Chyna: poder

1. "WWF PPV Statistics 2001". OSW Review, sem data. O site está fora do ar.
2. "Chyna vs. Ivory". Daily Motion, sem data. Disponível em: https://www.dailymotion.com/video/x98voa.
3. Joanie Laurer [Chyna] com Michael Angeli. *If They Only Knew* (Nova York: ReganBooks/HarperCollins, 2001), p. 80.
4. Ibid., p. 132.
5. Ibid., p. 84.
6. "GEICO Presents: Chyna", episódio do podcast *Grilling JR* (2020). O site está fora do ar.
7. "Chyna", WWE. Disponível em: www.wwe.com/superstars/chyna.
8. Richard Sandomir. "Sports Business: Wildlife Fund Takes Down Wrestlers in Name Game". *The New York Times*, 7 de maio de 2002. Disponível em: nytimes.com/2002/05/07/sports/sports-business-wildlife-fund-takes-down--wrestlers-in-name-game.html.
9. Laurer com Angeli. *If They Only Knew*, p. 246.
10. Swatzify. "Chyna's PlayBoy Cover RAW: Sep 25, 2000", 8 de agosto de 2021. Disponível em: www.youtube.com/watch?v=6aR-ry6aqyw.
11. Mick Foley. *Have a Nice Day: A Tale of Blood and Sweatsocks* (Nova York: HarperCollins, 1999), p. 43.
12. Equipe do *Observer*. "January 29, 2001 Wrestling Observer Newsletter: Royal Rumble Review, Shawn Michaels to Return, More". *Wrestling Observer Newsletter*, 29 de janeiro de 2001. Disponível em: members.f4wonline.com/wrestling-observer-newsletter/january-29-2001-wrestling-observer--newsletter-royal-rumble-review.
13. Chris Smith. "Breaking Down How WWE Contracts Work". *Forbes*, 28 de março de 2015. Disponível em: www.forbes.com/sites/chrissmith/2015/03/28/breaking-down-how-wwe-contracts-work/; veja também: "Exhibit A: Titan Sports Inc. Booking Contract". Martha Hart vs. World Wrestling Entertainment Inc.

14. "Vince McMahon". Britannica, sem data. Disponível em: www.britannica.com/biography/Vince-McMahon.
15. Jim Smallman. *I'm Sorry, I Love You: A History of Professional Wrestling* (Londres: Headline, 2018), p. 176.
16. Ibid., p. 182.
17. Laurer com Angeli. *If They Only Knew*, p. 22.
18. Ibid., p. 186.
19. Ibid., p. 184.
20. Ibid., pp. 123–4.
21. Ibid., p. 157.
22. Foley. *Have a Nice Day*, p. 97.
23. Ibid., pp. vii–viii.
24. Laurer com Angeli. *If They Only Knew*, pp. 80–4.
25. Ibid., p. 264.
26. Ibid., p. 265.
27. Ibid., p. 274; Bob Holly e Ross Williams. *The Hardcore Truth: The Bob Holly Story* (Toronto: ECW Press, 2013), p. 140.
28. "GEICO Presents: Chyna".
29. Equipe do *Observer*. "January 29, 2001 Wrestling Observer Newsletter".
30. Jesse Holland. "On this date in WWF history: Mark Henry gets humiliated by Chyna in front of his mama". Ringside Seats, 18 de janeiro de 2012. Disponível em: www.cagesideseats.com/2012/1/18/2713632/wwf-wwe-mark--henry-humiliated-chyna-raw-dx-video-sammy.
31. "GEICO Presents: Chyna".
32. Equipe do *Observer*. "F$W~!#336 – WWF Profits Down 71 Percent – December 3, 2001". *Wrestling Observer*, 3 de dezembro de 2001. Disponível em: members.f4wonline.com/figure-four-weekly/f4w336-wwf-profits-down-71--percent-december-3-2001-89091.
33. Laurer com Angeli. *If They Only Knew*, p. 206.
34. Rex Jones. "10 Ways Wrestlers Changed Their Appearance Through Surgery". WhatCulture, 8 de fevereiro de 2021. Disponível em: whatculture.com/wwe/10-ways-wrestlers-changed-their-appearance-through-surgery--2?page=4.
35. Laurer com Angeli. *If They Only Knew*, p. 14.
36. "Anabolic Steroid Misuse". NHS, sem data. Disponível em: www.nhs.uk/conditions/anabolic-steroid-misuse/.
37. Ryan Clark. "Eddie Guerrero Autopsy Results – Massive Heart Failure". Wrestling Inc, 17 de novembro de 2005. Disponível em: https://www.wrestlinginc.com/news/2005/11/eddie-guerrero-autopsy-results-489609/.
38. Matthew Randazzo. *Ring of Hell* (Beverly Hills: Phoenix Books, 2008).
39. Laurer com Angeli. *If They Only Knew*, p. 176.
40. "Sports People: Pro Wrestling; Prison for Doctor". *The New York Times*, 29 de dezembro de 1991. Disponível em: www.nytimes.com/1991/12/29/sports/sports-people-pro-wrestling-prison-for-doctor.html.

41. "A Promoter of Wrestling is Acquitted". *The New York Times*, 23 de julho de 1994. Disponível em: www.nytimes.com/1994/07/23/nyregion/a-promoter--of-wrestling-is-acquitted.html.
42. "GEICO Presents: Chyna".
43. Benjamin Svetkey, "The Rock is the secret weapon in 'The Mummy Returns'", *Entertainment Weekly*, 11 de maio de 2001, https://ew.com/article/2001/05/11/rock-secret-weapon-mummy-returns/.
44. "GEICO Presents: Chyna".
45. Julia Emmanuele. "A Championship Couple! Stephanie McMahon and Paul 'Triple H' Levesque's Relationship Timeline". *Us Magazine*, 11 de janeiro de 2023. Disponível em: www.usmagazine.com/celebrity-news/pictures/wwes--stephanie-mcmahon-and-wrestler-triple-hs-relationship-timeline/.
46. Laurer com Angeli. *If They Only Knew*, p. 235.
47. "GEICO Presents: Chyna".
48. Randazzo. *Ring of Hell*, p. 340.
49. John Powell. "Killer Kowalski Slams Chyna's Book". Slam Wrestling, 6 de fevereiro de 2001. Disponível em: slamwrestling.net/index.php/2001/02/06/killer-kowalski-slams-chynas-book/.
50. Laurer com Angeli. *If They Only Knew*, p. 229.
51. "GEICO Presents: Chyna".
52. Adam Miller. "Lady Wrestler Settles Legal Fight Out of Ring". *New York Post*, 29 de julho de 1999.
53. Equipe do *Observer*. "December 22, 2003 Wrestling Observer Newsletter: Build to Cactus Jack Vs. Randy Orton, Armageddon Review". *Wrestling Observer Newsletter*, 22 de dezembro de 2003. O site está fora do ar.
54. Smallman. *I'm Sorry, I Love You*, p. 238.
55. "GEICO Presents: Chyna".
56. Tim Ott. "Inside the Hart Family Wrestling Dynasty". Biography, 18 de maio de 2021. Disponível em: www.biography.com/news/bret-hart-family--wrestling.
57. Ron Dicker. "The Rock Shares Awesome Throwback Of Grandfather And Andre The Giant". HuffPost, 7 de dezembro de 2019. Disponível em: www.huffingtonpost.co.uk/entry/dwayne-johnson-grandfather-andre-the-giant-photo_n_5d289108e4b02a5a5d599470.
58. Russ Good. "The Tragic Life Of Eddie Guerrero". Wrestling Inc., 12 de setembro de 2022. Disponível em: www.wrestlinginc.com/1005497/the--tragic-life-of-eddie-guerrero/.
59. Foley. *Have a Nice Day*, p. 13; Randazzo. *Ring of Hell*, p. 23.
60. Laurer com Angeli. *If They Only Knew*, pp. 123–4.
61. "GEICO Presents: Chyna"; *Vice Versa: Chyna*, escrito e dirigido por Marah Strauch (Vice TV, 2021).
62. Jim McLenna. "*If They Only Knew*, by Chyna". Girls With Guns, 1º de janeiro de 2003. Disponível em: girlswithguns.org/if-they-only-knew/.

63. Laurer com Angeli. *If They Only Knew*, pp. 27–30.
64. Jason King. "The Great Fall of Chyna: How WWE's Greatest Female Wrestler Disappeared". Bleacher Report, 15 de setembro de 2016. Disponível em: thelab.bleacherreport.com/the-great-fall-of-chyna/.
65. WrestlingINC. "Documenting Chyna Part 1 feat. Chyna's Mom Jan LaQue & Anthony Anzaldo" (2020) . Disponível em: youtu.be/E_-pPS1YW_8.
66. Vince Russo. "Joanie Laurer aka Chyna Talks Triple H, WWE Hall of Fame, and More" (2015) . Disponível em: www.youtube.com/watch?v=rmIjyMiR2Ys&t=5803s.
67. Laurer com Angeli. *If They Only Knew*, p. 33.
68. Ibid., p. 12.
69. Ibid., p. 54.
70. Ibid., pp. 34–5.
71. Ibid., pp. 111–12.
72. Ibid., p. 112.
73. Equipe do *Observer*. "August 2, 2004 *Observer* Newsletter: Summerslam Card Finalized, Raw Iron Man Match, More". *Wrestling Observer Newsletter*, 2 de agosto de 2004. Disponível em: members.f4wonline.com/wrestling--observer-newsletter/august-2-2004-observer-newsletter-summerslam-card--finalized-raw-iron.
74. NostalgiaMania – Wrestling. "Celebrity Boxing – Joanie 'Chyna' Laurer vs Joey Buttafuoco (2002-05-22)". 18 de junho de 2021. Disponível em: www.youtube.com/watch?v=VOhjG-UOy9E; Eric Killelea. "Flashback: Amy Fisher Becomes 'Long Island Lolita'". *Rolling Stone*, 19 de maio de 2017. Disponível em: www.rollingstone.com/culture/culture-news/flashback-amy-fisher--becomes-long-island-lolita-193012/.
75. "GEICO Presents: Chyna".
76. Randazzo. *Ring of Hell*, p. 37.
77. Patrick Radden Keefe. *Império da dor: A ascensão e queda de uma das mais poderosas famílias americanas e seu criminoso império farmacêutico* (Rio de Janeiro: Intrínseca, 2023).
78. Lonnie Tepper. "Profile: Great Wall of Chyna". *Iron Man*, 1º de julho de 2001. Disponível em: www.ironmanmagazine.com/profile-great-wall-of-chyna/.
79. Equipe do *Observer*. "August 2 2004 *Observer* Newsletter".
80. "F4W~!#493 – Vince Hoarding Lifejackets As the Ship Sinks – 12/6/04". *Wrestling Observer*, 6 de dezembro de 2004.
81. Lynn Crosbie. "When Chyna cracked, Surreal became too real". *The Globe and Mail*, 13 de agosto de 2005. Disponível em: www.theglobeandmail.com/arts/when-chyna-cracked-surreal-became-too-real/article984600/.
82. Sean Waltman. "Statement". Sean Waltman, 9 de março de 2009. Disponível em: web.archive.org/web/20050407191611/http://www.seanwaltman.com/statement.html.
83. Crosbie. "When Chyna Cracked"

84. "Anna Nicole Smith mocks herself in final role". CNN, 23 de abril de 2007. Disponível em: web.archive.org/web/20070427025657/http:/edition.cnn.com/2007/SHOWBIZ/Movies/04/23/film.annanicole.lastrole.ap/index.html.
85. "Chyna Hospitalized – Too Wasted For Shrinks". TMZ, 28 de dezembro de 2008. Disponível em: www.tmz.com/2008/12/28/chyna-taken-to-the--hospital/.
86. "Joanie Laurer Filmography". Adult Film Database, sem data. Disponível em: www.adultfilmdatabase.com/actor/joanie-laurer-36148/.
87. "Decree Changing Name". 2 de novembro de 2007. Disponível em: web.archive.org/web/20160303211419/http://www.aolcdn.com/tmz_documents/1107_chyna_wm.pdf.
88. *Backdoor to Chyna*, dirigido por B. Skrow (Vivid, 2011).
89. Anthony Volastro. "How Do Porn Stars Plan for Retirement?". CNBC, 21 de março de 2014. Disponível em: www.cnbc.com/2014/03/21/-porn-stars.html.
90. Equipe do *Observer*. "January 24, 2005 Wrestling Observer Newsletter: 2004 *Wrestling Observer Newsletter* Awards Issue". *Wrestling Observer*, 24 de janeiro de 2005.
91. Russ Buettner, Susanne Craig e Mike McIntire. "The President's Taxes: Long-Concealed Records Show Trump's Chronic Losses and Years of Tax Avoidance". *The New York Times*, 27 de setembro de 2020. Disponível em: nytimes.com/interactive/2020/09/27/us/Donald-trump-taxes.html.
92. Zane Anthony, Kathryn Sanders e David A. Fahrenthold. "Whatever Happened to Trump Neckties? They're Over. So Is Most of Trump's Merchandising Empire". *The Washington Post*, 13 de abril de 2018. Disponível em: www.washingtonpost.com/politics/whatever-happened-to-trump-ties-theyre--over-so-is-most-of-trumps-merchandising-empire/2018/04/13/2c32378a-369c-11e8-acd5-35eac230e514_story.html.
93. Teper. "Great Wall of Chyna".
94. Timothy L. O'Brien. "What's He Really Worth?". *The New York Times*, 23 de outubro de 2005. Disponível em: https://www.nytimes.com/2005/10/23/business/yourmoney/whats-he-really-worth.html; Tim Keeney. "Vince McMahon Recognized as Billionaire by Forbes". Bleacher Report, 4 de março de 2014. Disponível em: https://bleacherreport.com/articles/1980066-vince--mcmahon-recognized-as-billionaire-by-forbes.
95. James Poniewozik. "Donald Trump Was the Real Winner of 'The Apprentice'". *The New York Times*, 28 de setembro de 2020. Disponível em: https://www.nytimes.com/2020/09/28/arts/television/trump-taxes-apprentice.html
96. Equipe do *Observer*. "F4W~!615 – Wrestlemania XXIII – April 9, 2007". *Wrestling Observer*, 9 de abril de 2007. Disponível em: members.f4wonline.com/figure-four-weekly/f4w615-wrestlemania-xxiii-april-9-2007-89536.
97. Joe Palazzolo. "WWE's Board Finds Vince McMahon Paid $5 Million to Donald Trump's Charity". *The Wall Street Journal*, 17 de agosto de 2022. Disponível em: https://www.wsj.com/articles/wwes-board-finds-vince--mcmahon-paid-5-million-to-donald-trumps-charity-11660774043.

98. Alan Feuer. "Trump Ordered to Pay $2 Million to Charities for Misuse of Foundation". *The New York Times*, 7 de novembro de 2019. Disponível em: nytimes.com/2019/11/07/nyregion/trump-charities-new-york.html.
99. "An examination of the 2016 electorate, based on validated voters". Pew Research Center, 9 de agosto de 2018. Disponível em: www.pewresearch.org/politics/2018/08/09/an-examination-of-the-2016-electorate-based-on--validated-voters/.
100. Equipe do *Observer*. "F4W~!#615 – WrestleMania XXIII – April 9, 2007".
101. Jonathan Martin, Chris Buckley, Amy Chozick e Maggie Haberman. "Trump Taps Linda McMahon to Head Small Business Administration". *The New York Times*, 7 de dezembro de 2016. Disponível em: www.nytimes.com/2016/12/07/us/politics/donald-trump-transition.html.
102. Roxanne Roberts. "Hillary Clinton's 'Deplorables' Speech Shocked Voters Five Years Ago – But Some Feel It Was Prescient". *The Washington Post*, 31 de agosto de 2021. Disponível em: www.washingtonpost.com/lifestyle/2021/08/31/deplorables-basket-hillary-clinton/.
103. David A. Fahrenthold. "Trump Recorded Having Extremely Lewd Conversation About Women in 2005". *The Washington Post*, 8 de outubro de 2016. Disponível em: www.washingtonpost.com/politics/trump-recorded-having--extremely-lewd-conversation-about-women-in-2005/2016/10/07/3b9ce776--8cb4-11e6-bf8a-3d26847eeed4_story.html.
104. Corinne Heller. "Chyna's Autopsy Report Reveals Cause of Death: Prescription Drugs And Alcohol". E! Online, 22 de dezembro de 2016. Disponível em: www.eonline.com/news/817759/chyna-s-autopsy-report-reveals-cause--of-death-prescription-drugs-and-alcohol.
105. Hailey Branson-Potts e Brittny Mejia. "Days Before Her Death, Wrestling Star and Actress Chyna Posted a Rambling YouTube Video". *Los Angeles Times*, 21 de abril de 2016. Disponível em: www.latimes.com/local/lanow/la-me-ln-chyna-video-20160421-story.html.
106. Sean Rueter. "Triple H's Reasons for Excluding Chyna from the Hall of Fame Don't Hold Water, and Are an Example of WWE's Sexism". Cageside Seats, 3 de fevereiro de 2015. Disponível em: www.cagesideseats.com/wwe/2015/2/3/7969849/triple-h-reasons-for-excluding-chyna-from-the--wwe-hall-of-fame-example-wwe-sexism.
107. Tristan Jung. "D-Generation X to be Inducted into the WWE Hall of Fame". *Sports Illustrated*, 18 de fevereiro de 2019. Disponível em: www.si.com/wrestling/2019/02/18/dx-wwe-hall-of-fame-induction-2019-tripleh-chyna.
108. Joe Palazzo, Ted Mann e Joe Flint. "WWE's Vince McMahon Agreed to Pay $12 Million in Hush Money to Four Women". *The Wall Street Journal*, 8 de julho de 2022. Disponível em: www.wsj.com/articles/wwes-vince-mcmahon--agreed-to-pay-12-million-in-hush-money-to-four-women-11657289742.
109. Dan Mangan. "Vince McMahon retires as WWE chief amid probes into alleged misconduct of pro wrestling boss". CNBC, 22 de julho de 2022.

Disponível em: www.cnbc.com/2022/07/22/vince-mcmahon-retires-as--chief-of-wwe-amid-probes-into-alleged-misconduct.html.

110. Manish Pandey. "WWE: Stephanie McMahon resigns as father Vince becomes chair again". BBC, 11 de janeiro de 2023. Disponível em: www.bbc.co.uk/news/newsbeat-64237701.

Jennifer Aniston: liberdade

1. Warren Littlefield com T. R. Pearson. *Top of the Rock: The Rise and Fall of Must See TV* (Nova York: Doubleday, 2012), p. 133.
2. Scott Feinberg. "'Awards Chatter' Podcast – Jerry Seinfeld ('Comedians in Cars Getting Coffee')". *The Hollywood Reporter*, 27 de agosto de 2016. Disponível em: www.hollywoodreporter.com/news/general-news/awards--chatter-podcast-jerry-seinfeld-923565/.
3. Littlefield com Pearson. *Top of the Rock*, p. 153.
4. Ibid., p. 169.
5. "The One Where Monica Gets a Roommate", episódio 1, temporada 1, *Friends*, dirigido por James Burrows, exibido em 22 de setembro de 1994, na NBC.
6. Arthur J. Norton e Louisa F. Miller. "Marriage, Divorce, and Remarriage in the 1990s". US Department of Commerce, Economics and Statistics Administration, Bureau of the Census, outubro de 1992. Disponível em: www2.census.gov/library/publications/1992/demographics/p23-180.pdf.
7. Natalie Stone. "Jennifer Aniston's 'Rachel' Haircut: The Story Behind the Iconic Photo of Her Wildly Popular 'Friends' Hairdo". *People*, 25 de outubro de 2017. Disponível em: people.com/tv/jennifer-aniston-story-behind-friends--rachel-haircut-photo/.
8. Lacey Rose. "Jennifer Aniston Has No Regrets". *The Hollywood Reporter*, 8 de dezembro de 2021. Disponível em: www.hollywoodreporter.com/feature/jennifer-aniston-interview-morning-show-friends-murder-mystery--sequel-1235058142/.
9. Littlefield com Pearson. *Top of the Rock*, p. 141.
10. Ibid., p. 159; Lynette Rice. *Entertainment Weekly*, sem data. Disponível em: web.archive.org/web/20090719103906/http://www.ew.com/ew/article/0%2C%2C275935%2C00.html.
11. "The One Where They All Turn Thirty", episódio 14, temporada 7, *Friends*, dirigido por Ben Weiss, exibido em 8 de fevereiro de 2001, na NBC.
12. Nancy Gibbs. "Making Time for a Baby". *Time*, 15 de abril de 2002. Disponível em: content.time.com/time/subscriber/article/0,33009,1002217,00.html.
13. "Baby, Baby, Baby", episódio 18, temporada7 , *Keeping Up with the Kardashians*, exibido em 6 de setembro de 2012, no E!.
14. Jean M. Twenge. "How Long Can You Wait to Have a Baby?". *The Atlantic*, julho/agosto de 2013. Disponível em: www.theatlantic.com/magazine/archive/2013/07/how-long-can-you-wait-to-have-a-baby/309374/.

15. Leslie Bennetts. "The Unsinkable Jennifer Aniston". *Vanity Fair*, setembro de 2005. Disponível em: archive.vanityfair.com/article/2005/9/the-unsinkable--jennifer-aniston.
16. "The One with the Rumor", episódio 14, temporada 7, *Friends*, dirigido por Gary Halvorson, exibido em 22 de novembro de 2001, na NBC.
17. Bennetts. "The Unsinkable Jennifer Aniston".
18. Sarah Ditum. "Perez Hilton on Being the World's Most Notorious Gossip Blogger". *The Sunday Times*, 19 de setembro de 2021. Disponível em: www.thetimes.co.uk/article/perez-hilton-on-being-the-worlds-most-notorious--gossip-blogger-l0fqvdvkr.
19. Bill Carter. *Desperate Networks* (Nova York: Doubleday, 2006), p. 265.
20. Susan Faludi. *Domados: como a cultura traiu o homem americano* (Rio de Janeiro: Rocco, 2006).
21. Ibid.
22. "The One Where Monica Gets a Roommate".
23. *Como enlouquecer seu chefe*, dirigido por Mike Judge (20th Century Studios, 1999).
24. *Clube da luta*, dirigido por David Fincher (Fox 2000 Pictures, 1999).
25. "The One Where Monica Gets a Roommate".
26. *Clube da luta*.
27. Faludi. *Domados*.
28. Diana Abu-Jaber. "Susan Faludi Coaches *Fight Club* Author". *Slate*, 24 de novembro de 1999. Disponível em: www.salon.com/1999/11/24/faludi_4/.
29. Faludi. *Domados*.
30. Peter Rainer. "Pulling Punches". *New York Magazine*, 25 de outubro de 1999. Disponível em: nymag.com/nymetro/movies/reviews/1248/.
31. Patrick Sawer. "*Fight Club* for City Boys". *Evening Standard*, 16 de outubro de 2003. Disponível em: www.standard.co.uk/hp/front/fight-club-for-city--boys-7285297.html.
32. Audrey Perry. "Students put up their dukes at Provo fight club". Daily Universe, 9 de abril de 2000. Disponível em: universe.byu.edu/2000/04/09/students-put-up-their-dukes-at-provo-fight-club/.
33. Leslie Bennetts. "Aspects of Brad". *Vanity Fair*, junho de 2004. Disponível em: archive.vanityfair.com/article/2004/6/aspects-of-brad.
34. Littlefield com Pearson. *Top of the Rock*, p. 154.
35. *Sr. e Sra. Smith*, dirigido por Doug Liman (Regency Enterprise, 2005).
36. Gary Susman. "Brad Pitt and Jennifer Aniston Separate". *Entertainment Weekly*, 10 de janeiro de 2005. Disponível em: ew.com/article/2005/01/10/brad-pitt-and-jennifer-aniston-separate/.
37. Vanessa Thorpe. "The One Where Brad and Jen Vow to Stay Friends for Ever". *The Guardian*, 9 de janeiro de 2005. Disponível em: www.theguardian.com/world/2005/jan/09/arts.artsnews.
38. Bennetts. "The Unsinkable Jennifer Aniston".
39. Jeffrey Ressner. "Rebel Without a Pause". *Time*, 24 de janeiro de 2000. Disponível em: content.time.com/time/subscriber/article/0,33009,995905-1,00.html.

40. Jessica Bailey. "Billy Bob Thornton Opens Up About What It Was Really Like To Be Married To Angelina Jolie". *Grazia*, sem data. Disponível em: graziamagazine.com/articles/billy-bob-thornton-opens-up-about-what-it--was-really-like-to-be-married-to-angelina-jolie/.
41. Equipe da *People*. "Jolie News". *People*, 25 de março de 2002. Disponível em: people.com/archive/jolie-news-vol-57-no-11/.
42. Equipe da *People*. "Jolie Talks About 'Borders' and Babies". *People*, 23 de outubro de 2003.
43. Jonathan Van Meter. "Learning to Fly". *Vogue*, março de 2004. Disponível em: web.archive.org/web/20040504212442/http://www.style.com/vogue/feature/022304/page2.html.
44. Ibid.
45. Russell Scott Smith. "Killer Sex – Hot Tales of Brad And Angelina From the Set of 'Mr. and Mrs. Smith'". *New York Post*, 5 de junho de 2005. Disponível em: nypost.com/2005/06/05/killer-sex-hot-tales-of-brad-and-angelina-from--the-set-of-mr-and-mrs-smith/.
46. Equipe da *W*. "Domestic Bliss: Angelina Jolie and Brad Pitt at Home", *W Magazine*, 1 de julho de 2005. Disponível em: www.wmagazine.com/gallery/brad-pitt-angelina-jolie.
47. Bennetts. "The Unsinkable Jennifer Aniston".
48. Priya Elan. "Celebrity Shirts: Getting the Message Off Their Chest", *The Guardian*, 9 de julho de 2016. Disponível em: www.theguardian.com/lifeandstyle/2016/jul/09/hiddleston-swift-t-shirt-slogans-make-feelings-loud--and-clear.
49. Equipe da *People*. "Angelina Jolie Pregnant". *People*, 11 de janeiro de 2006. Disponível em: people.com/celebrity/angelina-jolie-pregnant/.
50. Alexandra D'Aluisio. "Jennifer Aniston's Dating History: A Complete Timeline of Her Exes and Flings". *Us Magazine*, 11 de fevereiro de 2022. Disponível em: www.usmagazine.com/celebrity-news/pictures/jennifer-anistons-dating--history-timeline-of-her-famous-exes/paul-sculfor/.
51. "Paparazzi Chaos ... Over Jen Aniston?". TMZ, sem data. Disponível em: www.tmz.com/watch/0-82kpldfo/.
52. Julia Jacobs. "Angelina Jolie Details Abuse Allegations Against Brad Pitt in Countersuit". *The New York Times*, 4 de outubro de 2022. Disponível em: https://www.nytimes.com/2022/10/04/movies/angelina-jolie-brad-pitt-lawsuit.html.
53. "Ducking Hell". Popbitch, sem data. Disponível em: popbitch.com/emails/ducking-hell/.
54. Oliver Burkeman. "The Brangelina Industry". *The Guardian*, 24 de junho de 2009. Disponível em: www.theguardian.com/lifeandstyle/2009/jun/24/magazines-media-aniston-jolie-pitt.
55. Burkeman. "The Brangelina Industry".
56. Jonathan Van Meter. "Jennifer Aniston: Prime Time". *Vogue*, 1º de dezembro de 2008. Disponível em: www.vogue.com/article/jennifer-aniston-prime-time.

57. Danielle Pergament. "Jennifer Aniston Has Nothing to Hide". *Allure*, dezembro de 2022. Disponível em: www.allure.com/story/jennifer-aniston-december-2022-cover-interview.
58. Scott Huver. "Jennifer Aniston Pokes Fun at Her Life and Movies". *People*, 13 de junho de 2009. Disponível em: people.com/movies/jennifer-aniston-pokes-fun-at-her-life-and-movies/.
59. Rose. "Jennifer Aniston Has No Regrets".
60. Sian Cain. "Women Are Happier Without Children Or a Spouse, Says Happiness Expert". *The Guardian*, 25 de maio de 2019. Disponível em: www.theguardian.com/lifeandstyle/2019/may/25/women-happier-without-children-or-a-spouse-happiness-expert.
61. "Women in the labor force: a databook". US Bureau of Labor Statistics, abril de 2021. O site está fora do ar.
62. Ellen Francis, Helier Cheung e Miriam Berger. "How Does the US Compare to Other Countries On Paid Parental Leave? Americans Get 0 Weeks. Estonians Get More Than 80". *The Washington Post*, 11 de novembro de 2021. Disponível em: www.washingtonpost.com/world/2021/11/11/global-paid-parental-leave-us/.
63. Leitores do *The Guardian* e Rachel Obordo. "'Spoiler alert: Ross and Rachel date!' – teens on why they love Friends". *The Guardian*, 6 de fevereiro de 2019. Disponível em: www.theguardian.com/tv-and-radio/2019/feb/06/spoiler-alert-ross-and-rachel-date-teens-on-why-they-love-friends.
64. Edmund Lee. "Netflix Will Keep 'Friends' Through Next Year in a $100 Million Agreement". *The New York Times*, 4 de dezembro de 2018. Disponível em: www.nytimes.com/2018/12/04/business/media/netflix-friends.html.
65. Ian Leslie. "Watch it while it lasts: our golden age of television". *Financial Times*, 13 de abril de 2017. Disponível em: www.ft.com/content/68309b3a-1f02-11e7-a454-ab04428977f9.
66. Maria Elena Fernandez. "*The Morning Show* Was a Challenge Kerry Ehrin Couldn't Resist". Vulture, 1º de novembro de 2019. Disponível em: www.vulture.com/2019/11/the-morning-show-kerry-ehrin-interview-me-too.html.
67. *The Morning Show*, episódio 1, temporada 1, dirigido por Mimi Leder, exibido em 1 de novembro de 2019, na Apple TV+.
68. Hanna Rosin. *The End of Men: And the Rise of Women* (Nova York: Viking, 2012), p. 267.
69. Mark Joseph Stern. "Al Franken Should Resign Immediately". *Slate*, 16 de novembro de 2017. Disponível em: slate.com/news-and-politics/2017/11/al-frankenshould-resign-immediately.html.
70. Jane Mayer. "The Case of Al Franken". *The New Yorker*, 22 de julho de 2019. Disponível em: www.newyorker.com/magazine/2019/07/29/the-case-of-al-franken.
71. Sheryl Gay Stolberg. "Thomas's Concurring Opinion Raises Questions About What Rights Might Be Next". *The New York Times*, 24 de junho de 2022. Disponível em: www.nytimes.com/2022/06/24/us/clarence-thomas-roe-griswold-lawrence-obergefell.html.

Conclusão

1. Jordan Sargent. "The 15 Most Hilarious Parts of Robin Thicke's 'Blurred Lines' Video". *Spin*, 22 de março de 2013. Disponível em: www.spin.com/2013/03/robin-thicke-blurred-lines-video-gif-ti/.
2. Eric Ducker. "Q&A: Veteran Music Video Director Diane Martel on Her Controversial Videos for Robin Thicke and Miley Cyrus". *Grantland*, 26 de junho de 2013. Disponível em: grantland.com/hollywood-prospectus/qa-veteran-music-video-director-diane-martel-on-her-controversial-videos-for-robin-thicke-and-miley-cyrus/.
3. Stelios Phili. "Robin Thicke on That Banned Video, Collaborating with 2 Chainz and Kendrick Lamar, and His New Film". *GQ*, 6 de maio de 2013. Disponível em: www.gq.com/story/robin-thicke-interview-blurred-lines-music-video-collaborating-with-2-chainz-and-kendrick-lamar-mercy.
4. Emily Duggan e Laura Hackett. "Blurred Lines Singer Robin Thicke Assaulted Me On Set, Says Emily Ratajkowski". *The Sunday Times*, 3 de outubro de 2021. Disponível em: www.thetimes.co.uk/article/blurred-lines-singer-robin-thicke-assaulted-me-on-set-says-emily-ratajkowski-dkgq83cpf.
5. Lisa Huynh. "In the News: Robin Thicke's Rape Song, Tennessee Legislation, and My Continued Obsession with Sheryl Sandberg". Feminist in L.A., 2 de abril de 2013. Disponível em: web.archive.org/web/20130624072912/http://feministinla.blogspot.com/2013/04/in-news-robin-thickes-rape-song.html.
6. Tricia Romano. "'Blurred Lines', Robin Thicke's Summer Anthem, Is Kind of Rapey". Daily Beast, 17 de junho de 2013. Disponível em: www.thedailybeast.com/blurred-lines-robin-thickes-summer-anthem-is-kind-of-rapey.
7. Ryan Broderick. "Everyone Thinks Robin Thicke's 'Blurred Lines' Is 'Rapey'". BuzzFeed, 20 de junho de 2013. Disponível em: www.buzzfeed.com/ryanhatesthis/everyone-thinks-robin-thickes-blurred-lines-is-rapey.
8. Dorian Lynskey. "Blurred Lines: The Most Controversial Song of the Decade". *The Guardian*, 13 de novembro de 2013. Disponível em: www.theguardian.com/music/2013/nov/13/blurred-lines-most-controversial-song-decade.
9. Callie Beusman. "Robin Thicke Has Truly Out-Sleazed Himself This Time". Jezebel, 24 de outubro de 2013. Disponível em: jezebel.com/robin-thicke-has-truly-out-sleazed-himself-this-time-1451553568.
10. Katey Rich. "Robin Thicke's New Album Sales Are So Bad You Might Think It's a Typo". *Vanity Fair*, 8 de julho de 2014. Disponível em: www.vanityfair.com/hollywood/2014/07/robin-thicke-paula-album-sales.
11. Allison Stubblebine. "'There's a Special Place In Hell...': A Timeline of Tina Fey and Taylor Swift". Billboard, 4 de outubro de 2017. Disponível em: www.billboard.com/music/pop/tina-fey-taylor-swift-feud-timeline-7988945/.
12. Nancy Jo Sales. "Taylor Swift's Telltale Heart". *Vanity Fair*, abril de 2013. Disponível em: archive.vanityfair.com/article/2013/4/taylor-swifts-telltale-heart.
13. Ibid.

14. John Herrman. "Access Denied". The Awl, 3 de dezembro de 2015. Disponível em: www.theawl.com/2015/12/access-denied/.
15. "Beyoncé In Her Own Words". *Vogue*, setembro de 2018. Disponível em: www.vogue.com/article/beyonce-september-issue-2018.
16. Joe Coscarelli. "How One Tweet About Nicki Minaj Spiraled Into Internet Chaos". *The New York Times*, 10 de julho de 2010. Disponível em: www.nytimes.com/2018/07/10/arts/music/nicki-minaj-wanna-thompson-twitter--stans.html.
17. Tom Scocca. "On Smarm". Gawker, 5 de dezembro de 2013. O site está fora do ar.
18. John Cook. "A Judge Told Us to Take Down Our Hulk Hogan Sex Tape Post. We Won't". Gawker, 25 de abril de 2013. O site está fora do ar.
19. Ryan Holiday. *Conspiracy: A True Story of Power, Sex, and a Billionaire's Secret Plot to Destroy a Media Empire* (Londres: Profile, 2018), p. 112.
20. Ibid., p. 7.
21. Ibid., p. 35.
22. Ibid., p. 220.
23. Ibid., p. 235.
24. Rasha Ali. "'There Is No Winning': Chrissy Teigen Opens Up About Being in the 'Cancel Club'". *USA Today*, 15 de julho de 2021. Disponível em: eu.usatoday.com/story/entertainment/celebrities/2021/07/15/chrissy-teigen--cancel-club-status-canceled-bullying-mean-tweets/7976685002/.
25. Damon Young. "How Taylor Swift Is the Most Dangerous Type of White Woman, Explained". The Root, 18 de julho de 2016. Disponível em: www.theroot.com/how-taylor-swift-is-the-most-dangerous-type-of-white-wo-1822521310.
26. Abby Aguirre. "Taylor Swift on Sexism, Scrutiny, and Standing Up for Herself". *Vogue*, 8 de agosto de 2019. Disponível em: www.vogue.com/article/taylor-swift-cover-september-2019.
27. Ashley Lasimone. "Lizzo Says That 'Cancel Culture Is Appropriation'". *The Hollywood Reporter*, 8 de janeiro de 2023. Disponível em: www.hollywoodreporter.com/news/general-news/lizzo-cancel-culture-appropriation-social--media-1235293274/.
28. Wolfgang Ruth. "Gawker Is Gawn, Awgain". Vulture, 1º de fevereiro de 2023,
29. Stylist Team. "Pharrell Williams on empowering women, spirituality and the 'Happy' song". *Stylist*, 2014. Disponível em: www.stylist.co.uk/people/pharrell-williams-on-empowering-women-spirituality-and-the-happy--song/21235.
30. Chris Richards. "This is How Justin Timberlake Lost the Super Bowl". *The Washington Post*, 4 de fevereiro de 2018. Disponível em: www.washingtonpost.com/news/arts-and-entertainment/wp/2018/02/04/this-is-how-justin--timberlake-lost-the-super-bowl/.

Este livro foi composto na tipografia Warnock Pro,
em corpo 11,25/15,6, e impresso em
papel off-white no Sistema Cameron da
Divisão Gráfica da Distribuidora Record.